未名社科菁华·国际关系学

# 权力·制度·文化
# POWER, INSTITUTIONS, AND CULTURE

国际关系理论与方法研究文集

ESSAYS ON INTERNATIONAL
RELATIONS THEORY
AND METHODOLOGY

（第二版）

秦亚青 著

图书在版编目(CIP)数据

权力·制度·文化：国际关系理论与方法研究文集/秦亚青著.—2版.—北京：北京大学出版社，2016.7
(未名社科菁华·国际关系学)
ISBN 978-7-301-27268-8

Ⅰ.①权… Ⅱ.①秦… Ⅲ.①国际关系—文集 Ⅳ.①D81-53

中国版本图书馆 CIP 数据核字(2016)第 155918 号

| | |
|---|---|
| 书　　　名 | 权力·制度·文化：国际关系理论与方法研究文集(第二版)<br>Quanli Zhidu Wenhua: Guoji Guanxi Lilun yu Fangfa Yanjiu Wenji |
| 著作责任者 | 秦亚青　著 |
| 责 任 编 辑 | 徐少燕(shaoyan_xu@163.com) |
| 标 准 书 号 | ISBN 978-7-301-27268-8 |
| 出 版 发 行 | 北京大学出版社 |
| 地　　　址 | 北京市海淀区成府路 205 号　100871 |
| 网　　　址 | http://www.pup.cn |
| 新 浪 微 博 | @北京大学出版社　@未名社科-北大图书 |
| 微信公众号 | 北京大学出版社　北大出版社社科图书 |
| 电 子 邮 箱 | 编辑部 ss@pup.cn　总编室 zpup@pup.cn |
| 电　　　话 | 邮购部 62752015　发行部 62750672　编辑部 62753121 |
| 印 刷 者 | 三河市北燕印装有限公司 |
| 经 销 者 | 新华书店<br>650 毫米×980 毫米　16 开本　26.75 印张　449 千字<br>2005 年 7 月第 1 版<br>2016 年 7 月第 2 版　2025 年 7 月第 10 次印刷 |
| 定　　　价 | 66.00 元 |

未经许可，不得以任何方式复制或抄袭本书之部分或全部内容。
版权所有，侵权必究
举报电话：010—62752024　电子邮箱：fd@pup.cn
图书如有印装质量问题，请与出版部联系，电话：010—62756370

# 目 录

第二版序 ……………………………………………………………（1）
光荣与梦想
　　——中国国际关系学 40 年（第一版序）……………………（3）

## 理 论 篇

西方国际关系学
　　——知识谱系与理论发展 ………………………………………（3）
权力・制度・文化
　　——国际政治学的三种体系理论 ………………………………（14）
权力政治与结构选择
　　——现实主义与新现实主义评析 ………………………………（26）
自由主义国际关系理论的思想渊源 …………………………………（54）
国际制度与国际合作
　　——反思新自由制度主义 ………………………………………（87）
国际政治的社会建构
　　——温特及其建构主义国际政治理论 …………………………（112）
世界政治的文化理论
　　——文化结构、文化单位与文化力 ……………………………（143）
国际体系的无政府性
　　——读温特《国际政治的社会理论》 …………………………（155）
无政府文化与国际暴力
　　——大国的强行崛起与和平发展 ………………………………（166）

罗伯特·杰维斯及其国际政治心理学研究……………………（175）
现代国际关系理论的沿革…………………………………（193）
文化、文明与世界政治：不断深化的研究议程………………（206）
行动的逻辑：西方国际关系理论"知识转向"的意义…………（219）
国际政治的关系理论………………………………………（241）

## 方 法 篇

层次分析法与科学的国际关系研究………………………（251）
国际关系学和中国的国际关系研究………………………（264）
实证主义与中国的国际关系研究…………………………（281）
多边主义研究
　　——理论与方法………………………………………（297）
第三种方法
　　——国际关系研究中科学与人文的契合……………（308）
霸权体系与区域冲突
　　——论美国在重大区域武装冲突中的支持行为……（319）
霸权体系与国际冲突………………………………………（333）
国家身份、战略文化和安全利益
　　——关于中国与国际社会关系的三个假设…………（349）
规则治理与关系治理………………………………………（364）
全球学与全球国际关系学…………………………………（405）

后记……………………………………………………………（413）
第二版后记……………………………………………………（415）

# 第 二 版 序

《权力·制度·文化》是2005年出版的一本论文集,收入的文章主要涉及国际关系理论和方法论,重点是对西方国际关系现实主义、自由主义和建构主义三种主要理论的评析。10年过去了,国际关系理论没有再出现成熟的重大理论。或许元理论时代已经过去,或许创建元理论的大师还没有现身,也或许元理论的沉默正是重大理论的孕育。

虽然没有出现重大理论,但国际关系理论的发展仍在继续。具有创新意义的发展有着一个共同的关键词,即多元主义。多元主义主张拓展多元的理论视野,观察多样的经验事实,探索多维的理论建构方式。虽然现实主义、自由主义和建构主义三大西方主流理论仍然是世界国际关系学界的主导话语,但多元主义已经开始成为当今国际关系理论探索和发展的最重要特点。在这个发展过程中,三个趋向尤其值得关注。

首先是"全球国际关系学"的兴起。全球国际关系学建立在一种多元化的普遍主义之上,以世界历史为基础,而非仅是希腊罗马史、欧洲史或美国史,融合了地区研究、地区主义与区域研究。比较国际体系研究就是一个典型例证。这一研究议程的前提就是世界存在多种的国际关系体系和多元的国际关系历史。西方主流国际关系理论的经验基础是17世纪在欧洲建立的威斯特伐利亚国际体系。但是,纵观上下三千年,世界范围内绝不仅有威斯特伐利亚这样一种国际体系。单就东亚而言,就有着春秋战国时期的准国际体系、东亚的朝贡体系、日本的幕府体系等。国际体系的治理和运行也不仅仅只有威斯特伐利亚所建立和实施的秩序规则和制度机制。质疑欧洲中心主义,承认不同国际体系的存在并进行比较研究,就为新的理论突破提供了更为可靠的事实依据和更加开阔的思维路径。

其次,"文明与国际关系"也是当今国际关系研究的一个重要发展,为国际关系理论多元化提供了文明史依据。文明研究议程质疑主流国际关系理论依据单一文明发现国际关系规律的做法,主张世界是一个多元文明和多样文化的融合体,各种文明在全球化的背景下发生了更加密集和频繁的互动。不同文明被视为多元现代化模式,多元活动进程或是多元实践场域,表现出多样治理方式和行为方式,也提供了不同的思维方式和理论取向。世界上没有哪一种文明比另外一种文明更具优越性,也不能用二元对立的认识论去理解文明之间的互动,将基督教文明与伊斯兰文明或是儒家文明对立起来的做法是错误的。一种文明的勃兴不在于将自己视为唯一具有文化内聚力和文明传播力的优势文明,而在于它的多元性和开放性,在于它与其他文明之间的交流和互动。和平发展的世界必然是一个多元文明互补互融的世界。

最后,"实践理论"成为具有重要潜力的理论取向。实践理论在知识论层面为多元主义奠定了合法性基础。实践理论坚持实践本体论,以实践共同体为基本分析单位,认为人类社会有很多相似的经历,但也存在不同实践共同体,其成员的经历和日常活动有着很大的不同,因此对世界的理解和认知就会具有差异。承认多种实践共同体具有平等的本体地位,强调实践性知识是最根本的知识,重视不同实践活动的历史和现实存在,就从根本上否定了知识只有在一种文明中才能得以产生的观点。二战后的欧洲是一个实践共同体,当今的东亚也是一个实践共同体,欧洲可以依其实践构建国际关系理论,东亚亦然。两者之间有相似之处,也必然存在差异。实践理论阐释了不同实践共同体的实践活动对于理论创造的重要意义,为多元理论的生产和再生产提供了坚实的依据。

《权力·制度·文化》第二版仍以国际关系理论与方法论为两条主线,保留了第一版的主要文章,新收入的几篇文章主要是为了反映以上几种理论发展趋向,包括文明文化研究、实践理论和全球国际关系学。希望第二版以及这些新收入的文章能够对读者有一点启发和借鉴的作用。

# 光荣与梦想

## ——中国国际关系学40年（第一版序）

从1964年中国人民大学、北京大学和复旦大学建立国际政治系至今，已经整整40年了。这40年记录了中国国际关系学发展成长的历程。经过几代国关学人的努力，中国国际关系学科有了长足的发展。今天，人大、北大、复旦都已经建立了国际关系学院，在校人数、课程设置、研究成果、师资力量都是40年前所无法比拟的。所以，回顾过去，我们走过了40年的光荣与辉煌。改革开放以来，国际关系进入了迅速发展时期，我们走过了更加辉煌的20年。

## 一

"四十而不惑"。我所理解的"不惑"，就是有了自觉。在这40年里，我们逐渐有了学科的自觉、学派的自觉和学术的自觉。

学科的根本在于独立的学理地位。学科的存在在于自觉的学科意识。即便是在当今各种学科相互渗透的发展态势中，如果要称得上一门学科，它依然必须具有独立的学理地位。1919年，英国人建立了第一个国际关系教席，标志着国际关系学科独立地位的初步确立。1964年我国三大高校国际政治系的成立，则标志着中国国际关系学独立学科地位的确立。它不再附属于其他学科，而是以独立的地位立于各学科之林。说我们有了学科的自觉，就是说我们意识到要建立这样一门独立的社会科学学科，培养专门人才，生产知识成果。40年来，这种意识愈来愈强，也越来越转化为中国国际关系的现实。尤其是改革开放以来，国际关系学科发展迅猛，除了三大高校之外，全国各地的高等学府的国际政治系和类似专业迅速建立起来，无怪乎有人将今日之国际关系学称为"显学"，在座的各位大概也都有着对国际关系学科的高度认同,都认为自己是国际关系学科的学生和学者。

学派的根本在于独立的学理思想。学派的存在和发展在于学理的百家争鸣和百花齐放。国际关系学,较之于社会学、经济学等其他社会科学分支,是后起的学科。学科初创时期,学派意识是十分淡薄的。从一战到二战的20年时间里,国际关系学只有一个学派,就是理想主义。因为只有一个学派,也就无所谓什么学派了。所以,在20年的危机时期,没有人对国际关系学进行学派分类。直到1939年,E. H. 卡尔的《20年危机》问世,这位英国学者将现实主义这一完全不同于理想主义的思想提炼出来,并将国际关系的理论分为乌托邦主义和现实主义两大学派。于是有了理论的对立。有了对立,也就有了学派。卡尔对威尔逊理想主义的深刻批判为现实主义的兴起奠定了思想基础。对于英国学派第一代的领军人物马丁·怀特,人们至今仍将他的最大贡献视为对国际关系理论学派的创造性分类,因为他首先在卡尔的两大派的基础上将国际关系理论分为现实主义、理性主义和革命主义三大学派。看一下当今国际关系学主流理论三分天下的学派分野,就可以感悟到怀特分类的前瞻意识。我们也是一样。在1964年的时候学派的意识几近为零,如今,我们厘清了外国的各种学派,从不同学派的论争之中得到了启迪,也认识到学派竞争对于推动学术前进的巨大作用。《欧洲》《世界经济与政治》等学术杂志推动了对不同学派的认知,加强了学派的意识。不仅如此,我们现在也在思考怎样研究中国的问题,怎样创建中国的国际关系学派。这正是反映了学派意识的加强和学派自觉的深化。

学术的根本在于崇高的学术精神和学术理想。学术的自觉在于学术精神的执着和学术理想的意识。学术是有系统的学问,学术精神是求真,学术的灵魂是学问背后的理想。国际关系学的建立是为了求真,为此,我们进行艰苦的探索和不懈的追求。使我深受感动的一本书是罗尔纲先生所写的《师门五年记》,因为它记录的正是这样的精神。不唯书,不唯上,只唯真,这是学问的精神。但是,仅凭学术精神还是不够的,在这种精神的背后必须有着学术理想的支撑。国际关系学的创建是为了消除战争,一战的血腥使人们希望通过建立一门学科的方式系统地思考怎样消灭战争和与之相关的丛林原则。从春秋战国、从伯罗奔尼撒战争到当今之世界,人类战争连绵不断。据考证,在有记载的历史上,战争的时间超出了和平的时间。因此,战争似乎成为人类事务中必然的事情,暴力似乎成为与人类共生共存的客观事实。从这个意义上讲,国际关系学者的理想与全人类的理想是一致的,我们希望消除战争的灾祸,也相信通过人的努力,我们可以对此做出贡献。这也许就是学术理想的自觉。

## 二

  40年来,通过我们的辛勤探索和不断努力,我们产生、发展和巩固了学科的自觉、学派的自觉和学术的自觉。我们也取得了辉煌的成就。这是我们的骄傲,也是汗水的结晶。但是,"革命尚未成功,同志仍须努力",我们的道路仍然相当艰辛、相当崎岖。

  我们有了学科的自觉,但还未能建立起完备的学科。爱因斯坦说过,一个学科要具备两个要素,一是理论,二是方法。学科的完备意味着具有比较成熟的理论和比较系统的研究方法,两者之间相辅相成,共同建构了学科的大厦。就理论来说,我们仍然在艰苦地探索着。就方法论来说,我们也仍然在努力建构,但是系统的方法和系统方法的使用依然是我们相当薄弱的环节。20世纪90年代末,我做过一个调查,根据结果,我得出了一个结论:中国的国际关系学仍然处于前实证阶段,因为国际关系领域缺乏认真的实证研究传统和研究方法。今天,从我们的大部分研究成果来看,从我们许许多多的博士硕士论文来看,研究方法仍然是一个重大但又没有很好解决的问题,即便重要的大学里,方法论训练也仍然处于很不完善的境地。

  我们有了学派的自觉,但还未建立起原创性的学派。10年之前,有人将中国的国际关系成果视为"有一定深度的新闻报道"。现在,人们大约已经不再这样说了,我们与国际著名学者在学理层面的对话也越来越多。但是,作为学科重要标志的原创性学派却依然没有出现。我国的学者提出了许多建议和主张,有人说要建立有中国特色的国际关系理论,有人说要表现中国的视角,有人说我们要创建中国学派。我本人也是主张建立中国学派的,但是,这不是一个说说就行的事情,需要十分艰苦的探索和实践。我以为,我们至今未能创立原创性学派的根本原因在于我们对核心的学理问题仍然十分迷茫。"一切研究始于问题。"战后国际关系理论发展的重心在美国,美国国际关系理论的研究一直与美国的问题密切相关。霸权稳定理论、权力过渡理论、长周期理论、国际机制理论、新自由制度主义等,无一不是围绕国际体系的领导地位这一核心问题展开的。英国学派之所以成为影响日益增大的国际关系理论学派,是因为英国战后的问题在于如何面对一个国际社会,而不是如何维持权力地位。所以,我们必须厘清我们的问题,我们的核心问题,有学理意义的问题。这样才可能建立原创性理论。

我们有了学术的自觉,却仍需加强我们的学术精神和坚定我们的学术理想。要想写成一篇论文并不很难,但是要写成一篇优秀的论文,实非易事。我有时与一些杂志的编辑聊天——我自己也承担着一本杂志的部分工作——编辑们常说,他们手头的稿件非常多,但是,真正优秀的稿件却是凤毛麟角。所以,既埋在稿件堆里,又没有稿件可用。我有时会自问:有多少文章是应景文章?有多少文章是经过认真的思考和小心的求证?有多少论文是为了应付一个又一个的研讨会?有多少论文是在一种没有浮躁、没有功利、平和寂静的心态下写出来的?有位中国学者曾经说过:"别人写过的题目我不会去写,我写过的题目别人不必再写。"这的确有几分狂气,有几分霸气,但是对自己研究的高度自信却正是建立在一种极度认真的学术精神之上的。我们生活在一个变革的时代,功利和浮躁是会毁灭学术精神的。

还有我们的学术理想。我们是为了什么在做学问?我们需要面对现实。如若无视现实,我们就会碰壁。但是,因为我们是人,所以我们必须有理想,没有理想,现实就会僵硬,思想就会贫瘠。国际关系学科的建立是与人们消灭战争、追求和平的理想密切联系在一起的,没有这种理想,也就没有当今的国际关系学科。至今,这种理想不但没有泯灭,而且越来越强烈。令人担心的是,一时的现实会淹没永久的理想。当二战爆发的时候,人们开始挖掘人性之恶,将战争之源归于我们邪恶好斗的本性;当欧洲一体化进程受阻的时候,人们开始质疑自己的研究成果和研究之后的理想。哈斯是新功能主义理论的代表人物,欧洲一体化是新功能主义的试验场。欧洲一体化一度处于"动脉硬化"期,连哈斯也宣称自己的研究是"没有意义"的。但是,欧洲人度过了"动脉硬化"期,一步一步向理想迈进。这难道不值得我们深思吗?人之为人,他的能动性是可以使理想变为现实的;国际关系学人也是可以帮助我们的世界和我们的国家实现理想的。

## 三

正因为如此,我就有了梦想。梦想我们有完备的国际关系学科,有争鸣的国际关系学派,有求真的学术精神和崇高的学术理想。而集中到一点,就是希望在中国国际关系学界的莘莘学子之中,出现我们的国际关系学大师。为了我们的学科,为了我们的学派,更是为了我们的学术精神和学术理想,只要付出辛苦,梦想是会成真的。

2004 年 6 月笔者在中国人民大学国际关系学院<br>庆祝建院 40 周年大会上的讲话。

理 论 篇

# 西方国际关系学
——知识谱系与理论发展

**内容摘要**

一个学科的知识谱系至少包含了该学科的研究主题和发展宏线这两个因素。在过去30年里,西方国际关系学知识谱系的研究主题是冲突与合作或曰战争与和平,推动知识生产并构成学科发展的宏线是现实主义、自由主义和建构主义三派体系理论的学理论战。在这一过程中,表现出对合作研究的力度加大、社会学理论影响的增强和人文意识的加重等特征,但以西方尤其是以美国为重心的现象并没有减弱,非西方国际关系理论怎样才能得以建构是需要深思的问题。

一

在知识发展史上,任何学科都有着自己的知识谱系。所谓知识谱系,就是一个学科中知识发展和变化的系统,表现了知识生产和再生产的过程。知识谱系是一个历史谱系,显示了知识的诞生、成长、发展、进步、转换、革命。要把握一个学科的整体发展脉络,就需要了解它的知识谱系。

一个学科的知识谱系至少包括两个要素。首先,知识谱系必须表现学科发展的主题,即学科的主要研究内容。任何一个领域的知识的集合,之所以能够称之为学科,必然有其自身的特征,亦即不同于其他学科的研究内容。比如,现代经济学的主要研究内容是资源稀缺社会中的商品生产、分配和消费问题,其主要理论发展基本上都是围绕这一主要内容产生的。再如,社会学的主要研究内容是社会发展和社会行为,尤其是社会秩序、正义、稳定、发展和变革等重大问题,社会学的主要理论也是围绕这样的主题展开的。其次,知识谱系必须表现学科的发展宏线,即以重大理论为里程碑的理论发展轨迹。任何知识谱系都有着连理贯通的思想和理论发展宏线。把握了这一宏线,就可以全面了解一个学科的知识谱系,就可以便利知识的系统积累,推动知识的有意义创新。在学科的知识谱系之中,必有一些知识结晶,构成谱系的支柱,亦即发展宏线上的里程碑。它们是原创性的学理思想,既能够启迪常规性的科学研究,又能够激发革命性的学理挑战。正是这些知识结晶的不断出现和相互竞争形成了学理思想的发展,编织了知识发展的宏线。比如孔德的实证主义理论、迪尔凯姆的社会学研究方法论、齐美尔的形式社会学和韦伯的理解社会学等就是西方古典社会学中里程碑式的理论。

知识谱系的传承与发展依赖于生产知识和推动知识发展的知识力。这种知识力来自竞争和借鉴,突出表现是新兴理论对原理论的突破性发展。根据库恩的科学哲学理论,一种源头性创新理论的产生往往会确立一种新的范式,比如哥白尼的日心说和牛顿的运动定律。这是知识的生产。新的范式确立之后,会出现大量常规科学研究,即对新的理论范式的证实与证伪性验证。这些研究本身并不会产生新的科学体系,但却起到了知识延续的作用。在这种延续过程中,人们会发现与主导理论相悖的现象,于是便会提出新的理论。新的理论逐渐发展为比较完整的新范式,并与旧的理论范式展开竞争,竞争形成知识力,竞争促成了旧范式的衰落和新范式的兴盛,推动知识的再生产。① 从某种意义上讲,波普尔的证伪理论也是将竞争和批判作为知识力的基本来源。② 竞争的关键是新的理论对原有理论的关键性突破,亦即提出原有关键概念和命题不成立的合理论断。竞争的确是知识谱系发展宏线的重要动力,同时借鉴与融合也是知识力的重要来源。孔德曾经说过:"科学和艺术领域的一切成就,无论是同一时代的,还是代代相传的,它们之间有着密切的联系;这就是一代人的发现为另一代人的发现准备好了条件。"③ 拉卡托斯对知识发展的基本认识是新的理论是包容旧的理论的知识体系,是具有超于内容的理论。④ 从这个意义上讲,知识谱系中推动理论发展的另一种动力是理论之间的相互借鉴与融合。所以,理论之间的竞争可以推动知识的再生产,理论之间的借鉴与融合也可以成就知识的传承和发展。在许多情况下,竞争与借鉴是共存的。

## 二

国际政治学也像其他社会科学学科一样,从上个世纪初成为一门学科以来,逐渐呈现了自己的知识谱系,出现了一条国际政治理论发展的宏线。我们仅从战后西方国际政治学的简短历史中就可以发现,这一知识谱系的主题是冲突与合作,或曰战争与和平,发展宏线是从现实主义成为国际政治研究的主轴逐渐发展为当今新现实主义、新自由主义和社会建构主义三足鼎立的局面。

也许是20世纪两次世界大战的血腥和冷战的恐怖给人们留下了太深刻、太沉重的印象,所以战争与和平成为国际政治研究的永恒主题。国际政治学者希望发现冲突与合作的原因,揭示战争与和平的规律,考虑怎样才能减弱、克服和超越冲突,能够更加积极地合作,求得共同的安全。国际政治学的不同理论和学派在很大程度上都是围绕战争与和平的主题展开讨论和进行研究的,它们之间的争论也大多涉及合作与冲突的原因、内涵和意义。政治现实主义主导西方国际政治研究达三十年。从1948年摩根索的《国家间政治》发表,到1979年沃尔兹的《国际政治理论》问

---

① 托马斯·库恩:《科学革命的结构》(金吾伦、胡新和译),北京大学出版社2003年版。
② 卡尔·波普尔:《猜想与反驳》(傅季重等译),上海译文出版社1986年版。
③ 转引自侯钧生主编:《西方社会学理论教程》,天津:南开大学出版社2001年版,第2页。
④ I.拉卡托斯:《科学研究纲领方法论》(兰征译),上海译文出版社1986年版,第45页。

世,现实主义一直是国际政治学界公认的理论范式。现实主义认为冲突是国际政治的根本特征,合作是有限的、脆弱的、不可靠的。无论是以摩根索为代表的传统现实主义还是以沃尔兹为代表的新现实主义,都将冲突作为国家间关系的基本事实。摩根索将冲突归于人追逐权力的本性,沃尔兹将冲突归于国际体系的无政府性,但由于人性和无政府性都具有高度的稳定性,所以国际冲突从根本上也是不可更变的。① 以国际体系的无政府性替代了人性是新现实主义对古典现实主义的突破点。将无政府性作为国际关系的第一推动,国际体系的自助性质和国家之间的安全困境命题就都可以成立了,以追逐权力为核心的国家利益也就变成了以保证自我安全为核心的国家利益。新现实主义在20世纪70年代达到巅峰,标志性著作就是沃尔兹的《国际政治理论》。这部著作自1979年问世以来,一直被尊为新现实主义的开山之作。无论是对摩根索传统现实主义基本理念的发展还是其严谨的层次分析方法和高度简约的科学特征,都被认为是达到了国际政治研究新的境界。尤其是沃尔兹对国际体系无政府性的强调和对权力分配的关注,为新现实主义构建了宏大的理论大厦。在现实主义的理论框架中产生了许多很有影响的著作,如卡普兰(Morton Kaplan)的《国际政治的系统与过程》(1957)、沃尔兹的《人、国家与战争》(1959)、克拉斯纳(Stephen Krasner)的《维护国家利益》(1978)、奥根斯基(A. F. K. Organski)和库格勒(Jacek Kugler)的《战争的分类》(1980)、吉尔平(Robert Gilpin)的《世界政治中的战争与变革》(1981)等等。到冷战结束之后,米尔斯海默将古典现实主义的权力斗争和新现实主义的无政府体系结合起来,提出了"进攻性现实主义"理论。② 这些现实主义学者强调了国际无政府性的不可改变,认为达成和维持和平的关键因素是实力,根本机制是大国间的实力分配。主张单极和平的霸权稳定说,主张两极和平的恐怖均势说,主张多极和平的势力均衡说,无一不是将冲突作为国际政治的基本要素,把和平与国际权力分配联系在一起,认为决定大国命运、决定世界命运的关键在于权力结构的天平呈现的状态。同时,从这些著作之中,我们虽然可以看到对修昔底德、马基雅弗利、霍布斯等西方思想家的继承和发展,但是更加明显的是二战的遗

---

① 参见汉斯·摩根索:《国际纵横策论:争强权,求和平》(卢明华等译),上海译文出版社1995年版;肯尼思·沃尔兹:《国际政治理论》(胡少华、王红樱译),北京:中国人民公安大学出版社1992年版。

② 约翰·米尔斯海默:《大国政治的悲剧》(王义桅、唐小松译),上海人民出版社2003年版。

产和冷战的烙印,是对国际冲突的强意识和对实力的重视。现实主义和新现实主义成为战后国际政治学知识谱系上的重大结晶,成为战后西方国际政治思想发展宏线上的第一个里程碑。

在政治现实主义主导西方国际关系研究近三十年之后,新自由主义开始对其发起挑战。新自由主义认为冲突虽然是国际体系无政府性的产物,但冲突是可以抑制的,国际社会成员可以创造条件,达成合作。20世纪70年代中叶,在美国霸权衰退的惊呼之中,国际政治学者开始质疑物质性权力在维持世界稳定中的作用。虽然现实主义学者在继续探讨什么样的权力结构格局最能保持国际体系的稳定与世界的和平,其他流派的学者却开始探索非物质性权力的作用和意义。其中,自由主义国际政治理论尤其突出,迅速形成了与现实主义两分天下的局面。1977年,罗伯特·基欧汉和约瑟夫·奈的《权力与相互依赖》问世,对现实主义的基本假定提出质疑,成为新自由主义重新崛起的宣言。① 随即,新自由主义学者发表了一系列重要著作,从不同于现实主义的视角审视国际政治中的战争与和平问题。基欧汉、鲁杰(John Ruggie)等在理论层面上从国际机制的角度对新现实主义理念发起了强有力的挑战。1983年,国际政治前沿杂志《国际组织》邀请克拉斯纳主编对国际机制讨论的专辑,收入了新现实主义和新自由主义学者对国际机制研究和争论的论文,承认了新自由主义的学术地位。同时,新自由主义在学理方面也迅速发展。1984年,基欧汉的《霸权之后:世界政治经济中的合作与纷争》出版,标志着新自由主义成为成熟的国际政治理论,也开启了新自由主义和新现实主义的全面论战时期。② 1986年,基欧汉主编的《新现实主义及其批判》问世。这部著作是新兴理论对结构现实主义的强有力的批判。它既收入了基欧汉和鲁杰等人从自由主义角度批判新现实主义的文章,也收入了比较激进的批判理论和后现代理论家对新现实主义进行抨击的文章。③ 1988年,奈使用了新现实主义和新自由主义的标识,为两大学派定名。1993年,鲍德温主编的论文集《新现实主义和新自由主义》的出版标志着现实主义一统国际政治研究的局面被彻底打破,新自由主义作为理论论战中

---

① 罗伯特·基欧汉、约瑟夫·奈:《权力与相互依赖:转变中的世界政治》(林茂辉等译),北京:中国人民公安大学出版社1992年版。
② 罗伯特·基欧汉:《霸权之后:世界政治经济中的合作与纷争》(苏长和等译),上海人民出版社2001年版。
③ 罗伯特·基欧汉编:《新现实主义及其批判》(郭树勇译),北京大学出版社2002年版。

的新兴力量迅速发展成为与现实主义势均力敌的理论体系。① 其间,新自由主义学者发表了一系列论著,包括阿克塞尔罗德(Robert Axelrod)的《合作的进化》(1984)、奥伊(Kenneth Oye)的《无政府状态下的合作》(1986)、斯坦(Arthur Stein)的《国家为什么合作》(1990)、鲁杰的《多边主义》(1993)等。这些具有新自由主义学派标签的著作有一个共同的特点:无政府状态下的国际合作是可能的。国际行为体之间的相互依存、它们建立的国际制度的规约作用,都可以降低战争的危险、加强国家间的合作。新自由制度主义与新现实主义竞争的突破点是承认无政府性,但同时指出无政府条件下的冲突是可以避免的,合作是可以达成的。至此,新自由主义形成了国际政治学知识谱系中的又一个结晶,成为战后国际政治思想发展宏线的第二个里程碑。

从《权力与相互依赖》的出版算起,新自由主义和新现实主义论战至今已经持续了二十多年。在论战之中,新自由主义在国际政治学界的重要地位已经是不争的事实。但我认为,它在国际政治学思想发展史上的作用和意义不仅是对新现实主义提出了严肃的挑战,而且还启迪和激发20世纪90年代跻身西方国际政治主流理论行列的建构主义国际关系理论的诞生。虽然新自由主义承认国际体系的无政府性是国际政治的第一推动、承认国际关系中冲突的不可避免性,虽然新自由主义的基本理论体系是理性主义,但是,新自由主义对国际制度的强调无疑突破了物质权力这一现实主义的硬核,不仅将制度、规范这些属于社会范畴的非物质性内容引入了国际政治理论体系之中,而且使其成为最主要的理论概念和研究变量。1989年,戈尔茨坦(Judith Goldstein)和基欧汉主编的国际政治理论的重要著作《观念与外交政策》更是将观念作为与物质性变量并列的原因因素,用以解释国家的冲突与合作行为。这一极其重要的过渡性著作的最大贡献就是为社会建构主义的出现做出了铺垫。②

亚历山大·温特(Alexander Wendt)1992年的论文《无政府状态是国家造就的:权力政治的社会建构》被学术界公认为社会建构主义国际政治理论的宣言。③ 建构主义认为,国际合作不仅是完全可能的,而且国家可以造就一种从根本上就趋于合作的国际政治文化。无政府性不是国际

---

① 鲍德温主编:《新现实主义和新自由主义》(肖欢容译),杭州:浙江人民出版社2001年版。
② Judith Goldstein and Robert Keohane, eds., *Ideas and Foreign Policy* (Ithaca: Cornell University Press, 1993).
③ Alexander Wendt, "Anarchy is What States Make of it: The Social Construction of Power Politics," *International Organization* 46, pp. 391—425.

关系的第一推动,因为无政府性本身也是国际社会的主要成员国家在其相互的实践活动中构建起来的,可以有不同的逻辑内涵。无政府状态是观念的体现,不是不可更变的客观事实。主体间的实践活动形成共有观念,共有观念形成了文化,文化决定了行为体的身份、利益和行为。以和平和友谊为基本特征的康德文化可以从根本上改变国际社会成员的行为。温特的论文激起了国际政治学界的激烈争论,又一次大辩论爆发了。如果说新自由制度主义对新现实主义的突破点是质疑无政府条件下合作的可能性问题,那么建构主义的突破点是质疑无政府性这一基本概念本身,亦即否定新现实主义对无政府性的单一解释,强调无政府性的多种形式。受到震撼和批判的新现实主义和新自由主义的重要学者都参加了论战。建构主义研究在论战中得到了迅速的发展。1995年,卡赞斯坦(Peter Katzenstein)主编了第一部重要的建构主义实证性研究论文集《国家安全的文化》,收入了他本人、温特和杰普森(Ronald Jepperson)的理论论文,也收入了江忆恩(Alastair Iain Johnston)、费丽莫(Martha Finnemore)等建构主义学者的实证性论文。① 此后,费丽莫的《国际社会中的国家利益》(1996)、凯克(Margaret Keck)和辛金克(Kathryn Sikkink)的《超越边界的行动者:世界政治中的倡议网络》(1998)、巴尼特(Michael Barnett)的《阿拉伯政治中的对话:区域秩序中的谈判》(1998)以及韦尔兹(Jutta Weldes)《建构国家利益:美国与在古巴的导弹》(1999)等重要实证性研究专著也纷纷出版。1998年,《国际组织》杂志在纪念创刊50周年的时候,专门邀请建构主义、新自由主义和新现实主义的三大学者卡赞斯坦、基欧汉和克拉斯纳主编了专辑,总结了新现实主义、新自由主义和建构主义的学理辩论,承认国际政治理论三足鼎立的局面。到1999年,温特的《国际政治的社会理论》由剑桥大学出版社出版,标志着建构主义理论的成熟。② 至此,建构主义成为西方国际政治学谱系中的又一思想结晶,成为国际关系理论发展的第三个重要里程碑。

西方国际政治理论众多纷繁。在重大知识结晶周围既聚集了一大批研究成果,也吸引了非主流学派的批评和抨击。但是,要把握国际政治学的基本脉络,首先需要了解的莫过于宏线之上的重大知识结晶。这是西方国际关系学学科的核心,也是西方国际关系学智慧的精华。

---

① Peter Katzenstein, ed., *The Culture of National Security* (New York: Columbia University Press, 1996).

② 亚历山大·温特:《国际政治的社会理论》(秦亚青译),上海人民出版社2000年版。

## 三

了解这些知识结晶,不仅可以掌握大部分重要的国际政治思想和理论,还可以理清学科的发展前沿,把握国际政治思想和理论的走向。从西方国际政治三大理论流派的论战与发展中,我们可以看出三个明显的学科发展趋势,或曰国际政治学的三个新的特点。

第一是对合作的研究力度加大。国家和其他国际行为体之间的合作越来越受到强调。两战之间短暂的理想主义被第二次世界大战的战火摧毁之后,现实主义对冲突的基本假定得到了广泛的认同。冷战的开始和两大国家集团的对峙使得冲突和战争的观念得到了进一步的加强。国际关系学的基本概念比如人性、战争、无政府状态等在现实主义那里得到了详细的阐述,也产生了重大的影响。于是,现实主义在二战后的30年里逐渐形成了国际关系领域的主流,所产生的结果是,人们,尤其是决策者,将现实主义对冲突的认识视为客观事实,认定在无政府体系中,国家之间关系的根本性质是冲突,战略和方针虽然可以缓和冲突,但是永远无法消除冲突。恐怖均势是最典型的例子,说明稳定和平是绝不可能的事情,非稳定和平才是决策者追求的目标。① 冷战后,现实主义影响仍然很大,其核心观点构成了根深蒂固的冷战思维的基本内容。比如,"中国威胁论"的基本理论依据就是认为一个大国崛起之后必然实行扩张政策,对原有大国形成威胁。这是典型的结构现实主义学说。但是,国际关系学界对合作的研究一直没有中断。战后初期国际关系学对合作的乐观主义表现在对欧洲一体化的研究上面。多伊奇、哈斯等对欧洲一体化的研究强调了合作的可能和条件。② 虽然这些著作远未形成对现实主义的挑战,但是却使自由主义的观念得以继续。从新自由主义兴起以来,国际合作得到了理论上的支持。博弈论的应用、对国际制度的研究、多边主义的发展都表现了这一趋势。可以说,新自由主义虽然没有断定可以从根本上消除国家之间的冲突,但它从理论上阐明了无政府条件下理性地控制和削弱冲突的可能性,论证了国家之间合作的可行性。到了20世纪90年代,

---

① 参见 Kenneth Boulding, *Stable Peace* (Austin: University of Texas Press, 1978)。
② 参见 Karl Deustch, *Political Community at the International Level* (Garden City: Doubleday, 1954); Ernst Haas, *Beyond the Nation-State* (Stanford: Stanford University Press, 1964)。

建构主义的出现开始否定无政府性的基本内涵,提出了合作从根本上是可能的,冲突不是国际社会唯一的逻辑。① 虽然现在现实主义在西方政策界仍然占据重要地位,但在学术界已经处于守势。

第二是社会学理论对国际关系研究的影响加大。行为体的社会属性和能动作用越来越受到重视。现实主义是强物质主义理论,尤其是新现实主义,全面借鉴了经济学的认识论和方法论,形成了以理性主义为基本理论依托,以物质主义为基本认识方法的理论体系。人们认识到的只是物质性力量,是核武器的数量与质量,是军事预算的规模,是国家之间暴力能力的比较。根据这种理论,国家的一切都系于其物质实力,国际政治中的一切最终裁决都由实力做出。新自由主义虽然没有脱离理性主义的体系,但是在认识论方面开始向弱物质主义转移。新自由主义的突破口是国际机制,认为国际机制是减弱冲突、增强合作的重要因素。而国际机制本身是非物质的社会性因素,并且可以不依赖霸权国的权势而独立存在和发挥作用。② 同时,新自由主义学者对观念的强调也越来越明显。戈尔茨坦和基欧汉在《观念与外交政策》一书中将观念视为与物质性因素同等重要的变量。③ 建构主义学者则更进一步,认为观念是比物质因素更加重要的因素。在卡赞斯坦、费丽莫等人的研究中,都可以看到国际规范、国际制度和道德伦理等社会现象在国际政治中的重大作用,看到国家之间的互动、共有知识、国际政治文化这些因素对当今的世界政治所产生的影响。④ 正是在这一发展过程中,行为体的能动作用得到了突出的强调:人的行为可以导致冲突和战争,人的行为也可以导致合作与和平。国际政治的社会学转向在国际关系领域的表现是:经济学认识论和方法论影响的减弱,社会学影响的增强;物质性因素的作用正在减弱、人的因素的作用正在加强。

第三是人文精神的加强。第二次世界大战之后,国际关系学的独立学科意识越来越强,与法学、历史等学科的分界也越来越明显。国际关系

---

① 参见温特关于国际社会三种文化和无政府性的论述。温特:《国际政治的社会理论》,第 6 章。
② 基欧汉:《霸权之后》。
③ Judith Goldstein and Robert Keohane, "Ideas and Foreign Policy: An Analytical Framework," in Goldstein and Keohane, eds., *Ideas and Foreign Policy*, pp. 3—30.
④ Peter Katzenstein, "Introduction: Alternative Perspectives on National Security," in Katzenstein ed., *The Culture of National Security*, pp. 1—32;费丽莫:《国际社会中的国家利益》(袁正清译),杭州:浙江人民出版社 2001 年版。

学属政治学,所以在研究方法方面与经济学、社会学等社会科学学科是一致的。在美国政治学界,一些学者从20世纪20年代就开始提倡行为主义研究方式,二战后发展更加迅速,美国社会学研究理事会(Social Science Research Council)在1945年专门设立了政治行为委员会,到50年代,行为主义方法已经占据主导地位。① 在国际关系学界,战后的第二次大辩论主要就是围绕方法论展开的,传统派和科学派成为辩论的两大对立阵营。结果,以行为主义革命为口号的科学派占据上风,到了20世纪60年代,科学派成为美国国际关系研究的主流。科学派的胜利无疑推动政治学(包括国际关系学)成为一个独立的社会科学学科,并且产生了一套完整的、系统的科学研究方法。但是,科学派追求"经验事实",强调"共时性",所以,作为社会科学研究对象的人则被边际化。进而,随着冷战的结束和全球化的推进,随着物质文明的日益发展,伦理价值、规范制度等因素在世界政治中的作用日益加强。② 国际关系学界对国际制度的研究,对国际法和国际伦理的重新重视,说明了价值、伦理、规范等文化要素在当今世界中的重要作用,也表现出国际关系学研究中的人文意识的增强和对伦理规范的复归。随着全球民众参与广度和深度的加大,随着全球民主化进程的发展,国际关系学界更加重视对全球市民社会的研究,更加重视对全球治理的研究,更加重视对世界文化在国际政治中的作用的研究。③ "人的安全"越来越受到重视,"人是目的"的精神被更多地引入国际关系的研究之中,主流国际关系学者在坚持科学实在论和科学研究方法的同时,开始更多地关注和研究"人"的问题,人文意识也越来越与科学精神融合在一起。

但是,西方国际关系学的两个传统仍然十分明显。一是追求宏理论的传统,主要表现为构建体系理论的持续努力。自行为主义革命以来,追求宏理论是西方主流国际关系学者的标志性特征。重大理论都希望成为体系理论,沃尔兹对经典现实主义的修正、基欧汉从跨国主义观的倒退、

---

① Robert Dahl, "The Behavioral Approach in Political Science: Epitaph for Monument to a Successful Protest," in James Farr and Raymond Seidelman, eds., *Discipline and History* (Ann Arbor: University of Michigan Press, 1993), pp.249—265.

② 参见 Terry Nardin and David R. Mapel, eds., *Tradition of International Ethics* (Cambridge: Cambridge University Press, 1992)。

③ 参见秦亚青:《制度霸权与合作治理》,《现代国际关系》2002年第7期,第10—12页;蔡拓:《时代的新质与前瞻》,《现代国际关系》2002年第7期,第19—21页;詹姆斯·N.罗西瑙主编:《没有政府的治理——世界政治中的秩序与变革》(张胜军、刘小林等译),南昌:江西人民出版社2001年版。

温特在理性主义和反思主义之间的摇摆,都说明科学观对西方国际政治理论家的重大影响。从这个角度来讲,沃尔兹、基欧汉和温特是一脉相承的。正因为如此,非体系理论虽然可以产生重大影响(如贸易和平论、国际政治认知理论等),成为知识发展的动力,但却很难构成知识谱系中里程碑式的理论,也难以激起整个学科范围内的学理论战。二是西方中心的传统,二战后尤其表现为以美国为重心。西方国际关系学的主要理论体系都是在美国产生的,思想理念也是以西方的思想传承为主。即使其他地方也可以产生一些颇有影响的理论,如依附理论等,但最终无法成就宏大的理论体系,无法产生久远的学理影响。这些理论虽然重学理,但也是以美国战后面临的国际问题为核心,为解决这类问题服务的。[①] 反思主义学者在这两个方面都向主流理论发起了猛攻,其怀疑和质疑也是推动理论发展的重要动力,但是,这些学者和学派始终处于边缘状态,为人们所注意,却不为人们所看重。非西方理论怎样才能产生、发展并得到有意义的建构,是我们应该深思并且为之努力的事情。

本文原载《外交学院学报》2003 年第 3 期。

---

① 罗伯特·科克斯:《社会力量、国家与世界秩序》,载基欧汉编:《新现实主义及其批判》,第 190—193 页。

# 权力·制度·文化
## ——国际政治学的三种体系理论

**内容摘要**

近年来,结构现实主义、新自由制度主义和温和建构主义三种体系理论开始呈鼎足之势,既成为西方国际政治学理争论的焦点,也形成了国际政治学的学统主体。三种理论都将研究重心置于国际体系层次,都以科学实在论为认识论基础、以经验研究为方法论基础,但对国际体系和体系单位却有迥然不同的认识。三种理论在理论构建过程中表现了对科学性的追求,这在一定程度上削弱了它们对国际现象的解释能力。但是,由于在创建国际政治宏观科学理论体系方面的努力,三种体系理论对这一领域的知识再生产与知识积累产生了重大的积极意义。

主流国际政治理论中有三种体系理论(systemic theory):沃尔兹的结构现实主义、基欧汉的新自由制度主义和温特的温和建构主义。① 这三种理论都强调国际体系层面的重要性,认为只有体系理论才能称得上国际政治理论,但是它们的内容又有着很大的不同,对国际体系的认识也表现出很大的差异,所以它们对国际关系的解读也就有着根本的不同。本文通过对这三种体系理论的比较,试图发现它们的异同,以期加深对国际政治的体系理论的批判性认识。

# 一、研究层次与体系理论

国际政治的体系理论与国际政治学的研究层次密不可分。20世纪50年代沃尔兹就分别在国际体系层次、国家层次和个人层次上分析了国际战争发生的原因。② 后来,辛格专门撰文讨论了国际关系研究中的分析层次问题,概括地提出了国际体系和国家这两个层次。③ 就战后国际关系的研究主流而言,最常用的仍然是国际体系、国家和次国家三个层次。其中,国际体系层次的理论研究属于体系理论范畴,国家层次和次国家层次的研究则属于次体系的研究范畴,或称为单位和次单位层次的研究。

国际政治学的体系理论是体系层次的研究。沃尔兹认为,国际政治的理论可以分为体系理论和还原理论(reductionist theory)。前者指体系层次的理论研究,是以体系特性作为解释依据的;后者指单位层次的理论研究,是以单位特性作为解释依据的。要建立国际政治理论体系,只有体系层次研究才可以完成。④ 由于沃尔兹强调体系层次的因素在国际政

---

① 基本文本依据是:Kenneth N. Waltz, *Theory of International Politics* (New York: McGraw-Hill, 1979)(《国际政治理论》,胡少华、王红樱译,北京:中国人民公安大学出版社1992年版); Robert O. Keohane, *After Hegemony: Cooperation and Discord in the World Political Economy* (Princeton, New Jersey: Princeton University Press, 1984)(《霸权之后:国际政治经济中的合作与纷争》,苏长和等译,上海人民出版社2001年版); Alexander Wendt, *Social Theory of International Politics* (Cambridge: Cambridge University Press, 1999)(《国际政治的社会理论》,秦亚青译,上海人民出版社2000年版)。

② Kenneth N. Waltz, *Man, the State, and War* (New York: Columbia University Press, 1959)。

③ J. David Singer, "The Level-of Analysis Problem in International Relations," in Klans Knorr and Sidney Verba, eds., *The International System: Theoretical Essays* (Princeton, New Jersey: Princeton University Press, 1961), pp.77—92。

④ 正因为如此,沃尔兹才将其提出并建立国际政治系统理论的专著称为《国际政治理论》。尤其参见 Waltz, *Theory of International Politics*, Chapter 4。

治中的重要作用,所以他借鉴体系理论和控制论的原理,构想了国际政治的体系,并把这一体系界定为"一组互动的单位"。① 这样,在他的国际体系中,就包含了体系和体系单位两个基本因素,国际体系层次的研究也包含了三个主要内容:(1) 设定一个体系;(2) 设定这个体系包含两种主要因素——体系因素和单位因素;(3) 设定所研究因素之间的关系。

简言之,体系理论需要确定体系中最具实质意义的特征;需要确定体系单位最具实质意义的特征;并提出一个体系理论的基本陈述,即体系特征与单位特征之间的关系陈述。对于体系理论来说,体系特征是发生作用的因素,单位特征是受到这种作用影响的因素,体系特征的变化导致了单位特征的变化。结构现实主义、新自由制度主义和温和建构主义理论都遵循了这些体系理论原则,所以都是体系理论。但是,由于它们对国际体系和体系单位有着不同的认识,所以对体系特征和单位特征所包含的内容也就有了不同的解读。

## 二、国际体系特征

国际体系理论首先需要明确的就是:国际体系中什么因素是至关重要的因素。也就是说,什么国际体系特征对国际体系单位起到最大、最关键的影响作用。正是在这一根本问题上,上面三种不同的体系理论产生了实质性的分歧。

结构现实主义设定的国际体系特征是国际体系结构。

沃尔兹不仅认为"体系是由结构和互动的单位构成",而且强调结构使"体系成为一个整体"。② 结构需要独立于体系单位,抽象于体系单位的属性和特征,并且根据单位的排列组合来加以确定。他首先提出了界定政治结构的三个标准:秩序原则、单位特征、权力分配。由于国际体系不同于国内体系,所以国际体系的秩序原则是无政府性,单位特征中最明显的一点是国际体系的单位——国家是同类的、功能相似的单位。如果说国际体系的无政府性是只要有国家体系存在就不会发生变化的因素,作为体系单位的国家又都是同类和功能相似的实体,那么,在决定国际体系结构的三个重要原则方面,只有权力分配是可变因素。因此,沃尔兹的体系结构就被定义为国际体系中的权力分配。由于沃尔兹对于实力分配

---

① Waltz, *Theory of International Politics*, pp.39—40.
② Ibid., p.79.

的基本思考在于"集中关注作用最大的国家"①,所以,权力分配就是指大国之间的权力分配。

既然国际体系的结构主要是由大国之间的权力分配界定的,那么这样的权力到底是什么权力呢?对于结构现实主义来说,这显然是国家的物质能力。沃尔兹提到了"经济、军事和其他能力"②,并且以"极"的概念表示国际体系结构,比如两极、多极等结构,说明结构的根本特征是国际体系中主要单位之间的物质权力分配,亦即大国之间实力的分配。

新自由制度主义设定的国际体系特征是国际制度。

新自由制度主义并没有否认沃尔兹的结构,认为以大国间实力分配为核心的国际体系结构是国际关系的重要因素,不过,国际体系的特征并不仅仅如此。正如基欧汉所说:"现实主义者所强调的权力分配当然是重要的;……但是,国际体系层次上的人类活动同样会产生重要的作用。"③所以,仅仅强调结构是不够的,还需要由强调国际体系其他特征的理论加以补充。于是,新自由制度主义提出了国际体系的进程,认为沃尔兹武断地将单位之间的互动归为单位属性是错误的,并指出进程与结构一样都是国际体系的重要特征。在此基础上,新自由制度主义强调的重心就从国际体系结构转移到国际体系进程。

所谓进程,就是国际体系中单位之间的互动方式和互动类型。④ 影响国际进程的体系因素有两个:体系结构和国际制度。⑤ 国际体系结构的变化是相当缓慢的,要等主要国家之间的权力关系发生根本性的改变之后才能够完成。于是,新自由制度主义就可以假定国际体系结构为常数。在国际体系结构不变的情况下,国际制度就成为国际体系的最主要特征。国际制度是:"连贯一致并相互关联的(正式或非正式的)成套规则,这些规则规定行为角色,限定行为活动,并影响期望的形成。"⑥具体可指政府间国际组织和非政府国际组织、国际机制、国际惯例等。

温和建构主义设定的国际体系特征是国际文化。

---

① Waltz, *Theory of International Politics*, p.73.
② *Ibid.*, p.131.
③ Keohane, *After Hegemony*, p.26.
④ Joseph S. Nye, Jr., *Understanding International Conflicts* (New York: HarperCollins, 1993), p.30.
⑤ Nye 明确提出的是三个:结构、相互依存和国际制度、国家自身性质。其中第三个不属于系统特征。参见 Nye, *Understanding International Conflicts*, p.31.
⑥ Robert O. Keohane, *International Institutions and State Power* (Boulder: Westview, 1989), p.3.

温特对文化的定义是"社会共有知识"①,是社会成员在社会场景中通过互动产生的共同观念,是社会成员共同具有的理解和期望。国际体系文化就是国际社会中这些共有观念的分配,或者说是国际体系中的观念结构。所以,建构主义也是结构理论,但是建构主义的结构不同于结构现实主义的结构。如果说沃尔兹的结构是物质性的话,那么温特的结构则是观念性的。换言之,建构主义在本体论上认为国际政治的核心内容是观念,是非物质性的。物质结构的确存在,但是物质结构只有通过观念结构才能具有意义。因此,温特认为,沃尔兹的物质结构是不充分的、是可还原的,因而只能是表层结构。只有观念结构,才是深层的结构,是可以使物质结构具有意义的社会性结构。②

这种观念结构是体系中的行动者之间的互主性实践活动建构的。行为体交往的初始行为通过互动产生了主体间意义,加强或削弱了各自的一些私有观念,并开始形成共有观念,于是便产生了社会性的观念结构,亦即文化。在国际社会中最典型的结构特征是无政府文化。主流国际关系理论往往预先设定无政府文化的单一性,把无政府文化作为国际政治的第一推动,作为先验给定的国际体系秩序。但温特明确指出,无政府性实际上是国际社会成员——国家造就的。③ 国际体系文化有着多种形式,因而不具单一性质。温特提出了三种可能的国际体系结构:霍布斯文化、洛克文化和康德文化。物质结构的意义取决于这些文化的意义。比如,霍布斯文化的意义是杀戮和被杀,在这种文化中的物质能力是用来消灭对方和保护自己的,这是典型的安全困境;而康德文化的意义是友谊,在这种文化之中同样的物质能力则可能是保护大家的。根据温特的理论,文化才是国际体系结构的根本特征。

总结三种体系理论,我们可以看出,结构现实主义的体系特征是权力,新自由制度主义的体系特征是制度,建构主义的体系特征是文化。

## 三、国际体系单位

由于三种理论都是体系理论,也都认为只有体系理论才能构建国际政治理论,所以它们设定的体系单位都是国家。

---

① Wendt, *Social Theory of International Politics*, p. 141.
② Ibid., Chapter 3.
③ Alexander Wendt, "Anarchy is What States Make of It: The Social Construction of Power Politics," *International Organization*, Vol. 46, 1992, pp. 391—452.

虽然以前的现实主义者都把国家作为国际政治的主导行为体,但沃尔兹将国家变成一个国际政治理论的抽象和简约的概念。他为了建立高度科学的国际政治理论体系,对国家的概念予以彻底的清理和简化。沃尔兹首先以非历史的方法把国家界定为一个相对稳定的行为体。他没有像历史社会学和国家社会学那样把国家历史化,把国家置于一系列历史阶段和社会力量的网络之中,而是基本上把国家物化为一个常数性实体。① 其次,沃尔兹排除了国家本身与国际政治无密切相关关系的因素,达到他所主张的"要建立理论,我们必须将现实抽象化,也就是舍弃我们看到和经历过的大部分东西"②。据此,诸如意识形态、社会制度、经济发展水平等诸多因素都被排除在外,国家因而成为"同类的单位"。沃尔兹说:"把国家称为'同类单位',是说每个国家都像其他国家一样,是一个自主的政治单位。这是国家享有主权的另一种说法。"③最后,国家作为同类单位,面临相同的任务,不同之处只有一个,即国家实力的大小。这样一来,沃尔兹的体系单位就成为十分简约、可相互类比的单位。至此,沃尔兹成功地完成了界定体系理论中两个不可或缺的因素:体系特征和体系单位,并且,这两个因素都具有高度简约的特征和可操作化特征。

新自由制度主义继承了沃尔兹的国家观。基欧汉在提出和阐述新自由制度主义理论的时候,重新接受了现实主义的国家观,并认为这是新自由制度主义和新现实主义的最大相同点之一。他承认在自己学术生涯早期强调过非国家行为体的重要意义,但后来认识到,非国家行为体仍然是从属于国家的,所以将注意力回转到国家上来。④ 显然,基欧汉的目的在于建立一种体系理论,并且,要建立一种科学的简约理论。在这种理论中,他的理想设计是像沃尔兹一样选择和确定一个最"合理"的体系单位。在当今的国际政治中,只有国家才可能成为这种选择的唯一候选者。

温特也选定了国家作为他的国际体系的基本单位,认为没有国家就没有国际体系。他支持新现实主义"国家是单一行为体的假定",坚持这

---

① 关于国家社会化理论,参见 Robert Cox, "Social Forces, States and World Order: Beyond International Relations", in Robert Keohane, ed., *Neorealism and Its Critics* (New York: Columbia University Press, 1986), pp. 204—254。
② Waltz, *Theory of International Politics*, p. 68.
③ Ibid., p. 95.
④ Keohane, *International Institutions and State Power*, p. 8.

是国际体系理论研究的起点。① 他详细说明了国家为什么可以作为国际政治的主导行为体,从制度法律秩序、合法使用暴力、主权等多个方面支持国家中心论的基本观点,以国家社会二元分立的理论表明国家的独立作用,并像沃尔兹一样排除了国家的其他所谓非本质属性,包括国家的政治体制和其他社会关系。温特说:"我感兴趣的只是所有时间范畴、所有空间范畴内的国家所共有的特征,亦即'本质国家'。……我们采取最小主义的国家观,即把国家的一切附带成分统统剥离开来。"②只有这样,才可能开始进行体系理论的研究。虽然温特理论中的国家比沃尔兹和基欧汉的国家具有了更多的"人性",具有了身份、意向、动机等特征,尤其是具有了意义重大的能动作用,他认为"国家也是人"③,但是,他也坚持认为,对国家本身不能够再进一步分解,否则就不能成为国际政治理论。

## 四、体系特征和体系单位的关系

对于体系理论来说,体系特征和体系单位的关系是体系特征对体系单位产生作用。我们可以用下面的简图表示两者之间的这种关系:

$$S \longrightarrow U \qquad (1)$$

其中 S 表示体系特征,U 表示单位特征。

结构现实主义的研究重点是国际体系结构对国家行为的影响。沃尔兹认为体系理论的主要成就之一就是说明体系结构怎样影响体系单位。④ 就此而言,沃尔兹结构理论有着三个特点。第一,他认为,"……结构改变了行为体的行为,影响了行为体之间的互动"⑤。这也就是说,在沃尔兹的理论中,两个主要的变量是体系结构和体系单位行为。第二,结构特征和单位行为之间的关系是因果关系,其中,体系特征是原因,单位行为是结果。第三,体系结构被定义为主要国家之间的物质权力分配,国家行为则主要是指国家之间的冲突与合作。沃尔兹自己举的例子是多极结构使欧洲诸国的合作不能实现,因为它们在安全领域里的互动只能是零和游戏。但在国际体系结构变为两极之后,由于美国对其盟国提供了

---

① Wendt, *Social Theory of International Politics*, pp. 43,194,195.
② *Ibid.*, p. 201.
③ *Ibid.*, p. 215.
④ Waltz, *Theory of International Politics*, p. 40.
⑤ *Ibid.*, p. 69.

稳定的环境,所以它们之间的合作就成为可能。[①]

结构现实主义的核心是"结构选择",指国际体系结构导致国家的冲突或合作行为。套用图(1),结构现实主义的基本理论假定可以表示如下:

$$S_p \longrightarrow U_b$$

其中 $S_p$ 为国际体系结构,$U_b$ 为国家行为。

新自由制度主义在逻辑推理和理论思维方面与结构现实主义是一致的,所以国际体系特征和国家行为仍然是新自由制度主义的主要研究变量。但是,由于新自由制度主义学者认为沃尔兹的结构既过于狭隘又具有很强的静态性质,所以国际进程才是体系的重要特征。[②] 国际体系单位行为仍然是国家的冲突与合作行为。国际制度和国家行为之间的关系是因果关系。新自由制度主义的核心是"制度选择",即在国际体系结构不发生变化的情况下,国家仍然会表现出不同的行为和行为取向,导致这些不同行为和不同行为取向的是国际体系的制度化程度。仍然套用图(1),新自由制度主义的基本理论假设可以表示如下:

$$S_i \longrightarrow U_b$$

其中 $S_i$ 为国际制度,$U_b$ 仍为国家行为。

如果说沃尔兹理论的核心是"结构选择",基欧汉理论的核心是"制度选择",那么温特理论的核心就是"文化选择"。文化指国际体系文化,亦即国际体系中共有知识或观念的分配,这种分配的作用对象是作为国际体系单位的国家。

对于温特理论所假设的国际体系和国家之间的关系,有三点需要说明。第一,温特所设定的国际体系与国家之间的关系不是因果关系,而是建构关系。他详细阐述了两种关系的不同,指出因果关系是当一个变量发生变化,另一个变量也随之发生变化,两种变化有着时间的先后。如果将国际体系和国家之间的关系设定为因果关系,研究重点就是:在国家身份和利益已定的条件下,国际体系因素的变化会导致什么样的国家行为变化。建构关系则表现了结构属性怎样构成了单位属性(身份和利益),即国际体系文化怎样使国家成为国家、怎样使国家产生了利益,这是一种"建构"关系。这样一来,国家的身份和利益就不是给定因素,而是需要研究的问题。温特本人认为,考虑国际体系文化对国家身份和利益的建构

---

[①] Waltz, *Theory of International Politics*, pp. 70—71.
[②] Keohane, *International Institutions and State Power*, pp. 8—9.

作用是建构主义理论的最大贡献。①

第二,国家因素首先是国家的身份和利益,而不是国家行为。由于结构现实主义和新自由制度主义假定国家的身份和利益是给定的,在国家体系出现以后,国家就是国家,国家利益就已经确定,所以单位层次上的变量应该是国家在无政府环境的刺激下采取什么样的不同行为来实现既定利益。而建构主义思考的核心问题却是国际体系文化怎样使国家产生了某种身份和利益。当然,这并不是说建构主义不考虑国家行为,任何国际关系理论都无法避开国家行为这个问题。但是,建构主义的观点是国家行为是由国家身份和利益决定的,所以只有确定了国家身份和利益之后才可能真正理解和解释国家的行为。②

第三,温特在早期论文中更多地强调能动者和结构的相互建构③,但是在其试图将建构主义理论全面发展为体系理论和结构理论的时候,关注重心却已经置于体系结构对体系单位的建构作用上来了。④ 建构主义理论的研究议程也多是分析国际体系文化对国家身份和利益的建构。玛莎·费丽莫的《国际社会中的国家利益》一书就是一个比较典型的例子。她讨论的核心问题是:围绕联合国教科文组织、国际红十字会和世界银行产生的国际体系规范是怎样被国家习得、内化并界定为自身利益的。⑤

所以,温特理论的核心可以表述为以下形式:

$$S_c \rightleftarrows U_i \longrightarrow U_b$$

其中 $S_c$ 表示体系文化,$U_i$ 表示国家身份和利益,$U_b$ 表示国家行为。这一简图的第一部分表示体系文化和单位身份之间的互构。但在强调体系层次的建构主义研究设计中,这一关系图往往成为如下形式:

$$S_c \longrightarrow U_i \longrightarrow U_b$$

即由强调体系文化与国家身份的双向互构转向体系文化对国家身份的单向建构。这并不是因为结构和能动者之间的互构不复存在,而是研究人

---

① Wendt,*Social Theory of International Politics*,p. 166.
② *Ibid*.,Chapter 5.
③ Alexander Wendt,"The Agent-structure Problem in International Relations Theory," *International Organization* 41,pp. 335—370.
④ 尤其参见 Wendt,*Social Theory of International Politics*,第 3、4、6、7 章。
⑤ Martha Finnemore,*National Interests in International Society*(Ithaca:Cornell University Press,1996).中译本见《国际社会中的国家利益》(袁正清译),杭州:浙江人民出版社 2001 年版。

员将单位对体系的作用设定为已知或常数。进而,在这两个部分中,第一个箭头区间又是建构主义学者重点研究的问题。

## 五、体系理论的科学性与局限

体系理论虽然在诸多方面有着实质性的不同,但有一点是共同的,即其认识论基础是科学实在论,研究方法也主要是经验研究。国际政治学主流学者努力将国际政治理论发展为宏大科学理论,并认为这种理论的建立非体系理论莫属。卡普兰和沃尔兹都在这方面进行了开创性的尝试。[①] 并且,自从沃尔兹的《国际政治理论》问世以来,三种主流国际政治理论流派都是体系理论。究其原因,主要是体系理论最有可能构建一种科学的国际政治宏理论,这恰恰与国际政治学界建立国际政治学元叙述的愿望是一致的。

体系理论之所以最容易从宏观角度提供科学研究需要的条件,主要是因为它所具有的三个特征。一是共时性特征。所有体系理论对共时性的强调超过对历时性的强调,研究的对象被假定为相对超时空的系统,而不是经过时间演变而来的历史产物。比如,主流理论的体系是国家构成的体系,而国家又被视为不受时空概念影响的稳定单位,这样体系和单位才能作为非历史的客观现象加以研究。所以,共时性使国际政治理论更接近自然科学的"硬科学"研究。二是客观性特征。科学研究的基本条件是作为研究对象的事物是客观实在,科学家可以对其进行客观的观察、测试和验证。结构现实主义的体系特征是物质权力分配,最容易以客观标准观察和测量。新自由制度主义的体系特征是制度,制度虽然属于非物质范畴,但是制度的存在与实施、制度化程度却是可以观察和测量的事实。温和建构主义的体系文化可能是三种理论中最难以客观定义的事物,但温特的方法是采用迪尔凯姆的做法,将社会现象视为社会实在,强调它之于行动者的外在性和客观性。[②] 三是简约性特征。任何科学理论都应具备简约的特征,体系理论最容易提供简约的理论体系。体系理论重点思考的问题是体系特征对体系单位

---

[①] 参见 Morton Kaplan, *System and Process in International Politics* (New York: Wiley, 1957); Waltz, *Man, the State, and War*。

[②] 参见迪尔凯姆:《社会学方法的准则》(耿玉明译),北京:商务印书馆1995年版; Wendt, *Social Theory of International Politics*, pp. 47—77。

的作用,所以体系理论一般设定体系特征和单位特征两个基本变量,并就这两个变量之间的关系做出假设陈述。这样一来,国际政治的理论核心就被定位于这两个基本变量上面,以此达到了科学理论的简约要求。

但是,体系理论的主要问题也正表现在它刻意强调的这三个方面。

首先,共时性是体系理论成为超时空宏大理论的根本条件,但是国际政治的历时性特征又十分明显,这难免使人们认为体系理论对共时性的强调抹杀了国际政治的历史渊源和进化发展。国际体系和国家都是历史发展的产物,以国家为中心的国家间体系,亦即国际体系理论定义的国际体系,绝非永恒的现象。1648年国家体系建立之前的国际体系不是国家体系,20世纪以前中国的朝贡体系也不是国家体系。因此,根据历史的经验和随着历史的发展,国家的超时空地位必然受到质疑。其次,强调体系的客观性势必忽视结构—能动者互构问题。体系理论将国际体系作为客观的社会实在,实际上是将体系与体系单位作为可以分而处理的两种客观事实,也只有这样,才能观察体系特征对单位行为体的作用。但是,如果承认国际体系具有社会特征,可以用国际社会的概念予以表述的话,体系和行为体就是互构的。既然是互构,行为体的能动作用就是不可忽视的因素。结构现实主义和新自由主义对此以理论假定的方式做了回避处理。温和建构主义强调了社会体系和行为体的互构,温特在1987年的论文里详细论述了这个问题。但是,当温和建构主义以体系理论出现之后,无疑弱化了双向互构,突出了单向建构。① 第三,强调体系理论的简约性,则往往容易使复杂的国际政治简单化。这方面最好的例子是国家的对外行为。所有体系理论都将国家假定为单一的行为体,这一假定的目的是排除一切国内政治和社会进程的干扰。这里,体系理论遇到了一个两难境地:国内政治和社会进程对国家身份的界定、对国家利益的形成、对国家对外行为的表现都有着至关重要的作用;但如果考虑国内因素,则无法确定一个可以类比的体系单位。体系理论的做法是将国内因素完全排除。这虽然帮助体系理论实现了其科学简约的目的,但是却把大量问题和现象置于解释范畴之外。

任何理论都不可能包罗万象,都无法解释所有现象。虽然体系理论往往难以解释其他分析层次上的现象,但它对为数不多的重大国际政治

---

① 《国际社会中的国家利益》是一个典型的例子。在实际研究中,单向建构是比较容易进行实证性研究的。

现象具有较强的解释能力。并且,体系理论实现了相对高度的科学性,也正是这种科学性使体系理论在人类知识再生产和积累方面产生了重要的作用,这是其他微观理论所不能比拟的。正因为如此,体系理论才成为学理争论的焦点和国际政治学的学统主体。

  本文原载《世界经济与政治》2002 年第 6 期。

# 权力政治与结构选择
## ——现实主义与新现实主义评析

**内容摘要**

现实主义是国际关系理论的重要流派。自从国际关系学科建立以来,卡尔、摩根索和沃尔兹成为现实主义发展史上的三座里程碑。卡尔奠定了现实主义的基础,摩根索建构了现实主义的理论大厦,沃尔兹完善了现实主义的科学体系。现实主义主导国际关系研究达40年之久,其间受到自由主义、建构主义和其他理论的深刻批判,引发了学理论战。冷战之后,现实主义则沿着两个主要方向继续发展:一是强化了古典现实主义和新现实主义的权力命题,形成了进攻性现实主义;二是脱离国际体系层次,与其他层次的分析相互结合,产生了新古典现实主义。无论怎样,现实主义作为一种思想观念,作为一种理论范式,会长期存在下去。

西方国际关系理论有着悠久的历史渊源,现实主义一直是重要的国际关系理论流派。修昔底德的《伯罗奔尼撒战争史》被视为权力政治的名著和现实主义思想的重要渊源,马基雅弗利的利益观、霍布斯的自然状态论、尼布尔的原罪思想等都对现实主义产生了重大的影响。但是,西方国际关系学开始成为一门科学的学科是从一战结束开始的。二战之后,国际关系学成为独立于历史和法学的学术领域,逐步建立起较明确的研究对象和较科学的研究方法,理论体系日臻成熟。在半个世纪的时间里,流派四起,思潮纷繁。但是,政治现实主义作为重大学术流派之一的地位一直没有改变,20世纪70年代兴起的新现实主义作为现实主义发展的高度科学的理论体系仍然有着重要的意义。

# 一、从古典现实主义到新现实主义

现实主义是在对理想主义的批判之中发展起来的。纵观现实主义的发展历程,三个重要理论家起到了重要的作用:卡尔奠定了现实主义的基础,摩根索建构了现实主义的理论大厦,沃尔兹完善了现实主义的科学体系,因此,卡尔、摩根索和沃尔兹的理论论述也就成为现实主义的发展脉络的思想主线。冷战后,现实主义继续发展,但至今仍然没有出现能够与卡尔、摩根索和沃尔兹并驾齐驱的理论家。

## 1. 卡尔与政治现实主义思潮的兴起

卡尔奠定了国际关系学现实主义理论的基础。一战之后,世界最为关注的事情是如何消除第一次世界大战这样的人类灾难。主要的解决思路集中反映在美国总统伍德罗·威尔逊的十四点计划之中。概括起来,就是强调普世道德原则,重视国际组织、国际法和国际舆论的作用,主张自由贸易、民主体制和民族自决。① 典型的表现形式和实际产物是国际联盟。当时,美国的威尔逊总统和英国的塞西尔爵士等一批自由主义人士认为,古典均势理论和秘密外交等欧洲大国惯用的国际关系原则是导致战争的重要原因。世界需要的是一种新的秩序,即以普遍道德指导之下、在国际法管理之下的新型国家关系代替权力政治,以主张公平正义的世界舆论代替寻求自我利益的秘密外交。国际联盟的构思和实践把19世纪自由理性主义的原则应用于20世纪,希望以此将世界改变成为

---

① 参见 Charles W. Kegley, ed., *Controversies in International Relations Theory: Realism and Neo-liberal Challenge* (New York: St. Martin's, 1995), pp.9—14。

和平的乐土。理想主义坚信,国际联盟及其集体安全的原则会成为使世界免于战争的根本保证。

针对这些理想主义的思想和实践,卡尔明确指出,从一战到二战之间的20年时间,实际上是危机四伏的20年。危机四伏,不仅是因为德国等国家对《凡尔赛和约》等国际安排的不满,而且也因为一战之后的理想主义思潮和活动掩盖了国际关系的实质,将"应然"误认为"实然",将理想中的世界当作现实的世界。理想主义的根本就是忘记了权力在国际关系中的重大作用。卡尔在其代表作《20年危机(1919—1939):国际关系研究导论》一书第二版的序言中写道:"《20年危机》旨在反击1919—1939年英语国家国际政治思想中明显且危险的错误,即,几乎完全无视权力因素。无论在学界还是民间,几乎所有的思想中都存在这种错误。"[1]他将这种错误称为乌托邦主义,也就是不顾国际政治现实的不切实际的政治理想主义。

卡尔主要从三个方面对乌托邦主义进行了批判。第一,他认为,在一种近于无政府状态的国际社会中,很难界定普世的道德,国家只能在道德与权力之间寻求平衡;也很难依赖国际舆论,因为没有统一一致的国际舆论,而只有国家舆论。第二,权力仍然是国际关系中至关重要的因素。没有国家权力的基础,国际组织只能是软弱无力。"在某种意义上,政治总是权力政治。"[2]卡尔明确界定了军事力量、经济力量和支配舆论的力量这三种权力形式,并认为三种形式相辅相成。在两次世界大战之间20年的理想主义盛行时期,将权力视为政治的实质,是卡尔批判乌托邦主义最有力的武器。第三,国际利益和谐是虚幻而不是事实。国家之间利益冲突是现实存在。利益冲突不是国家之间相互不理解、相互不沟通造成的,而是国际政治的实质所在。卡尔批判了利益和谐论这一乌托邦主义的基石:"利益冲突是实实在在的、无法避免的现实。如果掩盖这种现实,就会歪曲问题的真实性质。"[3]

道德的虚幻、权力的重要以及国家间利益的根本冲突,这三个基本命题形成了卡尔国际政治思想的核心内容,也奠定了国际关系学现实主义理论的基础。正是出于批判理想主义的需要,卡尔把国际关系学界的思

---

[1] E. H. Carr, *Twenty Years' Crisis*, 1919—1939 (New York: Harper and Row, 1964), p. vii.

[2] *Ibid.*, p. 102.

[3] *Ibid.*, p. 60.

想分为两大类,一类是理想主义(乌托邦主义),一类是现实主义,从而引发了第一次国际关系的理论大辩论,即卡尔现实主义挑战威尔逊理想主义的论战。这种分类本身就是对国际关系理论发展的一个重要贡献。进而,他通过对理想主义的批判,勾勒出现实主义的主要思想,这自然为现实主义的发展铺平了道路,也标志着现实主义作为国际关系理论主要学派的兴起。

### 2. 摩根索与现实主义理论大厦的建立

如果说卡尔奠定了政治现实主义的基础,那么,建立现实主义理论思想大厦的学者是汉斯·摩根索。在卡尔的《20年危机》中,现实主义的思想在批判乌托邦主义的过程中显现出来,但这些思想并没有得到系统的处理和理论上的升华。由于卡尔做过外交官和记者的背景,他的理论思想往往是在实践性思考的过程中表现出来的。他重视的是切合实际的观点和认识,不是抽象的理论概念和理论体系。摩根索长期从事学术研究,他希望做到的是创立国际政治的科学,揭示国际政治的客观现实。所以,在他的笔下,现实主义的理论体系才能得到重视并开始得以确立。

摩根索的代表作是《国家间政治》,其中提出的现实主义六原则形成了现实主义思想大厦的基本构架。这六条原则是:(1)政治受到客观法则的支配,客观法则根植于人性;(2)以权力定义利益;(3)以权力定义的利益是普遍适用的客观原则;(4)普世道德不能用来指导国家行为;(5)国家道德不等同于普世道德;(6)政治现实主义是独立的理论学派。① 对于这六条原则,摩根索做了详细的阐述。总结起来,可以看到一个三环相扣的理论体系。首先是人性观。人性利己,人性追逐权力和利益最大化,这是国际关系的第一推动。一切行为基于人性,人又生性追逐权力和利益,这是不可更改的基本社会事实,因此也是社会中的基本法则。这种近于人性恶的观点成为贯穿所有现实主义的悲观意识的根源。其次是利益观。国家利益是以权力定义的。摩根索将人性追逐权力的法则应用于国家之间的斗争,而斗争的核心是国家的自我利益。国家以自我利益为中心考虑,国家之间必然存在利益冲突,利益冲突只能以权力较量的方式加以解决。所以,争夺权力的斗争成为不可更改的国际关系的基本事实。利益以权力定义之后,权力就不仅是国家政策的手段,而且也

---

① Hans J. Morgenthau, *Politics Among Nations: The Struggle for Power and Peace*, 3rd. ed. (New York: Alfred A. Knopf, 1961), pp. 4—15.

成为国家行为的目的。最后是道德观。争取国家的利益就是国家的道德,普世道德虽然存在,但不能适用于国家。抽象的、绝对的道德观念在国际关系中是没有意义的,国家利益就是国家道德的标尺。因此,国家决策者不能以所谓的普世道德指导自己的行为。

人性观、利益观和道德观是摩根索现实主义理论的三个相互关联的环节,贯穿这三个环节的是他的核心概念:权力。摩根索将国家的所有行为动机归结为一点:获得、维持和增加权力。正因为如此,现实主义的思想大厦的框架显现出来:以权力政治为核心,以人性观、利益观和道德观为支柱,以国家为基本单位,以国家之间的竞争为基本互动方式。这是一幅比较完整的现实主义图景。当然,我们也不能忘记,摩根索并没有否认道德,更是强调了外交对于国家之间权力竞争博弈与国际和平的重大作用。[①] 不过,人们现在更多地讨论的是他以权力政治为核心的现实主义体系。至摩根索,古典现实主义达到了高峰,卡尔发起的第一次国际关系学论战已经基本决出胜负,现实主义在理论和政策界都占据了上风,并在国际关系学界占据主导地位达30年之久,至今影响仍在。

### 3. 沃尔兹的结构现实主义与现实主义的科学化

摩根索指出,国际政治是一个独立的领域,这个领域有着它的客观规律,政治现实主义反映了这些客观规律。正因为如此,从摩根索开始,国际政治学是一门科学的观念得到了进一步的加强,"法则""规律""客观"等被摩根索使用过的术语似乎给摩根索现实主义染上了浓重的科学色彩。毫无疑问,摩根索在推动国际政治学向着独立学科发展方面确实起到了重大的作用。但是,这种作用在建立科学体系方面更多的是无意识的,是表面上的现象。正如摩根索的学生肯尼思·汤普森对老师的评价那样,摩根索的理论是"国际关系的哲学"[②]。实际上,在摩根索的第一部著作《科学人与权力政治》就对"坚信科学的力量可以解决一些问题,特别是一切政治问题"的观点提出了尖锐的质疑。所以,摩根索的最大贡献是确立的现实主义的理论体系和思想大厦,真正使现实主义理论科学化的学者是肯尼思·沃尔兹。

---

① 摩根索强调外交是实现国际和平的重要工具。他认为,在当今的世界中,国际社会并不存在。要想建立国际社会,并使之存在下去,就必须使用外交这一协调工具。Morgenthau, *Politics Among Nations*, p. 568.

② Kenneth W. Thompson, *Master of International Thought* (Baton Rouge: Louisiana University Press, 1980), p. 88.

沃尔兹继承了从卡尔到摩根索的权力政治学说,其理论的核心仍然是权力。但是,沃尔兹对摩根索的古典现实主义进行了重大的修改。第一,国际关系的第一推动是国际体系的无政府性。人性为第一推动的观点被删除。摩根索虽然认为人性是客观存在,是不可改变的事实。但实际上,人性是无法测量、无法证否的东西,因此是先验的判定。性恶、性善和无性都是无法证明和无法证否的。如果以人性作为国际关系的第一推动,就从根本上使国际关系学失去了科学性。因此,沃尔兹将国际关系的第一推动设为国际体系的无政府性。无政府性才是国际关系的客观存在,才是社会事实。国际和国内两种不同政治环境的根本分水岭就是无政府性。第二,无政府条件下的国家的第一考虑是生存考虑。以无政府状态为基本标志的国际体系是自助体系。在这样的体系中,国家的目的不是无限制地获得、维持和增加权力,而是力图保证自我生存。沃尔兹对国际体系无政府性的定义相似于霍布斯的自然状态,也就是"每个人反对每个人的战争"状态,所以任何一个成员的根本忧患都是自我生存忧患。正因为如此,沃尔兹的理论又被称为"防御性现实主义"。第三,军事权力是国家权力的第一要素。国家的权力是国家生存的手段,不是国家政策的目的,国家获取权力是为了国家的生存。在无政府条件下,外交手段虽然有用,但只有军事实力才是保证国家生存的最重要权力因素,说到底,国家之间的利益冲突要通过军事手段解决,国际关系中的事件只有通过军事实力才能决出结果。无政府体系中和平解决冲突的局限性过大,国际性制度和法律都无法最终解决问题。①

沃尔兹修正摩根索的几个重要的非客观、非物质性命题之后,提出了自己的结构现实主义理论。这一理论是国际关系领域高度科学化的理论。它做出了三个假定:(1)国际体系是以无政府性为基本性质的体系;(2)国家是这一体系中的基本行为单位;(3)对体系的稳定和体系单位行为的最重要影响因素是体系结构。用最简单的陈述表示,就是"结构选择"。沃尔兹将结构定义为"国家之间实力的分配",主要是大国之间实力的分布,这是结构现实主义理论中最核心的自变量,而国家行为则被设定为国际政治理论中最核心的因变量:国际体系结构决定国家的国际行为。这是一个高度简约的命题,同时也是一个可以证伪的命题,所以具有高度的科学性。

---

① Kenneth Waltz, *Theory of International Politics* (Reading, Mass.: Addison-Wesley, 1979). 该书至今仍是国际政治学引用率最高的书,简称为 TIP。

正因为如此,沃尔兹的结构现实主义是国际关系诸多理论之中科学化程度最高也最为简约的理论。沃尔兹的理论被称为新现实主义,其"新"主要在于它的科学化程度。它以理性主义为宏观理论假定,以国际体系为研究层次,以体系结构为主要自变量,以国家行为为主要因变量,以国际体系无政府性为基本体系条件,构建了一个现实主义的科学理论体系。虽然新现实主义不仅包含沃尔兹的结构现实主义理论,也包括了其他一些理论,比如现实主义国际政治经济学,但从某种意义上讲,新现实主义的典型代表就是沃尔兹的《国际政治理论》,所以新现实主义被约定俗成地视为结构现实主义的同义词。① 沃尔兹理论问世之后,激起了国际关系学界的一场辩论,影响了一大批国际关系研究学者,也受到自由主义、新马克思主义、后现代主义等不同学派的质疑。② 在新现实主义框架之中,出现了以国际体系结构为基本自变量的研究成果和中型理论,比如奥根斯基的权力过渡理论和吉尔平的霸权稳定理论。即便是基欧汉的新自由制度主义和后来温特的结构建构主义也都受到沃尔兹体系结构思维、理性主义分析和科学主义方法的重要影响。所以,沃尔兹不仅完善了现实主义的科学理论体系,而且对国际关系理论发展起到了重大的推动作用。

## 二、新现实主义的理论体系

自摩根索之后,政治现实主义逐渐成为西方国际关系领域的主导理论。经过半个世纪的发展,在沃尔兹那里形成了严谨、简约的理论体系,即所谓的科学理论体系。基欧汉说:"沃尔兹理论的过人之处,不在于他提倡了一种新的理论研究或理论思考路线,而在于他努力将政治现实主义体系化,使之成为一种严谨的、演绎性的国际政治理论体系。"③这一理论体系包含的方面很多,但其中三项内容构成了现实主义大厦的重要支柱。这就是:国际关系的实质、国际行为体的意义和影响国际行为体行为的主要因素。其中前两个因素是现实主义和新现实主义共有的假定,但

---

① 参见 Robert O. Keohane, ed., *Neorealism and Its Critics* (New York: Columbia University Press, 1986),其中"新现实主义"一词都是指沃尔兹的结构现实主义。

② 参见 Robert Cox, *Production, Power, and World Order* (New York: Columbia University Press, 1987); Richard Ashley, "The Poverty of Neorealism", *International Organization* 38, pp.225—286。

③ 见《国际政治理论》一书的封底。

在新现实主义那里得到了更加明确的界定和阐述,第三个则是新现实主义的创新和发展。

## 1. 国际关系的实质:无政府条件下为权力的斗争

现实主义和新现实主义的核心概念是权力。

现实主义认为国际关系的实质是列国争夺权力的斗争。这种认识基于现实主义的人生而自私的人性观。一切政治活动的永恒法则是建立在自私人性之上的生存本能。霍布斯把人与人之间的关系解释成一种自然状态:人的生存本能驱使人采取措施,保护自我;而保护自我就要增强自我的实力。所以,每一个人保护自我的行为都与增强实力联系在一起,因而都会被其他人看作一种威胁、当成侵犯他人的行为。如果没有凌驾于人之上的"利维坦"进行强制性管理,人与人之间的自然状态就是相互争斗。① 美国神学家和政治学家尼布尔也用原罪和人性恶的观点解释社会中人与人不可避免的利益分歧和相互冲突。②

国际社会呈无政府状态,即没有一个凌驾于民族国家之上的国际权威或世界政府。这就使得国家间的关系近似于霍布斯自然状态中人与人之间的关系。尤其是在《威斯特伐利亚和约》之后,主权原则得以确立。从此以后,超国家的权力不再占统治地位,国际体系开始由独立的主权国家构成。在以后几百年的历史时期内,国家便成为国际关系的中心,国家的主权原则和国际社会的无政府状态也就成为国际关系的主要特征。由于没有强制性的超国家力量维持国际秩序,国家的安全时时受到威胁,迫使国家时时为生存而斗争。在这种情况下,马基雅弗利的国家安全至上的观点不仅是合理的,而且是政治家必须首先予以考虑的、关系到国家生死存亡的头等大事。

摩根索、基辛格等现实主义者都对国际社会的无政府状态及其对国家行为的影响做过详细的分析,而沃尔兹的论述最具系统性,也最为清晰明确。沃尔兹认为,国际关系与国内关系最根本的区别在于体系中各个单位之间的关系不同。国内社会这一体系是等级体系,体系中各个单位之间存在着不等同的关系,依其社会功能不同而有高低之分,社会中的权

---

① "利维坦"原为《圣经·以赛亚书》中的海洋巨兽,后指拥有巨大权力的国家机器。参见 Thomas Hobbes, *Levithan*, ed. by Michael Oakeshott (New York and London: Macmillan, 1974), chapter 13。

② 参见 Harry K. Dans and Robert C. Good, eds., *Reinhold Niebuhr on Politics* (New York: Scribner's, 1960), pp.78—78。

力集中在社会最高权威手中。所以,各个单位之间的冲突可以在上一级权威处得到解决,必要时可以是强制性解决。国际社会体系是无政府体系,体系中各个单位——民族国家之间是等同关系,每个单位的功能是相似的,而国际社会又缺少集中的权力,它既无世界政府,又无国际警察,国际组织或是空中楼阁,或是大国操纵的工具,所以各个单位之间的冲突只能自行解决。这就决定了国际体系只能是自助性体系。也就是说,组成体系的单位——国家只能依靠自我保护以求生存。①

自助体系要求体系中每一个成员要在冲突四起的环境中保护自己的生存。而自我保护的方式只有一种:增强国力。只有强大的实力,才能保证国家不被灭亡,保证国家在利益冲突中不受损害。这就形成了国际体系中国家努力增强国力的竞争局面。一国国力的增强,无论意图如何,都会被其他国家视为威胁。于是,其他国家也要增强国力。在这种国家竞相增强国力的自助体系中,安全困境是正常状态,只有强者才是安全的。摩根索把国家权力视为国家的最高目标:它不仅是国家行为的手段,也是国家行为的目的,国家的利益就是以国家权力定义的。②沃尔兹虽然把国家权力作为手段,但指出国家权力是保证国家生存的最可靠手段:决定国家间争端之结果的主要因素是国家拥有的实力。同时,现实主义者心目中的国家权力主要是指国家的军事力量,冷战时期苏美两个大国竞争的核心是军事竞争,这一事实就是极好的例证。

根据现实主义对国际关系的分析,我们可以看出三个相互关联的重要理论环节:自私的人性、无政府状态的国际体系以及自助的体系单位——国家。自私的人性使人与人之间、国与国之间的利益冲突不可避免;无政府状态使国际体系因无法以权威方式解决冲突而成为自助体系,自助体系又要求体系成员依赖自己的实力在冲突中保护自己的利益,包括最根本的生存利益。这三个理论环节的核心是国家权力,因为只有国家权力才是国家在冲突中免受损害的保证,才是国家最可信赖的外交工具。因此,国际关系的实质就是为权力的争斗,就是国与国之间为得到、保持、增强国家实力的相互竞争。虽然古典现实主义和新现实主义在人性问题上的观点不同,但在权力这一现实主义的核心概念上面,都保持了一致的态度。

---

① Waltz, *Theory of International Politics*, pp. 79—128.
② Morgenthau, *Politics Among Nations: The Struggle for Power and Peace*, pp. 38—43.

## 2. 国际关系的行为体:民族国家

现实主义和新现实主义认为民族国家是国际关系的主导行为体。

现实主义提出了民族国家(nation-states)为中心的理论观点,并对民族国家的特征做出了明确的界定。卡尔和摩根索对此已经或明示或含蓄地进行了说明,沃尔兹则以精确的科学语言对作为国际行为主体的国家进行了理论上的定义。

在国际关系学中,国际关系的行为体大致可以分为两大类:民族国家和非国家行为体(non-state actors)。非国家行为体主要包括政府间组织(intergovernmental organizations,IGOs)、非政府组织(non-governmental organizations,NGOs)和多国公司(multinational corporations,MNCs)。这里有必要区分国际关系和国际政治两个概念。国际关系一般指被定义为所有国际行为体的跨国界交往。根据这一定义,所有以上行为体的国际活动都可以包括在国际关系的研究范畴之内。国际政治这个概念的涵盖面要小得多。国际政治只涉及国际行为体的跨国界、权威性活动。这类活动主要是指国家间的活动。① 这样,非国家行为体、非政府组织和多国公司的活动也就不属于国际政治研究的中心问题。这是现实主义国际关系理论的基本假定之一。

正因为如此,现实主义强调国际政治是国际关系的核心,国家是国际政治研究的基本单位。所以,现实主义的研究核心是较狭义的国际政治。它关于国家的第一个假说就是国家中心说。梅奥尔曾指出,国际社会的基本特征是以主权国家为中心、以主权国家之间的交往为主要内容的。主权国家不可替代。在无政府的国际环境中,国家为本国公民提供安全保护等公共物资,保障公民的国际性贸易和投资,决定社会中的财富分配和再分配,解决社会中各种利益的冲突。进而,主权原则规定,国家对内有绝对权威,对外不受任何其他权威的制约。由于只有国家享有主权,所以任何具有重大意义的跨国界活动必须由国家从事或是得到国家的允许。这就确立了国家在国际关系中的主导作用。虽然以国家为中心的国际体系已经有几百年的历史,其根本特征并没有改变,民族国家仍然是国

---

① K.J. Holsti, *International Politics:A Framework for Analysis* (Englewood Cliffs, N.J.:Prentice Hall, 1992), pp.9—10.

际关系中最具实质意义的行为体。① 当然,现实主义并不完全排除其他国际行为体,也承认非国家行为体在国际事务中可以起到很大的作用。但它更强调从理论建设和发展的角度来看,研究单位越是单一、越是集中,就越容易发现规律性、实质性的理论模式。虽然其他国际行为体也起到了作用,但是基本研究单位——民族国家应该是其中最有意义的一个。

现实主义关于国家的第二个假说是单一国家说(the unitary state)。单一国家说认为国家是一个一元社会整体,能够独立地确立国家的利益,制定并执行国家的对外政策。国家是独立的行为体,国家的目标、行为和利益不同于任何国家内部社会力量和集团的利益。在一个国家中,不同的社会集团有着不同的甚至是相互矛盾和相互冲突的目标,但是国家的目标却具有整体性和统一性。只有这些整体的、统一的目标才能构成国家利益。② 由于单一国家说认为国家是一个统一实体,所以国家超越时空的最根本利益就是民族国家的生存。除此之外,在某一特定的时空断面上,国家只有一种整体目标、只有一个国家最高利益。当然,现实主义不否认国家的行为环境是复杂的、多元的。政府机构之间的讨价还价、利益集团之间的相互竞争、社会力量的交叉作用、重要人物的个人行为等都会对国家决策产生影响。但是,这些因素的总和只是构成国家决策的环境。决策环境可以对国家决策起到限制作用,但不能起到决定作用。最后的决策权仍然也必然掌握在国家手中。③ 这种整体的、统一的国家利益是由代表国家的中央政府决定的,是超个人、超阶级、超社会集团的。

现实主义关于国家的第三个假说是理性国家说。理性国家说认为国家行为体在某一给定环境中,能够确立国家目标,考虑多种政策方案的可行性和可能导致的后果,然后选择能够最大限度实现国家目标的政策方案,这就是所谓的手段—目的关联决策模式:国家采取某一种行动,这样行动必然是为某一目的服务的,并且也被认为是为了达到这一目的的最佳手段。④ 对于现实主义来说,国家理性基本上属于赫伯特·西蒙所说

---

① James Mayall, *Nationalism and International Society* (Cambridge, England: Cambridge University Press, 1990). 转引自 Herbert M. Levine, ed., *World Politics Debated* (New York: MaGraw-Hill, 1993), p. 28。

② Stephen Krasner, *Defending the National Interest* (Princeton, N. J.: Princeton University Press, 1978), pp. 42—45。

③ Bruce Bueno de Mesquita, *The War Trap* (New York: Yale University Press, 1981), p. 20。

④ Graham Allison, "Conceptual Models and the Cuban Missile Crisis," *American Political Science Review* 69, No. 2, September 1969, p. 694。

的实质理性,即只强调行为体根据自己的目标、按照预期效用的大小,排列和选择政策方案。① 如以这种理性为前提假设,我们在研究中就只需要考虑环境特征和理性行动者在某种特定环境中的目标等比较客观的因素,而不必研究某个有决策权的领导人独特的价值观念、个人好恶、思维方式和思维过程等相对主观的因素。根据这个假说,可以推断,在同样的环境中,面对同样的问题,国家决策者无论是谁,都会做出基本相同的理性决策。因此,国家的行为也会基本相同。

现实主义关于国家的理论假说对这一理论体系有着重要意义:国家中心说确立了国际关系的基本研究单位;单一国家说指明了国家利益在特定时空断面上的单一性和相对稳定性;理性国家说则强调了国家行为的可知性和可预测性。这些假说奠定了现实主义作为一个比较完整理论体系的基础,加大了现实主义作为以科学方法研究国际关系的可操作性程度。

### 3. 影响国家行为体的主要因素:国际体系的结构

现实主义认为国际体系结构是影响国家行为的重要因素,新现实主义认为国际体系结构是影响国家行为的唯一重要因素。

国际关系理论的目的是研究主要国家行为体一般的、有规律的行为,所以探讨的核心问题是什么因素对国家行为体国际行为的影响最大、最有意义。由于国际关系学的一个永恒主题是战争与和平问题,国家的战争与和平行为、冲突与合作行为就成为这一核心问题的主要内容。

古典现实主义对这一问题没有提出系统的、因果关系严谨的答案。一般来说,古典现实主义认为一个国家的意识形态、社会价值、政治体制对于这个国家的国际行为不会产生决定性的影响。国家在对外政策方面不能完全遵循自己国家的道德观念和价值观念。摩根索强调国家不能用普遍道德原则的绝对形式指导其国际行为,基辛格也认为国与国之间关系的发展不应基于这些国家的政治体制、意识形态是否相同,而应主要考虑国家根本利益的共同点和互补性。所以,现实主义将国家利益当作国家国际行为的主要动机。但是,除非在具体环境和情景中加以明确定义,古典现实主义所说的国家利益可以包罗万象,因此只能是一个一般的、笼统的、难以操作的抽象理论概念。

随着古典现实主义向新现实主义的发展,现实主义的理论化程度越

---

① Herbert Simon, "Human Nature in Politics," *American Political Science Review* 79, No. 2, June 1985, p. 294.

来越高,对于国家行为原因的研究也就越来越严谨。二战后现实主义理论家在其理论专著中提出了多种影响国家行为的因素。沃尔兹在其第一本重要著作《人、国家与战争》中,讨论了三种理论模式,分别指出了作为决策者的个人、国家在国际体系中的位置、国际体系本身这三种不同层次的因素对国家行为体产生的影响。① 辛格在 1961 年发表重要论文《国际关系中的层次分析问题》,认为国家的国际行为在宏观和微观两个层次上受到影响。在宏观层次上,国家的行为主要受到国际体系的影响,即:国际体系的结构和特征影响了体系中单位——国家的行为;在微观层次上,国家的国际行为则受到国内因素的影响,这些因素包括国家的决策程序、决策内容、决策人物等。② 古典现实主义重视的因素,比如摩根索重视外交官的个人能力和外交技巧,基辛格对秘密外交的极大兴趣等,大都是单位或次单位因素,"将行为单位特征以及行为单位之间互动的特征作为政治事件的直接原因"③。这种方法在新现实主义的科学化过程中逐渐失去了理论意义。沃尔兹区别了两种不同的理论:一是还原理论,即将个人或单位层次的因素视为行为原因的理论;二是体系理论,指国际体系层次因素视为行为原因的理论。国际政治理论必须是体系理论,而不能是还原理论。④ 也就是说,国际体系层次的因素决定了国家的国际行为。

  沃尔兹的体系理论是他的第一个重大创新点。古典现实主义者对影响国家战争与和平行为的因素有着诸多不同的看法,国际体系只是他们诸多重要原因中的一个。卡普兰指出国际关系理论的实质是预测特定国际体系中国际行为体的典型行为模式。⑤ 摩根索强调势力均衡对国家之间关系、国际格局稳定和国际结盟变化的重大影响。⑥ 辛格认为着眼于国际体系有助于使人们从整体上研究国际关系,有助于揭示国家行为体的一般行为。⑦ 但在这些论述中,国际体系因素与国家层面上的因素混

---

  ① Kenneth Waltz, *Man, the State, and War* (New York: Columbia University Press, 1959).
  ② David Singer, "The Level-of-Analysis Problem in International Relations," *World Politics* 14, October 1961, pp. 77—92.
  ③ Kenneth Waltz, "Realist Thought and Neo-realist Theory," *Journal of International Affairs*, Vol. 44, No. 1, 1990, p. 33.
  ④ Waltz, *Theory of International Politics*, chapters 2 and 3.
  ⑤ Morton Kaplan, *System and Process in International Politics* (New York: Wiley, 1964).
  ⑥ Morgenthau, *Politics Among Nations*, pp. 167—220.
  ⑦ Singer, "The Level-of-Analysis Problem in International Relations."

杂在一起,难以形成真正的科学理论体系。沃尔兹总结了古典现实主义的诸多观点,详尽地分析了国际体系的特征,区别了体系理论和还原理论,提出国际体系的结构是影响国家行为体国际行为的最主要因素。[①]

体系(system)是一个科学术语,泛指相同或同类的事物按照一定的秩序和内部联系组合而成的整体。在国际关系学中,国际体系是有诸多相互作用的国际行为体组合而成的整体。新现实主义关于国际体系的第一个论点就是国际体系结构的自在性和独立性。政治学中的国际体系如同经济学中的市场。市场是由个人买卖者之间的交易活动而产生的,但是一旦市场得以建立,它就不再受个人买卖者的约束和限制。恰恰相反,市场独立于在市场中活动的个人,不以个人的意志为转移。它是自在的、独立的,它超越个人控制并凌驾于个人之上。国际关系中的国际体系和市场相似,国际体系中的基本单位——国家则与市场中的个人相似。诸多国家行为体的国际活动导致了国际体系的建立。但是,一旦国际体系建立起来,它便不受国家的限制,像市场一样成为自在的、独立的、超越国家并凌驾于国家之上的东西。[②] 国际体系结构的自在性和独立性是新现实主义对古典现实主义的重大发展,体系结构不再是国家或政治家有意识、有目的的行为的结果,业已建立起来的体系结构,比如均势、单极、多极,不受国家和政治家的控制。国际体系结构的这种自在、独立的性质使其具备了成为理论研究中核心自变量的基本特征。

新现实主义的另一个基本论点是:体系结构是体系层面最重要的特征。体系结构不是结果,而是原因。也就是说,国际体系结构影响了国家的国际行为。在自由经济学理论中,个人的交易活动是受到市场的约束和限制的。已经建立起来的市场控制了市场中个人的活动,成为左右个人交易行为的无形之手,不管个人的意愿如何,如果他依照市场的规律约束自己的行为,就会生存和发展;反之,则会衰退和灭亡。国际体系的结构也是一样,顺国际体系规律而动的国家会生存并发展,逆国际体系规律而动的国家则衰退并灭亡。沃尔兹称这种现象为"结构选择"(the structure selects),即:在世界政治舞台上,体系结构约束国家的行为并决定国家行为的结果。想当赢家的国家必须遵循国际体系结构的要求。由于国家的第一利益是生存,它必须学会顺应国际体系的规律,依照国际体系结构的要求而行动。这样,在某一给定的国际体系结构之内,国家,作

---

① Waltz, *Theory of International Politics*, chapters 3, 4 and 5.
② *Ibid.*, chapter 4.

为理性行为体,必然根据这一国际体系结构的特征而制定自己的对外政策。所以,解释和预测国家行为的主要因素是国际体系的结构。只要国际体系结构不发生质的变化,体系中成员的国际行为也就不会发生重大变化。①

国际体系的结构指国际体系中物质性权力的分配格局,亦即体系单位(国家)依其相对国力在体系中的相应位置的排列。所以说国际体系结构的基础是国家实力,即国际体系中的权力分配决定了国际体系的结构。当然,这种权力分配首先是大国之间的权力分配,并且权力首先指的是国家的军事实力。一个大国统治国际体系的结构称为单极,两个大国主导国际体系的结构称为两极,四五个大国对国际体系有着大致相同的影响的结构则称为多极。正是这些国际体系结构决定了国家在国际体系中的行为,因而也决定了体系自身的稳定与否。这里,我们以国际关系学最关心的话题——国家的战争与和平行为为例,说明国际体系结构是如何影响国家的国际行为的。吉尔平的霸权稳定论和奥根斯基的权力过渡说都认为单极结构是最稳定的结构,因为在单极结构中,理性国家从自身利益出发,极不可能采取战争行为。主导国家没有必要使用战争手段,因为其他成本较低的手段足以实现国家目标;其他国家没有能力使用战争手段,因为主导国家实力太强,战争成本过高,甚至无异于自杀。② 均势理论家认为多级结构是稳定结构。经典均势理论认为存在几个实力基本相等的国家的国际体系是均势体系,均势体系是多极体系的一种。均势体系是比较稳定的体系,因为体系中有几个主要国家,每一个国家都可以和其他几个大国互动。这样,体系本身的灵活性就增大了,形成两大敌对集团的可能就相应地减少了,因而,体系性战争也会随之减少。沃尔兹和米尔斯海默的两极稳定说则认为正是多极的灵活性减少了国家对外政策的灵活性,加大了国际事务的不确定性,使国家更易于判断失误,更易于铤而走险,采取战争行动。所以,米尔斯海默在使用结构现实主义对冷战后的欧洲进行分析的时候预言,随着两极的消失和多极的出现,欧洲会走向不稳定状态。③

---

① Waltz, *Theory of International Politics*, pp. 99—101.
② A. F. K. Organski and Jacek Kugler, *The War Ledger* (Chicago: The University of Chicago Press, 1980).
③ 参见 Waltz, *Theory of International Politics*; John Mearsheimer, "Back to the Future: Instability in Europe after the Cold War", *International Security*, Vol. 15, No. 1, 1990, pp. 5—56.

可以看出,虽然这些关于国家战争与和平行为的理论论断有着很大的不同,但是,其出发点都是国际体系的结构:国际体系是自在的、独立的;在国际关系研究中,国际体系的结构是自变量、是原因,国家行为是因变量、是结果。国家的战争行为主要是由国际系统的结构决定的。这正是沃尔兹理论的核心内容。①

## 三、对新现实主义的批判

二战之后,现实主义理论之所以在西方国际关系学界占据了主导地位,主要有三个方面的原因。一是现实主义的理论论述比较适应冷战时期的战略需要。一战之后风行一时的威尔逊理想主义在两次世界大战期间以及二战本身的现实中基本失去了说服力,国际组织和国际规则在强权政治面前显得苍白无力。国家实力,尤其是军事实力,成为大国的竞赛目标。二战之后,美苏两个对立的势力集团形成,更使人们感到国家安全和军事实力的重要意义。这样,国家利益、国家行为、国家实力、国家间冲突和以国家为基本单位的国际体系这些现实主义着力研究的现象就成为国际关系学中的核心问题,以军事实力为核心的国家权力也就成为人们最关注的国力。二是现实主义经过多年的发展和提炼,形成了一套完整的理论体系。它不但对国际关系的研究范畴、对象和内容做出了比较明确的界定,而且从国际关系的基本性质、主要行为体、影响行为体行为的主要因素这三大方面,对国际关系研究的重要问题做出了解释。如果说卡尔的《20年危机》标志着现实主义的兴起,那么,在摩根索的《国家间政治》中,古典现实主义理论的思想框架已经基本建立起来。摩根索著作的重点是建立一套理论体系,用以解释国际关系中的普遍问题。它不但提出了国际关系学的研究范畴和研究对象,也明确指出了国际关系学的宗旨,即发展和建设具有普遍意义的国际关系理论。这标志着国际关系学与史学和法学等学科的根本分野,也标志着国际关系学作为独立学科地位的初步确立。三是现实主义理论自身的不断发展使得这一理论更加适应国际关系学朝着科学化发展的需要,并在很大程度上为国际关系的科学研究提供了理论基础,便利了国际关系科学研究方法的应用。沃尔兹的结构现实主义之所以成为现实主义发展的重大里程碑,根本原因之

---

① 沃尔兹的理论甚至可以用一个简单的函数公式表示,即:$B=f(S)$,其中,$B$为国家行为,$S$为国际体系结构。

一就是它借鉴了自然科学和经济学的理论建设方法,力图使现实抽象化,使之成为只包括基本体系和基本体系单位的简单模式。许多研究国际关系的学者认为,他们研究的越全面、变量越多、对历史事件的细节越熟悉,就越可以接近国际关系的现实。而自然科学家则是通过与现实拉开距离建立具有普遍意义的理论模式,从而发现科学精髓、解释自然规律的。沃尔兹把体系结构作为国家行为的原因,把国家作为体系中的基本单位。他还把国家除国家实力之外的一切特征,诸如国家的政治体制、意识形态等,全部排除在研究范畴之外。这样,国家这一基本单位就具备了相同的属性,就可以在体系中进行类比。这无疑为科学的国际关系研究提供了便利。在二战以后的几十年里,许多以科学方法为主要研究方法的重要国际关系著作都是以现实主义理论为依据的。

但是,现实主义确实存在重大的缺陷,主要问题是解释能力不足,尤其以沃尔兹的新现实主义为甚。20 世纪 80 年代初 90 年代末,现实主义未能预测和解释冷战的结束,更是受到了挑战和质疑。在西方国际关系学的第三次大辩论中,现实主义,尤其是新现实主义,受到了来自多种学派的批判。梳理起来,对现实主义的批判主要来自三个方面。

### 1. 对国家中心说的批判

西方马克思主义对这一假定提出了深刻的质疑,认为新现实主义完全抽象化的国家失去了国家的阶级属性和其他相关属性,这就背离了马克思主义以阶级为基本研究单位的原则。[①] 国家属于上层建筑的范畴,反映了社会的经济基础和两大对立阶级的斗争。国家本身也具有明显的阶级性,它是与对立阶级之间的经济剥削关系同时存在的。国家是统治阶级的工具,其功能是通过阶级压迫和剥削实现资产阶级利益,通过其他权力手段调节对立阶级之间的斗争,根本目的是维护统治阶级的统治、延续占据统治地位的生产方式。从马克思主义的观点出发,在资本主义这一整个历史时期,资本主义国家是资产阶级统治的工具,对内对外政策都是为资产阶级的阶级利益服务的。如列宁指出的那样,资本主义国家的帝国主义政策就是为垄断资产阶级争夺生产原料和海外市场服务的。现实主义认为国家是独立的、自在的。国家有不同于任何阶级和利益集团的自身利益。在新现实主义理论中,国家更是超然于任何社会阶级之上。

---

① 参见 Robert W. Cox, "Social Forces, States, and World Order" (pp. 204—254) 和 Richard K. Ashley, "The Poverty of Realism" (pp. 255—300), in Robert Keohane, ed., *Neorealism and Its Critics* (New York: Columbia University Press, 1986)。

无论什么国家,其国际行为基本是以它在国际体系中根据国力而排定的位置来决定的。阶级关系和阶级利益在国内政治中虽然是影响很大的因素,但在国际政治中却是可以忽略不计的变量。这样,国家的阶级属性以及其他属性就被排除在国际关系研究范畴之外,研究结果也就会带有很大的片面性。另外,西方马克思主义者还认为,现实主义本身就是一种为资本主义制度"解决问题"的理论,目的在于维护现有的国际和国内社会中存在的阶级关系。① 在研究南北关系方面,现实主义的这一缺陷就暴露无遗。

比较政治学派也对国家中心的假定提出了挑战。比较政治学派认为,现实主义相信,一个国家对外政策不能也不应该反映国家的国内政治。这样就把国内政治和国际政治完全分割开来,而实际上国内政治和国际政治是密切相关的。摩根索关于国家道德原则不能等同于普遍道德原则的论述,基辛格遵循国际交往中没有永久敌友只有永恒利益思想的实践活动,都表现出现实主义强调国家对外政策独立于国内政治的一面。沃尔兹以无政府状态作为分水岭,将国际国内两个领域截然区分开来,认为国家的国际行为完全受到国际体系结构支配的思想,更是将国内政治排除在研究范畴之外。比较政治学者指出,国家的国际行为往往受到国际体系和国内体系这两个层面上因素的制约。在许多情况下,仅仅一方面的影响很难使人对一国的国际行为有一个比较全面、比较客观的了解。以后冷战时期的美国对华政策为例,苏联的解体使得世界格局发生了重大变化,国际体系的两极结构不复存在,美国与中国之间的战略关系无疑会被削弱。这当然是国际体系结构对国家的国际行为产生的影响。从另一个方面来说,美国对华政策也受到美国国内政治的极大影响。美国国内政治和经济的发展、美国国会对政府的制约作用、舆论界在美国对外政策过程中的分量等,都在一定程度上影响美国对华政策的制定。因此,"要判断今后美国对华政策的走向,越来越离不开对美国国内政治制度、政治气候的变化以及外交决策的基本分析"②。所以,要比较准确地了解和预测国家的国际行为,国际环境和国内环境两个方面的制约作用都应当得到重视。尤其是国际—国内、宏观—微观的相互作用,更是国际关系研究必须加大力度的重要方面。

---

① Cox, "Social Forces, States, and World Order," p. 208.
② 王缉思:《遏制还是交往》,《国际问题研究》1996 年第 1 期,第 5 页。

## 2. 对"结构选择"说的批判

新自由主义认为,新现实主义强调了国际体系结构,但忽视了国际体系中的进程(processes)。约瑟夫·奈在批判新现实主义时指出,国际体系应该有着两个并存的方面:一是体系中的结构,二是体系中的进程。进程指体系单位相互作用的方式,包括单位在相互作用中建立起来的组织机构和相互交往中所遵循的规则。① 单位之间的相互作用构成了国际体系的进程,这种进程又反过来影响单位的行为。也可以说,国际进程是一个国际行为体的学习过程,国际行为体(包括国家和非国家行为体)在多渠道的相互交往中学习如何相互交往。所以,国际进程可以在国际体系结构没有发生变化的情况下影响国家的国际行为。许多非结构现象,诸如世界经济活动的水准、技术的进步、国际规则和机制的变化等,都可能影响国家的国际行为。进而,国际社会呈无政府状态。但是,无政府状态不等于无序的混乱状态。在某一特定的国际结构中,国际规则就可能约束甚至改变国家行为,调节国家之间的交往。再如,两国间经济、社会、文化活动的增减可能会直接影响到这两个国家之间的全面关系。欧洲国家间频繁的交往和大量的经济活动提高了国家间的合作意识,加深了它们之间的相互依赖程度,促进了欧洲一体化进程,甚至在相当大的程度上削弱了某些欧洲国家国民的主权意识。如果忽视了国际进程对国家行为的影响,而只从国际体系结构上面找原因,就无法解释非结构因素导致的国家行为的变化。冷战后经济活动在国际事务中的增加,非传统安全问题的凸现,引发了大量非结构现象,这也是国际体系结构理论很难解释的现象。

从进程角度对新现实主义的批判中理论化程度最高的是新自由制度主义学派。基欧汉提出国际制度选择国家行为。这是与"结构选择"针锋相对的"制度选择"理论。基欧汉的初始问题是,在国际结构不变的情况下,国家表现出不同的行为:有时合作,有时冲突。到底是什么结构因素导致了这样的不同行为?亦即:是什么体系因素影响了国家的合作或冲突行为?基欧汉认为,是体系进程因素影响了国家的行为,而体系进程中最具意义的因素是国际制度。基欧汉的分析是从批判现实主义的国际机制理论开始的。现实主义认为国际机制有助于维持国际秩序,也是影响国家合作行为的重要条件。但是,国际机制的建立和维持主要依靠霸权

---

① Joseph Nye, "Neorealism and Neoliberalism," *World Politics* 40, 1988, pp. 235—251.

国的权力。霸权国国力越强盛,国际机制的力量就越大,国际秩序就越趋于稳定,国家合作的可能也越大。反之,当霸权国权力衰退的时候,国际机制也就开始面临危机并随着霸权国国力的下降而最终崩溃。这种对于国际机制的解释基本上是一种机制供应说,即霸权国为国际社会供应了国际机制,一旦霸权国不复存在,国际机制也就失去了存在的基本条件,国际合作就会失去保障,国际秩序也会出现混乱。因此,金德尔伯格把大萧条归罪于世界失去了霸权国的领导,吉尔平也认为20世纪70年代以来美国国力的衰退可能导致国际秩序的混乱和国际合作的破灭。在这种理论中,国际机制不是自在的因素,而是霸权国权力的附属物。

基欧汉针对国际机制的供应说提出自己的国际机制需求说。虽然他承认国际机制的建立极其困难,往往需要霸权国权力的支持。但是机制建立之后,就有了自在的功能。现实主义的供应说在理论上忽视了国际机制研究的重要一环,这就是国家对于国际机制的需求。正是由于国际体系的无政府性,国家才更需要国际机制保障其合作。这种需求决定了国际机制的自在性。而一旦国际机制有了自在性,它就成为独立的原因变量,而不再是权力的附属物。这种对自在性的认识与沃尔兹对体系结构自在性的论述是十分相似的:体系中单位的相互作用产生了体系层面的某种特征,而这种特征一旦确立,就成为自在的因素。

基欧汉进而认为,国际机制通过正反两种途径影响国家行为:一是奖励合作行为,二是惩罚不合作行为。如果国家之间存在共同利益,国家应该采取的行动是合作。但是,在许多情况下,国家虽然有着共同利益却并没有达成合作,甚至出现争端。基欧汉借鉴市场失灵的理论,提出合作失败的主要原因有两个:一是交易成本过高,二是可靠信息不足。国际体系的无政府状态决定了国家之间的合作行为不能不涉及交易成本,过高的交易成本往往使得合作无法实现。同时,利己的理性国家可能为本国利益在与他国的交往中采取欺诈行为,无政府状态下的国家无法得到关于他国行为和意图的可靠、充分信息,因而产生了极大的不确定心理,结果就是市场失灵效应的出现。也就是说,国家为了自身利益希望也需要合作,但是无政府状态下的国际社会中合作条件不足。国际机制的根本功能是控制交易成本和提供可靠信息,从而可以解决国际合作中的市场失灵问题。国际机制设定的原则、准则、规则和决策程序使得国家在国际机制框架内的交易成本降低,如在关贸总协定安排框架内的交易成本要大大低于在此框架之外的双边交易成本。另外,国际机制要求加入机制的国家必须提供真实可靠的信息,并且机制本身对于国家在国际交往中的行为也有着制约作用。得到这些信息以后,体系成员的不确定心理会得以减轻,这样就使国际合作可能性增强。国际机制还具有惩罚功能。国际机制虽然不像国家法律那样具有高度的强制性,但是其惩罚功能也不可忽视。在一个高度制度化的国际社会中,机制具有环套特征(nesting),即各个问题领域的机制有着密切的相互关联关系。国家的国际交往活动类似多重多次博弈:国家要在一个问题领域和不同问题领域与他国进行交往。如果一个国家为了眼前利益违背了一个问题领域的机制和规则,那么它就有了违规的不良名声。在这个领域中,该国家在以后的交往中会受到其他机制成员的不合作的惩罚;在其他问题领域中,这个国家同样会面对不合作的惩罚。因此,为了国家的长远利益和国家的国际声誉,国家即使牺牲短期利益,也会遵守国际机制。为了更好地实现自身利益,国家需要可以提供惩罚的国际机制。

从国际机制供应说到需求说的理论转变在很大程度上改变了国际机制的性质。使它从一个从属的变量成为一个自在的变量,从霸权国单方建立和维持的体系变成一个世界各国需求并共同维持和遵守的制度。因此,国际机制就成为一个制约国家行为的主要因素,在体系结构不变的情况下,国际制度可以约束和改变国家行为。国际体系中的重要变量不仅仅是权力分配。在许多情况下,信息分配可能是更加重要的变量。

### 3. 对国际体系无政府逻辑的批判

对现实主义国家中心论和结构决定论的批判都没有涉及无政府性这一现实主义的第一推动问题,也都没有从本体论上质疑国际体系的性质和无政府性的逻辑。新自由主义的批判则更是首先接受了新现实主义的国家中心理论和国际体系无政府性的基本假定。20 世纪 80 年代末 90 年代初,建构主义将这一问题提了出来,并以此对现实主义理论体系进行了全面的批判。

国际体系的无政府性在沃尔兹那里得到了经典的定义之后,几乎所有主流学派都接受了这一假定,并以此为起点开始自己的研究议程。沃尔兹对无政府性的经典定义接近霍布斯的自然状态,强调的是国际体系中没有最高政治权威的状态。无政府性在沃尔兹那里是国际体系的基本状态和基本事实,因而也是国际关系和国家行为的决定性因素。对于新现实主义和其他理性主义学派来说,无政府性是客观存在的社会事实。

建构主义首先挑战的正是这一基本假定。如果说无政府性是国际关系主流理论研究的起点,在建构主义那里,无政府性却成为研究的质疑点。建构主义指出:无政府状态是国家造就的。[①] 换言之,无政府状态不是国际体系固有的东西,而是行动者在互动的社会实践中建构起来的社会状态。无政府性是文化、是观念的结构、是人为的现象,不是物质性的客观存在。这一论断产生了两种意义。第一,无政府性是可变的。既然不是客观存在,而是社会性建构,就表明它本身是可以变化的;第二,无政府性既然是人为的现象,是国家造就的状态,那么无政府状态就不仅只有霍布斯式一种状态。国家在互动中可以有着多种路径、多种方式,无政府状态也就有着多种逻辑。霍布斯式的"每个人反对每个人的战争"的无政府逻辑只是诸多无政府逻辑的一种。由这一种无政府逻辑衍生出来的国际关系理论不可能是充分的国际关系理论。

根据无政府性可以呈现多种逻辑的论点,温特提出了三种理想类型的无政府逻辑:霍布斯文化、洛克文化和康德文化。每一种逻辑的内涵都大相径庭,每一种逻辑包含的角色身份都不一样,每一种逻辑也都会催生不同的国家行为。霍布斯无政府状态下的国际关系是敌对关系,国家与国家之间的相对身份是敌人,所以,"每个人反对每个人的战争"是霍布斯无政府状态的逻辑;洛克无政府状态下的国际关系是竞争关系,国家与国家之间的相对身份是竞争对手,所以,"生存与允许生存"就成为洛克无政府状态的逻辑;康德无政府状态下的国际关系是友谊关系,国家之间的相对身份是朋友,所以,"人人为我,我为人人"就成为康德无政府状态的逻辑。既然无政府逻辑不止一种,无政府性产生的推动力就不一定是国家之间的必然冲突。合作与冲突、利己与利他都可能出现在无政府条件之下。

从更加本质的层面来看,建构主义动摇的是新现实主义无政府性的本体论基础,从而也质疑了新现实主义关于国家关系性质的本体定位。由于无政府性不再是一个客观存在的事实,而是一个人为造就的社会建构,所以无政府性本身或是没有意义或是具有多种意义,国家之间的实践活动赋予无政府性具体的意义。正如无政府性是文化现象这一观点所表示的那样,国际体系的基本结构不仅是物质性结构,而且更是观念性结构。物质性结构本身没有意义,只有在共有观念的结构之中才会产生意义。进而,无政府逻辑是进化的逻辑,很有可能从霍布斯文化,经过洛克文化,朝着康德文化的方向发展。

---

① Alexander Wendt, "Anarchy Is What States Make of It: The Social Construction of Power Politics," *International Organization*, Vol. 46, 1992, pp. 391—425.

## 四、冷战后现实主义的发展

现实主义作为国际关系研究领域的一大理论范式,对包括美国在内的一些西方国家冷战时期的对外政策产生了重大的影响。从20世纪70年代以来,世界形势发生了深刻的变化。经济事务在国际关系中的地位日趋重要,国与国之间的相互依赖关系日趋明显,各类跨国界的活动日趋频繁,非国家行为体对国际事务的参与和影响日趋增大。到了20世纪90年代,依照现实主义的理论,不少现象都已经无法解释。所以,现实主义西方国际关系研究领域的地位受到了其他理论尤其是新自由主义的严重挑战,一些现实主义的论点和假设也被认为是过时的观念。但是,如果说现实主义只能用来解释冷战时期的东西方关系,则未免失之偏颇;认为现实主义已经死灭,也仍然为时过早。现实主义作为一种思想体系和理论范式,不但不会消失,而且会在新形势下得到进一步发展。现实主义作为一种国家对外行为的指导性原则,仍然是许多国家对外政策的重要依据。国际社会仍然首先是无政府社会,国家仍然是应该首先考虑的理性行为体,国际体系仍然是重要的变量,体系结构仍然是大家极其关注的现象。正因为如此,冷战后现实主义出现了新的发展轨迹。

20世纪80—90年代是现实主义和新现实主义受到严重挑战的时代,80年代新自由主义的全面复兴就是在对现实主义的批判中完成的。共和自由主义、贸易自由主义、制度自由主义相继出现,其中以基欧汉的新自由制度主义在学理上对新现实主义的挑战尤为有力,成为与新现实主义并驾齐驱的理论流派。到了90年代,温和建构主义兴起,矛头所指也主要是沃尔兹的新现实主义。虽然国际关系的现实和变化给国际关系理论提供了重要的发展源泉,但沃尔兹的结构现实主义却以辩论的一方的身份为这些新的学派的兴起提供了学术平台。所以,新自由制度主义和建构主义的兴起在一定意义上要感谢沃尔兹结构现实主义的学理启迪。

冷战之后,现实主义在学界处于守势,但是作为一种学术思想却仍然具有生命力。现实主义理论的发展仍然以权力为核心,但取向却表现在两条不同的轨迹上面:一是最大现实主义,二是最小现实主义。<sup>①</sup> 最大现实主义将现实主义的基本命题发挥到极致,典型代表是米尔斯海默的进攻性现实主义。最小现实主义是放松或偏离现实主义基本命题的理论,只保留某些现实主义的基本命题,比如理性主义和无政府命题。最小现实主义包括新古典现实主义等理论,代表人物是沃尔特、格里科等人。

进攻性现实主义可以说是激进现实主义,其思想比较集中地体现在米尔斯海默冷战后的一系列论述上面,代表作是他颇有影响的著作《大国政治的悲剧》。针对各种学派的批评,激进现实主义的回应是更加张扬现实主义的权力政治,更加突出国际体系的无政府特征,更加强调暴力冲突的不可避免。1990年,冷战刚刚结束,米尔斯海默就发表了引起很大争论的论文《退向未来:冷战之后欧洲的不稳定状态》。② 该论文继承了结构现实主义的理论体系,认为国际体系的稳定与否、国家选择战争还是和平,主要是由国际体系的实力分配决定的。冷战时期欧洲的长期和平是两极结构、美苏均势和核武器的产物。冷战颠覆了两极结构,使美苏战略均势不复存在,所以,欧洲的巴尔干化很可能出现,欧洲也必然会变得不稳定起来。这篇文章的理论框架是沃尔兹的结构现实主义,其主要预断也是以结构现实主义原则为判定标准的。

《大国政治的悲剧》集中反映了米尔斯海默的进攻性现实主义思想。③ 虽然比起沃尔兹的《国际政治理论》、基欧汉的《霸权之后》和温特的《国际政治的社会理论》等主流学派的经典著作,《大国政治的悲剧》的理论化程度不是很高,但现实主义意识却超过了以往的现实主义,也超过了米尔斯海默自己在冷战刚刚结束的时候所写的几篇重要论文。可以说,进攻性现实主义借鉴并结合了摩根索的权力论和沃尔兹的结构论,提出了两个基本命题:第一,权力是大国政治的根本,大国为权力而相互竞争;第二,国际体系的无政府特征和权力分配是国际政治的主要因素,这些因素鼓励国家追逐霸权。④ 米尔斯海默还提出了五个基本假定:(1) 国

---

① 最小现实主义(minimal realism)是采用了 Legro 和 Moravcsik 的术语。参见 Jeffrey W. Legro and Andrew Moravcsik, "Is Anybody Still a Realist?" *International Security*, Vol. 24, No. 2, Fall 1999, pp. 19, 27. 他们将所有偏离现实主义基本假定的中观现实主义理论一概称为"最小现实主义",包含了所谓的新古典现实主义等流派。最大现实主义则是我根据 Legro 和 Moravcsik 的术语提出的。

② Mearsheimer, "Back to the Future: Instability in Europe after the Cold War."

③ John J. Mearsheimer, *The Tragedy of Great Power Politics* (New York and London: W. W. Norton, 2001), p. 5.

④ *Ibid.*, p. 12.

际体系是无政府体系;(2)大国具有相互伤害和相互摧毁的军事力量;(3)国家永远无法确认其他国家的意图;(4)生存是国家第一目标;(5)国家是理性行为体。这些假定基本上没有超越现实主义的理论框架。但是,米尔斯海默提出的第三条,亦即国家永远无法知道自己拥有多少权力才能保证生存,却使进攻性现实主义具有了极端现实主义的特征。所以,国家必然追求无限大的权力,因而争霸也就成为大国关系的必然态势,任何一个上升的大国都必然成为原来主导国家的敌人。"国家的最高目标是成为体系中的霸权国。"① 争霸的结果又取决于经济和军事实力,尤其是军事实力。这就是大国政治的必然悲剧。正因为如此,米尔斯海默预言中国将成为美国的挑战国。进攻性现实主义是悲观的现实主义,悲观程度超过了沃尔兹的新现实主义,在许多方面也超过了摩根索的传统现实主义。② 但进攻性现实主义基本上坚守了现实主义的基本命题,坚持国际体系的无政府性、体系权力分配和单一理性国家等现实主义的核心假说,甚至将其进一步突出出来,所以,进攻性现实主义可以称为"最大现实主义"的典型理论。

最小现实主义中的派别较多,大致可以分为三类。③ 第一类仍然是体系层面的现实主义理论,但放弃了体系结构作为解释国家行为的唯一重要变量,更多地包含了自由制度主义的变量,考虑了国际机制和国际制度的作用。冷战后体系层面的现实主义继续深入地研究国际制度在减弱国际体系无政府性的作用。比如,小国加入国际组织可以加强它们在国际舞台上的发言权和影响力、制约大国的国际行为。再比如,包括军控等领域的国际制度可以弱化安全困境、加强国际稳定。④ 这方面的典型代表是格里科。他试图使用现实主义解释欧洲货币联盟。对于现实主义来

---

① John J. Mearsheimer, *The Tragedy of Great Power Politics*, p. 21.
② Hans J. Morgenthau, *Politics Among Nations*, Part Ten.
③ 对于最小现实主义的论述主要参考了 Legro and Moravcsik, "Is Anyone Still a Realist?"。
④ Joseph Grieco, "State Interests and Institutional Rule Trajectories: Neorealist Interpretation of the Maastricht Treaty and European Economic and Monetary Union," in Benjamin Frankel, ed., *Realism: Restatements and Renewal* (London: Frank Cass, 1996), p. 304; Charles Glaser, "Realists as Optimists: Cooperation as Self-help," in Michael Brown, Sean Lynn-Jones, and Steven E. Miller, eds., *The Perils of Anarchy: Contemporary Realism and International Security* (Cambridge, M. A.: MIT Press, 1995), pp. 408—417. 以上转引自詹姆斯·多尔蒂、小罗伯特·普法尔茨格拉夫:《争论中的国际关系理论》(阎学通、陈寒溪等译),北京:世界知识出版社 2003 年版,第 98—99 页。

说,很难解释在没有强力压制的条件下,国家会放弃重要的主权权益,服从超国家的国际组织。格里科虽然从现实主义的权力概念出发,但认为欧洲货币联盟之所以得以实现,主要是因为国际制度具有通过投票对权力再分配的功能。欧洲货币联盟就是德国和法国以及其他欧洲大国之间讨价还价的结果:德国为了消除法国、意大利等国的担心,主动让渡自己的权力,以保证法、意等国不必担心合作之后自己的权力会被削弱。虽然格里科将权力视为重要变量,但他却同时使用了另外一个重要变量,即可以对权力进行再分配的国际制度。于是,国际制度就成为一个主要的自变量,而这恰恰是现实主义不能接受的假定。这样,格里科就在现实主义和自由制度主义之间寻找了一条折中的道路。①

第二类是国家层面的现实主义理论,即所谓的新古典现实主义,主要考虑了国家以及国内因素对国家行为的影响,亦即"倒置的第二意象"理论。新古典现实主义一方面坚持权力政治这一现实主义的核心命题,另一方面则考虑了国家行为的另外一个层面,将国家理论扩展到国际国内两个相互关联的层面。沃尔兹的结构现实主义将国家定义为功能相似的单一行为体,国家行为受国际体系结构支配。沃尔兹理论的简约就在于只有一个主要自变量:国际体系结构。新古典现实主义则"拓展新现实主义理论,使之承认这样一个事实:国家同时在国内和国际两个领域活动。……国家可以通过国内行为来对国际事件做出反应,也可能试图通过国际行为来解决国内问题"②。这样一来,国家的国际行为就不仅受到国际体系层面因素的影响,同时也受到国际国内两个层次以及两个层次之间互动情势的影响。在冷战即将结束的 1988 年,伊肯伯里、莱克和马斯坦杜诺主编的《国际组织》特刊专门讨论了国内利益分配格局对美国对外经济政策的影响、国家领导人动员社会力量的能力等涉及国内进程的国际关系问题。③ 普特曼提出了双层博弈的概念,强调国内结构、国际结构和对外政策这三个变量之间的关系。④ 扎卡利亚(Zakaria)认为国家的对外扩张是国际和国内两个层面因素国家权力作用的结果。施奈德对帝国主义的论述则将国内政治进程视为国家对外政策的主要原因,亦即国

---

① Legro and Moravcsik,"Is Anyone Still a Realist?", pp. 41—42.
② 多尔蒂、普法尔茨格拉夫:《争论中的国际关系理论》,第 95 页。
③ John Ikenbury, David Lake, and Michael Mastanduno, eds., *The State and American Foreign Economic Policy* (Itacha: Cornell University Press, 1988).
④ Robert Putman, "Diplomacy and Domestic Politics: The Logic of Two-level Games," *International Organization* 42, pp. 427—460.

家"大战略的国内决定因素"。① 新古典现实主义将国内国际两个层面考虑在内的研究方法虽然部分地牺牲了沃尔兹新现实主义的简约,但解释力却得到了加强。

第三类则更多的是个人层面的现实主义理论,将政治心理学的认知理论作为主要理论依据。沃尔特(Stephen Walt)关于结盟的论述是这种理论的典型代表。沃尔特认为沃尔兹的结构现实主义理论过于简单,单凭"势力均衡"(balance of power)结构是无法解释国家之间的结盟的。因此,他提出了"威胁均衡"(balance of threat)理论。他说:"尽管均势理论强调安全的重要性,但驱使国家发动战争的并不是总体均势状况,而是每一方对威胁的感知。这些感知既来自系统层次的因素,也源于单位层次的因素。革命通过改变权力分配、增加敌意和增强对进攻优势地位的认识来改变威胁平衡。这些因素的不确定和促使双方把对方看得特别敌对和危险的因素,使整个问题变得更加严重了。"② 威胁是一个心理学概念,表示了一个国家对外部威胁的认识,它把对物质性的实力和观念性的意图两种因素的认知结合起来。如上所述,在沃尔兹那里,关键的原因变量只有一个,即物质性权力的分配;在沃尔特这里,关键性的原因变量却成为国家意图及其对意图的认知。罗伯特·杰维斯在20世纪70年代已经将国际政治心理学发展成一种理论③,传统现实主义中也有着对于国家意图的诸多论述,但到了沃尔兹的理论,现实主义的一个基本命题成为结构选择,将主观因素基本排除在理论之外。沃尔特将威胁和意图作为主要变量,对结盟这一现实主义研究的基本现象进行了分析,这显然偏离了沃尔兹的理论。他所说的"感知"虽然属于国家决策者的集体感知,但毕竟他的分析单位从体系层次转移到个人层次。这是现实主义冷战后的第三个特点。④

从冷战后现实主义发展趋势上看,最大现实主义亦即激进的进攻性现实主义比古典现实主义和新现实主义更加强调无政府性的负面意义和

---

① Legro and Moravcsik, "Is Anyone Still a Realist?", pp. 24,28.
② Stephen Walt, "Revolution and War," *World Politics* 44, April 1992, p. 321. 转引自多尔蒂、普法尔茨格拉夫:《争论中的国际关系理论》,第295—296页。
③ 参见罗伯特·杰维斯:《国际政治中的知觉与错误知觉》(秦亚青译),北京:世界知识出版社2002年版。
④ Legro 和 Moravicsik 认为,沃尔特的理论放松了现实主义关于物质性权力的假定,"事实上,'威胁均衡'理论不仅牺牲了新现实主义的内在统一性和独特性,也牺牲了更加广义的现实主义理论"。参见 Legro and Moravcsik, "Is Anyone Still a Realist?", pp. 36—37。

权力的重要作用,向着更加极端的方向发展;而比较温和的最小现实主义却注重国内政治和国际政治之间的互动,重视国际制度的作用,从而弱化了无政府性的独特地位,甚至有着向自由主义和其他理论范式靠拢的迹象。但是,无论是激进的现实主义还是温和的现实主义,其权力政治这一核心内容始终没有改变。激进现实主义和温和现实主义所做的努力是在挽救处于守势的现实主义理论,通过加强现实主义的辅助假设,保持现实主义的核心内容。可以说,在决策维度,现实主义仍然是决策者考虑问题的重大前提;在学理维度,冷战后现实主义,尤其是新现实主义,处于低潮和守势;在思想维度,现实主义作为一种思想是不会消失的,并且仍然有着强大的生命力和再生性。

本文一部分曾以《西方国际关系学的现实主义与新现实主义理论》为题发表于《外交学院学报》1996年第2期。

# 自由主义国际关系理论的思想渊源

**内容摘要**

自由主义是西方国际关系理论的重要流派,根植于西方自由主义哲学思想之中。尤其是17世纪以来,自由主义逐步成为西方政治思想理念的核心内容和信仰基础。国际关系理论深受自由主义政治思想的影响,形成了多种自由主义流派。虽然在国际关系历史中,自由主义多次受到挫折,但是作为一种理想和一种理论,自由主义有着恒久的生命力。格劳秀斯的国际社会和法制思想、洛克的个人主义和权利政治理念、斯密的自由市场经济理论、康德的世界永久和平理论等,构成了自由主义国际关系的理论源泉,尤其对冷战之后自由主义的再度繁荣产生了新的启示作用。

自由主义国际关系理论是西方主流国际关系理论的重要派系。从20世纪初国际关系开始作为一门独立课程出现在威尔士大学之后,西方政治哲学思想一直影响着国际关系理论的讨论与辩论,自由主义思想传统作为西方根深蒂固的政治思想,对于国际关系理论体系的建立和发展起到了非常重要的作用。如果我们追溯当今诸多自由主义国际关系理论流派的思想渊源,就会发现这些理论的核心思想和基本概念与西方传统的自由主义政治哲学有着密切的联系,有些发展了传统政治学自由主义学派理论体系中的一些基本原则,有些开拓了传统理论的推理范畴,有些则是直接借鉴了这些古典理论的假定和假说。

自由主义的世界观和基本理论观念,是由传统自由主义思想家首先提出来的,并且由后来者进一步发展和提炼,逐渐成为比较完整的自由主义思想体系,在国际关系领域与现实主义并列成为西方最具影响的理论流派。自由主义在西方传统中是根深蒂固的。自由主义的传统起源于古希腊和古罗马文化,早期的自由主义主要是当时重要思想家作品中的一些零星火花。古希腊诗人荷马(Homer)在公元前750—公元前700年写成的《伊利亚特》(The Illiad)、《奥德赛》(The Oddyssey)等史诗中就表现出人并不总是上帝和命运的奴隶,人的自由意愿的张扬和实现是可能的事情。柏拉图(Plato)曾把政治体制和战争倾向联系起来,认为军事集权政体容易发动战争。古希腊历史学家波利比奥斯(Polybius)使用了多种层次的分析方法,并把人的自由意志作为重要的解释因素,同时也提倡社会的多元和政治权力的分散。

较后的希腊斯多葛学派(Stoicism)对后来自由主义的发展起到了一定的影响,这主要表现在这一学派对个人的重视、对平等的关注、对理性的信心、对人类大社区和自然法的强调等方面。罗马时期的重要思想家西塞罗(Cicero)就把自然法作为世界秩序的基本保障,因为人的理性自然法可以起到普遍的制约作用。他还认为战争应该服从法律的规范,正义和良好意愿应该成为进行和终止战争的基本原则。奥雷利奥斯(Marcus Aurelius)讨论了世界城市和世界公民的问题,认为人有着为公的动机,所有人的利益在本质上是和谐的。

自由主义的一些理念在中世纪得到了进一步的发展,罗马思想家的观点得到了基督教思想家的加强和扩充。在这个时期,托马斯·阿奎那(Thomas Aquinas)对自由主义传统的继承和发展对于国际关系理论的进化具有重要的意义。阿奎那表现出一种强烈的博爱思想和乐观意识。他认为有两个世界:一个是人的世界,一个是神的世界。人从神的世界得到生命的权利和价值,这两个世界在神的意志中实现和谐,因此人与人之间的和谐是人际关系的根本。国家之间的关系也是以和谐为基础的。国际法是自然法在国与国关系方面的反映,国家都遵循自然法的引导,因而它们之间的关系是和谐的。对于战争,阿奎那认为这是破坏自然和谐的典型例子,所以应当尽量避免。正义战争的确存在,但正义战争的判定标准之一就是要看战争的目的是否是停止战争、恢复和平。他说:"对于上帝忠实的信徒而言,甚至战争也具有和平的性质,因为战争的目的不是出于贪婪和残酷,而是出对和平的期冀,是为了制止邪恶、助长善良。"①

虽然自由主义意识在早期西方思想家的著作里有所反映,但是自由主义政治哲学在西方形成一种强大的政治思潮和知识传统在历史上并不是十分遥远的事情。中世纪的结束是以封建体制的解体、资本主义的兴起和国家体系的建立为基本标志的,自由主义也是在这个历史的重要关头发展壮大起来。根据约翰·格雷的说法,虽然自由主义的思想和理念成分在古罗马和古希腊思想家论述中有过表述,但是,作为一种系统的知识结构和思想体系,自由主义是启蒙运动的产物,它的起点一般定在17世纪的英国,并把洛克作为第一个系统建立自由主义思想体系的大师。②同时,17至19世纪集中产生了洛克、贡斯当、孟德斯鸠、亚当·斯密、康德、约翰·斯图尔特·穆勒等对知识发展、政治制度、社会安排乃至人类命运都具有重大影响的自由主义思想家。虽然他们涉及政治的论述主要是讨论国内政治,讨论国家权力和个人自由之间的关系,但正是这些思想为自由主义国际关系理论的建立与发展奠定了基础。

正因为如此,我们对自由主义国际关系理论渊源的讨论从17世纪开始。

## 一、格劳秀斯与《战争与和平法》

格劳秀斯(Hugo Grotius,1583—1645)是荷兰著名政治家和法学家。他11岁就进入莱顿大学,后师从著名政治家约翰·范·奥尔登巴列维,在法国学习法律。学成回国后,他成为一名律师,并定居海牙。格劳秀斯

---

① Thomas Aquinas, *Selected Political Writings* (Oxford: Basil, Blackwell, 1965), p. 159. 转引自 Howard Williams, *International Relations in Political Theory* (Britain: Open University Press, 1992), p. 39。

② 参见 John Gray, *Liberalism* (Britain: Open University Press, 1986), p. ix。

一生中做过史官、外交官,同时也是诗人和政治评论家。但他最卓越的贡献是在国际法领域。

格劳秀斯生活的时代正是欧洲动荡和重组的年代。当时国际关系的发展有着两个明显的特征:一是欧洲经受了长期的战争,二是现代国家体系的形成。德意志诸侯和奥地利哈布斯堡王朝之间的三十年战争从波希米亚开始,迅速席卷了整个欧洲大陆,欧洲主要国家如法国、瑞典、英国、丹麦、俄国全都参与了这场战争。由于战争的持续和蔓延,军队的作用越来越重要,军队的行为也越来越残酷和野蛮。士兵到处烧杀抢掠,城市村庄转眼间夷为平地,不计其数的平民百姓在战争中丧生。对于欧洲战争的残酷,格劳秀斯认为连野蛮民族都会为之汗颜。在这种战争卷起的腥风血雨之中,所有自然和人的法律都被弃而不用。没有法律的约束,战争的野蛮程度就无从控制了。

与三十年战争同步发展的是国家体系的形成。三十年战争以《威斯特伐利亚和约》的签订而告终,这一和约标志着国家体系的确立,标志着主权概念得到欧洲国家的普遍接受,也标志着以领土主权为实质的国家成为国际关系的主要行为体。国际法因此也就成为国家之间的法律,成为由国家创立的、为协调国家之间关系服务的行为准则。国家体系的诞生对于国际关系来说,至少有着几个方面的意义。第一,国家拥有领土,在它所管辖的领土之内,国家有着最高权力。第二,所有国家享有平等的主权,没有更高的权威凌驾于国家之上,没有国际政府可以对国家发号施令。第三,国家有使用武力的合法权利。在现代国际体系中,只有代表国家的政府才能合法使用武力。这样,领土、主权、政府等国家的基本特征就成为新型国际关系的重要准则和标志性特征。

正是在这种环境中,格劳秀斯意识到国际法规的重要意义。他发展了罗马自然法思想,并使自然法摆脱了神学的束缚。他认为自然法代表了理性,也代表了人的本性,是亘古不变的。他的主要著作包括《海上自由论》《荷兰法律导论》等。1625年,正值欧洲处于三十年战争时期,格劳秀斯发表了里程碑式的法学著作《战争与和平法》①。这是第一部系统讨论国际法的专门著作,它详细地论述了国际法的主要内容,几乎概括了国际法的全部范畴,奠定了近代国际法的基础,确立了国际法准则,对当时和后来的国际关系都产生了重要的影响。《战争与和平法》包含了对各种

---

① Hugo Grotius, *The Law of War and Peace* (New York: Bobbs-Merrill, 1925). 关于格劳秀斯的基本观点均参考该书。

法律的讨论,与国际关系密切有关的是关于国家之间法律的阐述,包括正义战争、法律和战争的关系、战争的规则、对平民和战俘的处理、战胜国的义务等问题。《战争与和平法》的问世不仅对于实际的国际关系产生了影响,也对国际关系的理论发展具有深刻的意义。在《威斯特伐利亚和约》之后的新的国际关系中,这部著作的重要意义更加显现出来,其中的原则体系为新出现的国家体系提供了理论基础。很快,各种欧洲主要语言的译本相继问世,格劳秀斯也被誉为"国际法之父"。

由于战争,更由于主权概念和国家体系的建立,17世纪的思想家认真考虑的问题是战争和秩序。以主权国家为基本单位的国际体系很可能是一个处于自然状态的体系,格劳秀斯同时代的政治哲学家斯宾诺莎(Baruch de Spinoza)和霍布斯(Thomas Hobbes)都认为这种体系是一种没有秩序的、原始状态的社会,每个国家都会极力保护自己的生存和利益,所以他们认为对于国家来说,权力是唯一可以保证生存的手段,在这样一个由国家组成的国际体系中,战争就是正常的、不断发生的现象。①而另外一些对人类前途持较乐观的思想家却相信人类理性的力量,认为人类的理性可以使他们认识到战争的残酷,认识到国家长远利益的实现不能够依靠相互之间的武力威胁和战争。这些思想家虽然承认,在以主权国家为主导行为体的国际体系中自然状态的存在和战争的不易避免性,但是他们也相信人类的理性可以导致契约和法律的制定,从而建立一个有秩序的国际社会,减轻战争的残酷和野蛮性。格劳秀斯有关战争与和平的国际法论述就是在这种国际环境下诞生的。

格劳秀斯对于国际关系最重要的贡献是把国际法作为国家行为的主要制约因素。他不是一个康德式的理想主义者,不认为不同国家的利益天生处于和谐状态、国家之间的关系都是双赢关系。恰恰相反,他认为17世纪的国际体系是一个以国家为主导的体系,国家无可争辩的是国际关系的主导行为体。他同意法国政治学家让·博丹(Jean Bodin)对于主权的定义,接受了斯宾诺莎和霍布斯关于人性的观点,从人的自然状态推导出国家不断处于利益冲突之中,承认国家之间的关系基本上是无政府状态。同时,他也承认国家的理性和自私特征,认为国家行为的主要驱动因素是国家利益。这些方面都是格劳秀斯和政治现实主义相似的地方。

但是,格劳秀斯的理论和政治现实主义有着实质性的不同。当代政

---

① 参见 Baruch de Spinoza, "Ethics," in *Works* II (New York: Dover Publications, 1951), pp. 4—270;霍布斯:《利维坦》(黎思复、黎廷弼译,杨昌裕校),北京:商务印书馆1996年版。

治学家、英国学派的代表人物马丁·怀特(Martin Wight)曾经把国际关系的理论渊源分为三大传统:霍布斯的现实主义传统(现实主义)、康德的普世主义传统(革命主义)和格劳秀斯的国际主义传统(理性主义),认为格劳秀斯传统与现实主义传统的最根本区别在于格劳秀斯虽然承认国家在国际体系中的主导作用和势力均衡对于秩序的意义,但是他同样重视国际规则和国际规范,认为国际法和国际规范可以帮助造就一个有序的国际社会。① 这正是格劳秀斯理论中最具自由主义色彩的成分,也是他对后来的自由主义国际关系理论产生的最大影响。

格劳秀斯对于国际关系理论的贡献主要表现在以下几个方面。

第一,格劳秀斯提出了国际社会说(international society)。他虽然承认国际秩序的基本特征是无政府状态,但是他认为无政府状态不一定就是非社会的无序的混乱状态。霍布斯认为自然状态是每个人反对每个人的争斗状态,是根本无秩序的状态,没有一个强大的利维坦,任何秩序都不可能存在。国际体系也是一样,国家间不同利益水火不容,国家间关系的本质是零和游戏。而格劳秀斯所看到的国家体系是一个无政府社会,即国际体系中虽然没有一个凌驾于主权国家的政府,但是可以存在秩序,格劳秀斯认为这是一个无政府的国际社会,即国家组成的社会(society of states)。既然是社会,就存在社会秩序,因为秩序是社会成员生存和发展的必要条件。并且,既然需求秩序,国际社会中就可能产生法律和契约。所以,国际法是维持国际社会秩序的重要条件。

第二,格劳秀斯强调了国际法在规范国家战争行为方面的重要作用。他主张要尽最大努力防止战争的发生,但也意识到,在国家体系中战争是难以避免的。尽管如此,他仍然强调战争只能在正义的名义下、在法律的约束下进行。他总结了战争的三个正当理由:自卫、收复财产和惩罚。② 受害一方在实施战争之前应该诉诸仲裁,在整个战争过程中也应该严格遵守国际法规定的权利和义务,实行人道主义,避免野蛮行为。战争是为了实施国家的权利,一旦战争爆发,则必须在法律和良好意愿允许的界限之内进行,战争结束之后,和平条约应该得到各方的尊重和严格的执行。正因为如此,格劳秀斯把《战争与和平法》的基本精神归纳为对战争行为

---

① Martin Wight, *International Theory: The Three Traditions*, edited by Gabriele Wight and Brian Porter (Leicester: Leicester University Press, 1991). 马丁·怀特使用的术语是:现实主义(霍布斯)、理性主义(格劳秀斯)和革命主义(康德),被称为 3R(Realism, Rationalism, Revolutionalism)。

② Grotius, *Law of War and Peace*, p.171.

的缓释和对战争残酷性的削弱。

第三,格劳秀斯认为国家行为具有可约束性,因而国家之间的合作是可能的。他把国际法和国家法律作了比较。根据自由主义的观点,国家的基础是由公民建立的社会契约,公民为了更好地实现自己的利益,同意让渡部分自然权利,设立政府,并制定法律。① 格劳秀斯认为在国际社会中可以建立相似的契约,虽然国际社会契约的权威性不及国家内部的契约,但是这种契约是由主权国家建立的。如果国家认识到这种契约有助于实现它们的利益,那么它们就会确立规则和法律制度来规范它们的国际行为。所以,从主权国家的自身利益出发,国际法不仅是可能确立的,而且会对国家的行为具有约束性。正是在这种意义上,格劳秀斯的理论包含了国家转让主权的内容。在任何社会中,包括国际社会,绝对主权是不可能存在的,国际法的确立和有效实施都需要主权国家在一定程度上转让部分主权。

格劳秀斯关于国际社会的思想和对于国际法在国家间关系的论述对于后来的国际关系理论发展产生了重大的影响。国际社会的讨论在英国学派那里得到了详尽的展开;而国际法和国际制度的作用则在自由主义,尤其是国际机制理论和新自由制度主义那里得到了比较充分的阐述和发挥。

英国学派把格劳秀斯作为自己的思想先驱,并根据国家关系的发展对格劳秀斯的国际社会概念做出了发展性的诠释。② 英国学派的主要代表人物像格劳秀斯一样承认国际社会的无政府特征,并将这个特征作为研究国际关系的主要出发点,致力于研究国际社会形成的条件和克服无政府状态、建立国际秩序的机制。③ 也就是说,英国学派力图在主权国家组成的国际体系框架之内建立一个有秩序的国际社会。④ 英国学派在讨

---

① 社会契约论后来在洛克的《政府论》里得到了系统的阐述。参见洛克:《政府论》下篇(叶启芳、瞿菊农译),北京:商务印书馆1983年版。

② 参见 Hedley Bull,"The Grotian Conception of International Society", in *Diplomatic Investigations*:*Essays in the Theory of International Politics*, eds. by Herbert Butterfield and Martin Wight (Cambridge, Mass.: Harvard University Press, 1966), pp. 51—73。

③ Hedley Bull, "Society and Anarchy in International Relations," in J. der Derian, ed., *International Theory*, *Critical Investigations* (New York: New York University Press, 1995), p. 75.

④ 根据 Fred Halliday 的论述,这种国际社会实际上有别于社会学和政治学中社会的定义,因为"社会"(Gesellschaft)的本义是和"国家"形成对立的,而国际社会中社会的概念更像是"共同体(Gemeinschaft)"。所以 Halliday 认为英国学派所谓的国际社会就是一种国际共同体。参见 Fred Halliday, *Rethinking International Relations* (Vancouver: University of British Columbia Press, 1994), p. 99。

论建立有序国际社会的时候,十分强调的一点是国际法在维护秩序方面的重要作用和国家通过国际法实现国际社会的可能。虽然他们也认为共同的思想体系和价值观念体系是国际社会的重要条件①,但是他们首先认为国际法、国际惯例、国际制度是国际社会的必要条件。赫德利·布尔(Hedley Bull)对于国际社会的定义中重点强调的是国家认识到共同利益和共同价值,在相互关系中遵守共同规则、参与共同制度。② 虽然国际规则和规范有时并不像西方社会法律那样正式和明确,但是国际社会成员承认这些规则和规范的合法性和约束性。他认为具备这些条件,就形成了国际社会(society of states 或 international society),唯此而言,国际社会和其他社会形式没有质的区别。布尔所说的国际社会以及对于作为这种社会必要条件的共同规则和共同制度的讨论显然受到格劳秀斯思想的影响。

格劳秀斯对国际关系理论发展影响的另一个表现主要体现在产生于美国的国际机制理论(international regime theory)和随后发展起来的新自由制度主义(neoliberal institutionalism)。如果说英国学派强调的是国际社会,那么国际机制理论和新自由制度主义则更加强调国际规则和国际制度对国家的制约作用。美国政治学家斯蒂芬·克拉斯纳(Stephen Krasner)在他编著的《国际机制》一书中把机制理论中带有自由主义倾向的学者称为"格劳秀斯派"(the Grotian perspective)。他们强调只要存在政治体系,就存在国际机制,即便是在大国争霸这种最具无政府特征的国际关系领域,国际机制也是重要的因素,典型的例子是美苏两极时期在战略武器领域的军备控制和核裁军机制。③ 在后来以基欧汉为代表的新自由制度主义学派中,国际制度的作用得到了进一步的强调。对于新自由制度主义学者来说,国际法是国际制度中的重要组成部分,是影响国家的国际行为的主要变数。虽然这一学派更多地借鉴经济学理论,强调国际制度通过促进国家利益的实现来规范国家行为、提高合作水准,但是把国际制度作为约束国家行为体、削弱国际无政府状态的负面影响等重要观点,显然是受到格劳

---

① Kenneth Thompson, *Maters of International Thought* (Louisiana University Press, 1980), pp. 44—50.
② Hedley Bull, *The Anarchical Society: A Study of Order in World Politics* (Basingstoke: Macmillan, 1977), p. 13.
③ Stephen Krasner, *International Regimes* (Ithaca and London: Cornell University Press, 1982), p. 8, pp. 61—114.

秀斯思想的影响。① 当20世纪80年代结构现实主义和新自由制度主义成为国际关系主流理论的两个最主要的争论派别的时候,格劳秀斯关于国家行为的可约束性和国际合作的可行性论述就更显示出其重要意义。除此之外,冷战时期关于区域一体化的功能主义和新功能主义等自由主义国际关系理论也在不同程度上受到格劳秀斯的影响。因此,怀特把格劳秀斯作为西方国际关系发展的三大传统之一的确是很有道理的。

## 二、洛克与个人主义政治观

洛克(John Locke,1632—1704)是启蒙时期英国政治思想家、哲学家。他出身于一个清教徒家庭,在牛津大学毕业后留校教授希腊文、修辞学和哲学,他也担任过外交和其他政府职务。主要著作有《政府论》(上、下篇)(*Two Treatises on Civil Government*)、《人类理解论》(*Essay Concerning Human Understanding*)、《基督教的合理性》(*Reasonableness of Christianity*)等。

洛克处于一个战争和国际秩序重建的时代,但同时又是一个伟大的启蒙运动时代。从政治发展的角度来看,在《威斯特伐利亚和约》之后,国家体制得以建立,国家主权得到承认,随之而来的是专制主义(absolutism)的横行。专制主义作为一种政治思潮,成为17世纪在欧洲占主导地位的国家理论和政治权力意识。专制主义宣扬君权神授,认为既然君主的权力来自上帝,就只须对上帝负责,其统治权不受任何立法、司法、民意、宗教等制度的限制。根据这种说法,即使是对民众残暴的统治和镇压也可以用上帝对人类罪恶的惩罚这样一种专制主义理论加以解释。专制主义政治理论的代表人物菲尔默爵士(Sir Robert Filmer)发表名为《族长》(*Patriacha*)的政治宣传著作,把国家比作家族,把第一个国王亚当比作族长,服从族长是所有部族成员首要的政治职责。由于上帝创造人的时候就赋予他们不平等的地位,使有些人治人、有些人治于人,所以人生而不平等,生而不自由。任何社会都不会始于自由和平等的个人。所以,君主的专制和臣民的服从就成为理所当然的事情。② 这种政

---

① 参见 Robert Keohane, *After Hegemony: Cooperation and Discord in World Political Economy* (Princeton, N. J.: Princeton University Press, 1984); *International Institutions and State Power* (Boulder: Westview, 1989).

② 参见 Torbjorn L. Knutsen, *A History of International Relations* (Manchester and New York: Manchester University Press, 1992), pp. 78—79.

治理论在当时的英国和法国由于君主本身的支持和提倡而大行其道,成为专制主义政权的理论基础和辩护士。洛克最重要的政治学著作《政府论》就是从批判菲尔默开篇的:《政府论》上篇驳斥了君权神授的观点,下篇则解释了政府和权力的真正基础。① 这在当时专制主义横行肆虐的条件下具有特别重要的意义,尤其是当英国经过光荣革命之后,逐步向着君主立宪政体演进,洛克的思想为这种新的政治体制提供了理论基础。

洛克是西方自由主义的重要代表人物,主要贡献在于他对西方政治思想的开拓和政治理论的发展,其中最突出的是对个人自由和有限政府权力的论述。他为自由主义理论奠定了两大基础,即个人享有自然权利和政府必须基于被统治者的同意。洛克在《论宽容》中就认为自然状态下的人是自由平等的,没有人能够具有完全的智慧支配他人,每一个人都直接对上帝负责。洛克从根本上反对专制、主张民主。他的理想社会是一个尊重人权、人人平等的社会。在《政府论》中他指出,人在自然状态中受自然法的支配,享有天赋的自由、生命和财产权利。为了使这些个人的权利得到有效的保障,人民同意建立国家和代表他们的政府。国家的主要目的是保护个人自由、生命和财产。② 洛克提出主权在民的思想,认为如果统治者不能够履行和人民之间的契约,人民有权废黜统治者。另外,他还论述了国家权力分立等民主政治体制的重要问题。

像他的许多同时代人一样,洛克讨论的重点是国内政治,可以说他对国际关系理论发展的影响主要是通过他对于政治理论的讨论实现的,因此,一些国际关系理论发展史著作也较少提及洛克。但是,洛克的影响是不可忽视的,而且是至关重要的。实际上,自由主义国际关系理论的发展和重要原则都有着洛克影响的痕迹,其中特别需要注意的方面是洛克关于自然状态的讨论和关于个人在政治生活中地位的论述。

洛克像霍布斯一样是从人的自然状态入手讨论政治体制的。他同意霍布斯的观点,即假设人在进入有政府的社会之前处于自然状态(state of nature)。但是,洛克的自然状态与霍布斯的自然状态有着本质上的不同。对于霍布斯来说,自然状态是无政府的混乱状态,是战争状态,是每个人反对每个人的战场。在这种状态之下,人们不可能有利益的和谐。

---

① 关于洛克的基本观点,主要参考《政府论》下篇。
② 在许多时候,洛克的财产是广义的财产,包括自由、生命和狭义的个人财产。参见列奥·施特劳斯、约瑟夫·克罗波西编:《政治哲学史》下册(李天然等译),石家庄:河北人民出版社 1993 年版,第 590 页。

霍布斯对这样一种状态提出的解决方案是所谓的利维坦,亦即强大的集权政府。① 后来国际关系中的政治现实主义把霍布斯作为其理论先驱之一,最重要的一点也是霍布斯对于自然状态的描述正是现实主义世界观里的国际体系:国际体系中没有也不可能有一个权威政府,国家之间不存在利益和谐,冲突是必然现象,并且只有依靠实力才可以解决冲突。② 从某种意义上说,现实主义和新现实主义国际关系理论的基点都是霍布斯假设的自然状态。

洛克想象中的自然状态却完全是另一个样子。这是一种完全自由的状态,也是平等的状态。在这种自然状态中,人受到自然法的约束,也正是由于自然法的合理约束,人才真正有了自由。洛克这样描述他心目中的自然状态:

> ……那是一种完备无缺的自由状态,他们在自然法的范围内,按照他们认为合适的办法,决定他们的行动和处理他们的财产和人身,而无须得到任何人的许可或听命于任何人的意见。
>
> 这也是一种平等的状态,在这种状态中,一切权力和管辖权都是相互的,没有一个人享有多于别人的权力。极为明显,同种和同等的人们既然毫无差别地生来就享有自然的一切同样的有利条件,能够运用相同的身心能力,就应该人人平等,不存在从属或受制关系……③

洛克的自然状态存在于人类的初始时期,存在于市民社会之前。在这种状态中,人们和睦相处,遵守自然法的约束,享受着天生的自由和平等。人在这种状态下是幸福的,因为他们是理智的、有着上帝赋予的自然法规范自己的行为。自然法给予他们生存、自由和财产的权利(rights to life, liberty, and property)。这是与战争状态截然不同的。洛克认为霍布斯把自然状态和战争状态等同起来的做法混淆了属于两个不同范畴的概念。对于洛克来说,自然状态的相对状态是市民社会,它的基本定义是在自然状态下人们没有一个共同的法官。而战争状态的相对状态是和平

---

① 霍布斯:《利维坦》。
② 这些现实主义观点表现在摩根索、沃尔兹等一大批现实主义学者的著作中。参见汉斯·摩根索:《国际纵横策论:争强权,求和平》(卢明华、时殷弘、林勇军译),上海译文出版社1995年版;肯尼思·沃尔兹:《国际政治理论》(胡少华、王红缨译),北京:中国人民公安大学出版社1992年版。
③ 洛克:《政府论》下篇,第5页。

状态,它完全是另一种范畴内的概念,其基本定义是对武力的不正当和不公正的使用。战争状态可以存在于自然状态之中,也可以存在于市民社会之中。当然,由于在市民社会中共同的法官可以起到制止不正当使用武力的行为,战争的可能性比自然状态下要小。①

  自然状态是平和与平等的状态,出现战争是因为少数邪恶的人力图逾越自己的自然权利、剥夺其他人的自然权利。在这种情况下,自由、理智的人们同意建立政府,以便更加有效地根据自然法确定法律、执行法律,保护爱好和平的财产拥有者抵御邪恶分子的侵犯。这样,虽然洛克也认为自然状态因为没有共同的法官是不能长久存在的,但是由于他对自然状态这种天然和谐的定义,洛克设想的市民社会就不是一个集强权和独裁为一身的利维坦。同时,洛克把在这种自然状态中生活的人描绘成没有彼此伤害的天然本性,认为他们是有着保护自身要求和理性的自由人,所以他们可以理智地做出基于互惠的考虑,同意建立政府。

  洛克对于西方国际关系理论发展更为重要的影响在于他的个人主义政治观。如上所述,洛克的时代是专制主义占主导地位的时代,在君权神授的政治思想框架之中,统治者以国家名义对公民实施暴虐的行为不能受到任何质疑。这就出现了君权国权高于一切的现象。洛克在《政府论》下篇中着重强调了在政治生活中个人高于国家的观点。对于洛克来说,国家是在基于个人同意的条件下建立起来的,国家的作用仅仅限于保证稳定的政治、社会和经济环境,以保证个人在这种环境中根据自己的意愿相互交往。所以,洛克学说的一大特点是其个人主义特征。洛克认为,个人是第一位的,国家是第二位的;个人是本源,国家是派生的;个人是目的,国家是手段。② 正像波普尔所说的那样,个人主义政治观认为个体先于集体存在,个人利益高于集体利益,任何集体的最终目的都应该是为保护和实现个人利益而成立和发展的。③ 所以,作为集体形式的权力,包括国家的权力,来源于个人为了更好地保护自己的自然权利而转让的部分权利。个人在组成政府之后并没有失去权利,而是把这些自然权利带进社会,成为社会的权利。对于个人来说,诸如生命、自由、财产等基本权利是不可转让的,这就是基本的人权。④ 并且,人民是社会契约的当事人,

---

  ① 洛克:《政府论》下篇,第二、三章。
  ② 李强:《自由主义》,北京:中国社会科学出版社1998年版,第55—56页。
  ③ 波普尔:《开放社会及其敌人》。转引自李强:《自由主义》,第149页。
  ④ 洛克:《政府论》下篇,第53页。

人民有着至上的权力决定政府是否危及人民的安全。用简单的话来说,就是没有个人的安全就没有任何团体(包括国家)的安全可言。

洛克的自然状态说完全不同于霍布斯的自然状态说,这也正是他对国际关系的主要影响所在,因为洛克关于前社会的预设与霍布斯理论是完全不同的。洛克的自然状态把人作为自由、平等的理性人来看待,在他们的相互关系中,主要的基调是和谐与幸福。他们有着共同的利益,这就是保护他们天赋的权利。一个人的生存不会形成对另一个人的必然威胁,他们可以通过理智的协调与合作,形成一个共同体,更加有效地保护自己的利益。如果以这种方式看待世界上的国家,那么,国家之间也可以通过理性的合作和协调,组成共同体,更有效地保护和实现自己的利益。洛克对于人类社会的理解远比霍布斯乐观,他对人类社会的发展持一种进化的观点,认为人会依照自己的理性,逐步朝着越来越好、越来越进步、越来越和谐的方向发展。继承霍布斯思想的现实主义者对人类和人类社会的看法是悲观的,而继承洛克思想的理想主义者则是乐观的。实际上,洛克的政治思想在后来威尔逊建立国联的计划和行动中都体现出来,对于冷战以后的世界政治学派也有着深刻的影响。

洛克对国际关系最重要的影响仍然是他的个人主义政治观。虽然从《威斯特伐利亚和约》的签订开始,绝对意义上的国家主权论和互不侵犯主权始终是国际关系的主要原则,但是关于国家权利和个人权利的争论始终存在于政治生活之中。洛克的个人主义政治观首先深刻地影响了美国、英国和法国等国家的国内政治。法国大革命的《人权和公民权宣言》(Declaration of the Rights of Man and the Citizen)、英国的《人权法案》(Bill of Rights)和美国的《独立宣言》(Declaration of Independence)都明显地反映出洛克的个人主义政治观。《美国独立宣言》这样表达了洛克的思想:

> 我们认为这些真理是不言而喻的:人人生而平等,他们都从他们的造物主那边被赋予了某些不可转让的权利,其中包括生命权、自由权和追求幸福的权利。为了保障这些权利,所以才在人们中间成立政府。而政府的正当权力,则系得自被统治者的同意。如果遇有任何一种形式的政府变成损害这些目的的,那么,人民就有权利来改变它或废除它,以建立新的政府。[①]

---

[①] 转因自李道揆:《美国政府和美国政治》,北京:中国社会科学出版社1992年版,第746页。

根据洛克的论述,个人权利先于团体、社群和国家权利。个人权利与人共生共有,不能够转让,也不应该被他人所剥夺;而国家的权利则是由个人转让出来的一部分权利。正因为如此,个人权利被称之为天赋权利(natural rights),而群体权利则是人为权利(artificial rights)。当洛克的这种政治观超越了国家内部事务和一国政府之后,就衍射到国际关系领域,成为影响自由主义国际关系理论发展的重要因素。

洛克的个人主义政治观在国际关系理论发展进程中的影响始终存在。两次世界大战之间的威尔逊主义及其特别强调的民族自决原则、二战以后从区域一体化研究发展起来的功能主义和新功能主义、20世纪70年代的跨国主义和复合相互依存理论等自由主义学说都从不同的方面弱化了主权国家在国际事务中的作用,强调了个人或其他非国家行为体对于国际关系的意义。①

洛克学说对于国际关系的影响在冷战以后更为明显地显现出来。从二战结束到20世纪70年代,在西方国际关系领域和政策领域的主导理论体系是政治现实主义,强调国际无政府状态、国家利益、权力和冲突。从80年代中期以来,现实主义的主导地位受到了猛烈的冲击。其中一个重要的方面就是西方国际关系学者开始重新把研究重点置于个人,并认为个人是国际关系的终极关怀问题,国家和国家主权的观念受到自1648年以来最大的弱化。② 在这种思潮的影响之下,出现了自由主义国际关系理论的再度复兴,对于三个世纪在国际关系领域占主导地位的国家体系规范提出了挑战。

自由主义国际关系理论对洛克的继承可以从两个方面来看。第一个方面是对国家作用的认识。自由主义学者认为在当今的世界上,国家的作用已经远远不及过去,国家主权必然受到侵蚀,绝对的国家主权已经不

---

① 关于威尔逊主义,参见 Thomas J. Knock, *To End All Wars: Woodrow Wilson and the Quest for a New World Order* (New York: Oxford University Press, 1992)。关于功能主义,参见 David Mitrany, *A Working Peace System* (Chicago: Quandrangle Books, 1966)。关于新功能主义,参见 Ernst Haas, *The Uniting of Europe* (Stanford: Stanford University Press, 1958); *Beyond the Nation-state* (Stanford: Stanford University Press, 1964)。关于跨国主义和复合相互依存,参见 Robert O. Keohane and Joseph S. Nye, *Transnational Relations and World Politics* (Cambridge: Harvard University Press, 1972); *Power and Interdependence: World Politics in Transition* (Boston: Little, Brown, 1977)。

② 法国政治学家米歇尔·吉拉尔(Michel Girard)在1994年编著的一本论文集,主要是讨论个人在国际政治中的作用。参见米歇尔·吉拉尔:《幻想与发明:个人回归国际政治》(郗润昌等译),北京:社会科学文献出版社1999年版。

复存在。面对世界上各种各样的涉及人类的问题,诸如人口、粮食、贩毒、环境、恐怖主义等,一国政府无法也无力提供解决方案。另外,飞速发展的科学技术使得我们的世界越来越小,使得居住在地球上的人们之间的距离越来越短,经济活动越来越多地由个人跨越国家疆界开展起来,政府对国民的控制也越来越小。欧洲一体化进程从20世纪80年代以来的再度发展说明国民可以为自身利益的更有效实现转移对国家的忠诚。这样,国家的利益首先是社会和公民的利益,如果两者之间不符,则社会和公民利益大于国家利益。这样的世界更像是一个地球村,而不是一个主权国家林立的国际体系。实际上,这些弱化国家作用和国家主权的概念表达了洛克思想中个人权利大于国家权利和政府权利有限的观点。

第二个方面是对主权和人权的认识,这一点更加明显地表现出洛克的民权至上思想。现在西方国际关系领域的自由主义学者在国家主权和人权两者之间往往首选人权。由于自由主义者认为个人是第一位的,是目的,国家是第二位的,是手段,所以,个人的权利先于国家的权利,个人不仅是国家的主体,而且也是国际关系的主体。根据这样的思想,国际关系不仅是国家的事情,更为重要的是世界所有公民和每个公民的事情。美国自由主义学者西约姆·布朗(Seyom Brown)说:"国家政府对其管辖领土内事务保持主权的能力也由于世界人民普遍赞同的一种观点而受到削弱,这就是政府只有在被统治者自愿同意的条件下,在能够保证被统治者基本'人权'的条件下,才是合法的。"[①]在这种思维的影响下,人权就不再是一个国家的内部事务,如果按照这种观点进一步推论的话,一国的人权问题就不仅仅是该国政府的事务。即使从国家安全的角度考虑,也是个人安全第一、国家安全第二。况且,自由主义者认为没有个人安全,真正的国家安全也就无从谈起。以国家安全和国家利益的名义牺牲个人安全和社会利益的现实主义观点从根本上说是违反洛克的人权观念的。所以,虽然西方国家的人权外交中不乏以人权为借口获取国家利益的因素,但是也应当看到西方人权观念是有着根深蒂固的思想渊源的。

冷战以后西方国际关系理论发展的重要特征是自由主义的再度复兴,各种各样的自由主义流派纷纷出现,并且在理论界颠覆了现实主义的主导地位。这些自由主义流派虽然从不同的角度讨论国际关系问题,但是它们有着许多共同的特点,而洛克的政治思想为这些自由主义观点提

---

① Seyom Brown, *International Relations in Changing Global System: Toward a Theory of the World Polity* (Boulder, Colorado: Westview, 1996), p.94.

供了哲学基础和精神食粮。

## 三、亚当·斯密与自由资本主义理论

亚当·斯密(Adam Smith,1723—1790)是英国著名经济学家和道德哲学家,出生于苏格兰的柯卡尔迪城,就读于格拉斯哥大学和牛津大学,毕业后在格拉斯哥大学担任道德哲学教职多年。亚当·斯密主要著述有《道德情操论》(Theory of Moral Sentiments)和《国民财富的性质和原因的研究》(An Inquiry into the Nature and Causes of the Wealth of Nations,简称《国富论》),这两部著作建构了亚当·斯密的政治、哲学、道德和经济体系。但是,亚当·斯密最重要的贡献是他的自由资本主义学说。他在以上两部著作里对资本主义原理做了全面和系统的论述,为自由主义经济学奠定了坚实的基础。为此,他被称为"资本主义之父"。

亚当·斯密所处的 18 世纪是国家体系巩固和发展的阶段。在经济领域,15、16 世纪发展起来的重商主义仍然是占主导地位的经济学说和经济政策。虽然当时英国的资产阶级已经开始兴起,但是欧洲的主要国家仍然是重商主义的天下。重商主义是政治专制主义的孪生兄弟,也是专制主义在经济领域的具体表现。重商主义的核心是把金银货币等同于社会财富,认为国家财富的多寡取决于金、银等贵重金属的储存量。正如亚当·斯密所说的那样,对于重商主义来说,"财富与货币,无论从哪一点看,都是同义词"①。重商主义进而认为国家干预经济生活是获得贵重金属的重要条件,所以主张政府控制国民经济,以便利用经济力量增强本国国力,削弱其他国家的国力。对于国际贸易,重商主义强调国家必须在国际贸易中保持顺差,因为外贸出超能够保证贵重金属的流入。重商主义把国际贸易看成非得即失的零和游戏,认为一个国家的顺差必然导致另一个国家的逆差,所以国家必须采取积极行动,保证贸易顺差。

重商主义的思想基础是马基雅弗利、霍布斯等人的政治现实主义,积极提倡者包括英国的托马斯·曼(Thomas Mun)、培根和法国的柯尔贝尔等人,其核心观点的最简单概括就是政府干预经济活动。重商主义有着几个相互关联的理论假定。第一,政治是第一位的,经济是第二位的,经济必须为政治服务。国家是经济生活中最主要的行为体,国家利益决

---

① 亚当·斯密:《国民财富的性质和原因的研究》(郭大力、王亚南译)下卷,北京:商务印书馆 1974 年版,第 2 页。以下关于亚当·斯密的观点主要取自该书。

定经济发展。这样,国家而不是个人就成为重商主义集中考虑的因素,最大限度地扩大国家权力和财富也就成为重商主义最关心的问题。第二,国家的财富和国力之间有着直接的、可以互相转换的关系。财富可以发展海军,海军可以保护贸易,贸易可以增加财富,循环往复,国家会越来越强大。所以,托马斯·曼在其重要的重商主义著作《英国得自对外贸易的财富》中把贸易顺差与国力顺差直接联系在一起。① 为了增强国力,国家对内对外都要施行高度的经济控制。对内要加强国民经济和加大税收力度,对外要实行保护主义贸易政策,保证国际贸易的顺差。第三,国际社会处于无政府秩序之中,国家之间的利益分歧必然导致冲突。国际贸易的基本特征是利益争夺和财富消长。重商主义对国家间关系的影响是深远的,后来美国首任财政部长亚历山大·汉密尔顿对自给自足的国家经济的积极提倡、对国家积极干预经济生活的坚决支持,对采取贸易保护主义政策的大力促进仍然反映了重商主义的基本思想。

亚当·斯密全面地批判了重商主义的理论体系,并在这种批判的基础上提出了完整的自由资本主义学说。他的学说虽然主要是讨论经济发展,但是对于国际政治学也产生了深刻的影响。应该说,在思想体系上,亚当·斯密对自由主义国际关系理论影响最大,在方法论方面,则对现实主义和自由主义这两大派国际关系理论同样产生了重大的影响。

首先,亚当·斯密提出并论证了"看不见的手"的重要概念。像许多现实主义理论家一样预设了人的自私和理性的特征,但是对于斯密来说,人的自私和理性不仅不会像霍布斯想象的那样只能导致每个人反对每个人的战争这样一种自然状态,也不像洛克那样把自然状态基本看作和谐和幸福的状态。亚当·斯密在这里引入了"看不见的手"这个著名比喻,认为这只无形之手可以掌握人们的自私和理性,使每个人追求私利的行为变为促成集体利益实现的行为。斯密在《道德情操论》中就讨论了"看不见的手"的作用,他举了一个富人的例子。这个富人的目的是积累自己的财富和享受奢侈的生活,因而他是一个自私的人。但是为了达到目的,他必须雇佣大批农民为其劳作,雇佣仆人为其服务,这样,他就必须把自己财富的一部分分给这些农民和仆人。斯密评论道:"……尽管他们[富人]雇佣千百人来为自己劳动的唯一目的是满足自己无聊而又贪得无厌的欲望,但是他们还是同穷人一样分享他们所做一切的改良的成果。一只看不见的手引导他们对生活必需品做出几乎同土地在平均分配给全体

---

① 参见 Knutsen, *A History of International Relations Theory*, p.80。

居民的情况下所能做出的一样的分配,从而不知不觉地增进了社会利益,并为不断增多的人口提供生活资料。"①简言之,这就是主观上利己的个人由于"看不见的手"的控制,实际上必须从事既利己也利他的事情。

在《国富论》中,斯密从经济学的角度讨论了市场这只"看不见的手"。他认为自由市场提供了最有效的调控机制。一种受欢迎的产品由于供应不足而价格上升,为生产该产品的人提供了较高的利润;由于较高的利润,更多的人开始生产这种产品,结果是产品数量的增加使产品价格回落,达到该产品的自然价格。没有人刻意加大供应,也没有人指令更多的人去生产这种产品,更没有人去强行降低价格。人们出于增加自我财富的动机,却产生了造福于社会的结果。其中真正起作用的是市场:经济人的行为动机只是自己的利益。经济人"受一只看不见的手的指导,去尽力达到一个并非他本意要达到的目的,也并不因为事非出于本意,就对社会有害。他追求自己的利益,往往使他能比真正出于本意的情况下更有效地促进社会利益"②。这就是所谓的主观上为个人、客观上为社会的自由经济派观点。

其次,亚当·斯密强调自由资本主义是最好的经济政策。在自由资本主义条件下,个人利益与公共利益达到和谐的自然调和。他不赞成对市场的非理性干预,认为个人支配的资本,只要不受外力的干预,尤其是政府的干预,就可以得到最合理的利用。他在批判了重商主义主张政府积极干预的政策之后,认为国家的财富不是取决于储存了多少贵重金属,而是取决于基于劳动分工的经济的总体生产能力;国家财富和国力的增长依赖于国民经济的全面增长,国民经济的全面增长又依赖于从事经济活动的个人是否能够自由地追求自己的利益。经济的发展和社会利益的实现是自由的个人在追逐自己的利益时充分发挥个人才智、在市场这只无形之手的调节下实现的,任何政府都没有能力起到市场的作用。所以,斯密说:"每一个人处在他当地的地位,显然能判断得比政治家或立法家好得多。如果政治家企图指导私人如何运用他们的资本,那不仅是自寻烦恼地去注意问题,而且是僭取一种不能放心地委托给任何人,也不能放心地委之于任何委员会或参议员的权力。把这种权力交给一个大言不惭

---

① 亚当·斯密:《道德情操论》(蒋自强、钦北愚、朱钟棣、沈凯璋译),北京:商务印书馆1997年版,第230页。

② 亚当·斯密:《国富论》下卷,第27页。

地、荒唐地自认为有资格行使的人,是再危险也没有了。"①这样,自由放任就成为资本主义的最显著特征。后来,美国自由派经济学家、诺贝尔经济学奖得主米尔顿·弗里德曼(Milton Friedman)和他的妻子、经济学家罗斯·弗里德曼(Rose Friedman)在他们的著作《自由选择》中这样总结了亚当·斯密的观点:要达成使各方均能获益的个人之间的合作,"任何外力、任何胁迫、任何侵犯自由的行为都是没有必要的"②。

再次,斯密把对国家经济的研究延伸至国际经济领域,认为国际贸易是促进国家福祉的重要手段。国家间贸易不是重商主义所想象的那种零和游戏,恰恰相反,不同国家和地区存在着专业分工,并通过自由贸易促进各自生产力的发展和国民经济的增长。国际贸易还可以实现剩余产品的价值,为本国劳动成果开辟市场,从而增加社会的真实财富与收入。③如果各国均实行自由贸易的话,那么市场所产生的效益能够在全世界普及,各国均会从这种贸易中得益。所以,从根本上说,自由的国际贸易是一种双赢游戏。政府在国际贸易中的作用与在国内经济中相似,应该采取不干预政策。斯密认为,如果把国家置于世界经济市场之中,世界经济也就像国内经济一样出现市场调节的劳动分工,每个国家都会发现自己的优势所在并依此开展自己的经济活动。这样,国际社会即使在没有权威政府的情况下也有了共同利益的基础,从而摆脱了霍布斯恐怖的自然状态。进而,斯密的理论中包含了自由贸易和经济发展必然削弱军事的效用。虽然他在有的时候是把这一点是作为负面效应提出来的,认为商业发展会削弱战斗精神,因为从事经济活动的人既没有时间也没有兴趣从事战争,况且,他们也不会从战争中获得利益。④ 但是,从这种逻辑出发进行推理,比较容易得出商业活动可以减弱军事冲突的结论。

最后,斯密的整个自由资本主义理论体系中最重要的行为体是个人。自由的个人是斯密理论的灵魂,他们在市场中自由的买卖,自由地追求个人利益。只有在这种条件下才能实现社会的最大福祉。任何集体干预都只能破坏人类的集体利益。后来,经过李嘉图的提炼和改进,形成了一套完整的、以个人为基本研究单位的自由主义方法论体系,亦即个体主义方

---

① 亚当·斯密:《国富论》下卷,第 27—28 页。
② Milton Friedman and Rose Freedman, *Free to Choose*: *A Personal Statement* (New York and London: Harcourt Brace Jovanovich, 1980), pp. 1—2.
③ 亚当·斯密:《国富论》下卷,第 19 页。
④ 参见 Mark V. Kauppi and Paul R. Viotti, *The Global Philosophers*: *World Politics in Western Thought* (New York: Lexington Books, 1992), p. 205。

法论(methodological individualism),即以个体为基本研究单位,从个体出发推论集体的行为和结果。后来,自由主义学派重要学者哈耶克(Friedrich von Hayeck)认为通过个体活动来理解社会现象是最好的研究方法,"正是通过研究个人活动的综合影响,才使我们发现,人类赖以取得成就的许多伟大规章,已经在没有计划和指导思想的情况下产生,并且正在发挥作用"①。

斯密的政治经济思想在国际关系方面产生的最大影响是其放任资本主义对自由主义政治经济学理论发展的重要意义。美国著名政治经济学学者斯蒂芬·克拉斯纳在总结当今自由主义政治经济学的成就的时候提到了该流派的三大假定:政治经济活动的行为体不仅包括国家,而且包括非国家行为体;行为体是自私的、理性的;国际政治经济关系为所有参与者提供了获益的机会。② 可以看出,政治经济学的自由主义理论体系中最基本的假定几乎都可以在亚当·斯密的自由资本主义理论体系中找到原型。具体来看,西方政治经济学属于自由主义的几个大的派别都在不同程度上受到斯密理论的影响。尤其需要讨论的是目前国际政治经济学的相互依存理论。自由主义学者认为国际社会从20世纪60年代末以来表现出越来越明显的相互依存倾向,在金融、投资、贸易等领域由于世界各国的经济越来越密切地联系在一起,经济全球化成为必然的趋势。在这种情况下,单个国家已经无法处理全球化带来的问题,领土国家的形式和全球市场之间的矛盾会越来越明显。这些自由主义学者继承了亚当·斯密对市场作用的论述,认为国家不得不让渡一定的主权,国家的政治结构会受到全球化浪潮的冲击,并且国家会最终让位于市场。③ 跨国主义理论和复合相互依存理论也认为国家在国际关系中的作用会越来越小,非国家行为体如国际组织和跨国公司的作用则日益增大。④

亚当·斯密理论的另外一个重要贡献是为后来的公共选择(public choice)理论提供了研究框架和研究议程。这在两个方面都具有重要的意义。首先在理论假定方面,公共选择理论的核心假定是亚当·斯密的

---

① 哈耶克:《个人主义与经济秩序》(贾湛等译),北京经济学院出版社1989版,第6—7页。
② Stephen Krasner, "The Accomplishments of International Political Economy," in *International Theory: Positivism and Beyond*, eds. by Steve Smith, Ken Booth, and Marysia Zalewski (Cambridge: Cambridge University Press, 1996), p.110.
③ Raymond Vermon, *Sovereignty at Bay* (New York: Basic Books, 1971).
④ Keohane and Nye, *Transnational Relations and World Politics*; *Power and Interdependence: World Politics in Transition*.

理性和自私的个人,亦即经济人的概念,虽然公共选择理论框架中的研究有不同侧重,但是所有研究都是从个人是理性的、自私的行为体这一基本点出发的。曼库尔·奥尔森的集体行动的逻辑研究中提出的问题是为什么理性的、自私的个人为追求自身最大利益的行为有的时候不能够达到斯密预期的集体利益,由此发现了"搭便车"现象。将这一发现应用于国际关系领域,保护主义在某种情况下就成为国家"搭便车"的一种做法。①新自由制度主义的代表人物罗伯特·基欧汉的研究方法也很相似,他从理性自私的经济人概念出发,力图发现为什么他们不能最大限度地实现共同的最大利益。他由此发现了政治市场在信息不足条件下的失灵现象,认为这种现象导致了行为体之间的合作障碍。②

其次,亚当·斯密的经济人概念不仅仅影响着自由主义国际关系理论的研究,由这一概念得来的理性主义方法论对于国际关系学的理论发展和整个社会科学的研究方法都有着不可低估的影响。经济学的重要学派和20世纪70年代以来国际关系学中新自由主义的重要学派几乎全面使用了古典经济学的方法体系。其他国际关系学派也同样采用了这种方法。属于新现实主义范畴的一些理论,如沃尔兹的结构现实主义、吉尔平的霸权理论、布伊诺·德·梅斯奎塔的冲突理论等,虽然基本分析单位是民族国家,但是他们都把国家作为单一的、理性的、自私的个体来处理,并以此考虑国家在无政府条件下的有规律行为。最典型的例子是沃尔兹的结构现实主义理论。他不仅采用了经济人的假定,而且在建立其影响重大的结构现实主义理论体系时,使用的方法就是亚当·斯密经济学中市场和个人的关系的推理。他把国际系统的结构当作斯密的市场,把作为国际系统中的基本单位的民族国家当作斯密市场中的个人,认为市场是由个人建构起来的,但是一旦建立起来,就成为无形之手,控制着国家的行为。他改变了均势是国家有意识的行为和政策的传统现实主义观点,认为均势是国家在国际体系结构中自然达成的均衡状态,正像市场中自然达成了供求均衡关系一样。③ 这种研究方法使沃尔兹理论成为国际关系的重大理论体系。除此之外,国际关系中常用的博弈论等也都是采用

---

① Mancur Olson, *Logic of Collective Action* (Cambridge: Harvard University Press, 1965); *Rise and Demise of Nations* (New York: Basic Books, 1982).

② Robert Keohane, *After Hegemony: Cooperation and Discord in World Political Economy* (Princeton, N. J.: Princeton University Press, 1984).

③ Kenneth Waltz, *Theory of International Politics* (Reading, Mass.: Addison-Wesley, 1979).

个人主义研究方法,以理性的、自私的行为体为研究起点的。

我们今天重读亚当·斯密的时候,可以看到,他的自由资本主义理论对后来的市场经济学和国际关系领域的自由主义产生了重大影响。但是同时我们也应该看到,斯密学说的影响已经超出了自由主义国际关系理论的范畴,对于经济学、政治学、社会学等诸多社会科学领域都产生了重要的影响。我们之所以把斯密置于自由主义理论体系之中,主要是从他的思想体系和观念体系考虑的。从这个角度来看,亚当·斯密理论是人类思想发展史上的一座里程碑。

## 四、康德与世界和平理论

康德(Immanuel Kant,1724—1804)是启蒙时代著名的思想家、哲学家。他生于东普鲁士的哥尼斯堡,出身贫贱,父亲是一个马具师,在别人的资助下就读于哥尼斯堡大学,毕业后做过家庭教师,后来在哥尼斯堡大学担任教职,并于1770年晋升为该校逻辑学和形而上学教授,后任哲学系主任和校长。他开设过多种课程,包括物理学、数学、逻辑学、道德哲学、形而上学、地理学等。

康德著作甚丰,主要贡献在哲学领域。他早期的著作包括了对莱布尼兹、沃尔夫等人的批判,显示了卢梭、休谟等哲学家和思想家对他的深刻影响。在这一时期他发表了《关于自然神学和道德的原则的明确性研究》《上帝存在的论证的唯一可能的根源》《视灵者的幻梦》等著作,表现了他的哲学体系的起步和对于一些根本问题的思考。从1770年之后,康德开始了他的批判理论阶段,并于1781年开始,相继发表了他最重要的著作《纯粹理性批判》(Critique of Pure Reason)、《实践理性批判》(Critic of Practical Reason)、《批判力批判》(Critic of Judgement)。这三部著作奠定了康德作为哲学大师的批判理论体系。康德批判理论体系的主要研究对象是人类理性的局限,认为启蒙时代的思想家夸大了人的理性的能力,指出人通过纯粹思维就可以达到统一体的真理假定是不可能的。对于任何事物,人都无法了解其全部,已知世界实际上部分地是人的理解力的创造。

康德始终关心并认真思考政治活动,对于人性、道德、国家、法律、国家间关系、战争与和平、国际社会等一系列重大问题都做过深刻的研究。他对于人类社会和国际关系持乐观态度,认为历史发展、人类进步、世界和平是可以实现的。康德对于国际政治的讨论集中表现在他在1795年发表的《论永久和平》(*Perpetual Peace*)这部著作里。在其他著作,如《道德的形而上学基础》(*Foundation of the Metaphysics of Morals*)、《未来形而上学导言》(*Prolegomena to Any Future Metaphysics*)等,康德也对政治学及其相关问题有着深刻的论述。虽然在国际关系理论发展领域,康德被认为是共和自由主义或曰民主和平理论的先驱,但是为了能够了解康德对国际关系理论的影响,有必要讨论一下他与国际关系理论有关的政治哲学观点,包括他的人性观、历史观、道德观和国家观。

康德政治哲学的一个重要方面是他的人性观。许多政治哲学家都从讨论人性和人的自然状态开始,而对人性和人的自然状态的认识又与对政治体制、对国家作用和对国际关系实质的认识有着密切的联系。霍布斯、洛克、卢梭都对人性有着自己见解,并因之发展了各自的政治哲学理论。康德对人性也做过认真的讨论。从某种程度上讲,康德同意卢梭的人性观,认为人的自然状态是无政府状态。康德甚至赞成霍布斯的观点,把自然状态看作是"战争状态",至少也可以看作是"战争威胁"状态。①处于自然状态的人仅仅由于他们居住在一起,就可以互相伤害。但是,康德与霍布斯等具有现实主义倾向的思想家从这里开始分道扬镳。康德并没有因为对自然状态的这种认识就得出了与现实主义相同的结论:战争的不可避免性。恰恰相反,康德认为与人性中兽性成分共存的是人的理性成分。人的理性成分使人能够在理性的引导下、在原则和道德的制约下采取行动。康德认为人性和兽性这两种人的内在特征常常处于冲突状态,虽然有的时候兽性的一面会占上风,并且表现为人与人的冲突与战争,但是,如果人要获得真正的自由,理性的一面必须占据主导地位,表现出来的状态和行为就是共存与合作。康德认为理性的一面是完全能够占主导地位的,显示了他对人类和人类政治的乐观主义态度,这种基本世界观与后来理想主义国际关系学者的思想基本上是一致的。

康德的历史观也是他的政治哲学理论的重要组成部分。对于康德来说,人类的进步和历史的发展是其历史哲学的主题。在他1784年发表的《什么是启蒙运动》的一篇文章中,康德把启蒙运动定义为历史发展的重要阶段,在这一阶段,人获得了使用理性的能力和勇气,不再盲从于诸如牧师、绝对统治者等外部的权威。他认为人类不断地从不成熟向成熟发展,在这一发展过程中,人并不缺乏智慧,而是缺乏使用自己智慧的意志

---

① Immanuel Kant, *Perpetual Peace*, ed. by Lewis White Beck (New York: Macmillan, 1957), p.10.

和勇气。① 人类不断从不成熟向成熟发展,历史也不断进化,不断前进。推动历史发展的力量是人的理性,方向是道德和政治的彻底统一,其中道德又是先于政治、高于政治的,因此,政治必须服从于道德的规约。② 康德认为善良最终必将战胜邪恶,道德最终必将胜利,虽然这一过程可能是漫长和缓慢的。

康德的道德观构成了他的政治哲学观的核心成分。首先,他从人的双重性出发,发现政治和道德是密切联系在一起,并有着一定的矛盾。政治强调的是权力,道德重视的是原则。根据马基雅弗利的政治观,道德在政治中的地位是从属的,权力是国家最重要的考虑。在康德的政治哲学体系中,道德占主导地位,权力是从属的。康德告诫人们,如果政治教导人们要像蛇一样狡猾,那么道德则教导人们要像鸽子一样无邪。③ 他把政治策略看作是权宜之计,认为随着人类和历史的进步,权宜之计最终要服从道德原则。用康德的话来说,"自然的必然意志是正义会得到最后的胜利"④。这样的论点与现实主义关于权力高于道德、国家利益高于行为规范、普遍道德原则不能也不应适用于一个国家的对外政策等观点是迥然不同的。⑤

第二个涉及道德的问题是道德的内容。康德的道德包含着十分丰富的内容,但是,如果用最简单的语言表达,就是承认和尊重人的权利。对于人的权利,施特劳斯和克罗波西在解释康德道德观的时候有一段明确的阐述:

> 人的权利是先天地被认识到的,是普遍有效的和可要求的。这些权利的唯一源泉和内容就是彻底的自由,而这种自由是理性存在物即人的本质。这种自由独立于宇宙、人和社会的自然,……这种由休谟开始的对理论理性的批判,为消除一切外在地强加于自由的法则,从而为人的彻底解放开辟了道路。⑥

---

① Immanuel Kant, "What is Enlightenment?" in C. J. Friedrich, ed., *The Philosophy of Kant* (New York: The Modern Library, 1949), pp. 132—140. 转引自 Knutsen, *A History of International Relations Theory*, p. 111.
② 列奥·施特劳斯、约瑟夫·克罗波西编:《政治哲学史》,第 707 页。
③ Kant, *Perpetual Peace*, p. 50.
④ *Ibid.*, p. 31.
⑤ 参见摩根索:《国际纵横策论:争强权,求和平》,第 2—20 页。
⑥ 施特劳斯、克罗波西编:《政治哲学史》,第 698 页。

康德在这里为政治铺设了一个绝对的道德基础,使人们充分意识到自己的权利,并把道德和尊重人独立于一切外在事物的权利等同起来。从政治学的角度来看,这至少包括了四个方面的含义。第一,人从根本上是平等的,因为人的权利是先验的,是独立存在的,是不以人的种族、阶级、性别为转移的。第二,由于人的根本性平等,所以,人本身就是尊严,这种尊严在任何时候都要受到一切人的尊重。正因如此,康德认为人不能被单纯地当作手段,而且应该始终并只被当作目的。第三,对自由和财产的侵犯构成了对人的权利最大的不尊重,因为这样做就是把同类的人当作单纯的手段。第四,道德和正义具有高度的一致性。正义是支配人际关系的原则:正义要求人们尊重自身权利,不允许他人或任何势力把自己作为单纯的工具;正义要求不能伤害别人并尊重他人的权利。对于康德来说,尊重人的权利是神圣和绝对的义务,是政治道德的实质内容。康德这种把人作为道德存在物、把人的权利作为政治生活的最重要内容的观点使他在讨论国际关系的时候始终把个人作为最主要的行为体。

最后是康德的国家观。国家是人在法律之下的统一,是人们从自然状态进入法治状态的产物。作为人们平等和自由的基础与根本内容的道德要求人们进入法治状态,因为只有在这种状态中,人们的权利才会得到充分的尊重。国家代表了这样的状态,所以,国家的主要作用是保证其成员权利的神圣不可侵犯性,保证每个人在不损害他人权利的条件下自由行动的自身权利。康德坚决反对家长式的专制主义国家。他认为人们在自由的权利下追求各种各样的幸福,表现出各种各样的行动。个人对幸福等概念有着自己的定义,不应该违心地接受他人强加于自己的定义。如果国家制定一个共同的思想、规定一个共同的目的、定义一种共同幸福,那么这种国家就是一种家长式的专制主义国家。康德认为,在涉及个人的福祉问题上,如果国家强行代表个人做出强制性判定并要求个人接收这种判定,那么就会出现最严重的专制主义。①

防治专制主义产生的方法是建立共和制国家。康德设想的共和政体是一个融合了道德原则、个人主义和社会秩序的政治社会。在这种社会中,以个人平等为基础的司法自由得到保障,以权力分散为核心的代议制政府得以确立。自由的个人由于代议制而成为自我立法人,他制定的法

---

① Howard Williams, *Kant's Political Philosophy* (Oxford: Basil Blackwell), p.27. 转引自 Howard Williams, *International Relations in Political Theory* (Philadelphia, Open University Press, 1992), p.82。

律平等地适用于包括他自己在内的每一个人。这样,每个人都不能自我执法,因此也就不可能出现专制和暴力。① 在康德的国际关系理论体系里,这种国家模式再现于他对和平的国际社会、对多元化的世界的构想之中。

在这些关于政治哲学的基本观点之上,康德发展了他的国际关系理论体系。美国政治学家迈克尔·多伊尔(Michael Doyle)在梳理康德国际关系理论的时候,重点讨论了康德自由主义的两大遗产。第一个是和平联盟说(pacific federation; pacific union),指自由民主国家之间协商解决利益冲突的状况和持续和平的存在。第二个是所谓的国际冲动说(international imprudence),指和平仅存在于自由民主国家之间。由于民主国家和非民主国家之间的战争仍然可能爆发,民主国家仍然具有国际冲动的特征。②

康德对于人类和历史的乐观主义态度使他相信世界范围内永久和平终将成为可能。基于对政治、道德、国家的认识,他也解释了为什么永久和平可以实现。在《论永久和平》中,康德提出了六个达成永久和平的初始条件,亦称为先决条款。这六个条件包括:不秘密保存未来战争的物资;不兼并独立的国家;以民兵代替常规军;不举债发动战争;不干预其他国家事务;不采取妨害未来和平的敌对行为。从这些初始条件可以看出康德把国家间的关系类比作市民社会中独立的个人之间的关系,不兼并独立国家和不干预独立国家的内部事务表现了康德极力主张个人自由和选择权利不得干预的观点。用民兵替代常规武装则反映了康德相信民众厌恶战争的思想:正规军在战争中可以实现自己的既得利益,而民兵来自于民,人民更爱好和平,所以以民兵代替常规武装力量会使国家更趋向和平。

康德对永久和平的最重要论述表现在他在同一著作中提出的三个决定性条件(definitive articles)。这三个条件是:(1)每个国家必须是共和政体;(2)国际法的基础是自由国家之间的联盟;(3)世界公民权利的条件是普遍的善意。他认为虽然人的向善的属性使得世界走向永久和平的状态是能够实现的,并且,从根本上说,道德的力量使永久和平成为一种历史发展的必然。但是,永久和平只有在满足了这三个决定性条件才可

---

① 参见 Paul R. Viotti and Mark V. Kauppi, *International Relations Theory: Realism, Pluralism, Globalism*, 2nd ed. (New York: Macmillan), p. 274。

② Michael Doyle, "Liberalism and World Politics," *American Political Science Review* 80 No. 4 (December 1986), pp. 1151—1169.

能实现。

第一个决定性条件是共和政体,也就是民主体制。康德把民主体制作为第一个决定性条件。他认为国家利益和社会或民众利益不一定完全等同。在专制体制中,国家的利益只是以国家名义施行统治的人的利益。统治者的利益不代表民众利益,他们的利益甚至与民众利益是截然对立的。只有在民主体制中人民的利益和国家的利益才是吻合的,绝对权力才可以得到抑制。对于民众来说,战争是灾难性事件,所以他们有一种反对战争的内在倾向。康德说:

> 如果……决定是否宣战需要得到公民的同意,他们自然十分犹豫是否从事如此危险的事情。因为这意味着使他们自己蒙受战争带来的一切灾难,诸如他们要去打仗、要用自己的财力支持战争、要痛苦地修复战争的创伤……要承担欠债的负担,这种欠债危及未来和平,并且由于不断的战争威胁而永远无法偿还清楚。但是,在一个公民不是主体因此也就不是共和制度的政体之中,参与战争就是世界上最简单的事情了。因为国家首领不是公民,他拥有国家。战争不会使他本人有着最小的牺牲,他的宴会、狩猎、享乐场所、宫廷盛会都不会受到影响。因此他可以在没有任何重大理由的情况下决定发动战争,好像战争只是一种娱乐活动……①

从这一段论述可以看出,康德认为民主体制是战争的重要制约因素,民主国家对于战争有着一种内在的犹豫。因为法律由人民制定,国家的立法和司法权力分立,所以这种体制成为制约战争的重要力量。但是,康德并没有说民主国家不参加战争,是绝对的和平主义国家。民主国家完全可能与非民主国家发生战争。

所以除了共和体制之外,康德提出了第二个决定性条件,即自由国家联盟。对于这种联盟的性质,康德做过比较详细的论述。第一,自由国家联盟是民主国家之间建立的一种国际和平共同体,是国内共和体制的自然伸延。这种联盟保证自由国家之间的和平状态,也保障这些国家的应有权利。自由国家联盟不是一个世界国家,因为这样大型的国家根本不可能成为现实,即便成为现实,也具有专制倾向,因为世界国家会成为一个巨型利维坦,剥夺公民的自由,"无情的专制主义在扼杀掉一切善的萌

---

① Kant, *Perpetual Peace*, p. 100.

芽之后终将毁于无政府状态"①。对康德来说,只有当个人享有完全的公民权利,全球的和平才可能实现。所以,这个联盟的前提是保障公民的个人权利。

第二,道德和价值观念的一致。联盟要避免全球性的专制主义,要保存世界的多元性质,但是联盟中的国家又有着共同的道德基础联盟,这就是信奉保障个人自由的原则。共和体制得以发展,所有公民和所有共和国家的权利得到充分的尊重,联盟的道德基础就得到了巩固。

第三,国际法和国际规则对联盟成员国的约束。因为康德认为法律是保证公民自由的基本条件,所以,在他的国家间关系论述中,法律的制约作用依然是重要的。康德承认人性的邪恶和好斗,认为"理性自由"(rational freedom)优于"无理智自由"(senseless freedom)。② 在联盟中,国家之间的分歧和冲突可以通过谈判的方式解决。

第四,联盟不是和平条约。和平条约的目的只是为了结束一次战争,联盟的目的却是要永久地消灭一切战争。这种联盟存在的全部意义是维护和保证全体成员国家的自由。

第五,这种联盟可以逐步扩大,乃至遍及全球。最好是有一个强大的民族首先组成一个共和体制的国家,这个国家就可以成为联盟的中心,然后逐步扩展开来,最后形成全球性的自由国家联盟。这时,永久和平就有了根本的保证。从康德对和平联盟性质的论述来看,这种联盟的实质是世界范围的共和体制,根据康德的推理,共和政体使一个国家具有和平倾向,所有国家共和政体导致全球范围内的和平。

康德提出的第三个决定性条件,是世界公民权利(right of world citizenship)。康德相信世界各国的人都是平等的,所以他们应该受到公正的待遇。他把这种权利定义为"一个人在踏上他国领土的时候不因为是外国人而受到充满敌意的待遇"③。在世界公民权利方面,他希望所有国家都能够承认并尊重外国人的权利,以善意的态度对待来访的他国公民。根据这种权利,外国人不享受本国公民的权利,但是无论他们的种族、信仰、国籍如何,他们作为世界公民的权利应该受到充分的尊重。在

---

① 施特劳斯、克罗波西编:《政治哲学史》,第721页。
② "无理智自由"也被康德称之为"无法律约束的自由"(lawless freedom)。参见 Howard Williams, Moorhead Wright, and Tony Evans, eds., *A Reader in International Relations and Political Theory* (Vancouver: University of British Columbia Press, 1993), p.118.
③ William, Wright, and Evans, eds., *A Reader in International Relations and Political Theory*, p.120.

康德表述的世界公民权利中还包含了两种权利。一是在国际政治中言论自由和对他国政治生活发表评论的权利,这样才可以使不同国家的民众达到相互了解的目的。二是自由贸易的权利。世界公民权利保证了对外国人的公正和善意的待遇,因此也就包含了一种商业精神。当商业精神成为一个国家的主导价值观念的时候,它就会力图维护有利于商业贸易的和平状态,避免可能发生的战争。并且,通过贸易建立起来的跨国联系因为其商业利益而成为促进相互和解与和平的积极因素。

康德的另外一个遗产是民主国家与非民主国家之间战争的论述。他对民主体制国家之间由于体制本身的制约、和平联盟的建立和国际法的约束而趋于和平的论点做了详尽的阐述,同时也包含了对民主国家和非民主国家之间关系的推论。康德在这个问题上不像对共和制国家之间的和平那样有信心,其论述也比较含糊。但是,康德在两个方面的论述是清楚的。第一,专制国家的统治者由于战争不会危及他们自己、不会影响到他们个人的福利而对发动战争的顾虑很小。同时,专制国家对于本国民众的权利并不持尊重的态度,所以,专制国家在发动战争的时候没有共和国家内在的谨慎和犹豫,更倾向于发动战争。① 第二,自由国家认为专制国家的政治基础不是公民的同意,而是少数人对权力的垄断,所以,自由国家认为这样的政权和政治制度是不公正的。多伊尔在评论这种情况的时候指出:"因为非自由国家的政府对自己的民众实施侵略行为,自由国家对非自由国家的对外政策也就产生了深深的怀疑。……自由国家之间的关系由于相互之间预设的友好而得益,而自由国家和非自由国家之间的关系则由于相互之间预设的敌意而受损。"② 并且,这种相互的意识有着自我加强的功能,是友好或敌意的相互认知都会因为一些事件而不断加强。自由国家对专制国家的不信任也容易诱发这两类国家之间的战争。

启蒙时期的政治思想家大多数侧重对国内政治的思考,所以,他们对国际关系理论的贡献更多的是通过其政治思想间接地影响人们对国家之间关系的认识。虽然康德的自由主义思想也表现在他对道德的内容、人的权利、政府的作用、国内政治体制的形式等与政治学关系密切的核心问题的讨论上面,但是他明确地把自己的政治思想应用到国家间的关系方面,提出了比较完整的国际关系理论。正因如此,康德对国际关系理论的

---

① 参见 Viotti and Kauppi, *International Relations Theory: Realism, Pluralism, Globalism*, p.277。

② *Ibid.*, p.278.

影响是直接的,也是重要的。

康德和平联盟思想在两次世界大战之间的理想主义那里得到了共鸣。威尔逊世界观中的许多方面都能在康德思想里找到痕迹,其中最明显的是威尔逊对国际组织和国际法的重视、对民族自决的推崇和对民主和平的信心。虽然国联的经验并不成功,威尔逊也被现实主义国家关系学者和政治家称为不能正视现实的乌托邦主义者,但是建立国家组织促进和平的思想和行动一直没有中断。二战之后的联合国这类全球性的国际组织和欧盟这种区域性国际组织都得到了不同程度的发展。①

当然,康德对国家关系理论发展最明显的作用是为民主和平论奠定了基石。几乎所有持民主和平论观点的国际关系学者都把康德尊为这一理论的奠基人。威尔逊作为这种理论的忠实继承人和提倡者,认为一个民主的世界是一个和平的、适于生活的世界。把美国参与第一次世界大战的动机定位为为民主而战。虽然二战以后现实主义国际关系理论占据主导地位,自由主义国家关系理论处于低潮,但是自从 20 世纪 80 年代以来,民主和平理论再次受到极大的重视。美国国际政治学者肯尼思·博尔丁提出的稳定和平的概念和卡尔·多伊奇(Karl Deutsch)提出的安全共同体说(security community)也都有着康德思想的烙印。博尔丁称既没有战争又没有战争准备的状态为稳定和平②;多伊奇认为如果一个由国家组成的共同体既没有战争,也不准备以战争解决相互之间的利益冲突,则可以称之为安全共同体。③ 二战以后,一些西方国际关系学者发现从 1816 年以来,民主国家之间很少爆发战争。④ 经过迈克尔·多伊尔、布鲁斯·拉西特(Bruce Russett)、R. J. 拉梅尔等人的研究与创新,民主和平论成为 20 世纪 80 年代自由主义国际关系理论的一大流派。⑤ 虽然

---

① Charles W. Kegley, *Controversies in International Relations Theory* (New York: St. Martin's Press, 1995), pp. 10—14.

② Kenneth Boulding, *Stable Peace* (Austin: University of Texas Press, 1979).

③ Karl Deutsch, et al., *Political Community and the North Atlantic Area* (Princeton, N. J.: Princeton University Press, 1957), p. 5.

④ 参见 Lewis Richardson, *Statistics of Deadly Quarrels* (Chicago: Quadrangle, 1960); Melvin Small and J. David Singer, *Resort to Arms: International and Civil Wars, 1916—1980* (Beverly Hills, Calif.: Sage, 1982).

⑤ 参见 Michael Doyle, "Liberlism and World Politics"; Bruce Russett, *Controlling the Sword: The Democratic Governance of National Security* (Cambridge, Mass.: Harvard University Press, 1990); R. J. Rummel, "Libertarian Propositions on Violence within and between Nations", *Journal of Conflict Resolution* 29, 3 (1985).

这些研究把民主和平理论的体系发展的更加完善,解释也更加严谨,但是,作为这一理论流派的理论核心仍然是康德在 18 世纪提出的一个简单假设:民主国家趋于和平。

## 五、自由主义政治理论体系的确立与发展

至 19 世纪,自由主义作为西方一种重要政治思想体系的地位已经相当稳固,并且越来越多地影响西方国家的政治、经济和社会生活。从以上几节的讨论可以看出,这些具有重要影响的西方自由主义思想家虽然讨论的方面有所不同,但是在他们的世界观中的确有着许多相通的东西,也正是这些共同观念构成了自由主义思想体系的核心成分。

作为一种政治思想和知识传统,自由主义自始至终强调的一个基本概念就是个人主义:个人高于群体、高于国家;个人权利不可侵犯、不可剥夺;个人在一切政治活动中都是目的,而不是手段。自由主义认为人的自由可以在人的理性基础上,通过各种政治、经济、社会活动得到不断的扩大。基于个人至上的理念,经典自由主义包含了四个方面的思想内涵。在政治领域,自由主义在涉及个人和国家的关系方面强调个人权利,建立宪政政府,以代议制政府和法律保障人的基本权利。在经济领域,自由主义提倡以个人财产权为基础、以个人自由选择为动力的市场经济。经济自由主义尤其强调限制国家对以个人为活动主体的市场的干预权力。在社会领域,自由主义关注弱小个人,提倡社会正义。最后是哲学自由主义,力图在一个超越具体政治、经济、社会的层面上进行讨论,建立个人至上的哲学体系。在国际关系理论发展过程中,大多数自由主义理论流派遵循了自由主义这个基本观点。

自由主义也表现出明显的进化观点。自由主义对个人理性的信任,以及对普遍道德的重视,使它成为一种进化理论体系,对于国际关系和人类前途持一种比现实主义乐观得多的态度,认为人类社会向着越来越好的方面进化。自由主义根据对人的重视,相信人的理性和产生于理性的行为可以使世界朝着有利于实现人的潜能和价值的方向发展,通过建立和平、繁荣和正义所必需的各种条件,促进人的更大程度的自由。格雷在讨论自由主义传统的时候说,自由主义不仅强调个人、平等、普世等原则,它也是"进步的,因为它确信所有社会制度和政治安排都是可以改进

的"①。将这种观点延伸到国际关系领域，自由主义认为国家之间的关系也不是一种永远处于权力争斗旋涡之中的不可调和的矛盾状态，而是相信人的理智和道义精神可以促成国家之间的关系不断向着更加和平和有利于人类的方向发展。

自由主义强调合作和合作的可能性。对于自由主义学者来说，人与人之间的关系从根本上来说是和谐的，道德的力量是具有实质意义的，利益的冲突虽然不可避免，但是利益冲突不一定非要导致争斗和战争。通过人建立起来的制度和规则，冲突不但可以和平解决，而且可以转化为合作。这样，国际关系的核心成分就不再仅仅是现实主义强调的利益冲突，因为冲突可以通过协调加以解决，并继而达成合作。自由主义认为合作是人类发展和进步的重要机制，国际社会可以通过建立国际制度来加强国际合作、规范国家行为。对于在社会进化中社会成员可以实现合作的问题，传统自由主义思想家也给予了高度的重视，成为自由主义的另一个明显的标志性特征。

自由主义还表现出突出的多元意识。对于自由主义学者来说，个人的主导地位表明任何团体都具有多元多维性质。没有任何一个团体可以以一种思想、一种爱好、一种利益把该团体成员的思想统一到一个模式之中。这样做不仅不可能，而且属于政治专制主义的典型表现。自由主义相信人的利益从根本上来说是和谐的，即使有利益冲突，也是可以协调的。但是，自由主义从来不相信个人利益可以由别人强加给自己。正如物质市场竞争可以产生最好的产品，思想市场的竞争可以产生最健康的政治意识。从这个意义上说，国家不是一个单一的、一元的、自在的行为体，而是一个由代表各种利益的不同个人组成的团体。正像现在的自由主义国际关系理论家罗伯特·基欧汉说的那样，自由主义是分析社会现实的一种方式，而社会现实始于作为有意义行为体的不同个人，自由主义试图理解由个人组成的团体是怎样相互作用的。② 这种自由主义观点把国家和社会区分开来，把所谓的国家利益和民众利益区分开来。这样，国家就全然不是现实主义理解的那种单一理性国家了。

19 世纪的西方自由主义和实用主义政治思想家进一步发展了自由主义的传统，在当时世界最强大的国家尤其如此。英国功利主义哲学家

---

① John Gray, *Liberalism* (Minneapolis: University of Minnesota Press, 1986), p. x.
② Robert Keohane, "International Liberalism Reconsidered," in John Dunn, ed., *The Economic Limits of Politics* (Cambridge: Cambridge University Press, 1989), p. 172.

边沁(Jeremy Bentham，1784—1832)强调最大多数人的最大幸福，主张政府不干预经济事务。英国哲学家和经济学家约翰·斯图亚特·穆勒(John Stuart Mill，1806—1873)则对两个世纪以来的自由主义进行了全面的总结和深刻的阐述，极力提倡个人的精神追求和个人价值的实现，反对家长式的专制主义，明确提出私人领域事务不受社会与政治权威干预的观念，认为个人有思想与言论自由、选择生活方式的自由、在不损害他人的条件下参与社会活动的自由。英国政治家理查德·科布登(Richard Cobden，1804—1865)就大力提倡自由主义的基本观念，积极要求进行自由贸易，反对通过实力均衡保持和平的现实主义政策。科布登认为国家之间的自由贸易不仅可以削弱战争意识，而且可以加强国与国之间、不同国家的人民之间的交往和联系，从而使他们彼此了解、增进友谊。所以，个人主义、社会进化、普遍道德、利益和谐、自由经济等在17、18世纪就已经提出的自由主义主要观念，在19世纪得到了更加明确的阐述和讨论，自由主义理论体系化程度更趋明显。19世纪末20世纪初恰恰也是国际关系研究开始呈现建立独立学科意识的时期。因此，国际关系学科从建立之时起，就受到自由主义政治思想的影响，这种影响一直延续到现在。

# 国际制度与国际合作
## ——反思新自由制度主义

**内容摘要**

新自由制度主义是20世纪80年代发展起来的重要国际关系理论,是在学理上与新现实主义抗衡的主要自由主义理论流派。新自由制度主义强调国际制度对国家合作行为的重要影响,认为国际制度可以通过提供可靠信息减弱政治市场失灵现象,从而使国家达成合作。新自由制度主义是体系理论,坚持理性主义的基本命题,建立了"制度选择"的简约理论体系。但是,在威斯特伐利亚体系消亡之前,国际制度的局限性是新自由制度主义需要认真对待的一个重要问题。

# 一、新自由制度主义的兴起与发展

西方政治学界的主流理论学派是政治现实主义和政治理想主义。从修昔底德开始,这两大流派的势力和影响一直交替上升。二战以后,国际关系中的政治现实主义在西方国际关系学界占统治地位。从汉斯·摩根索到肯尼思·沃尔兹等一批主张现实主义的国际关系学学者著书立说,逐步建立了政治现实主义的理论体系。这个理论体系以权力为支点,以国家为核心单位,以国际冲突和战争为主要研究对象,借鉴自然科学的研究方法,形成了一个系统的理论工程。英国历史学家 E. H. 卡尔在二战爆发伊始发表了《20 年危机》一书,在理想主义国际关系理论影响未衰之时提出重新重视政治现实主义;摩根索战后发表的巨著《国家间政治》比较系统地提出了现实主义国际关系理论的基本原则和框架,奠定了战后现实主义学派的理论基础;而沃尔兹 1979 年发表的著作《国际政治理论》则把现实主义国际关系理论系统化、科学化,使之成为西方国际关系学中迄今为止最抽象、最简单的理论体系。[①] 由于现实主义学者的不断努力,西方国际关系研究在二战以后比较明显地发展成为一个独立的学科,明确了国际关系研究的范畴,确立了国际关系学的目的、方法和研究对象。同时,由于西方尤其是美国的国际关系学者和政界人士在二战以后至 20 世纪 70 年代初比较普遍地接受了现实主义的基本假说及其对国际关系的分析,所以政治现实主义不仅在国际关系学术界占了绝对的优势,而且对西方的外交政策和国际战略产生了直接的、重大的影响。

与政治现实主义相左的西方国际关系主流学派是政治自由主义(在两次世界大战之间的年代被称为理想主义)。在两次世界大战之间,由于一战之后人们对于国际关系中权力政治的厌恶和当时的美国总统威尔逊极力提倡,自由主义一度盛行。二战以及二战以后接踵而至的冷战使自由主义在西方政治学界和政界失去了市场。但是,自由主义思潮毕竟是美国这样的西方大国政治文化传统中根深蒂固的价值观念,是其意识形

---

① 参见 E. H. Carr, *Twenty Years' Crisis*, *1919—1939* (London: St. Martin's, 1946); Hans J. Morgenthau, *Politics Among Nations: The Struggle for Power and Peace*, 3rd ed. (New York: Alfred A. Knopf, 1961), pp.118—121; Kenneth Waltz, *Theory of International Politics* (Reading, Mass: Addison-Wesley, 1979), pp.88—93. 卡尔在书中说他取政治理想主义和现实主义两派理论的合理成分用之,但他强调的是政治现实主义。卡尔将国际政治思想分为两大流派:乌托邦主义亦即理想主义和现实主义,并提出了现实主义思想的基本观点。

态的核心,所以,尽管现实主义成为国际关系学界的最主要的理论学派,政治自由主义从来没有完全销声匿迹,只不过在战后的三十年中被挤至一隅,主要是对于区域一体化的研究。当时,欧洲共同体的建立与发展为自由主义研究提供了一个实验室,于是,戴维·米特兰尼、欧内斯特·哈斯等为数不多的国际关系学者以欧洲共同体为研究对象,探讨了欧共体产生和发展的原因、条件、机构、制度等,提出了功能主义和新功能主义等国际关系学理论。① 这不仅使自由主义研究得以延续,而且为后来自由主义的再度繁荣铺垫了道路。

20世纪70年代美国的国力较之50年代和60年代已经表现出衰退现象。布雷顿森林体系的崩溃、美国在越南战争中的失败、石油危机等国际关系中发生的重要事件使西方一些国际关系学者和政界人士认识到,现实主义已经不能充分地表述、解释和预测国际关系现象、国家行为和国际事件。于是,政治自由主义重新抬头,并把矛头直指在学理和政策两个方面均占鳌头的政治现实主义。1977年,美国哈佛大学教授罗伯特·基欧汉和约瑟夫·奈发表了《权力与相互依赖:转变中的世界政治》。这一著作可以说是自由主义重整旗鼓的宣言。基欧汉和奈否定了现实主义的三个基本理论假说,提出了复合相互依存的理论模式,强调了跨国家的关系。② 之后,虽然结构现实主义的出现使政治现实主义在所谓的第二轮冷战时期有了重大的突破,但是政治自由主义迅速发展。尤其是到了90年代,冷战的结束似乎为自由主义提供了绝好的机遇,使其发展出六个相互关联的学派,其中,发展较快、理论水平较高、影响较大的是新自由制度主义。③

新自由制度主义首先是从研究国际政治经济领域的国际机制开始的。在《权力与相互依赖》一书中,对国际机制的重视已经显而易见。海洋和货币领域的国际机制和制度得到了详细的讨论,成为复合相互依存理论的一个重要组成部分。④ 至20世纪80年代,新现实主义和新自由

---

① David Mitrany, *A Working Peace System* (Chicago: Quadrangle Books, 1966); Ernst Haas, *The Uniting of Europe* (Stanford University Press, 1964).

② Robert O. Keohane and Joseph S. Nye, *Power and Interdependence: World Politics in Transition* (Boston: Little, Brown, 1977), pp. 23—29.

③ Mark W. Zacher and Richard A. Matthew, "Liberal International Theory: Common Thread, Divergent Strands," in *Controversies in International Relations Theory*, ed. by Charles W. Kegley (New York: St. Martin's, 1994), pp. 107—150.

④ Keohane and Nye, *Power and Interdependence*, Part II.

主义争论日趋激烈,并且,自由主义学派日渐居上风。1982年,美国重要的国际关系杂志《国际组织》发表特辑,专门就国际机制问题展开了讨论。虽然当时争论十分激烈,现实主义在这个问题上寸步不让,但是新自由主义的进攻已经开始直逼现实主义的核心假说。至此,新自由主义的主要学者、哈佛大学政治学教授基欧汉在《权力与相互依赖》一书的理论基础上再求发展,对国际机制和国际制度进行了系统的研究,并于1984年发表重要著作《霸权之后:国际政治经济中的合作与纷争》。① 在这部著作中,基欧汉批判了吉尔平等现实主义学者在霸权理论方面提出的基本观点,建立了关于国际制度的功能性理论,认为霸权可以帮助建立国际机制,但是霸权衰退并不一定意味着国际秩序的丧失。业已建立起来的国际机制在霸权之后仍然可以维持国际合作。《霸权之后》还对国际机制的形成、条件、维持和作用进行了详细的分析,通过战后能源等领域的状况,对规则理论进行了实证性研究,并重点突出了冲突与合作这两大国际关系主题之一的国际合作问题。② 《霸权之后》是系统研究国际机制的第一本有分量的专著,也是新自由制度主义的第一部重要著作。

继《霸权之后》,新自由制度主义国际关系学者以哈佛大学国际事务研究中心为基地,从学理上对国际机制和国际制度进行了深入的研究,相继发表了一系列的文章和专著。1986年,美国政治学家肯尼思·奥伊主编了论文集《无政府状态下的合作》,收入了罗伯特·杰维斯、邓肯·斯奈德尔、罗伯特·阿克塞尔罗德、罗伯特·基欧汉等美国知名国际关系学者的论文,集中讨论理性国际行为体在国际无政府状态下合作的可能和条件。论文集既收入了专门以学科建设和学理探讨为目的的各种理论文章,也收入了对于新发展起来的国际机制和国际制度理论进行实证性验证的文章,既讨论了国际政治经济领域的合作,也讨论了包括国际安全在内的其他领域的合作。③《无政府状态下的合作》标志着新自由制度主义正在超出国际政治经济领域,力图朝着全面国际关系理论的方向发展。至此,新自由制度主义在国际关系学界的影响日益增强。

1986年基欧汉主编了《新现实主义及其批判》。这本著作对现实主

---

① Robert O. Keohane, "A Personal Intellectual History," in *International Institutions and State Power*, ed. by Robert Keohane (Boulder: Westview, 1989), pp. 21—32.

② Robert O. Keohane, *After Hegemony: Cooperation and Discord in the World Economy* (Princeton, New Jersey: Princeton University Press, 1984).

③ Kenneth A. Oye, *Cooperation under Anarchy* (Princeton, New Jersey: Princeton University Press, 1986).

义的基本假说展开了全面的批判,对修昔底德、摩根索、沃尔兹这三位国际关系领域的政治现实主义大师的理论体系提出了质疑。基欧汉在自己的文章里提出了自由主义的三个主要理论分支,即认为自由贸易促进和平的商业自由主义、民主体制促进和平的民主自由主义和国际制度促进和平的制度自由主义。在这里,国际制度已经被认为是国家行为的原因之一,对于国际制度的研究也被认为是国际关系理论两大流派之一的理想主义中的一个主要分支。[1] 1989年,基欧汉的个人论文集《国际制度与国家权力》出版。此书共收集了10篇论文,包括基欧汉在80年代发表的9篇论文以及他专为论文集写的、全面阐述新自由制度主义的第一章。在这本书中,基欧汉明确使用了新自由制度主义的学派名称,界定了该学派研究的对象和基本概念,指出了新自由制度主义对传统自由主义和新现实主义既有继承又有着根本不同。同时,基欧汉开始把一些分散的、研究国际机制的学术成果进行了综合性处理,从理论上探讨了国际合作的条件、国际制度的产生和作用、国家与国际制度的关系等根本问题。他以美国的经验为数据,用个案分析的方法研究了制度与美国不同时期的政治经济政策之间的关系,表现出朝着以国际系统进程为依托、以国际制度为中心的宏大国际关系理论方向努力的明显意图。[2]《国际制度与国家权力》一书的发表,标志着新自由制度主义的正名,也正式竖起了学派的旗帜。新自由制度主义开始从对国际机制的讨论转向发展国际制度理论体系的轨道。1990年加州大学洛杉矶分校政治学教授阿瑟·斯坦的著作《国家为什么合作:国际关系中的条件与选择》问世。这部著作以博弈论模式为主要推理方法,讨论了国家合作的原因,从理性原则的角度进一步为新自由制度主义提供了理论根据。[3] 在这一时期,一批以新自由制度主义为理论的研究著作问世,对新自由制度主义理论的一些基本假设进行了测试和验证。

进入20世纪90年代以来,苏联解体,冷战结束。西方现实主义的许多观点进一步受到了挑战,这使自由主义学派更加活跃,新自由制度主义也日趋成熟。在这期间,现实主义学者在学术辩论上虽然基本上处于守势,但是他们并没有放弃对政治现实主义的信仰。如约翰·米尔斯海默

---

[1] Robert O. Keohane, ed., *Neorealism and its Critics* (New York: Columbia University Press, 1986).

[2] Keohane, *International Institutions and State Power*, pp. 1—20, 35—179.

[3] Arthur A. Stein, *Why Nations Cooperate: Circumstance and Choice in International Relations* (Ithaca and London: Cornell University Press, 1990).

就认为国际关系的核心问题仍然是国际系统的结构,世界两极格局的不复存在很可能意味着世界回到传统的多极权力争夺和世界不稳定状态。① 但是在学理方面,最激烈的论战是在新现实主义和新自由制度主义之间展开的。90年代以来,连续出版了几部著作,主要内容是新现实主义和新自由制度主义的论战,其中最具代表性的是美国哥伦比亚大学政治学教授戴维·鲍德温主编的《新现实主义与新自由主义:当前的辩论》和南卡罗莱纳大学政治学教授查尔斯·凯格利主编的《国际关系理论论争:现实主义与新自由主义的挑战》。

鲍德温主编的论文集收入了新现实主义和新自由制度主义名家的学理辩论论文。参加辩论的有美国新现实主义知名学者、斯坦福大学政治学教授斯蒂芬·克拉斯纳和美国杜克大学政治学教授约瑟夫·格里科等,以及新自由制度主义的知名学者哈佛大学政治学教授基欧汉、密歇根大学政治学教授阿克塞尔罗德、加州大学洛杉矶分校政治学教授斯坦等。虽然这本论文集的题目是新现实主义与新自由主义,但是辩论的焦点集中在新现实主义与新自由制度主义的根本分歧方面,内容包括世界无政府状态及其对于国际关系的影响、国际合作、相对收益与绝对收益、国际制度及国际机制等等。虽然论文集收入了两大流派主要学者的文章,但是全书的自由主义倾向是明显的,论文从数量上和气势上都是新自由制度主义占了上风。不过,该书收入了格里科的著名论文《无政府状态与国际合作的局限:现实主义对新自由制度主义的批判》。这篇论文可以说是新自由制度主义问世以来现实主义学者对其发起的最重要的反击,分析问题的角度和严谨的逻辑推理使新自由制度主义学者不得不认真考虑格里科提出的问题。为此,基欧汉撰写了题为《冷战后的制度主义理论和现实主义的挑战》,专门就格里科提出的相对收益和绝对收益问题进行了辩论。《新现实主义与新自由主义》既是对两大理论流派的总结,又是就新问题展开的学理辩论,不但明确了两大派的争论焦点,而且提出了新的研究课题。② 凯格利主编的《国际关系理论论争:现实主义与新自由主义的挑战》则是从比较广阔的角度,讨论了现实主义和新自由主义的分歧。这本论文集不但涉及了新自由制度主义,也涵盖了新自由主义的其他分支,

---

① John Mearsheimer, "Back to the Future: Instability in Europe after the Cold War", *International Security* 15:1 (1990), pp. 5—56.

② David A. Baldwin, ed., *Neorealism and Neoliberalism: The Contemporary Debate* (New York: Columbia University Press, 1993).

如民主与和平的关系、商贸与国际关系、国际规范/国际法与国际冲突等等。这本论文集的一个重要特点就是,凯格利和其他一些学者提出不仅要讨论现实主义与自由主义之间的根本分歧,也要探讨两大学术流派之间的共同之处以及理论结合和互补的可能。① 这无疑为西方国际关系理论提出了新的研究议程。

在进行学理讨论的同时,新自由制度主义学者也不断在实证领域展开研究,力图使新自由制度主义的理论得到充分的论证。1950—1990年间,在政治现实主义的理论框架范围内出现了一大批影响较大、科学性较强的研究成果。这些成果采用现实主义的理论体系和科学的研究方法,使现实主义理论不断向深层发展,方法也越来越趋严谨。这对于现实主义成为西方国际关系理论研究领域科学性最强的学派无疑起到了至关重要的作用。新自由制度主义在理论发展方面也遵循相似的道路。1993年,哈佛大学国际事务研究中心的三位知名教授罗伯特·基欧汉、约瑟夫·奈和斯坦利·霍夫曼联合主编了《冷战之后:国际制度与欧洲国家的战略》一书,重点是讨论国际制度对于国家利益界定和国家战略形成的影响。参与编写该书的学者不仅从实证的角度讨论了美、德、法、英等大国和国际制度之间的关系,也分析了冷战结束后东欧诸国与国际制度之间的关系。所以,这本论文集既是验证新自由制度主义理论可信度的实证性研究,又是力图把新自由制度主义用于西方发达国家之外的国际事务实践的著作。②

如果说从20世纪70年代后期基欧汉和奈的《权力与相互依赖》开始出现新自由制度主义的苗头,到90年代中期,经过近20年的发展与辩论,新自由制度主义已经成为对新现实主义最强有力的挑战。就理论本身而言,新自由制度主义建立了一整套结构比较严谨、思辨比较深刻的理论体系;就科学性而言,新自由制度主义虽然没有达到沃尔兹的结构现实主义那种抽象和简单的程度,但是在自由主义诸流派中是最具科学性和系统性的。新自由制度主义已经引起了西方国际关系学界的广泛重视和认真讨论,并且已经开始影响美国的全球战略和对外政策。

---

① Charles W. Kegley, "The Neoliberal Challenge to Realist Theories of World Politics: An Introduction," in *Controversies in International Relations Theory*, ed. by Kegley, pp. 1—24.

② Robert O. Keohane, Joseph S. Nye, and Stanley Hoffmann, eds., *After the Cold War: International Institutions and State Strategies in Europe*, 1989—1991 (Cambridge, Mass. and London, England: Harvard University Press, 1993).

## 二、国际关系的实质:无政府状态下的合作

新自由制度主义是在对新现实主义的挑战中发展起来的。但是,由于自由主义和现实主义都来自西方政治哲学,所以,正像基欧汉所说的那样,这种挑战是继承和批判的结合。① 新自由制度主义继承了现实主义的一些基本假说,但是,却又从这些基本假说出发,否定了现实主义的重要结论。其中最重要的一个就是关于国际关系的实质这一国际关系研究的根本问题。现实主义认为国际关系的实质是冲突,是国家为权力展开的斗争;而新自由制度主义则认为国际关系的实质是合作,是国际社会为秩序进行的努力。

现实主义对于国际关系有三个基本命题。第一,国际社会处于无政府状态。也就是说,国际社会没有一个凌驾于主权国家之上的世界政府,没有一套真正意义上的法律,也没有执行法律的力量和机制。现实主义认为这种无政府状态的结果是使国际社会近似于霍布斯描述的自然状态,社会成员的生存时时受到威胁。所以国际无政府状态本身就是国家之间竞争和冲突的温床,从根本上限制了国际合作。第二,国际关系的主要行为体是民族国家。民族国家享有主权,具有单一性和理性两个基本特征。这就意味着国家能够独立地确定国家的利益、制定和执行国家的对外政策,能够确立对外战略目标、考虑多种政策方案的可行性和可能后果,并选择能够最大限度实现国家目标的政策。国家对内行使最高权威,对外不必服从任何其他权威。第三,国家是自私的行为体,以国家利益为国家行为的最高准则。国家利益包括安全利益、政治利益、经济利益、文化利益等,但其中最重要的利益是国家的安全利益,即国家的生存。维护安全利益的最基本手段是国家的军事力量。从这三个基本命题出发,现实主义对于国际关系实质得出的结论是:无政府状态的国际系统是国家自助系统,国家的利益不同,自然会在交往中产生国家之间的利益冲突。冲突是国际社会的基本特征,并且,由于各国均以自己的利益为最高利益,冲突的根本调解是不可能的。冲突的解决往往要取决于冲突中国家的国力,尤其是军事实力。所以争夺权力就成为国际社会的实质问题。②

---

① Keohane, *International Institutions and State Power*, pp. 7—9.
② Hans J. Morgenthau, *Politics Among Nations: The Struggle for Power and Peace*, pp. 118—121; Kenneth Waltz, *Theory of International Politics* (Reading, Mass: Addison-Wesley, 1979), pp. 88—93.

新自由制度主义承认现实主义的这三个基本命题,但是从同样三个基本命题得出的结论却完全不一样。第一,国际社会处于无政府状态。但是,无政府状态并不一定导致无秩序社会。国际社会可以是一个无政府的有序社会。无政府的基本含义是世界政治中没有一个共同的、单一的政府,但是,国际政治生活中的无政府状态并不意味着不存在一个国际社会。既然国际政治中有国际社会的概念,就说明国际社会有一定的社会组织形式,社会成员也有一定的行为规范。况且,无政府状态虽然是与主权国家共生的现象,但在同样的无政府状态下,国家有的时候冲突,但有的时候合作,证伪检验说明无政府不是国际冲突的充要条件。① 第二,国家是国际社会中的主要成员,是单一的、理性的行为体。一般自由主义学派都认为把国家作为单一、理性和国际社会中主要行为体是不妥当的,但是,新自由制度主义恰恰接受了现实主义的这个命题。正是因为国家的单一性和理性,它才需要国际秩序,才需要合理地解决冲突,才能够考虑以最小的代价取得最大的利益。② 第三,国家是自私的,将本国家利益置于对外关系的首要地位,以实现自我目标为最基本行为动因。但是,自私行为体之间的交往不一定只是冲突。正像经济学所阐述的那样,自私的经济人考虑到他们各自的比较优势,才进行合作式的贸易。当然,由于国家寻求国家利益,国家之间利益冲突是不可避免的,以武力解决冲突不失为一种方法。但是,这种解决方法的代价往往是极高的。一战、二战以及二战以后的朝鲜战争、越南战争所付出的代价大大超出了原来决策者的估计。所以,作为自私的、理性的国家首先考虑的是以最小的代价朝着有利于自己的方向去解决国家间的利益冲突,合作的方式很可能是成本效益较高的实现国家利益的方式。因此,国家需要合作,国际社会也存在着合作的条件。这样,在无政府国际社会的有序状态下,国家之间的合作才是国际关系的实质。③

合作是国际关系的实质,但合作并不是国家间关系的和谐状态。基欧汉把国际交往的形式分为三类:和谐、合作、争端。和谐指利益的完全

---

① Robert Axelrod and Robert O. Keohane, "Achieving Cooperation under Anarchy: Strategies and Institutions," in *Cooperation under Anarchy*, ed. by Oye, pp. 226—254.

② Keohane, "Institutional Theory and the Realist Challenge after the Cold War," in *Neorealism and Neoliberalism*, ed. by Baldwin, pp. 269—300.

③ Keohane, "The Demand for International Regimes," in *International Institutions and State Power*, ed. by Keohane, pp. 10—11; Kenneth A. Oye, "Explaining Cooperation under Anarchy: Hypotheses and Strategies," in *Cooperation under Anarchy*, ed. by Oye, pp. 1—24.

一致,是利己的个体行为同时自动地符合其他行为体的利益;合作则指行为体之间有着利益冲突,但在协调政策之后,行为体行为符合相互的利益。合作只有在既有利益冲突又有利益趋同的复杂情况下才会出现。因此,国际合作指国际行为体对自己的行为作适当的调整,使相互交往的国际行为体的实际或预期效用相吻合。合作情形的基本特征是利益冲突和利益趋同并存。世界的相互依存程度在不断增加,各国交往的频率也就不断增加,这样合作的可能性和冲突的可能性都会随之增加。如果在同样既有利益冲突又有利益趋同的情况下,国际行为体拒绝政策协调,结果就是行为体之间的争端。所以,既存在利益冲突又存在利益趋同的情况可以导致合作,也可以导致争端。① 新自由制度主义对合作的这种定义实际上具有两重含义,既承认了国际合作的困难,也指出了合作的可能。这种既困难又可能的状态构成了新自由制度主义的基本理论框架。② 这一框架的核心部分当然是利益趋同,即国际关系中国家利益趋同的情形构成了国际合作的基础。

用博弈法推理可以比较清楚地说明新自由制度主义提出的作为国家合作基础的两种情形,每一种都是以共同利益为基础的。③ 第一种是囚徒困境(Prisoner's Dilemma)。典型的两人囚徒困境博弈如下图所示:

|  | 行为体 B | |
| --- | --- | --- |
|  | $B_1$ (C) | $B_2$* (D) |
| 行为体 A $A_1$ (C) | 3,3 (CC) | 1,4 (CD) |
| $A_2$ (D)* | 4,1 (DC) | 2,2** (DD) |

数值表示:4=最希望得到的结果;1=最不希望得到的结果。
字母表示:C=合作;D=不合作
* 表示行为体的占优战略
** 表示均衡解

---

① Keohane, *After Hegemony*, pp. 51—52.
② Keohane, *International Institutions and State Power*, pp. 2—3.
③ Arthur Stein, "Coordination and Collaboration: Regimes in an Anarchic World," in *Neorealism and Neoliberalism*, ed. by Baldwin, pp. 35—41.

如上图所示,行为体 A 和 B 都是理性的,并且都以个人利益为最高准则。对于两个行为体来说,虽然帕累托最优解是 $A_1B_1$,两个行为体的共同利益在于达到这个结果,但是,由于两个行为体都希望达到独自的最佳结果,即 A 希望达到 $A_2B_1$,而 B 希望达到 $A_1B_2$,并以此作为自己的占优战略;同时,双方又最担心并准备应对对方的不合作。这样,两个行为体独自的理智行为导致了对于两者来说的次优解,也就是纳什均衡解 $A_2B_2$。囚徒困境博弈说明 A 和 B 两个理智行为体共同期待的解不是纳什均衡解,而是双方均可得益的帕累托最优解 $A_1B_1$。$A_1B_1$ 不是均衡的稳定结果,也非个人理智行为可以得到。所以,只有两人的合作才能够得到这个帕累托最优解。这就是双方的共同利益,即合作的基础和可能。当然,囚徒困境博弈也说明,如果只是单方合作,则最容易导致另一方的不合作欺诈行为。因为一方合作,另一方不合作,结果就会是 $A_2B_1$ 或 $A_1B_2$,这是一方最希望达到的结果,但同时又是另一方最不能够接受的结果。所以,博弈双方在没有其他因素干预的情况下,只能达到次优结果。这种行为体独立决策导致帕累托次优均衡解同时行为体双方又共同希望达到帕累托最优解的情形实际上是一种寻求共同利益困境博弈。①

第二种情形是新自由制度主义学者斯坦所谓的避免共同失利困境(Dilemma of Common Aversion)。在寻求共同利益困境中,博弈双方希望得到一个满足共同利益的结果;在避免共同失利困境中,博弈双方希望避免一个双方均会失利的结果。② 其中典型的利益与冲突并存的博弈是"有占优战略避免共同失利博弈",情景如下图所示:

|  | | 行为体 B | |
|---|---|---|---|
|  | | $B_1$ (C) | $B_2$ (D) |
| 行为体 A | $A_1$ (C) | 2,2 (CC) | 3,4** (CD) |
|  | $A_2$ (D) | 4,3** (DC) | 1,1 (DD) |

---

① Stein, *Why Nations Cooperate*, pp. 36—38.
② 这里删去了斯坦提出的非冲突博弈(Nonconflict Game)和无占优战略的共同避免失利困境(Dilemma of Common Aversion and Common Indifference)。这两种博弈不涉及参与人的利益冲突,所以不能够满足基欧汉关于合作条件的定义,故删去。参见 Stein, *Why Nations Cooperate*, pp. 27—37。

在这种博弈中,双方最希望避免的结果都是 $A_2B_2$,但是双方最希望得到的结果却不一样。A 最希望 $A_2B_1$,而 B 最希望 $A_1B_2$。这样,双方就都有了占优战略。A 独自决策,则必然采用 $A_2$ 战略;B 独自决策,则必然采用 $B_2$ 战略。这样一来,博弈解则成为 $A_2B_2$,也就是双方最希望避免的结果。① 所以,如果博弈双方希望达到比较理想的结果,至少是避免双方最不愿意看到的结果,就必须放弃单独决策,进行协调与合作。

军备竞争是典型的囚徒困境博弈。军备竞争的双方均可以接受的最优结果是双方放弃竞争,将军备竞争的费用转用于如经济发展、科学研究、文化教育、环境保护等建设性的项目,这也就是要求双方合作限制或削减军备。但是,每一方都希望自己进行军备建设,对方放弃军备建设,这样对方就可以在竞争中俯首称臣;同时,每一方又都提防对方在博弈中欺诈,导致自己单方面放弃军备建设因而不得不俯首称臣的结果。所以各自根据理智决策采取的占优战略只会产生帕累托次优解,也就是双方都要继续军备竞赛。② 两辆汽车同时到达无红绿灯的十字路口是典型的共同避免失利博弈。当两辆汽车从两个不同方向同时到达十字路口并都希望穿过路口时,如果互不相让,结果只能是两车相撞。这是两位车主最不希望发生的事情,即他们希望共同避免的结果,亦即他们的共同利益所在。但是,如果只有一辆车可以先过,孰先孰后?这是他们的利益冲突所在。(两国之间的贸易也会出现类似情况。如两国都希望避免贸易战,但是也存在贸易平衡的矛盾。)所以类似囚徒困境博弈的军备竞争和类似共同避免失利博弈的十字路口相遇都是利益与冲突共存的情形。

正是因为这两种博弈是既有利益冲突又有利益趋同的情形,所以满足了基欧汉合作定义的条件。从两种情形可以看出,博弈本身的假设就是参与双方是自私的、理性的行为体。他们的行为都是出于为自我利益服务的基本动机,所以双方都有自己的占优战略,即根据独自的理性推理所得到的、能够使自己得到最大利益而又防止对方得到最大利益的战略。但是,正是这种个人的理性行为导致了集体的非理性行为,出现了双方都不能充分得益的结果。两种博弈都存在帕累托最优解,即双方都可以充分得益的结果,这是双方合作的基础;但是,在两种博弈中,每个行为体又都有自己的占优战略,并且双方的占优战略是不一致的,这是冲突所在。

---

① Stein, *Why Nations Cooperate*, pp. 39—41.
② Bruce Russett and Harvey Starr, *World Politics: The Menu for Choice*, 4th ed. (New York: W. H. Freeman, 1992), pp. 305—308.

所以利益趋同和利益冲突并存就是这两种博弈的突出特点。

由于国际社会的无政府特征和国家的自私、理性特征,两种博弈的结果很可能是帕累托次优解,也就是合作的失败。不断升级的军备竞争和不断出现的贸易纠纷都是国际关系中的实例。所以,新自由制度主义关心的一个重要问题就是:为什么参与双方存在合作的基础而在许多情况下却没有合作的行为？什么条件可以使双方实现合作？

新自由制度主义认为合作的失败主要是国际行为体在相互交往中的欺骗行为以及各方对于对方欺骗行为的担心。欺骗行为指行为体虽然表示愿意合作,但是实际行为却是不合作。国际关系中的欺骗行为可以是故意和主动的,也可以是不得已或为防止对方欺骗的被动行为。

产生欺骗行为的原因多种多样。其中三个原因是新自由制度主义讨论最多的。第一是博弈的效用结构(payoff structure)。由于参与人是自私、理性的行为体,所以在任何相互交往活动中,目的都是获得最大效用。我们以上面讨论的囚徒困境博弈为例。囚徒困境的效用结构是:DC>CC>DD>CD。这意味着参与人最希望的结果是 DC,即自己不合作,对方合作,结果是自己最大获益,对方的获益则降低到最小值。双方合作(CC)虽然对双方来说是最优解,但对一方来说,却不是最佳结果。如果一方采取不合作行为,会有两种结果:若是对方采取合作行为,则可以达到自己最希望的结果(DC);若是对方也采取不合作行为,则至少可以避免自己最不希望达到的结果(CD)。用通俗的话来讲,就是向最好处争取,做最坏的准备。所以,在既有利益冲突又有利益趋同的博弈中,效用结构本身就使得行为体很容易采取欺骗的行为。

第二是未来影响(shadow of future)效用不足。对于一个行为体来说,对未来的考虑影响到决定目前采取什么行动。仍以博弈为例,如果博弈是一次性的,博弈双方各自的理智选择是不合作。但如果博弈是重复性多次博弈,参与人则必须考虑未来的博弈结果。由于一方现在的合作可能会帮助自己建立合作声誉,并导致将来另一方的合作,而现在的不合作可能会一时受益,但是从长远观点看,则会受到报复性惩罚。对未来结果的重视程度在很大程度上可以决定参与人现在是否采取合作行为。参与人对未来的重视程度越低,就越倾向于欺骗,当前采取合作行为的可能性就越小。

第三是在国际交往中容易出现非互给的单方合作行为(un-reciprocated cooperation)。国际交往的一个重要原则是互给(reciprocity),即如果一方采取合作行为,另一方也相应地采取合作行为。但是,由于国际社会的无政府性质,根据博弈的逻辑推理,一方的合作行为很可能成为无回报行为。并且,在国际关系中,不予以回报有时很难及时发现,即使发现也无法对欺骗的一方采取有效的制裁措施,导致了合作一方最不希望得到的结果,因而成为单方合作的牺牲品。制裁无力会助长不合作行为,促成逆向互给,即双方均采取不合作行为。这样,就形成了恶性循环,回到了囚徒困境。

新自由制度主义认为,在国际关系中,利益完全趋同和利益完全冲突的极端现象属于少数,大多数相互关系是既有利益冲突又有利益趋同的互动关系。所以国际关系的主流是非零和博弈,是行为体希望取得最优但却又是非均衡解的博弈情形。所以,国际关系的实质是合作而不是冲突,其核心问题就是怎样在无政府状态下,限制国家之间的利益冲突,突出国家之间的利益趋同,以便在国际关系的博弈中达到帕累托最优解。为此,必须寻找一种有效的机制,使自私、理性的国家能够放弃独自的占优战略,取得集体的最佳结果。新自由制度主义认为保证国际合作的有效机制是国际制度,因为国际制度可以通过加大或减少国际之间的交易成本和提供可靠的信息,调整博弈效用结构、加强互给行为、加强对未来的重视,使行为体相互期望值趋同,达到促成国际合作的目的。

## 三、国际合作困境与国际制度

新自由制度主义所说的国际制度是一个外延较大的概念,指持续的、相互关联的正式与非正式规则体系,这些规则体系可以界定行为规范、制约行为体活动、帮助行为体的期望值趋同。[①] 国际制度包括三种形式:(1)有着明确规定的规则和章程的正式政府间国际组织(IGOs)和非政府组织(NGOs),如联合国和国际红十字会;(2)国际机制(international regimes),即政府之间经协商同意和达成的、涉及某一问题领域的明确规则,如海洋法、国际货币体系、国际贸易组织等;(3)国际惯例(conventions),指有着非常明确规定和谅解、可以帮助国际行为体协调各自的行为,达到期望值趋同的非正式制度,例如未以明文确定下来之前的外交豁

---

① 这里采用的是较广义的国际制度定义,即国际制度包括国际规则。参见 Keohane, *International Institutions and State Power*, p. 3; Stephen Krasner, "Sovereignty, Regimes and Human Rights," in *Regime Theory and International Relations*, ed. by Volker Rittberger (Oxford: Clarendon Press, 1993) p. 139。

免、非世界贸易组织国家之间相互给予最惠国待遇的国际互给行为等。①

根据新自由制度主义对国际制度的定义,国际制度有三个特征。第一,国际制度的权威性。国际制度是无政府国际社会中的制度,是权力分散状态下的规则,所以不可能像国内社会的法律那样具有高度的约束力和强制性。但是,既然国际制度是国际社会成员认可或达成的规则,就代表了某个领域的行为准则,因而具有相当高的权威性。实际上,在国际关系中,大多数国家在大多数情况下都基本遵循国际制度,就像大多数行人和车辆在大多数情况下(即便是在没有警察的情况下)都遵循交通规则一样。即使是约束力相对很小的国际惯例也是如此。如 20 世纪 60 年代以前,外交豁免只是一种不成文惯例,但是国家基本遵守这个规则。国际制度的权威性确定了国际制度在大多数情况下是有效的。第二,国际制度的制约性。既然国家和其他国际行为体基本遵循国际制度的规则,国际制度对国家的行为就有着制约作用,国际行为体的行为就要符合国际制度的规范。但是,由于国际社会没有强硬的法律执行机制,国际制度制约作用和国家遵循国际制度的动机在很大程度上依赖于国际制度可以使理性自私的行为体较好地实现自我利益这种功能。也就是说,国际制度的成功与否取决于是否可以协调国家之间的政策行为,使双方或多方实现共同的利益,避免共同的失利。国际制度的建立取决于国家尤其是大国的自愿行为,但是,国际制度一经建立,就对所有参与制度的成员国家具有约束作用。第三,国际制度的关联性。随着国际社会相互依存的程度越来越高,国际行为体之间的交往活动越来越频繁,国际制度会不断发展和扩展。基欧汉在批判吉尔平的国际机制供应派观点时提出了国际机制的需求派观点,指出国际制度的建立与发展不仅仅是霸权国为维护国际体系而单方供应给国际社会的规则,而同样重要的是国际社会成员需求的结果。② 不断的需求刺激不断的供应,结果是国际制度的不断延展。国际制度的延展使得在世界范围内可以逐步建立起一种国际制度网络体系,使各个问题领域的制度联系在一起,这就是国际制度的关联性。并且,随着国际社会对国际制度的依赖程度提高,国家权力不再仅仅表现在国家的可见国力上面。国际制度的不断发展与健全使得军事力量和经济力量的重要性相对下降,而国际制度本身成为一种重要的权力资源,成功

---

① Keohane, *International Institutions and State Power*, pp. 3—4.

② Robert Gilpin, *War and Change in World Politics* (Cambridge: Cambridge University Press, 1981); Keohane, *International Institutions and State Power*, pp. 101—131.

利用国际制度的国家会在不增加可见国力的情况下加大自己的权力。

新自由制度主义认为,因为国际制度具备这些特征,所以能够解决合作困境的主要问题,因而成为国际合作的有效保障。从上面讨论的囚徒困境博弈可以看到,以囚徒困境代表的博弈效用结构本身刺激参与人采取不合作行为,所以不合作可能是行为体主动的首选政策。但是,国际制度可以通过改变交易成本来改变囚徒困境博弈效用,使合作成为理性的自私行为体的第一考虑。这主要是通过两种方式加以实现。第一种是国际制度的纵向效应,指在一个给定问题领域内违犯国际制度的行为不会被视为一个孤立行为,而被视为同一问题领域一系列国际行为中的一个。国际制度的权威性特征意味着它代表了国际公认的准则,也是参与国际交往的行为体的基本游戏规则。这样,在任何一个给定的问题领域内,业已建立的国际制度就成为这个领域里的行动准则。在任何领域的国际互动中,国家与国家或任何其他国际行为体之间不可能只有一次交往,也不可能只与另外一个固定的行为体交往,所以囚徒困境博弈往往是多次博弈重复发生现象。如果在一次博弈中一方采取合作行为,他就可能在以后的互动中得到另一方或另几方的互给性合作;如果一方在一次博弈中采取欺骗性的违规行为,尽管当时可能会取得自己预期的一次性最佳结果,但是这种短期行为的代价是自己的国际声誉,根据互给这一最普遍的国际制度原则,采取欺骗行为的一方以后在和同一个行为体交往时或是在与其他行为体交往时,所有这些行为体均会采取不合作行为。由于国际制度把现在与未来联系起来,所以,如果自私的理智行为体从自己的长远利益考虑,就会放弃一次性的得益,而采取合作行为,以求实现长远的利益。

第二种是横向效应,又称为网络效应(nesting)或问题联系效应(issue-linkage)。国际制度的关联性表示,制度不是孤立存在的,不但一个问题领域的国际制度互相联系在一起,不同问题领域的国际制度也是相互关联的。一个问题领域的具体规则会联成网络,不同领域的国际制度也联成网络,这样就形成了一个巨大的国际制度网络。按照博弈论的推理,这就是多重博弈并存现象。如以世贸组织为代表的贸易制度、以国际货币基金组织为代表的国际货币制度、以世界银行为代表的国际信贷制度等都是密切相关的。由于国际行为体在这样一个网络中互动,所以某个国际行为体在一个问题领域的交往之中采取合作行为,另一方或另几方也会在其他领域采取合作行为;如果一方采取欺骗性的具体违反制度行为,则会使自己在其他问题领域中处处遭遇他方的不合作行为,处处受到制度的惩罚。由于国际制度把不同领域联系起来,所以行为体也会为了自己的整体利益放弃在一个问题领域中的一次性得益机会。正是因为国际制度有着实际上的后发惩罚作用,所以加强了未来影响因素的作用,促进了良性的国际互给,使其成为自私的理性行为体的决策要素。这就促使行为体采取符合国际制度的合作行为,以求得长期利益和全面利益。一旦这种制度性安排成为行为体考虑利益的一个组成部分,即国际制度成为决策者在决策过程中已经内化的因素,囚徒困境博弈的效用结构也会改变,从 DC>CC>DD>CD 变为 CC>DC>DD>CD,即由以不合作为第一考虑的囚徒困境转化为以合作为第一考虑的猎鹿博弈(Stag Hunt)。① 由于纵向和横向两种效应都能够通过国际制度制约行为体的违规行为,所以合作的可能性就大大加强了。

国际制度促进合作的一种功能是惩罚。对于主动地、故意地违反国际制度的不合作行为,惩罚是主要的制止和防止手段。无论是纵向的、在同一问题领域以不合作行为对付不合作行为的互给现象,还是横向的、在不同领域以不合作行为对付不合作行为,目的都是惩罚性质的,都是通过提高不合作的违规者在国际关系中的交易成本达到惩罚目的的。由于国际制度的权威性和关联性,这种交易成本可以高至一个国家无法承受的程度,目的是使行为体不但不采取违规行为,而且在决策过程中逐步学会不考虑违规行为。

但是,违规的欺骗行为在多数情况下并非行为体的初衷,而是行为体不得已的行为。所以,国际制度促进合作的另一种功能是服务性的,目的是减少行为体的不得已违规现象。仍以囚徒困境为例,我们可以假定双方参与人都希望合作,但是由于国际社会的无政府特征,双方又都无法保证对方不采取欺骗行为。虽然对方完全可能采取合作行为,但是任何一方都不敢不往最坏处准备,结果是双方的不合作。这是第二类合作障碍,这种不合作行为是不得已的,其根本原因是参与人无法得到关于对方的、可靠的高质量信息。这种情况类似经济学中的市场失灵现象。正因为如此,国际体系中信息分配就成为新自由制度主义的核心变量,在功能上近似于沃尔兹的权力分配。

市场失灵指根据在市场中活动的双方所占有的资源以及他们的效用功能,本来可以得到最优结果,但实际上由于他们在市场中互动行为却产

---

① Axelrod and Keohane,"Achieving Cooperation under Anarchy: Strategies and Institutions,"in *Cooperation under Anarchy*, ed. by Oye, p. 229.

生了次优结果。也就是说,双方不能达成均可得益的合作协议。经济学家认为市场失灵的主要原因是质量不确定效应(quality uncertainty)。① 譬如某甲有一台质量很好的旧电视机要以500元的价格出售,某乙希望以500元买一台质量很好的旧电视机。两个人在供求关系上互补,从理论上说应该达成协议,得到以500元交易成功的最优结果。但是,由于乙方对于电视机的质量没有准确的信息,就会有一种不确定感,认为甲的要价必然高于电视机的实际价值,所以就会压价以减少可能受骗后的损失。甲则认定自己的电视机质量确实值500元,所以不肯让价。这样,本来可以做成的交易失败了。乙方的不合作行为并非是故意的不合作,而是没有可靠的信息。质量不确定现象的根源在于信息不足。②

同样性质的问题出现在国际合作领域,则导致所谓的政治质量不确定现象。这种现象是有着共同利益的双方不能合作的重要原因,如囚徒困境博弈的基本假定是双方参与人均无法得到涉及对方真正意图的确切信息。国际制度的作用和功能恰恰可以减少政治不确定现象,减少行为体的不确定心理,因为国际制度可以向参与国际制度的行为体提供可靠的高质量信息。充足的可靠信息打破了囚徒困境的僵局,帮助参与双方达成帕累托最优解。国际制度能够提供可靠信息,首先是因为国际制度本身要求参加国际制度的国际行为体提供标准化信息。如世界银行要求成员国提供关于本国经济和社会情况的详细信息,使国际社会对于国际行为体的基本情况有比较明确的了解。但是,更重要的是国际制度本身就是一系列国际行为标准的体现,作为参与国际制度的国际行为体在大多数情况下遵循国际制度所提出的原则、规范、规则和决策程序,所以行为体之间的相互行为就有了较高的可预测性。这种信息可以称为认知信息,是帮助一方认知关于他方行为意图的信息,这种信息的作用能够使行为体对于相互行为意图的预测与实际行为高度吻合,使双方的期望状态趋同(centrality of expectations),因而促进合作。譬如,在可能出现的囚徒困境博弈中,假设甲乙双方的初衷是合作,如果双方均为国际制度的参加者,制度框架中的信息分配充足,那么,甲方对乙方行为最可能的预测是合作,反之亦然。这种预测会直接导致甲方和乙方选择合作行为,结果达成帕累托最优解,例如世贸组织成员国之间的贸易互惠。国际制度的权威性越高,其信息就会越被认为是可靠的,促成国际合作的可能性也就越大。

---

① Keohane, *After Hegemony*, pp. 92—93.
② *Ibid.*, pp. 80—83.

国际交往中会出现许多违心的不合作行为，这是在信息的不完善状态下的政治不确定感造成的。政治不确定感导致了交易成本过高，致使本来可能的、对双方都有利的合作无法实现。对于这种不合作行为，国际制度的作用不是惩罚而是服务性质的。国际制度提供高质量的信息，提供行为准则的标准框架，使国际交往中的双方对对方的实际情况和行为意图都有比较清楚和准确的认知。这样就大大降低交易成本，使合作比较容易实现。试想两个历史上有过争端而又从不来往的国家，即使双方都有着修好与合作的意愿，由于信息不通导致的过高交易成本很可能使双方长期处于囚徒困境状态。如果双方能够在同样的国际制度框架之中，信息交流频数会增加，在制度框架中的行为期望趋同会提高，交易成本会下降，合作的可能性也就会加大。

通过制裁对于故意不合作违规行为的惩罚和通过服务对于违心不合作行为的纠正是国际制度促成合作的主要手段。根据行为性质提高交易成本或降低交易成本是国际制度的基本机制。由于在长期反复的国际制度交往中，国际制度趋于奖励采取合作行为的国际行为体、惩罚采取不合作行为的国际行为体，所以，国家作为自私的理性行为体，会逐渐学会在制度框架中定义或重新定义自己的国家利益，放弃短期的、较小的国家利益，获取长期的、较大的国家利益。如果说新现实主义认为国家的行为主要取决于国际系统的结构，把国际关系的重点置于国际系统中的权力分配，首先考虑单极、两极、多极等格局与世界稳定的关系，那么，新自由制度主义则认为除了国际系统结构之外，属于国际系统进程方面的国际制度也是影响国家行为的重大变量，甚至是决定性变量，在相互依存关系日益加大的国际社会中尤其如此。国际制度和国家行为因此构成了国际关系中的原因和结果。这就是"制度选择"。在一个由行为体组成的系统中，即便是在权力结构相同的情况下，行为体在制度框架中的行为和在没有制度框架情况下的行为也是不一样的。国际制度影响国家行为，这是新自由制度主义建立的因果链，也是新自由制度主义在国际关系理论方面最重要的突破。

## 四、新自由制度主义批判

新自由制度主义主要是在对新现实主义的批判中发展起来的。从20世纪80年代中期的国际机制研究到90年代比较完整的理论框架的建立，新自由制度主义已经成为西方国际关系学中颇具影响力的理论流派,成为能够与新现实主义在理论发展方面抗衡、在学理方面展开辩论的政治哲学思潮和国际关系理论。新自由制度主义提出了国际制度的需求派理论,强调了国际制度对于国际行为体尤其是国家的国际行为的影响和制约作用,讨论了无政府状态下国际合作的可能和条件。这是新自由制度主义在理论方面的突破。在方法论方面,新自由制度主义采用了系统层次的分析和演绎推理的方法,从理性模式的基本假定出发,从对于新现实主义的证伪着手,发现新现实主义强调的国际系统结构只是影响国家行为的一个方面,在系统结构不变的情况下,国家的行为却可以发生变化。新自由制度主义在对新现实主义证伪的过程中,提出了以国际系统的进程为重要原因解释国家的国际行为的理论。虽然新自由制度主义在科学系统方面仍然没有达到新现实主义那样严谨和抽象,但是,新自由制度主义学者仍在朝这个方向努力,从发展轨迹来看,其理论体系越来越趋于严谨,科学性程度也越来越高。

从政治思想思潮的角度来看,虽然新自由制度主义接受了诸如国家行为体的重要程度和自私特征等现实主义理论假定,但是,从根本上分析,新自由制度主义强调具有理性的人所创造和建立的制度对于人们在相互依存的社会中决策和采取行动的重大影响力,强调政治进程及其可变性,强调无政府状态下的秩序与合作,淡化冲突、淡化实力结构,这些观点在西方自由主义传统中是根深蒂固的。[①] 所以,新自由制度主义更多的是西方自由主义传统的延续、表现与发展。从新自由制度主义的理论阐述中,可以明显地看出自由主义传统的烙印,如格劳秀斯对国际法作用的论述、威尔逊对国际组织维护世界和平的重视、米特兰尼和哈斯对国际机构促进国际合作的功能主义和新功能主义以及多伊奇的国际交流理论等。不过,新自由制度主义对于传统自由主义学派来说有着重大的理论突破,其理论体系的系统性和科学性超出了传统自由主义学派,也超出了20世纪80年代以来共和自由主义、贸易自由主义、军事自由主义等其他自由主义理论流派。这就使新自由制度主义在学理和整个理论体系上成为现实主义最强有力的挑战者,也因此确定了它在西方国际关系理论研究领域的重要地位。

但是,新自由制度主义存在重大的理论缺陷。首先,新自由制度主义的核心概念——国际制度是为维护和延续某种国际社会体系服务的。新自由制度主义对此却不加讨论。马克思和恩格斯虽然没有直接论述过国

---

① Keohane, *International Institutions and State Power*, pp. 10—11.

际制度,但是,对于国家制度尤其是最具权威性的社会制度——国家本身及国家法律制度做过深刻的论述。国家代表了统治阶级的根本利益,国家建立的各种制度,包括具有很高权威性的国家法律,都是为国家和国家所代表的阶级利益服务的。马克思认为法的关系反映了经济关系,是由经济关系决定的。法律和国家形式一样,都是建立在经济基础之上的上层建筑。① 恩格斯在其名著《家庭、私有制和国家的起源》中对国家进行了深刻的讨论,明确指出国家"是最强大的、在经济上占统治地位的阶级的国家……"认为国家是与经济剥削共生的制度,国家的功能是调节对抗阶级之间的斗争,是在不损害统治阶级和占主导地位的生产方式继续下去的前提下缓和阶级冲突。② 从这个意义上讲,国家和国家法律作为制度的最高体现,是统治阶级的工具,是维护统治阶级的地位。即使西方现在的所谓新马克思主义学者对于这个基本的马克思主义假说也是承认的。如"资本逻辑学派"虽然认为国家和阶级的暂时分离是可能的,但是这种分离是为了更好地为整个资本主义体制的资本积累和长期生存这一目的服务的。这样,资产阶级国家就成为一个理性的资本集合体,虽然有时可以牺牲个别资本利益,但是它的目的却是延续整个资本主义体制。③ 所以,国家制度的建立和维持是为在国家内部占统治地位的阶级和体现这一阶级的国际政治经济体制服务的。

  国际制度虽然不像国家制度那样明显,但是近代国际制度的构建基本上是随国家体系产生的。尤其是二战以后的国际制度,包括政治、经济、军事等领域,主要是以美国为首的西方主要资本主义国家建立的。在一系列的国际制度创建过程中,作为世界霸权国的美国起了主导作用。美国霸权稳定说的主要学者吉尔平认为国际制度的建立和维持取决于美国作为霸权国的权力,国际制度的存在和作用又维持和延续了霸权体系中的国际秩序。④ 新自由制度主义主要学者基欧汉虽然认为霸权国衰退之后国际制度仍会存在、仍会起到重要作用,但是他也认为战后的国际制

---

 ① 马克思:《〈政治经济学批判〉序言》,《马克思恩格斯选集》第 2 卷,北京:人民出版社 1995 年版,第 32—33 页;《资本论》,《马克思恩格斯选集》第 2 卷,第 143 页。

 ② 恩格斯:《家庭、私有制和国家的起源》,《马克思恩格斯选集》第 4 卷,北京:人民出版社 1995 年版,第 170—172 页。

 ③ E. Altvater, "Some Problems of State Interventionism," *Kapitalistate*, 1 and 2, 1973; D. Yaffe, "The Marxian Theory of Crisis, Capital, and the State," *Economy and Society*, Vol. Ⅱ, 1973.

 ④ Gilpin, *War and Change in World Politics*.

度是在美国的霸权体系中产生的,初始时是由于美国国家权力才得以实施。① 如果说战后的国际系统主要是一种以美国为主导的世界性霸权系统,那么随之建立起来的国际制度则主要是为了维护这一系统的稳定和发展的。所以,国际制度就其根本性质而言,不仅仅像基欧汉的制度需求理论所说的那样,是世界各国出于达成合作的目的所需求的物资,更重要的是为了维持一种业已建立起来的国际体系。美国学者米尔纳认为,国际制度和国家制度没有本质的区别,制度的作用主要取决于制度的法理性(legitimacy)。② 美国在战后也一直在力图使一系列在美国主导下建立起来的国际制度具有更高的法理性,目的是加强国际制度的权威性和可行性。冷战以后,美国更是明确地把民主政治和市场经济作为其核心国际战略目标,而这些目标在高度相互依存的世界上,在相当大的程度上要通过国际制度来实现。所以,国际制度在本质上是为给定的国际体系服务的。国际制度对于国家行为的刺激或制裁,主要是根据国家行为是否符合业已建立起来的国际体系的要求。"制度的选择"是指国际制度奖励顺应和维持现有国际体系框架中国际秩序的行为,惩罚背离和破坏现有国际体系框架中国际秩序的行为。如果霸权国本身无力维持现有国际政治经济体系,那么国际制度可以在霸权之后没有霸权国的情况下继续维持这种制度。也可以说,国际制度能够发挥理性的资本集合体作用。

其次,新自由制度主义淡化国家实力的概念,认为在相互依存条件下权力可转换性减弱,因而通过国家实力在许多问题领域中实现国家目标的做法已经行不通。但是,国家实力的作用远未如此贬值,在国际关系中的许多情况下仍然是至关重要的因素。美国学者克拉斯纳指出了两种国际关系研究趋势。一种是以市场失灵为核心的研究趋势,另一种是以权力为核心的研究趋势。前者属新自由制度主义,提倡以制度提供信息、以制度保证合作。后者属现实主义,认为权力制定规则、决定结果。国际关系中的许多互动行为并不是由于欺骗行为和信息不足导致的市场失灵状况,归根结底仍然是权力分配问题。③ 新自由制度主义在其博弈推理的假设中淡化了权力因素。一旦把权力因素考虑在内,博弈情景就可能发

---

① Keohane, *After Hegemony*, pp. 31—46.
② Helen Milner, "The Assumption of Anarchy in International Relations Theory: A Critique," in *Neorealism and Neoliberalism*, ed. by Baldwin, pp. 143—169.
③ Stephen Krasner, "Global Communications and National Power: Life on the Pareto Frontier," in *Neorealism and Neoliberalism*, ed. by Baldwin, pp. 234—240.

生变化,因为权力可以决定谁能够参与国际制度,能够决定博弈规则,能够改变博弈解。在任何博弈中,权力大者可以完全剥夺权力小者的参与机会,也可以设置种种障碍,使权力小者很难参与。如一些国家就被人为地排除在世界贸易、货币等制度之外。权力决定博弈规则的作用也是很明显的。联合国安全领域的主要机构是安全理事会,安理会的否决权制度是典型的权力表现。权力决定结果的情景也是屡见不鲜。如上面的避免共同失利博弈,双方在十字路口相遇时就有孰先孰后的矛盾。如果按照新自由制度主义的假定,双方参与人的权力是均等的,所以孰先孰后只是一个协调问题。如果我们把权力因素加入避免共同失利博弈,那么孰先孰后就包含了权力的作用。如果参与人 A 的权力大于 B,则每次都会出现 A 先于 B 通过路口的结果。也就是说,A 总可以获得对于自己来说的最优解,而 B 则总是得到对于自己来说的次优解。在国际贸易领域,通过单方实施权力而得到的效益,如使对方采取自愿出口限制(VER),就类似这种包含权力因素的博弈。在这种博弈中,权力改变了博弈效用结构,确定了博弈解。

由于权力的这些作用,在一些领域中,如果一方参与人拥有不容置疑的权力,这个参与人就可以通过自己的单方行为,保证得到最大限度符合自身利益的最优解。制度可以不存在,或者存在而无实际效用。当然,我们也应该注意到,当强者实力开始衰退,单方行为无法完全保证结果符合自己利益的时候,强者建立起来的制度则会起到弥补实力不足的作用,维持强者需要维持的体制和秩序。

即使各方可以参与博弈,在无政府的国际环境中,合作的局限性仍然是相当大的。其中妨碍合作的一个重要因素不是双方是否均有收益,而是各自收益的多寡。这是新自由制度主义至今未能充分解释的第三个重要问题。就此,现实主义学者格里科提出了著名相对收益(relative gains)驳论。[①] 新自由制度主义在很大程度上继承了自由经济学派的观点。李嘉图的比较优势说认为,比较优势是贸易双方均获利,这样,双方就有着贸易合作的基础。同理,新自由制度主义认为只要双方均可得益,就具备了合作的条件。更简单地说,国家不但是自私的理智行为体,而且是单向行为体,即只考虑自己的收益,不考虑对方的收益。

---

① Joseph M. Grieco, "Anarchy and the Limits of Cooperation: A Realist Critique of the Newest Liberal Institutionalism," in *Controversies in International Relations Theory*, ed. by Kegley, pp. 158—164.

但是,把经济学的这个概念原样应用到国际政治之中是不完全贴切的。国家不是单向行为体,而是双向或多向行为体。国家在与他国的合作之中,所要考虑的不仅是是否可以获利,而且要考虑自己获益多还是对方获益多。如果合作的结果是对方的获益大于自己的获益,那么,即使双方均可获益,获益少的一方也很可能采取不合作行为,致使合作无法实现。

相对收益问题阻碍合作的现象在无政府的国际环境中尤为明显。无政府状态决定了在国际环境中没有超出国家的权威机构能够制止使用武力,因此,任何国家的第一利益是国家生存,国家保证生存的最终手段仍然是国家的实力。所以,国家在任何国际关系中的根本目标都必须是增加自己相对于其他国家的实力。在合作关系中,这种考虑并不会因为自己也能够获益而消失。如果合作伙伴在一系列合作中的得益不断超出自己的得益,积累下来的结果就是对方的综合国力超过自己。一旦今天的合作伙伴成为明天的敌人,则会对自己形成灾难性威胁。

根据相对收益的推理,格里科提出了五个条件:(1)如果对方是长期的敌手而不是长期的盟友;(2)如果涉及领域是国家安全而不是经济发展;(3)如果国家的实力处于下降而不是上升期;(4)如果对方在一个问题领域的收益能够比较容易而不是比较困难地转换成为同问题领域的权力;(5)如果对方在一个问题领域的收益能够比较容易而不是比较困难地转换成其他问题领域的权力。[1] 一些实证性研究以二战的国际关系为研究对象,讨论相对收益问题。如查尔斯·利普森的研究证实了格里科的假设,即在安全领域的合作比经济领域要困难。[2] 另一些实证研究则超出了格里科的假设,如迈克尔·马斯坦杜诺研究了美国和日本在航空、卫星技术和高清晰度电视三个领域的合作,发现即使在长期盟友之间、在经济合作领域里,相对收益的考虑同样对国家的合作行为构成一定的阻碍。[3]

国际制度的阶级性、国际关系中的权力因素和国家对于相对收益的考虑说明国际制度在促进合作方面的作用是有着局限性的。但是,冷战结束后新自由制度主义与现实主义在学理上的激烈争论,西方大国——

---

[1] Grieco, "Anarchy and the Limits of Cooperation", p. 129.

[2] Charles Lipson, "International Cooperation in Economic and Security Affairs," in *Neorealism and Neoliberalism*, ed. by Baldwin, pp. 60—84.

[3] Michael Mastanduno, "Do Relative Gains Matter? America's Response to Japanese Industrial Policy," in *Neorealism and Neoliberalism*, ed. by Baldwin, pp. 250—266.

尤其是美国——对于国际制度的加强和利用,对超国家力量、淡化主权等观念的强调,显示出新自由制度主义国际关系理论的重要影响。因此,我们需要对其进行不断的跟踪和深入的研究。

本文一部分发表于《外交学院学报》1998年第1期。

# 国际政治的社会建构
——温特及其建构主义国际政治理论

**内容摘要**

20世纪90年代兴起的最重要的国际关系理论是社会建构主义。建构主义之中又有不同的流派,温特建构主义属于比较温和的建构主义,也是主流理论范畴内的建构主义。温特建构主义采用了社会科学认识论和方法论,但是采用了理念主义的本体论,强调了观念、文化、认同等因素的重要作用。正因为如此,温特建构主义被称为"中间道路":反物质主义本体论,但坚持理性主义认识论;反反思主义认识论,但坚持理念主义本体论。在国际关系领域,温特认为存在三种不同的无政府文化:霍布斯文化、洛克文化和康德文化。温特建构主义认为国家利益虽然是重要的因素,但是,国家利益的基础是国家身份;国际体系结构也是极其重要的因素,但是,国际体系结构的核心内容是观念分配(即体系文化),而不是物质实力的分配。温特建构主义是体系理论,体系文化是其主要的构成性因素,体系文化构成了国家身份,国家身份建构了国家利益,国家利益决定了国家行为。

自20世纪70年代中后期以来,西方国际关系理论的发展经历了从现实主义一统天下到多种理论竞相争鸣的转化,其间呈现出库恩所说的科学革命时期的一些特征。80年代中期至90年代,主流理论范畴内的新现实主义和新自由主义辩论被普遍视为"范式间"辩论(inter-paradigm debate)的重心和焦点。同时,非主流学派也迅速发展,批判理论、后现代理论、女性主义理论等纷纷向主流理论发起挑战,对新现实主义和新自由主义的基本假定和实质内容都提出了具有重要学术意义和现实意义的质疑。冷战的结束更是给这种多元竞争增加了活力。社会建构主义在这种争鸣环境中产生和发展起来,成为90年代国际关系的重要理论学派之一,其主要理论家和最重要的代表就是亚历山大·温特。

# 一、亚历山大·温特与建构主义国际关系理论的兴起

国际政治的社会建构主义理论在20世纪80年代中后期兴起,80年代末90年代初开始成形并受到学术界的重视,90年代中后期成为强劲的理论学派。温特的论文《国际关系理论中的施动者—结构问题》(1987)、《无政府状态是国家造就的》(1992)以及他的理论专著《国际政治的社会理论》(1999)分别代表了这三个发展阶段。[①] 另外,克拉托奇维尔(Freidrich Kratochwil)的《规则、规范和决策》、奥努弗(Nicholas Onuf)的《我们造就的世界》、费丽莫(Martha Finnemore)的《国际社会中的国家利益》、卡赞斯坦(Peter Katzenstein)主编的《国家安全的文化》等都是建

---

① Alexander Wendt, "The Agent-Srtucture Problem in International Relations Theory," *International Organization* 41, pp. 335—370; "Anarchy is What States Make of it: The Social Construction of Power Politics," *International Organization* 46, pp. 391—425; *Social Theory of International Politics* (Cambridge: Cambridge University Press, 1999). 亦参见温特《国际政治的社会理论》(秦亚青译),上海人民出版社2000年版。

构主义的重要著作。① 在建构主义的发展过程中,最具影响的理论学者是亚历山大·温特,他的《国际政治的社会理论》一书全面提出了建构主义国际关系理论体系。

温特在美国明尼苏达州的 Macalester 学院完成本科学业,主修政治学、副修哲学,并对国际关系学和哲学的联系深感兴趣。他认真研读了马克思哲学和政治经济学理论,本科毕业论文就是论述依附理论(Dependency Theory)的,并以这一理论为基本框架讨论了南北关系。他于 1982 年进入明尼苏达大学研究生院,主修政治学,主要研究领域是国际关系理论,1989 年获博士学位。毕业后曾先后执教于耶鲁大学(1989—1997)、达特茅斯学院(1997—1999),现任教于芝加哥大学政治学系。

温特引起国际关系学界注意的是他 1987 年博士研究生时期在国际关系学重要杂志《国际组织》(*International Organization*)上发表的文章《国际关系理论中的施动者—结构问题》,这篇论文提出了施动者和结构互相建构的基本论断,为从社会互动角度研究国际关系做了铺垫,开始系统地提出国际政治社会特性的具体研究问题,也为温特本人的博士论文打下了基础。1992 年,温特在《国际组织》杂志上又发表题为《无政府状态是国家造就的:权力政治的社会建构》,对主流国际关系理论一致认可并作为研究起点的核心概念——无政府状态提出了质疑,强调了无政府状态的社会建构特征,否定了国际社会存在单一无政府逻辑的假说。这篇论文的题目点明了社会建构的概念,在国际关系学界引起了高度的关注,开始引发学理辩论,从某种意义上可以说是建构主义学派的正式宣言。因此,这篇论文成为 20 世纪 90 年代国际关系学界引用次数最多的一篇论文。② 对于温特本人来说,这篇论文不但奠定了这位年轻学者作为国际关系社会建构学派领军人物的地位,更重要的是在撰写论文的过程中他认识到符号互动理论对他自己理论体系的重要意义。1994 年,温特在美国政治学最权威的刊物《美国政治学评论》(*American Political Science Review*)上发表了《集体身份形成和国际性国家》("Collective Identity Formation and the International State"),深入阐述了国际政治

---

① 参见 Friedrich Kratochwil, *Rules, Norms, and Decisions* (Cambridge: Cambridge University Press, 1989); Nicholas Onuf, *World of Our Making* (Columbia: University of South Carolina Press, 1989); Martha Finnemore, *National Interest in International Society* (Ithaca: Cornell University Press, 1996); Peter Katzenstein, ed., *The Culture of National Security* (New York: Columbia University Press, 1996)。

② John Baylis and Steve Smith, eds., *The Globalization of World Politics* (New York: Oxford University Press, 1999), p.183.

的社会建构,也使国际关系的社会建构理论进一步趋于成熟。

《国际政治的社会理论》是一部全面提出和阐述温特社会建构理论的著作。据温特本人说,这部著作的最初构思是 1987 年他在《国际组织》上发表的论文,原型和一些思想是他 1989 年的博士论文,1992 年的论文则是撰写这部著作的关键环节。① 1993 年温特正式开始写这部著作,经过六年的思考与创作,该书于 1999 年由剑桥大学出版社列入该社学理色彩极其厚重的国际政治学丛书出版。手稿的一些部分在著作出版之前早已广为引用。当然,在《国际政治的社会理论》问世之前,已经出现以建构主义为理论框架的著作,并得到了广泛的重视。② 但是,这些著作主要是经验层面的研究,没有对建构主义进行全面的理论阐述。在《国际政治的社会理论》这部著作里,温特借鉴了哲学和社会学理论,全面提出了国际政治的社会建构理论。温特尤其重视建立理论体系,所以著作的第一部分基本上是社会学理论和哲学理论,从本体论、认识论、方法论等各个方面讨论了社会建构问题;第二部分则集中讨论了国际政治中的社会建构,尤其强调了国家施动性、无政府文化和国际体系的发展变化。如果说温特 1992 年的论文是社会建构主义国际关系理论的宣言的话,这部著作的出版则标志着社会建构主义在理论体系上趋于成熟。这部著作还是在手稿阶段就已经被广泛引用,出版后立即引起了高度重视和极大反响,主流学派反应强烈,温特本人也做出了一系列的回应,建构主义作为一个重要国际关系理论学派的地位和学理意义得到了广泛的承认。③

温特学术思想的发展与他的学问环境有着密切的关系。他就读于明尼苏达大学,这个学校的政治学系有一批重视社会理论研究、质疑新现实

---

① 这是温特在 2000 年 10 月 26 日给笔者的信中谈到的。

② 如 Finnemore, *National Interests in International Society*; Katzenstein, ed., *The Culture of National Security* 等。

③ 参见 Jonathan Mercer, "Anarchy and Identity", *International Organization* 49, 2 (Spring 1995), pp. 229—252; Jeffrey T. Checkel, "The Constructivist Turn in International Relations Theory", *World Politics* 50, Summer 1998, pp. 324—348; Ted Hopf, "The Promise of Constructivism in International Relations", *International Security*, Vol. 23, No. 1 (Summer 1998), pp. 171—200; Dale C. Copeland, "The Constructivist Challenge to Structural Realism", *International Security*, Vol. 25, No. 2, Fall 2000, pp. 187—212. 此外, *Review of International Studies* 杂志专门设立论坛讨论温特的《国际政治的社会理论》,基欧汉、克拉斯纳等国际政治学重要学者都发表了评论。参见 "Forum on *Social Theory of International Politics*"中 Robert O. Keohane, "Ideas Part-way Down"; Stephen D. Krasner, "Wars, Hotel Fires, and Plane Crashes"; Roxanne Lynn Doty, "Desire All the Way Down"; Hayward R. Alker, "On Learning from Wendt"; Steve Smith, "Wendt's World";以及温特对各种批评的答复, "On the Via Media: A Response to the Critics", *Review of International Studies* 26, 2000, pp. 123—180。

主义和新自由主义的学生,他们认真思考、互相切磋,推动了社会建构学派的发展,启发了温特本人的学术思维。温特在谢词中所说的"明尼苏达社会建构主义学派"实际上就是指这些20世纪80年代末毕业于明尼苏达大学政治学系的年轻学者,包括迈克·巴尼特(Michael Barnett)、贾塔·韦尔兹(Jutta Weldes)、马克·拉菲(Mark Laffey)、希马迪普·穆皮蒂(Himadeep Muppidi)等人。他们都是明尼苏达大学政治学教授巴德·杜瓦尔(Bud Duvall)的学生,也受到这位主要研究新马克思主义的教授的影响。明尼苏达学派的年轻学者有着不同的学术观点,但是他们共同的特点是不满足于西方主流国际关系理论的本体论和方法论,把他们联系在一起的是"建构主义",即重视观念的作用;认为国家的身份和利益不是预先给定的因素,而是在国家之间的互动中得以建构的;主权、无政府状态等国际制度同样也是社会建构的结果。进而,他们年轻,学术思想活跃,较少受权威理论的约束,敢于把其他社会科学学科的新知识运用到国际关系领域中来。其中,温特的同学巴尼特的《制度、角色和无序状态》("Institutions, Roles, and Disorder")、《主权、民族主义和阿拉伯国家体系中的区域秩序》("Sovereignty, Nationalism, and Regional Order in the Arab States System");韦尔兹的《建构国家利益》("Constructing National Interests")、《不安全的文化:国家、共同体和危险的造就》(*Cultures of Insecurity*: *States*, *Communities*, *and the Production of Danger*)等已经成为建构主义的重要研究成果。建构主义能够成为国际关系学的重要理论,明尼苏达学派的年轻学者齐心协力、不惟权威、执着认真、相互启迪的精神不能不说是一个重要原因。而温特之所以成为社会建构主义的领袖人物,也得益于这个活跃的学术群体。

当然,建构主义兴起更重要的还是受到国际关系学界大环境的影响,这个大环境的主要标志是80年代国际关系的理论发展和论战,它构成了温特学术思想发展的学理背景。

## 二、建构主义产生的背景:国际关系的学理论战

20世纪初,国际关系开始成为一门社会科学学科。此后,政治现实主义和自由主义作为国际关系主流理论的两大派别交替主导了西方国际关系学的理论研究和国际关系的实践活动,这两个学派也成为国际关系学理争论的主要对手。

**新现实主义及其批判**①

两次大战期间,自由主义以政治理想主义的形式成为国际关系的主导理论,国际联盟和集体安全的思想明显反映出当时自由主义的主要形式——威尔逊理想主义的影响。E. H. 卡尔 1939 年的经典著作《20 年危机》对理想主义观点提出了挑战,现实主义重新兴起。汉斯·摩根索 1948 年的著作《国家间政治》提出了一个以人性、利益和权力为核心的、比较完整的现实主义理论体系,成为战后经典现实主义(Classic Realism)的奠基之作。之后,现实主义主导西方国际关系二十余年,虽然批判声不断,但始终没有一种理论能够与之抗衡,也没有一个流派能够动摇现实主义的主导地位。

至 20 世纪 70 年代,世界环境发生了很大的变化。越南战争结束、石油危机发生、布雷顿森林体系解体等一系列重大事件使现实主义的根本假定受到质疑。自由主义思潮再起,且声势浩大。1977 年基欧汉和奈的《权力与相互依赖:转变中的世界政治》一书问世,反驳了现实主义国家中心说、军事权力说等基本假说,成为跨国主义(Transnationalism)的代表作。到 80 年代,多种自由主义国际关系理论派别——共和自由主义、认知自由主义、制度自由主义逐渐成形,虽然这些派别各有侧重,但都可以统一在自由主义框架之中,共同形成了对现实主义的重要挑战。②

在现实主义和自由主义的辩论之中,新现实主义(Neorealism)逐渐成熟,标志是 1979 年问世的肯尼思·沃尔兹的著作《国际政治理论》。在该书中,沃尔兹提出了高度简约的现实主义理论,摒弃了经典现实主义中人性等难以用科学标定的概念和无法证伪的假设,把无政府秩序和自助体系、权力分配、国家利己特征和生存需求等设定为国际关系理论的核心概念,并把国际关系研究集中在国际体系结构这个因素上面,因此,沃尔兹理论被称为结构现实主义(Structural Realism)。沃尔兹理论的影响之大是国际关系理论发展史上少有的现象。它提出了一整套严谨的研究议程,据此产生了一系列可证伪假设,对 80 年代的国际关系研究制定了核心研究议程。根据波普尔关于科学始自真问题这一论断,结构现实主义

---

① 这是借鉴了基欧汉主编的《新现实主义及其批判》一书的书名。参见 Robert Keohane, ed., *Neorealism and Its Critics* (New York: Columbia University Press, 1986)。

② Mark W. Zacher and Richard A. Matthew, "Liberal International Theory: Common Threads, Divergent Strands," in Charles W. Kegley, ed., *Controversies in International Relations Theory: Realism and the Neoliberal Challenge* (New York: St. Martin's, 1995), pp. 107—150.

的真正意义也许是激发了更多政治科学家的问题,并引发了近20年国际关系学界的学理辩论。

在这场辩论中产生了两个与新现实主义对立的学派。一派是在诸自由主义理论发展过程中在学理方面最有影响、研究议程最严谨的新自由制度主义(Neoliberal Institutionalism),属于西方主流国际关系理论范畴。这一派的代表著作是基欧汉1984年的著作《霸权之后:世界政治经济中的合作与纷争》。新自由制度主义的核心概念与沃尔兹结构现实主义基本相同,但基欧汉认为国际体系中的权力分配不能对国家的许多行为做出具有说服力的解释,在相同的结构条件下,体系进程也会产生重要的因果意义。体系进程的最重要标志是包括国际组织、国际机制和国际惯例的国际制度。这样,基欧汉的主要研究议程就集中在"国际制度"这个概念上面,新自由制度主义因此得名。①

另一派是以新马克思主义为基本理论框架的世界体系理论(World System Theory),代表人物是伊曼纽尔·沃勒斯坦(Immanuel Wallerstein)。世界体系理论认为,只有把世界政治置于全球资本主义结构的框架之中才能使其实质和内容得以揭示。国家体系的产生和延续是为全球资本主义服务的,核心、边缘、半边缘之间的关系实际上是一种阶级之间的剥削关系。虽然世界体系理论具有强烈的批判特征,但是在认识论和本体论方面与其他主流国际关系理论有着基本的相通,所以也可以置于主流理论范畴的边缘。②

新现实主义、新自由制度主义和世界体系理论之间有着许多不同之处,但是它们的理论基底都是理性主义(rationalism),所以基欧汉将这些理论统称为理性主义理论(rationalistic theories)。③ 与主流理论范式之间的辩论同时发展起来的是所谓的非主流国际关系学派。这个范畴内有许多不同的学派,它们的共同之处是强调国际关系中观念和话语的作用、结构和行为体的相互建构、权力的非物质性和真理的相对性。可以列入这一范畴的理论流派包括:强调所有理论都具有规范内涵的规范理论

---

① Robert Keohane, *After Hegemony: Cooperation and Discord in the World Political Economy* (Princeton: Princeton University Press, 1984).

② 代表西方主流国际关系理论的教科书多是以现实主义、自由主义和新马克思主义分类的,虽然名称可能不尽一致。参见 Paul R. Viotti and Mark V. Kauppi, *International Relations Theory: Realism, Pluralism, Globalism* (New York: Macmillan, 1993)。

③ Robert Keohane, "International Institutions: Two Approaches," in Robert Keohane, *International Institutions and State Power* (Boulder: Westview, 1989), pp. 158—179.

(Normative Theory);以女性身份和地位为核心的女性主义理论(Feminist Theory);质询权力的意义、根源和目的的批判理论(Critical Theory);探讨国家形成的历史轨迹和各种行为体关系发展演变的历史社会学(Historical Sociology);强调话语作用、探讨权力—知识关系的后现代主义理论(Post-modernism)等。这些理论在涉及理论建设和知识建构等根本问题上与主流理论相左,它们否认理性的核心作用,反思主流理论作为给定因素的概念,所以被基欧汉统称为反思主义理论(reflexive theories)。

在20世纪90年代初社会建构主义成为学理辩论中重要派别之前,国际关系的基本状况如下图所示:

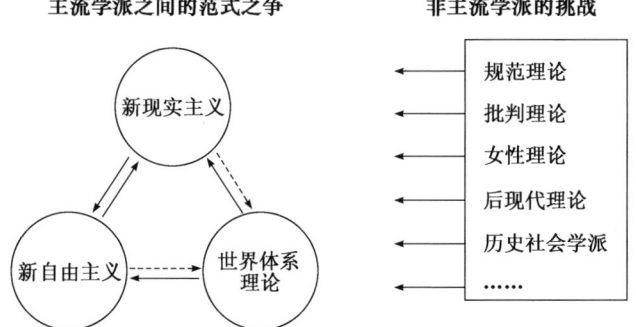

在主流国际关系理论的范式之争中,重心是以沃尔兹为代表的新现实主义和以基欧汉为代表的新自由主义的辩论,这一所谓的"新—新"之争(neo-neo debate)成为20世纪80年代中期至90年代中后期国际关系理论发展的核心,主流国际关系理论杂志上大多数文章是关于这两种理论流派的争论和依照各自理论体系所做的实证分析。① 世界体系理论对新现实主义和新自由主义发起了挑战,但是两个主流理论派别的应战兴趣不大,所以这方面的辩论更多是单向的。正因为如此,世界体系理论无法成为与新现实主义和新自由主义具有同样重量级的理论范式,虽然被大多数学者纳入主流范式之争范畴,但始终处于边缘地位。

非主流理论派别的状况更是如此。非主流理论主要是在批判主流国际关系理论体系中发展起来的,尤其针对在国际关系学领域占主导地位的现实主义和新现实主义,非主流理论的主要贡献也是对国际关系学的

---

① 参见 Daldwin, *Neorealism and Neoliberalism: The Contemporary Debate*。

核心问题——知识建构提出的质疑。虽然非主流的矛头所向是主流理论,并且主流理论也承认非主流理论提出了深刻的问题,但主流派基本上把非主流理论称之为"非客观的"和"非科学"的①,因此不予重视,对非主流提出的批判也很少做出认真的回应。因此,所谓的第三次大辩论实际上是不对称的论战。

这种现象无疑导致了一种结果,即主流和非主流理论同在一个学术领域,但根本谈不上平等的沟通和交流。新现实主义的批评者甚多,与之真正对话的只有新自由主义一家。这种以主流国际关系理论为中心的"话语霸权"使得波普尔强调的那种作为科学实质的批判和猜想无法发挥实质性的作用,也不能出现真正意义上的科学革命。结果是可以展开对话和辩论的两种主流国际关系流派——新现实主义和新自由主义越来越呈现趋同状况,两派之间的辩论也就越来越失去学问的意义。

### 主流学派的辩论:由不可通约到理论趋同

20世纪70年代至90年代第三次国际关系学理辩论的重心是新现实主义和新自由主义之争。这一论战之所以被称为"范式间"辩论,是因为现实主义和各自由主义理论之间的不可通约性似乎非常明显。经典现实主义的基本概念受到根本质疑:基欧汉和奈1977年的《权力与相互依赖》否定了现实主义的三个核心概念,认为国家不是唯一的国际行为体、国家不是单一性的理性行为体、军事手段作为对外政策工具的效用越来越低。② 其中核心的驳论就是否定国家是单一性的、理性的国际行为主体这一现实主义的根本假定。其他自由主义学派也围绕这个核心问题提出了质疑。③

范式间明显的不可通约性是库恩范式间论战的基本标志,第三次辩论初期的论战表现出这一特征。现实主义和自由主义学派各自观察不同的客观事实,使用不同的经验数据证实各自的理论或证否对方的理论。从根本上说,这是因为它们对世界的看法有着实质的不同,尤其是涉及国际行为主体这个重要问题,所以,可以把两派简称为国家中心(state-

---

① Keohane, "International Institutions: Two Approaches."
② Robert Keohane and Joseph Nye, *Power and Interdependence: World Politics in Transition* (Boston: Little, Brown, 1977).
③ 参见 Graham T. Allison, *Essence of Decision: Explaining the Cuban Missile Crisis* (Boston: Little, Brown, 1971).

centric)理论和多元中心(multi-centric)理论,亦即国家是否是国际体系中唯一具有意义的单一性和理性行为体,国家是否具有天生的身份和利益。在20世纪70年代国际事务发生重大变化的情况下,自由主义各派指出了现实主义国际关系理论无法解释的许多"反常"现象,力图否定现实主义的核心假定,相信一种新的理论范式将会取代现实主义成为国际关系学的新的主导理论。

但是,随着第三次辩论的发展,主流学派之间这种不可通约的现象逐渐淡化。转折点是1979年沃尔兹《国际政治理论》一书的出版。这部著作力图摒弃一切形而上的思考,把国际关系理论发展为像物理学那样高度简约的科学理论体系。经典现实主义中的哲学意义和社会内容被以非科学为理由排除在理论体系之外,国际关系理论体系被表述为类似经济学中市场和个人构成的系统,或者说类似物理学中场域和粒子的系统。为了发展这个系统,沃尔兹必须把国家定义为单一性的理性行为体,这样国家才可能成为可以类比的"相似"的单位。他也必须把国际体系定义为具有单一无政府逻辑的自助体系,这样才可能使相同的体系单位——国家在国际体系场中从事有规律的行动。① 结果是现实主义从一种描述国际关系实质性内涵的理论转化为一种高度简约的科学理论。其基本变量只有两个:国际体系结构与国家行为;其基本变量关系是:国际体系结构影响国家行为。沃尔兹认为,这就是现实主义"思想"和新现实主义"理论"之间的区别。20世纪80年代的重要现实主义著作,如罗伯特·吉尔平的《世界政治中的战争与变革》、布伊诺·德·梅斯奎塔(Bueno de Mesquita)的《战争的困境》等明显地表现出这些特征。

沃尔兹的重大影响实际上并不在于他对现实主义世界观的调整,而是他把现实主义发展为具有高度科学特征的国际政治理论。正是这种影响使得自由主义各个理论流派成为在学理、在理论体系发展方面很难与其竞争的理论。但是,也正是这种影响使得第三次论战中新现实主义的主要对手新自由制度主义得以产生。

新自由制度主义之所以在诸自由主义流派之中成为影响最大、能够与新现实主义在学理上抗衡的学派,主要是它同样呈现出高度的科学性。要做到这一点,必须对经典自由主义理论进行果断的取舍,重新定义核心概念和基本研究议程。基欧汉1984年的《霸权之后》所做的实质性努力的意义正在于此。他1989年出版的论文集《国际制度与国家权力》收入

---

① 参见秦亚青:《国际关系中的进程因素》,《中国书评》1998年总第13期,第5—18页。

了他 80 年代的主要论文,更进一步阐明了他的学术思想。① 首先,基欧汉修正了 1977 年《权力与相互依赖》中的基本假定,承认国家的理性和单一性特征,具有先验的身份和利益,这就从根本上接受了理性主义的核心概念。其次,他承认无政府状态是国际体系的基本特征,同时也接受了沃尔兹对无政府逻辑的定义。最后,他也致力于发展体系理论,力图发现最简约的国际政治体系理论。为此,他把国际制度定义为国际体系进程的基本特征,把国家定义为国际体系中的行为主体。这样一来,基欧汉的理论也成为高度简约的、呈现高度科学性的系统理论,其基本变量也是两个,即国际制度和国家行为,基本变量关系是国际制度影响国家行为。

历史久远、纷繁复杂的现实主义和自由主义在沃尔兹和基欧汉的整合之下,成为 20 世纪 80 年代和 90 年代西方国际关系理论的两个主流派别:新现实主义和新自由制度主义,两者之间的论争也构成了 80 年代中期至 90 年代国际关系学理争论的重心。但是,在两派理论都向着高度科学性努力的同时,它们也在朝着理论趋同的方向发展。

第一,理论框架趋同。新现实主义和新自由制度主义的理论基底都是理性主义。这最明显地表现在对国际行为主体的基本假定上面。新现实主义一直把国家作为国际关系的行为主体,并以微观经济学定义个人/公司的方式,把国家定义为利己的、单一性的理性行为体,国家的利益和身份完全是由内部因素预先决定的,与在国际社会中的活动没有关系。基欧汉在提出新自由制度主义的时候,也从 1977 年肯定多元国际行为体的立场后退,承认关于国家行为体的理性主义假定,把国家的身份和利益视为给定因素,独立于行为体的实践活动和相互作用。至此,两派的基本理论假定从根本上统一到理性主义上面,研究方法也都统一到个体主义方法论上面。

第二,世界观趋同。新现实主义和新自由制度主义都接受物质主义理论,不承认观念具有实质性的意义。新现实主义的最基本概念——国际体系结构指的是国家物质力量在国际体系中的分配状态,主要以军事力量定义的国家权力和以物质收益为主的国家利益也反映出单纯物质主义的浓厚色彩。新自由制度主义的制度虽然在很大程度上是非物质的,但其作用取决于制度能够提供的物质回报,物质性权力和利益仍然是

---

① Keohane and Nye, *Power and Interdependence*; Keohane, *International Institutions and State Power*, 尤其参见其中他对新自由制度主义和自我学术思想发展的叙述,如"Neoliberal Instituionalism: A Perspective on World Politics"和"A Personal Intellectual History"两篇论文。

国家行为的主要动因。对于新现实主义来说,观念是无足轻重的;对于新自由主义来说,观念能够成为一个与权力和利益并列的自变量,具有独立的因果作用。但是,观念与权力和利益之间是相互独立、相互并列的关系,观念的作用也只能是弥补物质权力和利益解释能力的不足。① 所以,在物质主义世界观方面,新现实主义和新自由制度主义也达到了相当程度的趋同。

第三,认识论趋同。新现实主义和新自由制度主义都坚持科学实证主义的原则,反对任何诠释性理论。基欧汉明确指出:"新自由主义赞成新现实主义的一些重要推理原则。……新现实主义和新自由制度主义都不满足于对文本的诠释:两派学者都认为存在国际政治的客观事实,虽然这样的事实总是不能完全得以揭示,但部分的解释是可能的。"② 一切对国际政治社会内容的考虑和对国际政治诠释性的研究都被视为没有明确研究议程和可证伪假设的非科学解释。③

第四,研究方法趋同。新现实主义和新自由制度主义的研究起点都是国际体系无政府状态,承认无政府状态是国际体系的基本特征。这个特征又派生出三个基本假定。首先,无政府状态是给定因素,"客观存在"于国际体系之中,是凌驾于体系中行为体之上的无形之手。其次,由于无政府状态是国际体系恒久的基本特征,所以,国际关系的研究,尤其是国际关系体系理论,必然要以无政府状态为研究起点。沃尔兹讨论均势和两极结构对无政府状态负面影响的制衡作用,基欧汉探讨国际制度对无政府状态负面影响的削弱作用,两种研究议程都以国际体系的无政府特征为切入点。最后,新现实主义认为无政府秩序只有一种逻辑,即霍布斯自然状态的逻辑,亦即国际体系的本质是国家之间根本利益的冲突,国际体系也必然是一个自助体系的逻辑。④ 基欧汉在研究国际制度的一系列论著中,无政府状态的这一逻辑都是被作为理论假定和给定因素处理的,他从来没有对无政府状态的根本性质提出质疑。所以,新现实主义和新自由制度主义这两种体系理论在国际体系基本特征问题上也达成了一致。

另外两派的研究层次也是相同的。国际关系研究可以在多种层次上

---

① 参见 Judith Goldstein and Robert Keohane, eds., *Ideas and Foreign Policy* (Ithaca: Cornell University Press, 1993).
② Keohane, *International Institutions and State Power*, p. 8.
③ Keohane, "International Institutions: Two Approaches."
④ Waltz, *Thoery of International Politics*.

展开,如体系层次、国家层次、个人层次等。沃尔兹明确指出国际政治理论必须是体系理论,一切以单位为分析层次的理论都是还原主义理论。[①] 基欧汉在其1989的论文集中也明确指出:"新自由制度主义像新现实主义一样,力图通过探讨权力分散的国际体系的性质来解释[国家]有规律的行为。"[②] 新现实主义和新自由制度主义都坚持体系理论的研究方向,认为诸如国家和个人层次上的研究无法构成国际政治理论。虽然两派所强调的侧面不尽相同,但研究层次都是国际体系,都认为只有体系理论才可以称为国际政治理论。

由于在这些根本问题上的趋同,新现实主义和新自由制度主义的研究议程也相互吸引和相互靠拢。根据鲍德温的阐述,到20世纪90年代,两派的研究议程和主要分歧是无政府状态下国家的合作问题:新现实主义强调无政府状态使国家在整体上趋于不合作,相对收益是国家考虑的主要问题,国际制度不能从根本上减弱无政府状态的负面影响,因此不能导致稳定和持久的国家间合作。新自由制度主义则在承认无政府逻辑和体系结构重要性的同时,强调国家可以以绝对收益为基本考虑,国际制度可以调节国际体系中信息分配状态,通过降低交易成本和减少不确定性减弱无政府状态的负面影响,导致国家的实质性合作。这样一来,新现实主义和新自由制度主义的研究议程就集中到相当狭窄的范围之内,甚至仅仅就技术性问题相互论证。两派可以用同样的语言和同样的方法测试两种理论提出的假设,如国际机制的作用、无政府状态下的合作、霸权治下的体系稳定等等。至此,新现实主义和新自由制度主义已经不像经典现实主义和经典自由主义那样具有不可通约性质,共同的理性主义学理基底、科学主义研究原则、无政府逻辑的假定以及合作进化和制度作用等研究议题使这两个主流理论学派不仅成为可以通约的理论,而且产生了所谓的"新—新"综合(neo-neo synthesis)。[③] 新现实主义的主要作家沃尔兹也说,新自由制度主义的核心仍然是结构现实主义,所以其研究必然与结构现实主义相似。[④] 新自由主义在某种意义上从新现实主义的批评

---

① Waltz, *Thoery of International Politics*, pp. 18—37.

② Keohane, *International Institutions and State Power*, p. 7.

③ Ole Waever, "The Rise and Fall of the Inter-paradigm Debate," in Steve Smith, Ken Booth, and Maryasia Zalewski, eds., *International Relations Theory: Positivism and Beyond* (Cambridge: Cambridge University Press, 1996), pp. 149—185.

④ Kenneth Waltz, "Structural Realism after the Cold War," *International Security*, Vol. 25, No. 1 (Summer, 2000), pp. 24—25.

者转变为合作者。这种"新—新"趋同的结果使得国际关系理论的发展失去了原动力,对现有理论的质疑和批判在很大程度上被弱化和虚化。因此,国际关系辩论的分界线自然而然地开始转移。

**非主流学派的挑战:批判与反思**

随着新现实主义和新自由制度主义的逐步趋同,被统称为反思主义的非主流各派向主流的挑战仍在继续。非主流理论和主流理论的争论既涉及认识论问题,也包含哲学意义上的本体论争论,因为非主流的挑战仍然是指向主流理论的核心假定,如客观性和主观性、客体和主体的关系等问题。所以,这一论战的关键是国际关系的本质。并且,反思主义具有深刻的怀疑、批判和否定精神,这就使辩论的内容更具火药味。

反思主义包含了许多派别,这些派别之间也有着各种各样的分歧,其反思对象也各不相同。但是,它们有着一个共同点,就是不承认理性主义的基础,强调理论的诠释性、行为体和结构的互构性、互主意义的重要性等等。这样,国际关系就不能从理性主义视镜中观察,国际关系现象也就不能以实证主义的方式进行研究。具体来说,反思主义在以下三个方面和理性主义形成了鲜明的对照。①

第一,理性主义理论属于因果性解释理论(causal theory)。因果性理论把世界和行为体视为外生于理论的客观存在,是不以理论导向为转移的。理论的目的是揭示人类行为和客观世界的规律,亦即解释变量之间的有规律因果关系。据此,对社会世界的研究和对自然世界的研究从本质上是一样的。② 反思主义则不同。反思主义各派基本上都具强调建构作用。它们认为理论无法独立于它要解释的事物,我们的语言、概念、实践、理论都参与了对事物的构建。这也就是说,是理论界定了我们认为是客观世界的东西。这样,我们使用的概念实际上会对客观世界产生建构作用。所以是关于社会世界(social world)的理论建构了这样的世界。

第二,主流国际关系理论坚持认识论基础主义,认为所有关于真理的陈述都有一个客观的基础。我们能够以这个基础为准,以公正和客观程序对陈述加以验证,确定属真或属假。反思主义则基本上是反基础主义的。反思主义认为不存在这样一个客观基础,所以也就不存在公正和客观的验证程序。这样,关于真理陈述的属真或属假就无法判定。进而,由

---

① 参见 Bayli and Smith, *The Globalization of World Politics*, pp. 167—168。
② 参见 Gary King, Robert O. Keohane, and Sidney Verba, *Designing Social Inquiry: Scientific Inference in Qualitative Research* (Princeton: Princeton University Press, 1994)。

于每一种理论都自行对客观事实做出定义并根据这种定义进行解释,所以在不同理论的竞争中也无法公正地判定孰是孰非。

第三,主流理论信奉实证主义。实证主义是西方知识界对知识积累的重要观点,认为科学的内涵是一致的,无论自然科学和社会科学都是如此;客观事实和价值观念可以分离,客观事实独立于任何理论;社会界和自然界一样存在客观规律,这些规律是可以被发现的。据此,检验理论的标准是对照客观事实对理论加以验证。反思主义否认这些实证主义假定的合理性。对社会界的研究无法区分客观事实与主观价值,无法分离研究主体和研究客体,甚至无法确定客观事实本身,所以实证主义的这些基本假定无法应用于社会世界。

反思理论的重要派别批判理论(Critical Theory)就是一个明显的例证。罗伯特·考克斯(Robert Cox)等人把法兰克福学派和哈贝马斯(Habermas)的思想应用到国际关系领域,对主流理论代表的知识体系进行了批判。在基本的客观性问题上,批判理论认为社会科学家是社会的一部分,生于社会,长于社会,所以社会科学家无法独立于他们的研究对象。这是与自然科学家的根本不同。社会事实是社会和历史发展的结果,是充满价值观念的,所以关于社会的理论不可能是价值中立的理论。西方主流社会科学理论的根本目的是使现有秩序合法化,而批判理论自身的目的就是通过对主流知识体系的批判,争取人类的彻底解放。1981年,考克斯发表了《社会力量、国家和世界秩序:超越国际关系理论》的著名论文,矛头所向是新现实主义,指出新现实主义理性实际上是提出了国家应该采取的对外政策观,所以本身就是价值观念的体现。进而,新现实主义把世界描述成独立存在的事实,而将使这个世界得以存在的社会和权力关系作为给定因素不加质疑,其目的就是使现有的世界秩序得以物化和合法化。主流理论是解决问题理论(problem-solving theory),力图解决的是现有社会和权力关系面临的问题,以保证这些关系的持续存在和正常运转。因此,"理论总是为某些人和某些目的服务的"[1]。考克斯强调指出,社会结构是主体间互动的结果,是社会建构而成的,主流理论所谓的像国家这样的给定因素实际上是历史和社会力量所建构的。

反思理论的另一重要派别后现代主义国际关系理论则具有高度的反基础主义特征,对任何元叙述(meta-narratives)发起挑战。后现代主义

---

[1] Robert W. Cox, with Timothy J. Sinclair, *Approaches to World Politics* (Cambridge: Cambridge University Press, 1996), p. 88.

国际关系的代表人物理查德·阿什利(Richard Ashley)和R.B.J.沃克(R.B.J. Walker)认为,像新现实主义这类宣称可以直接探求真理的理论自封为理性的代表,为自己编织了思想体系和理论体系,对其他各种话语进行压抑。但是实际上,号称真理的理论都是靠不住的,需要对其进行解构。后现代国际关系理论学者受福柯关于权力和知识关系的论述影响颇深,他们反对知识中立说,拒绝接受知识不受权力左右的理性主义观点,认为权力造就了知识。所有权力要求知识,所有知识依赖于并加强现存的权力关系。他们质疑国际关系主流理论提出的所谓真理,认为这些理论的概念和知识假定实际上是依附于特定的权力关系的。权力和真理在历史中平行发展、互相加强,关于社会界的陈述只有在具体话语中才是"真理"。权力关系使某些话语和在这些话语中产生的"真理"具有主导性质。据此,后现代国际关系理论反对像新现实主义这类致力于建立元叙述的理论体系,因为这样的理论意味着确定知识真伪的条件不是话语的结果,因而也就不是权力的产物了。另外,后现代国际关系理论家根据德里达(Derrida)的解构理论,提倡对国际关系文本进行分解。阿什利认为文本中看上去是稳定、自然的概念和关系实际上是人为的构建。解构的方法是两次识读(double-reading):第一次先根据文本的内在逻辑读出它要表示的意义,第二次识读则是读出文本的内在矛盾,以便揭示文本的多种解读意义。阿什利使用两次识读的方法,指出传统国际关系理论中关于无政府状态和国家行为逻辑的假定是极端武断的。① 沃克也通过两次识读,发现现实主义对马基雅弗利和霍布斯等重要思想家的理解是多么失之偏颇。②

另外一些反思主义理论,如女性主义、规范理论等也提出了实质性质疑,涉及国际关系的根本问题。作为西方国际关系主流的理性主义学派曾试图与反思主义展开对话,1986年出版的《新现实主义及其批判》一书就是一个很好的例子。这本书由新自由制度主义学派最重要学者基欧汉主编,收入了新现实主义学派主要学者沃尔兹和吉尔平的文章(包含了《国际政治理论》一书的主要章节)、自由主义学者鲁杰(Ruggie)和基欧汉自己的文章,还有批判理论和后现代理论主要学者考克斯和阿什利的文

---

① Richard Ashley, "Untying the Sovereign State: A Double Reading of the Anarchy Problematique," *Millennium* (1988) 17, pp. 403—434.

② R. B. J. Walker, *Inside/Outside: International Relations a Political Theory* (Cambridge: Cambridge University Press, 1993).

章,书的最后一章是沃尔兹的应答,题为"反思《国际政治理论》:对批评者的应答",显示出主流和非主流对话的意识。但是,这种对话和辩论没有进行下去。① 但是,从20世纪80年代后期到90年代,主流理论开始更多地注意它们之间的辩论,对非主流理论基本上采取了不予回应的态度。在新自由制度主义开始创立并产生巨大影响的时候,新现实主义和新自由制度主义的辩论压倒了其他辩论,成为国际关系学理论战的中心。鲍德温1993年的著作《新现实主义和新自由主义:当前的辩论》最明显地表现出这种局面。他在序言中把当前的辩论界定为新现实主义和新自由主义的论战,书中论文的作者则是两大主流学派的重要学者,包括基欧汉、格里科、鲍威尔、克拉斯纳等重量级人物。讨论议题也集中在无政府秩序与国际合作、相对收益和绝对收益等少数几个问题上。② 这部著作既反映了主流学派对非主流的漠视,也表现出主流学派论战战场的狭小和实质趋同。理性主义学派和反思主义学派的不可通约性和缺乏直接交锋的局面到90年代中期已经十分严重。正是这种理论发展的尴尬局面使得建构主义的兴起成为可能,也使得建构主义国际关系理论具备了产生影响的学理空间。

## 三、建构主义的理论体系与学术意义③

温特致力于社会建构主义国际关系理论的目的在于建立一条介于理性主义和反思主义之间的所谓中间道路,取两派之长,弃两派之短,使国际关系理论成为一种既考虑国际政治的社会建构又坚持科学实在论的理论体系。用温特自己的话来说,他的目的是在理性主义和反思主义之间建立一座桥梁,这一桥梁或曰中间道路(via media)就是社会建构主义。对于既共存于国际关系理论领域之中又无法开展对话的理性主义和反思主义这两种理论体系来说,社会建构主义可能是一种使两者产生希望的理论,也可能是两者共同攻击的对象,但无论怎样,它使国际关系领域的学理辩论再度呈现质疑和论战的局面。

---

① Keohane, ed., *Neorealism and Its Critics*.
② Baldwin, ed., *Neorealism and Neoliberalism*.
③ 建构主义的大框架之中有着诸多流派,从激进的到温和的都有。本文使用"建构主义"一词,专指温特比较温和的建构主义。

**建构主义的理论体系**

温特对国际关系理论诸流派的分类是根据方法论和世界观两个尺度做出的。方法论方面是整体主义和个体主义的区别。整体主义强调整体（如国际体系结构或国际制度）对个体的作用，以整体为基本分析单位，根据整体特征解释个体特征。个体主义则强调个体的作用，把个体作为基本单位，具有先验给定的身份和利益，并以个体特征解释整体特征。整体主义是社会学常用的方法，而个体主义方法论则是经济学偏爱的方法。世界观方面主要是物质主义和理念主义的区别。物质主义重视物质性因素对行为体行为的直接作用，如国际环境中的物质条件（如地理位置等）和国家的物质性实力（如军事实力和经济实力）被认为是影响国家行为的主要因素；理念主义则重视观念的作用，强调物质因素是通过观念因素而产生意义的。根据这两个尺度，温特把国际关系诸理论流派分划在四个框架之中：（1）整体主义/物质主义理论，包括世界体系理论和新葛兰西马克思主义；（2）整体主义/理念主义理论，包括英国学派、世界社会理论、后现代国际关系理论、女性国际关系理论等；（3）个体主义/物质主义，包括经典现实主义和新现实主义（虽然新现实主义有一定的整体主义倾向，如强调国际体系结构）；（4）个体主义/理念主义，包括经典自由主义和新自由主义。①

温特把自己的社会建构理论界定为第二类型的理论，即整体主义/理念主义理论，这就划定了温特理论的基本构架：在方法论上，呈现明显的社会性质，强调整体对个体的作用。在国际关系领域，就是国际体系结构对国家的作用。温特特别强调国际体系文化（或称为共有知识、共有期望、共有观念等）对国家的意义，充分表现了这种整体主义方法论。② 在世界观方面，温特否定纯粹物质主义，提倡重视观念的作用。他承认物质性因素的客观存在，但强调客观因素只有通过行为体的共有观念才能产生影响行为的意义，才能具有实质性的内容。所以整体主义方法论和理念主义世界观构成了温特建构主义理论的基底。

这个基本理论架构包含了社会建构主义的两个重要原则：一是反理性主义原则，即：国际政治的社会性结构不仅仅影响行为体行为，更重要的是建构行为体的身份和利益。实际上，建构主义与主流国际关系理论

---

① 参见温特：《国际政治的社会理论》，第一章。在新自由主义各流派中，新自由制度主义的物质主义色彩是比较厚重的。参见以上对新自由制度主义的论述。

② 参见温特：《国际政治的社会理论》，第四章和第六章。

学派的本体论分歧集中在这一点上面。二是反物质主义的原则,即:国际政治的基本结构不仅仅是物质性建构,它更重要的是社会性建构。这一条原则并不是否认物质的客观存在,而是反对把物质的客观存在作为解释行为体行为的唯一和最主要原因的单纯物质主义观点。

与建构主义基本构架并立的是建构主义的认识论基础。温特建构主义是科学的理论,坚持科学实在论的原则。建构主义不采取反思主义的"诠释性方法",强调建立严格的科学研究议程,提出能够证伪的科学假设。温特在这部著作里用了一章的篇幅阐明其理论的科学性和客观性问题。① 从根本上说,社会建构主义承认客观存在的重要性。温特反驳了一些认为建构主义是主观唯心论的批评,指出:虽然建构主义认为在社会科学研究中研究主体和客体之间的界限很难清晰界定,但从本体论方面来说,建构主义从来都是承认诸如国家和国家体系这类社会结构是客观存在的事物,是集合性社会现象,对于个人来说,社会结构是独立存在的事实,是不能化约为主观理念的;从方法论方面来说,建构主义认为我们可以获得关于社会现象的客观知识,即通过建立严格的科学研究议程,经过认真的科学验证步骤,就可以获得关于社会界的客观知识。所以,温特称自己的理论有着"弱式"物质主义或"弱式"基础主义,正因为如此,把社会建构主义理论视为唯心主义是不准确的。

温特对有些人认为社会类别具有极大的人为建构性质,所以不具有客观性质的观点也进行了反驳。国家、国际体系、国际进程等都属社会类别范畴,如果说社会类别不具有客观性,那就从根本上否定了可以使用科学的方法观察社会现象和研究社会问题。温特认为,社会类别和自然类别的确有区别,这些区别也是重要的,但是这些区别不能否定以观念为核心的社会类别仍然具有客观性这一论断。因为社会类别的存在首先是有其物质性基础的,这种物质基础是实在的。第二,社会类别的自行组织能力决定其客观存在的特征。国家是社会类别,也是不可直接观察的抽象社会事物,但是国家的存在是客观事实,侵略会受到抵抗、犯罪会受到惩罚,这就是国家客观性的可观察表现。第三,研究主体和客体之间的区别不像自然界那样清楚,但仍然是可以区分的。建构主义承认社会科学不像自然科学,社会科学研究的主客体是很难截然分开的。但是,社会类别虽然不能独立于建构社会类别的集体话语语境,却可以独立于研究者的个体话语语境。国际体系对于国际关系研究人员来说是客观存在

---

① 参见温特:《国际政治的社会理论》,第二章。

的社会事实,是不以研究者个体的意志为转移的。研究人员使用的理论势必影响他对客观现象的观察,所以任何观察都是以理论为导向的。但是,这决不意味着观察是由理论所决定的。这就是社会现象的客观基础,建构主义承认这种客观基础,并且把这种基础作为建构主义方法论的根本依据。

这样,整体主义/理念主义的理论基底和科学实在论的认识论基底共同构成了建构主义国际关系理论的理论体系。

**建构主义的理论定位**

在整体主义/理念主义和科学实在论的理论体系架构之中,根据反物质主义和反理性主义的两大原则,我们会发现温特社会建构主义理论的一些重要特征。这些特征涉及国际关系研究的三个主要方面,并确定了建构主义的理论取向。这三个方面是:(1)国际政治体系的基本结构和体系单位;(2)施动者和结构的互构与无政府逻辑;(3)行为体身份和利益的社会建构。根据建构主义对这三个方面问题的基本观点,又可以基本明确它的理论定位。

第一,建构主义是体系结构理论。

温特反驳了有些现实主义者关于建构主义不承认国际体系结构的说法,强调建构主义是结构理论,是讨论国际体系结构对体系单位的作用的。由于沃尔兹采用了微观经济学的方法,限制了其结构的真正意义,所以,虽然沃尔兹强调体系结构对行为体的影响,但这种影响仅仅局限于结构对行为体行为的因果作用,而不考虑结构对行为体身份和利益的建构作用,所以是不彻底的结构主义理论。建构主义认为国家利益不是外生于体系结构,而是由体系结构建构的,所以比沃尔兹的结构现实主义更彻底。

但是,建构主义的结构不同于新现实主义的结构。建构主义的结构是社会学意义上的结构(sociological structure),新现实主义的结构是微观经济学意义上的结构;社会学意义上的结构主要是观念的分配(distribution of ideas),它的构成是行为体的共有观念,因此其核心内容不具物质主义性质。而微观经济学意义上的结构完全是物质力量的分配(distribution of capabilities),它的构成是国家的物质性实力,是完全意义上的物质性结构。[①] 这是新现实主义和建构主义涉及结构的根本区别。

---

① Waltz, *Theory of International Politics*, pp. 79—101.

建构主义的结构包含三个主要因素。最根本的因素是共有知识,所以温特的结构可以被简单地定义为共有知识或文化。共有知识指行为体在一个特定社会环境中共同具有的理解和期望。在这个环境中,共有知识建构行为体的身份和利益。国际关系的基本概念安全困境就是这样一种共有知识或曰结构:当主体间期望使行为体具有高度的相互猜疑,使它们总是对对方的动机和意图做出最坏的估计,那么,一旦一方增加军备,另一方势必感到威胁,结果就是安全困境。从另一个方面来说,安全共同体则是全然不同的社会性结构:行为体的共有知识使它们有着高度的相互信任,它们之间存在利益冲突,但是它们都相信可以通过和平途径予以解决,结果就是安全共同体。安全困境和安全共同体都可以在无政府状态中产生和存在,所以无政府状态本身不能构成解释这两类完全不同的现象的原因。

第二个是物质性因素的作用。建构主义认为结构包含物质性因素,如人的身体、国家的实力等物质性因素是不可化约为观念性因素的。但是,温特认为物质性因素本身的意义十分有限,物质性因素只有通过社会性结构才能对行为体行为起到有意义的影响。例如,假如英国具有核力量,朝鲜也具有核力量,核力量是物质性存在,但是对于美国来说,感到具有威胁的必然是朝鲜的核力量,而不是英国的核力量,所以就会对英国和朝鲜的核力量采取不同的政策和行动。仅仅核力量这种物质性因素是不能解释美国的行动的,只有通过美国相对于英国和相对于朝鲜的不同期望,核力量才产生了它所实际具有的意义。

第三是社会结构存在的条件。温特认为社会结构不是行为体大脑中的东西,也不是物质性因素造就的东西。社会结构的形成和存在是行为体社会实践的结果:行为体之间的互动造就了社会建构,这种互动的过程是社会结构存在的基本条件。这个论点强调进程,也包含了社会结构变化的可能。结构现实主义的结构是静态结构:任何时候、任何地点,结构总是由主要国家的实力分配构成的,所以,虽然结构的形式可以变化,可以从单极到两极到多极,但结构的实质是不变的。建构主义的结构是动态的:行为体可以建构一种结构,也可以分解这种结构并建立另外一种结构,新的结构是由完全不同的观念构成的。比如,国家可以建构安全困境,也可以建构安全共同体。如果行为体的实践活动发生了变化,观念发生了变化,国际体系的结构也就会发生变化。温特提出的三种文化的转化就是这个意思。

至于国际体系单位问题,由于温特接受现实主义假定,承认国家是国际关系的行为主体,据此也把国家定为国际关系的主导行为体。另外,温特也强调自己的理论是结构主义理论,是体系层次的理论,其基本理论框架是体系结构和体系单位之间的关系。但是,这种关系超出了单纯行为研究的范畴,而着重考虑体系结构和行为体之间的建构进程,即:国际体系结构建构行为体身份和利益,行为体只有具备身份和利益之后才能采取与之相称的行动。

第二,建构主义是重视实践活动的理论。

建构主义强调施动者和结构的互构。这里涉及两个建构主义的重要关系。一是施动者对结构的作用,二是结构对施动者的作用。建构主义的社会性质使其既强调施动者对结构形成的作用,又强调结构对施动者的建构作用。施动者的互动构成了结构,结构又反过来建构了施动者的身份和利益。在温特的社会建构国际关系理论中,施动者是国家,结构是国际体系中的观念分配或称为国际体系文化。

施动者的互动导致了结构的形成。施动者造就结构的机制是所谓的互应逻辑(logic of reciprocity)。互应意味着行为体的主体间实践活动。两个国家在从来没有交往的情况下是没有共有知识的,因此也就没有结构。双方一经交往,初始行为通过互应机制会使互动中的双方产生并加强一些观念,并开始共同拥有这些观念,于是便产生了文化。

无政府状态正是这样建构起来的一种文化。经典国际关系理论都把无政府状态作为先验给定的因素,当作国际关系研究的起点,实际上,无政府状态是一种体系结构,是国际体系中施动者互动的结果。不同的初始行为通过互应机制可以产生不同特征的无政府状态。正是从这个意义上讲,不会存在一个单一的、以每个人反对每个人的战争为基本特征的无政府逻辑。根据国家之间互动性质的不同,可能存在多种无政府文化。温特归纳了三种不同的国际体系无政府文化,即霍布斯无政府文化、洛克无政府文化、康德无政府文化。现实主义的无政府逻辑是霍布斯无政府文化的逻辑,即以相互敌视、相互残杀为特征的无政府状态,这是国家互存敌意、互为敌人的无政府文化。如果国家间关系的目的就是摧毁和吞并对方,国家间的行为特征是各方力图改变现状,那么,这些国家之间的实践活动必然会导致霍布斯文化。洛克无政府文化则不同。在洛克文化中,国家不再相互视为仇敌,不再以消灭敌人为基本目的,它们承认相互的生存权利和财产权利,典型的标志就是威斯特伐利亚体系对主权的确认。在洛克文化中,国家之间的主要关系是竞争者之间的关系,虽然利益冲突会使国家使用武力,但是,征服他国和侵占他国领土已经不是主要目的,国家间关系的特征是维持现状。从1648年至今,国家,尤其是弱小国家的低灭亡率说明洛克文化是当今国际体系的主导文化。如果我们还是处于相互敌对的霍布斯文化,那么强大的国家早就把弱小的国家吞并了。康德文化则是以国家之间互为朋友为基本特征的体系文化,在这样的文化体系中,国家不会使用暴力解决利益冲突,如果作为朋友的一方受到威胁,另一方会鼎力相助,并不计较自己的得失。这实际上是安全共同体的形式。这种文化体系的显著特征是非暴力和互助。虽然霍布斯、洛克、康德文化都是在国际无政府状态下的文化形态,但其内涵截然不同,所以不存在一个单一的无政府逻辑。至于哪一种文化占据主导地位则要看作为施动者的国家怎样通过自己的实践活动进行文化建构了。这就是温特著名的论断:"无政府状态是国家造就的。"[①]

施动者造就结构,结构也建构施动者。理性主义假定施动者具有先验给定的身份和利益。根据这样的假定,行为体天生具有利己特征和理性特征,其身份必然是为寻求利益最大化而采取理性行动的利己主义者。由于行为体被认定是带着这样的身份和利益参与互动的,所以,行为体身份和利益自然外生于行为体之间的互动进程,理论的目的就是在行为体给定利益的条件下解释行为体行为规律的。建构主义不同意这种观点,认为这种方式只解释了结构因素的因果作用,完全忽视了结构因素的建构作用。温特指出,体系结构有两种作用,一是因果作用,二是建构作用,即体系结构不仅对行为体行为产生影响,也塑造了行为体的身份。温特进而认为,体系结构对行为体身份和利益的建构是他的建构主义理论的最大贡献,因为身份决定利益、利益决定行为。从某种意义上说,建构主义是身份政治(politics of identity)理论。

如果体系结构对行为体只有因果作用,就必须首先认定体系结构和行为体之间是相互独立存在的两个实体。进而,由于体系结构涉及多个行为体,所以行为体之间也必须是相互独立的实体。采取个体主义/理性主义研究方法的学派多是从这个假定出发的。新现实主义就把结构定义为超越行为体的因素,如经济学中的市场,一旦形成,便超然独立于国家之上,像一只无形之手,左右行为体的行为。新自由制度主义对国际制度和国家之间关系的表述也是这种观点的典型表现:国际制度是国家造就的,但是,一旦国际制度存在,就成为制约国家的独立存在的因素,即便是

---

[①] Wendt, "Anarchy is What States Make of It: The Construction of Power Politics," p. 391.

建立国际制度的主要国家(如霸权国),也不会对业已形成的国际制度产生决定性影响。国家在与国际体系结构或国际制度互动之前就有着既定的利益,结构或者制度对国家行为的影响也是通过满足或不满足国家的这些既定利益而实现的。这就是新现实主义的"结构选择"和新自由制度主义的"制度选择"。根据这种推理,互动过程对国家的身份和利益没有任何影响,它影响的只是国家的行为,即国家根据国际制度提供利益的情况决定自己采取什么样的对应行动。从这个意义上说,理性主义者关心的只是行为体的行为,把行为体的身份和利益当作常数,当作其研究设计中的不变因素。

建构主义者则不同。建构主义者认为行为是重要的,但是,只有在确定了行为体的身份和利益之后,才能表述行为体的行为。而行为体的身份是由结构(文化)建构而成的。奴隶主只有在奴隶存在的情况下、在奴隶制的结构之中才可以成为奴隶主,奴隶主也只有在成为奴隶主之后才会做出符合其身份的行动。所以,讨论行为体行为,必然涉及行为体身份和利益。在霍布斯文化中,国家之间的身份是敌人,敌人之间是没有什么相互尊重权利可言的,使用暴力也是无限度的。因此,它们的利益是消灭对方,以侵占领土、吞并国家为目的的战争就是这种文化塑造的国家基本行为方式。在洛克文化中,国家之间的相互身份是竞争对手,因此它们相互承认主权,遵循"生存和允许他国生存"的原则。竞争对手可能会使用暴力解决争端,但是它们使用暴力是有限度的。竞争对手的身份使国家的基本利益成为寻求安全而不是寻求权力和征服。在康德文化中,国家之间的相互身份是朋友,朋友之间遵循非暴力原则和互助原则,即不使用战争和战争威胁的暴力方式解决问题,在朋友受到威胁的时候出手相助。康德文化中的国家利益是共同安全,随着这种文化的内化,利他也成为国家利益的一部分。不同的体系文化确定了国家不同的角色身份,不同的身份确定了不同的国家利益。

建构主义超越了单纯对行为的研究,开始从本体论角度对国家的身份和利益进行深刻的探讨,并根据国家身份和因身份而具有的利益来考虑其行为选择。这是与理性主义学派的根本不同。

第三,建构主义是进化理论。

建构主义假定国际体系结构是可以变化的。现实主义国际关系理论强调权力政治实质的、国际体系无政府状态的、国家利益和身份的稳衡性质。建构主义打破了这三种稳衡,指出这些被现实主义认为不变的因素实际上是变化的。根据建构主义的观点,权力政治和国际体系的无政府状态是国家建构的,国家身份和利益是国际体系结构建构的。这些观念结构由社会建构而成,是施动者实践活动的结果。如果施动者的互动进程发生变化,国际体系的结构也就会发生变化。所以,从根本上说,变化是可能的。实际上,根据建构主义理论的推理,根据温特自己对国际体系文化发展的解释,国际社会是在朝着进步的方向发展。霍布斯文化时期已经是过去,洛克文化是现在,而康德文化则会是将来国际社会的主导特征。虽然温特对此十分谨慎,但是,根据这种动态的结构观,他断言,国际社会是不会倒退的,是会朝着世界政府和某种意义上的世界大同方向发展的。① 所以,建构主义是乐观的理论,是历史发展和人类社会进化的理论,而不像现实主义那样是悲观的理论,是历史循环理论。

当然,建构主义并不是说国际体系的结构是易变的。建构主义的国际体系结构可能比新现实主义的国际结构更难发生变化,因为建构主义的结构是观念的分配,是文化,文化有着自我实现、自我加强的性质:一旦一种文化形成,这种文化中的个体就会被这种文化所建构,文化话语中的内容和意义就会不断通过行为体间的实践活动得以加强。安全困境就是霍布斯文化中自我加强的典型例子。但是,从本质上说,国际体系的文化是国家建构的,那么,具有新观念的国家就可以分解它。结构的趋稳性质不意味着结构具有不可更改的性质。这与主流理论是根本不同的。对于新现实主义来说,虽然其结构的表现形式可以改变,但是,国家的自私本能和国际无政府状态的本质永远不会改变,因此,国际政治的性质也永远不会改变。建构主义把国家身份和利益以及国际政治的无政府结构看作是一个发展的过程,在互动性实践活动中既可得以建构亦可得以分解,并且,国际关系的进程是在向着和解与非暴力的方向发展,国家在这个进程之中可以创建新的国际体系文化。

建构主义重视观念结构,强调行为体实践活动的进程,包含了国际体系文化的可变化性和国际社会进化的可能性。这些特征构成了建构主义对国际政治的实质、发展和演变的基本观点。

**建构主义的学术意义和理论局限**

建构主义的学术意义是重大的,它开始重新设定国际关系研究的议程。

建构主义把哲学和社会学问题引入国际关系研究议程。建构主义不

---

① 温特在 2000 年 10 月 26 日给笔者的信中提到,这是他下一个研究项目的主要论点之一。

仅是一种国际关系理论,而且首先是一种分析社会现象的理论,是一种涉及国家本体地位的哲学思考。[①] 群体是人组成的,国家是人组成的。人与人之间的互动构成了社会,国家与国家之间的互动构成了国际社会。主流国际关系理论以经典经济学的方式,把国家作为"经济人"对待,实际上是把国家非人化。经济学是一种思维方式,是理性选择的思维方式,理性选择的标准是效用的最大化。理性主义不考虑作为社会基本单位的人的本体性问题,只考虑这些被假定为利己者在给定利益驱动下的行为。新现实主义和新自由制度主义的落脚点均在于此。国际关系的研究议程应该包含人性的内容,尤其是人的社会性。建构主义力图使人性回归国际政治,使人的能动性、社会性和实践性体现出来,因此也使政治的本意体现出来。

人性的回归自然涉及根本的哲学问题。于是,建构主义开始质疑国际关系主流理论视为给定的一系列重要概念:国家、无政府状态、自助体系等等。可以说,到目前为止,建构主义理论框架中的基本概念没有超出新现实主义和新自由制度主义基本概念的范畴,但是对于这些概念中的每一个,建构主义都从本体性角度提出了质疑。说到底,建构主义要提出并解答"我是谁?他是谁?"这类基本哲学本体论问题。

人的本体地位又直接涉及人与人的互动,国家的本体地位也是如此。这样,社会学的互动理论被引进国际关系研究领域。于是建构主义也试图提出并希望解答"我怎样成为我和他怎样成为他?"的社会实践和互动进程问题。社会科学是研究社会的,国际关系研究不可排除国家之间的社会性实践。国家是国际社会社会实践活动的主体,国家的社会实践创造了国际社会和国际体系的结构。国际政治的社会性质是不可忽视的。

建构主义从哲学层面和社会学角度提出的问题引发了国际关系学界的反思。国际关系学从希望成为独立的科学学科之日起,就深受经典经济学的影响,理性选择理论也就成为国际关系主流学派的理论基础。一大批这样的研究成果使国际关系学越来越朝着科学主义的方向发展。沃尔兹的结构现实主义和基欧汉的新自由制度主义就是典型的例子。这些理论推动国际关系学向前发展,但是,随着这种发展,人们越来越希望超越经济学理念,提出更加根本性的国际政治学问题。主流学派对国际关系学的推动,使人们有了这样的意识,开始反思经济学模式的意义和局

---

① 这是温特2000年8月31日给笔者的信中所说的。

限;但是也正是主流学派在这方面的乏力,才为新的学术思维留下了空间,使建构主义发展起来。建构主义把国际政治理论研究推向哲学层面,从最根本的问题入手探讨国际政治的内涵;建构主义把国家比拟为人,从社会角度探讨社会层面的关系。开始,这也许只是一个大胆的尝试,一旦发展开来,却开拓了国际关系研究一方新的天地。

新一代的学者开始研究国家的互动对无政府逻辑形成和变化的作用影响、国际制度对国家身份形成与国家利益界定的影响、观念和文化的意义和转化等。这些正是建构主义提出的核心问题。近几年来,越来越多的国际关系学者开始研究建构问题,国际关系重要学术期刊也连续发表这一类的研究成果。20世纪90年代末,人们已经开始谈论国际政治研究的转向问题,即从理性主义转向建构主义。① 从这个意义上,我们说国际政治的建构主义理论的贡献在于重新设定了国际关系学的研究议程。世界体系理论作为主流边缘的理论没有起到这种作用,反思主义处于不能与主流理论对话的境地也没有起到这种作用。

建构主义的目标是很高的。它试图作为主流和非主流之间的桥梁,使两大学派的合理成分得以发扬光大,实现一种真正成功的合成理论,既考虑国家的行为规律,也探讨国家身份和利益的形成。出于这样一种考虑,温特的社会建构主义理论从两个阵营中汲取了营养。

建构主义与理性主义理论相通的地方是认识论。建构主义承认社会现象的客观性和可认知性,赞成有限的基础主义原则,并致力于建立科学的理论体系,这是与主流理论最大的相同之处。建构主义研究试图明确界定建构身份的条件,设定可以证伪的科学假设,并根据经验加以验证。从现有的建构主义研究成果来看,建构主义的研究方法大致有两种。一种是对身份和利益关系的研究,其假定是温特的基本观点之一,即行为体的利益取决于行为体身份。这种研究主要是讨论行为体身份确定或变化以后,其行为会出现什么规律形式。如江忆恩的《文化现实主义》就是这类研究,卡赞斯坦主编的《国家安全的文化》也主要收入了这类研究论文。② 另一种是对国际观念结构和国家身份形成之间关系的研究,并考虑身份形成对国家利益和行为的影响。费丽莫的著作《国际社会中的国

---

① Checkel, "The Constructivist Turn in International Relations."

② 参见 Alastair Iain Johnston, *Cultural Realism: Strategic Culture and Grand Strategy in Chinese History* (Princeton: Princeton University Press, 1995); Katzenstein, *The Culture of National Security*。

家利益》就主要研究结构对施动者身份和利益的影响,力图发现新的国际规范与国家利益和行为的变化之间的相关关系,认为国际规范(如联合国教科文组织规范)不仅制约国家行为,而且建构了国家的身份和利益(如国家科学利益的重新界定和科学政策的改变)。① 在这些研究中,变量的确定是明确的,变量关系的陈述也是明确的,研究方式仍然是科学验证的方式。

建构主义与反思主义相通的地方是本体论。这涉及国际政治的主要概念,如作为行为主体的国家、国际体系的结构、无政府特征、权力等的存在和实质。理性主义假定行为体的身份和利益是互动之前就已经具有的给定因素,是不以其实践活动和话语结构发生变化的,是非历史的。建构主义认为这是理性主义最大的缺陷。行为体有意义的行为只有在主体间社会语境之中才得以成为可能。没有身份的行为体就没有利益可言,没有利益,就更谈不上行动。理性主义假定国际体系结构是物质结构,无政府状态只有一个逻辑,自助是无政府状态下国家唯一的行为准则。建构主义则认为无政府状态是观念结构,是文化,是由国家塑造的,国家可以塑造霍布斯无政府文化,也可以塑造康德无政府文化,所以,无政府状态有着多种逻辑,可以是自助,也可以是助人。理性主义认为权力的实质在于它的物质性,如军事权力、经济权力等权力因素;建构主义则认为物质性权力和话语性权力都是有意义的权力因素:观念是权力,实践也是权力。实践活动造就了共有观念,赋予社会结构以内容,创造了主体间意义。进而,实践活动使这样的结构和意义得以再造和加强。这样,实践就建构了社会共同体,也建构了共同体中的成员。在这些涉及本体论的根本问题上,建构主义借鉴了反思主义理论。② 建构主义要超越理性主义的研究轨迹,把理性主义的研究起点作为自己质疑的问题,把理性主义假定属真的内容作为自己证否的对象。建构主义试图超越行为,质疑本体。

于是,建构主义的位置就如下图所示:

---

① 参见 Finnemore, *National Interest in International Society*。
② 在这里应当指出,建构主义与反思主义对身份形成等问题的研究目的是不一样的。建构主义研究身份形成的目的是探求行为体行为的根源,是力图发现怎样使集体身份得以形成;反思主义研究身份形成的目的是发现身份形成背后的异化现象和权力关系。建构主义的目的是发现规律,反思主义的目的是人的解放。

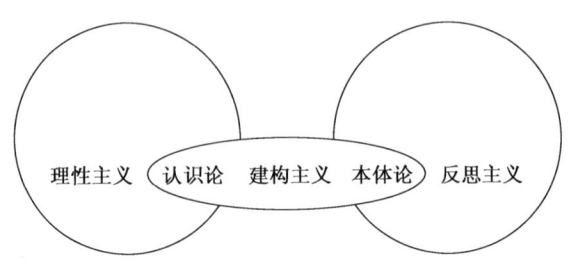

温特试图开拓一条中间道路,以科学的方法对待国际政治的建构问题,沟通理性主义和反思主义,并创建国际政治社会理论的研究议程。国际关系学界对温特理论做出了迅速的反应,对他做出的学术贡献予以高度肯定,同时也对这条中间道路提出了批评和质疑。由于温特理论选择了理性主义推崇的科学实在论作为认识论,以反思主义本体论作为世界观基础,所以,可以预见,理性主义学者批评的主要是其本体论,而反思主义批评的则主要是其认识论。

理性主义对温特理论本体论的批评主要针对他的理念主义:观念在国际关系中占据什么地位。批评既来自新现实主义,也来自新自由主义。现实主义的批评主要是基于物质主义本体论,认为偏重观念作用的理论无法解释国际政治,物质条件仍然构成了国际政治的实质。国际体系中的根本问题是国家物质力量的强弱,国际体系文化,包括规范(norms)和制度(institutions)等因素,都是不牢固和不可靠的。克拉斯纳认为根本无法用洛克文化来定义威斯特伐利亚以来的国际政治,因为国际政治中的主权制度最多只不过是法律意义上的概念,实际生活中起决定性作用的仍然是物质力量:大国一直在试图利用自己的实力剥夺小国的"自由",控制小国的国内制度安排和政治进程。大国没有吞噬小国,不是因为主权制度的内化,而是因为吞并和管理的成本大大高于收益。[①] 所以,克拉斯纳认为具有实际意义的是物质因素,尤其是可以导致严重暴力的物质能力。

新自由主义的批评比现实主义缓和:一方面承认观念在国际关系中的重要性,另一方面则认为对本体论问题的深究对国际关系学没有意义。基欧汉在评论温特理论的时候首先强调的是新自由制度主义对观念的重视,认为温特把新自由主义纳入物质主义是错误的,对外政策的决定因素既包含了物质因素的成分,也包含了观念的成分。进而,基欧汉认为温特

---

① Krasner, "Wars, Hotel Fires, and Plane Crashes."

采用笛卡尔二元性原则,把国际政治的世界一分为二、把理念和物质对立起来的做法是没有意义的①,因为任何事物的存在与发展都是与两种因素有关的,尤其与两种因素的共同作用有关。所以,理念和物质的二元对立说是不可取的。在国际政治中,物质还是理念作用更大这样的本体论问题在宏观层面上没有答案,所以没有意义。真正有意义的问题是观念起到什么样的作用,通过什么因果机制起作用。②

反思主义的批评则主要针对建构主义的认识论,反思主义比较一致的观点是实证主义认识论与后现代本体论是不可调和的。激进建构主义学者认为社会实在论是无法作为认识论和方法论来研究社会现象的,如果采取这样的方法则必然物化国家这样的本来是社会建构的行为体。所以,温特不得不假定国家为先于社会存在的、是自行组织的施动者。这样一来,温特理论自身包含了不可调和的矛盾。反思主义学者还认为,温特提倡理念主义和整体主义以反对理性主义,提倡科学以反对激进建构主义,但他综合实证主义认识论和后实证主义本体论的努力实际上是徒劳无功的,因为所谓的科学方法"从根本上错误地理解了社会世界的本质,限制了基于社会世界的国际关系社会理论的研究范畴"③。由于温特坚持科学实在论的观点,认为社会世界独立于个人的观察和语言、科学理论指涉客观世界(包括不可观察的世界),所以他所提倡的科学方法无法解释主要是观念构成、充满互主意义的社会世界。温特科学实在论必然使他坚持"因果性"理论,摒弃"诠释性"理论。但同时,温特对社会世界采取了理念主义或规范主义本体论,这又使他需要采用"诠释性"而不是"因果性"的立场。正因为如此,温特理论的内在矛盾是不可调和的,即关于物质因素和观念因素之间关系的矛盾阐述。从根本上说,温特没有理解互主意义的实质。互主意义不是科学实在论的应用范畴,因为社会类别是话语,是观念,是主体间互动产生的意义,所以是无法独立于观察者的心智的。

另外,无论是理性主义学者,还是反思主义学者,都对温特的体系理论提出了质疑。温特认为。他所建构的理论是系统层次的理论,是理念主义的结构理论,所以只能物化单位。在这一点上,温特效仿了沃尔兹的

---

① Alker, "On the Learning from Wendt."
② Keohane, "Ideas Part-way Down."
③ Smith, "Wendt's World," p.152.

系统理论,把国家假定为自行组织的、先于国际社会的行为体。① 有些学者认为,国家也是社会建构,国内政治和社会进程是国家主体性和身份构成的第一因素,如果把国内因素略去不谈,就忽略了对"身份认同"(identity of identity)的讨论,实际上仍然是理性主义理论。有人反问:"如果他[温特]的世界是由先于社会的、具有稳固身份的行为体构成的,那么,温特的社会建构又是怎样得以建构的呢?"② 进而,温特没有对施动者和施动性予以足够的重视,没有提出施动理论,因此必须"把施动性带回"到建构主义理论中来。③

要想全面了解建构主义的思想内涵和学术意义还需要对温特的理论进行更加深入的讨论。如果建构主义真正能够达到它设定的目标,成为理性主义和反思主义之间的桥梁,使两者各自最具学理意义的成分合成为一种新的理论体系,那么国际关系理论的发展就会呈现出新的局面。但是,建构主义的这一目标是否能够实现,现在仍无定论。有人认为建构主义有着极大的理论内涵和发展潜力,建构主义与新现实主义和新自由主义之间的辩论将成为另一次国际关系学理大论战④;也有人认为温特无法实现沟通理性主义理论和反思主义理论的目标,因为归根结底温特仍然是一个理性主义者,并且理性主义和反思主义是根本无法调和的。⑤ 不过,学界普遍认为,建构主义提出的问题是有意义的,目标是有意义的。正是由于建构主义的出现,国际关系的理论发展才又产生了动力,学理论战才又充满了活力。把各种学术观点统一到一种主导理论的方式只能导致学术的死灭,强劲的学理争辩才是知识积累和勃发的条件。建构主义之所以引起学术界的极大重视、受到学问者的热情欢迎,其原因也许正在于此。

本文原为《国际政治的社会理论》中译本(上海人民出版社 2000 年版)的译序。

---

① Wendt, "On the Via Media: A Response to the Critics."
② Smith, "Wendt's World."
③ Checkel, "The Constructivist Turn in International Relations Theory."
④ Ted Hopf, "The Promise of Constructivism in International Relations Theory."
⑤ Smith, "Wendt's World."

# 世界政治的文化理论
## ——文化结构、文化单位与文化力

**内容摘要**

自国际政治领域出现社会学转向以来,文化越来越多地受到研究人员的重视。目前,文化内容最为丰富的主流国际政治理论当属社会建构主义。但建构主义毕竟不是完全意义上的文化理论,也仍然未能贯通作为共有知识的文化这一意义网络系统。要构建世界政治的文化理论,需要借鉴建构主义,但也需要超越建构主义。首先要厘清的是文化理论不可或缺的三个概念,即文化结构、文化单位和文化力。其中,文化力的概念尤为重要,因为它促成私有知识上升为共有知识,编织了体系层次的意义网络,也推动了现有文化内容的变革和更新。

冷战结束以来,国际关系学理研究最主要的发展是国际政治的"社会学转向"。1989年奥努弗的建构主义著作《我们创造的世界》和克拉托奇维尔研究规范的著作《规则、规范和决策》问世。① 之后,这一超越理性主义的研究方向得到了迅速发展。到20世纪90年代中期,理性主义主导国际关系学理研究的局面被全面打破。1999年,卡赞斯坦、基欧汉、克拉斯纳三人联袂主编的《国际组织》专辑——《世界政治理论的探索与争鸣》和温特的《国际政治的社会理论》问世,确立了国际政治社会理论作为西方主流国际政治理论的学术地位,也形成了现实主义、自由主义和建构主义三足鼎立的争鸣态势。正如卡赞斯坦等三位学者所言:"我们认为,在20世纪90年代,论战的一些焦点发生了转移。受到经济学和文化学的猛烈冲击,理性主义和建构主义之间的论战成为更加重要的学理论争焦点。"②

# 一、国际政治的社会学转向

国际政治的社会学倾向是一直存在的。二战以来,以哈斯为代表的新功能主义,以霍夫曼和阿隆为首的法国学派,以怀特和布尔为代表的英国学派,都反映出从社会角度研究国际关系的努力。但是,到了20世纪90年代,才真正开始出现国际政治的"建构主义转向"。③ 原因是90年代之前,国际关系学的重心在美国,主要学理营养来自微观经济学,从社会角度研究国际关系的成果没有在美国形成主导学术流派。当时,国际关系学界的主流理论继承行为主义革命以来的理论发展道路,关注点在于理论的简约和严谨,所以对社会学视角以及较难测量的非物质性概念不予重视,虽然批判学派和后现代学派早已开始侵蚀理性主义的理论大厦,

---

① Nicholas Greenwood Onuf, *World of our Making* (Columbia: University of South Carolina Press, 1989). John Ruggie 认为,虽然在奥努弗之前有许多社会建构主义研究,但是在国际关系领域系统的开创性研究是奥努弗的著作。参见 John Ruggie,"What Makes the World Hang Together? Neo-utilitarianism and the Social Constructivist Challenge", in Peter J. Katzenstein, Robert O. Keohane, and Stephen D. Krasner, eds., *Exploration and Contestation in the Study of World Politics* (Cambridge, Mass.: The MIT Press, 1999), p. 222; Friedrich Kratochwil, *Rules, Norms, and Decisions* (Cambridge: Cambridge University Press, 1989)。

② Katzenstein, Keohane, and Krasner, *Exploration and Contestation in the Study of World Politics*, p. 43.

③ Jeffery T. Checkel, "The Constructivist Turn in International Relations Theory," *World Politics*, Vol. 50, 1998, pp. 324—348.

但是,这些理论最多只是处于边缘状态,受到注意,甚至得到借鉴,但却无法进入主流。

冷战的结束为国际政治的社会理论提供了一个绝好的机会。现实主义和自由主义面对冷战的结束这一重大国际关系事件,没有表现出理论的描述、解释和预测功能。米尔斯海默的《退向未来》是冷战结束后现实主义最大胆的宣言,但也只是预测在未来的某一时刻,国际关系会回归现实主义描述的状态。① 不过,这个未来似乎比较遥远。自由主义的学者似乎开始注意非理性主义范畴内的概念,虽然对于他们来说观念因素仍然是一个与物质因素并列的变量,但转而注重观念的作用已经得到明确的显现。② 此后,社会建构主义的温和形式或曰常规建构主义终于跻身于主流国际关系理论的行列,并且成为时下西方最具活力的理论流派。③ 于是,出现了国际政治的社会学转向之说。

所谓转向,大致包含了三个方面的内容。第一,观念和物质的关系问题。理性主义理论更多地强调物质因素,比如新现实主义的国际体系结构就被明确地定义为国际体系中主要国家物质实力的分布。④ 国际政治的社会理论强调的是观念的重要作用。建构主义将国际关系的世界分为两个层面:物质层面和观念层面。物质层面的存在是基本的条件,没有物质层面的存在,也就没有研究对象的存在。但是,建构主义更加强调物质层面的存在怎样产生意义、怎样形成观念,这就进入了第二个层面,也就是理念的层面。物质存在本身是没有什么意义的,只有在人赋予其意义的时候,它才产生了意义。观念是社会现象,只有在人类社会中才存在有意义的观念和观念结构。⑤ 所以,对"那在"(out there)的承认和对机械

---

① John J. Mearsheimer, "Back to the Future: Instability in Europe after the Cold War", *International Security*, Vol. 19, 1990, pp. 5—49.

② Judith Goldstein and Robert O. Keohane, eds., *Ideas and Foreign Policy: Beliefs, Institutions, and Political Change* (Ithaca and London: Cornell University Press), 1993, pp. 3—30.

③ Ruggie 将国际政治领域的建构主义分为三类:新古典建构主义(John Ruggie, Friedrich Kratochwil)、自然建构主义(Alexander Wendt)、后现代建构主义(Richard Asheley, David Campbell, R. B. J. Walker)。我在这里所说的常规建构主义可以包括前两种,尤其是温特建构主义,但不包括后现代建构主义。参见 Ruggie, "What Makes the World Hang Together", pp. 240—242.

④ Kenneth Waltz, *Theory of International Politics* (Reading, Mass.: Addison-Wesley, 1979).

⑤ 有人趋于将社会建构主义机械地界定为唯心主义、将理性主义界定为唯物主义。这种将任何理论以唯物/唯心两分法加以界定的方式是哲学思考简单化和习惯思维定式的表现。参见黄楠森:《论辩证唯物主义体系的不变性与可变性》,《新华文摘》2000 年第 3 期,第 25—34 页。

那在意义的否认就成为常规建构主义的特征之一,也是社会学转向中的第一表现。

第二,社会实践的重要性。既然物质存在的意义取决于人,那么人是怎样赋予物质存在以意义的呢?答案是社会实践,也就是主体间的互动。作为行动者的主体之间的相互实践活动使客观存在的物质性因素产生了意义。美国对伊拉克大规模杀伤性武器的极端关注是因为这两个行动者之间的社会性互动确定了它们相对于对方的基本身份,这种相互敌对身份不仅使武器问题如此敏感,也使其他任何问题,包括双方的意图这类非物质性问题,都易于成为敏感问题。社会事实或社会互动建构起来的观念事实,如无政府性,其本身是会具有多种意义的,哪种意义产生作用,产生什么样的作用,取决于国际社会成员的社会实践活动。强调社会实践产生社会意义,建构身份关系,塑造行为体利益,这是社会学转向的第二表现。

第三,文化的重要意义。文化涉及行动者对于他们自己、他们之间的关系以及他们所处的环境或世界所持有的共同的知识,也就是共有观念。共有观念产生于行动者的私有观念,即行动者在相互实践活动之前独自持有的观念。私有观念的互动会形成共有观念,一旦共有观念形成,就不能再还原到私有观念。这种不能还原至私有观念的共有观念就是文化,比如国际规范和伦理。奴隶制、种族隔离、战争这些曾经被视为正常合理甚至光荣的东西,现在或是被摒弃,或是被削弱。温特的三种文化——霍布斯文化、洛克文化和康德文化就是三种他所认为的国际政治的基本文化模式,由国际社会中行动者的相互行动所造就成为共有观念之后,反过来塑造行动者的身份,并通过身份政治(politics of identity,或称"认同政治")影响其利益和行为。①

这些发展的先导实际上还是人随着社会发展和人自身发展而发生的理念的转变,亦即哲学层面的从主体性到主体间性转变在国际关系领域的表现,从根本上说是主体的存在这一本体论问题。从启蒙运动开始西方逐渐建立了主体性哲学体系,笛卡尔的先验自我(我思故我在)、康德的精神活动的主体性(人为自然立法)和黑格尔的绝对精神等,都是主体性哲学的重要表述。主体性哲学的本质是理性,理性的核心是对人的主体作用的肯定,表现是现代性。但是,这种肯定是在主客二元对立前提下的

---

① Alexander Wendt, *Social Theory of International Politics* (Cambridge: Cambridge University Press, 1999), pp. 139—192, 246—312.

主体论,主体性体现在主体对客体的构造与征服关系上面。这种存在是主体的孤独存在,是对立于客体的存在。哲学的主体论转向强调了主体间性,强调了主体的存在是诸多主体之间的共存,体现在主体间相互活动之中。孤独存在变为社会存在,征服关系变为交往关系。① 行动者之间的共同存在和相互交往是社会的根本特征,行动者在社会中的互动必然产生共有观念,亦即文化。国际关系研究的社会学转向也正是体现了这样的理念。从更广泛的学术角度来看,新史学的式微、新经济学和经济伦理学的兴起与发展多有异曲同工之义。

## 二、社会学转向中的文化问题

国际关系学的社会学转向具有重要的文化内涵,所以社会学转向的内在动力是文化的回归。虽然爱德华·泰勒对文化的定义仍然具有影响力,但其"最复杂的整体"这一文化概念几乎具有无所不包的内涵②,所以格尔茨较狭义的定义在文化回归的今天似乎更有实际的意义。格尔茨认为,文化是"从历史上流传下来的存在于符号之中的意义模式,是以符号形式表达的前后相袭的概念系统,借此,人们交流、保存和发展对生活的知识和态度"③。根据这一定义,文化是人群共有的意义系统,是人自己编织的意义网络,是人所创造的社会生活方式和社会精神。它具有历史性、系统性和主体间性。对人的身份认同、利益认识因而也对人的行为方式产生着巨大的影响。这与温特定义的观念结构/文化——共同和集体知识——基本上是相似的。④ 如果将世界看作社会性存在,将国际关系和跨国关系视为社会关系,那么文化研究必然成为世界政治学中不可或缺的内容。如果将世界政治行为体的行为,尤其是战争/冲突与和平/合作行为,作为世界政治研究的核心议程,那么,文化作为群体思维、情感和信仰的方式、抽象和实际行为的方式、标准化的认知取向、对行为进行规

---

① 参见 Jurgen Habermas, *Theory of Communication Theory: The Critique of Functionalist Reason* (Cambridge: Polity Press, 1981); Elizabeth Long, "Engaging Sociology and Cultural Studies", in Elizabeth Long, ed., *From Sociology to Cultural Studies* (Blackwell Publishers, 1997), pp. 1—32; Jim McGuigan, ed., *Cultural Methodologies* (London: Sage, 1997), pp. 66—70.
② 〔美〕克利福德·格尔茨:《文化的解释》(韩莉译),南京:译林出版社1999年版,第4页。
③ 同上书,第109页。
④ Wendt, *Theory of International Politics*, p. 157.

范性调控的机制①,也是不可缺少的。所以,世界政治学需要文化理论。

冷战后国际政治领域关于文化的主流研究主要表现为两大类。一是文化冲突说,典型的代表是亨廷顿的文明冲突理论,强调文明/文化的差异必然导致冲突。②但是,文明冲突论实际上并非文化研究,也不是从社会角度观察国际政治问题。虽然他承认文明的多样性和西方文明的非普世性,但他只不过是以文明的概念替代了意识形态的概念,以文明的单位替代了国家或国家集团的单位。在文明冲突理论之中,文化只是一种物化的存在:有中心,有边界。在这种意义上,文明只不过是国家形态的变异。文明的界限换去国家的界限,界限分明的文明之间注定发生不可调和的冲突。在这种所谓的文化研究中,被忘却的恰恰是文化研究的核心——人。人完全被淹没在文明的大海里,人的能动作用不复存在,文明冲突的宿命性导致了人的失能甚至消失。对文化的研究实际上是对人的研究,失去了人,也就无所谓文化或文明。进而,亨廷顿明显的主客二分的思维(西方文明与非西方文明的对抗)是典型的主体性本体论,从根本上忽略了文化研究的主体间性这一核心内容。亨廷顿所犯的是格尔茨所讨论的一种文化研究的谬误:"把文化想象成是一种独立自主的、有着自身的力量和目的的'超有机体'的实在,即将文化实体化。"③尽管他的文明冲突反映了冷战后世界政治中的重要现象,但是他的理论不是文化理论。

第二类是社会建构主义。这是国际政治的社会学转向的主流。无论是主流建构主义,还是后现代建构主义,都强调了社会实践性和观念的共有意义。不过,西方学者所说的社会学转向主要是指常规建构主义理论。常规建构主义在反思主义本体论和理性主义认识论之间找到了一条中间道路,并沿着这一中间道路迅速发展,温特是这一流派的理论代表,卡赞斯坦、费丽莫、江忆恩等一批学者将建构主义理论与实证研究结合起来,形成了一个建构主义研究群,遍布美国主要高校,研究内容主要是国际政治中的文化形态,研究方法也仍然是以经验方式为主。常规建构主义以其中间道路跻身于西方国际政治理论主流,后现代建构主义仍然处于被边缘化的境地。

---

① 格尔茨:《文化的解释》,第5页。
② Samuel Huntington, "The Clash of Civilizations," *Foreign Affairs*, Summer 1993, pp.22—49.关于亨廷顿对文明冲突的详细阐述,参见 Samuel Huntington, *The Clash of Civilizations and the Remaking of the World Order* (New York: Simon and Schuster, 1996).
③ 格尔茨:《文化的解释》,第13页。

常规建构主义包含了重要的文化因素,但建构主义理论之所以不能等同于世界政治的文化理论,主要有三个原因。第一,建构主义依托的是社会学,是米德的符号互动论、吉登斯的结构化理论,以及伯格和勒克曼的社会建构说。社会学研究的基本对象是人类的社会组织。正如赛德曼所说的那样,社会学是"局部的研究活动,其概念设计和主题观念都是针对局部而不是整体的社会内容的语言……"①从这一角度讲,它不是完全意义上的文化理论。尤其是在思考世界政治这一领域的时候,社会学以单一社会或亚社会为研究中心的局限就越发明显。第二,如果在世界政治领域使用文化的概念,至少应该包括如下内容:法律、规范、机制、制度、信念、意识形态等具体文化形态。② 到目前为止,国际政治领域的研究集中在机制研究和规范研究上面。机制研究更多的是理性主义学者的贡献,所以对机制的讨论也更多的是从新功利主义视角而不是从文化视角对国际机制进行工具性分析。③ 建构主义的经验性研究成果则主要集中在国际规范对国家身份和利益形成的作用方面,亦即对文化功能的研究。④ 第三,由于前两个原因,建构主义还没有意识要将世界政治文化范畴的内容进行统合性理论研究并使之理论化,成为世界政治的文化理论范式。虽然近几年来建构主义对于具体文化形态的研究领域越来越广阔,研究的问题越来越深刻,研究的方法也越来越严谨,但是,世界政治领域的建构主义距离从以整体主义方法论对世界文化进行系统性的理论集成依然遥远。要建立世界政治的文化理论,需要超越建构主义。

从1992年温特的论文《无政府状态是国家造就的:权力政治的社会建构》发表以来,建构主义与理性主义的思想交锋日趋激烈,到了1999年卡赞斯坦、基欧汉和克拉斯纳主编的论文集问世和温特理论著作的出版,建构主义如日中天,建构主义研究成果不计其数。在西方,尤其是美国,建构主义已经融入主流国际政治理论的行列,温特为其著作取名《国际政治的社会理论》以对抗沃尔兹的结构现实主义名著《国际政治理论》,这一

---

① Steve Seidman, "Relativizing Sociology: The Challenge of Cultural Studies," in Long, ed., *From Sociology to Cultural Studies*, p. 37.

② Wendt, *Thoery of International Politics*, p. 160.

③ 参见 Robert Keohane, *After Hegemony* (Princeton, N. J.: Princeton University Press, 1984); Stephen Krasner, ed., *International Regimes* (Ithaca, N. Y.: Cornell University Press, 1983).

④ 参见 Peter Katzenstein, *Cultural Norms and National Security: Police and Military in Postwar Japan* (Ithaca, N. Y.: Cornell University Press); Martha Finnemore, *National Interests in International Society* (Ithaca, N. Y.: Cornell University Press, 1996).

目标在国际政治学理领域已经基本实现。但在同时,建构主义思想锋刃的锐利性却开始出现逐渐钝化的迹象,更多的常规科学研究深挖细寻常规建构主义的各种理论命题,开始一一论证,这无疑是科学发展的需要,但同时,思想锐气减弱的一个重要原因就是常规建构主义理论中文化营养的不足。因此,我希望结合对温特常规建构主义理论的批判和超越,提出建立世界政治文化理论的几点思考。

## 三、建立世界政治的文化理论

世界政治的文化理论至少要包括三个方面的内容。第一,文化的形成。文化理论不能等同于社会理论,行动者之间的交往可以有社会性而没有文化内涵,比如温特所举的西班牙人和克兹特人的初次相遇就是一例。[①] 从社会行动到文化行动之间的过程就是文化形成的过程,也就是从私有观念到共有观念的发展过程。第二,促进文化形成的动力,亦即下面要讨论的文化力。这是文化理论的动力部分,是文化理论的核心,缺此则无文化可言。第三,文化的功能,即文化对国家或非国家行为体的身份、利益和行为的影响。目前,大部分涉及国际关系的文化研究采用的是文化功能主义模式,即首先理清文化中的基本特征,然后讨论这些基本特征对国家行为的影响。文化功能模式是文化理论的重要组成部分,但它至多是文化理论的一个方面。

我们现在还没有一个比较完善的世界政治文化理论体系,要建立这样的理论体系也绝非易事。关于文化功能已经有许多阐述,所以我在这里只希望根据以上预设的文化理论框架中的前两个问题提出三个重点考虑的概念,即文化结构、文化单位和文化力。我的基本假定是:文化的形成势必包含文化结构和文化单位这两个因素,文化单位之间的互动通过文化力的推进形成文化结构和改变文化结构,文化结构通过文化力的作用影响文化环境中的行动者。

首先是文化结构。这里包含三个方面的问题。

其一,世界这个大的空间概念中是否存在一个体系层面的主导文化结构呢?温特的回答是肯定的。他所设定的霍布斯、洛克和康德文化都是世界体系层次的理想类型主导文化,并且预设了一种进化式的发展过程,即从霍布斯文化发展到洛克文化,最后达到康德文化。他还逐步走向

---

① Wendt, *Social Theory of International Politics*, p.158.

了一种单向建构关系,即国际体系的主导文化结构塑造了国家的身份,确定了国家的角色,因而也就界定了国家的利益。① 如果要建立世界政治的文化理论,前提是存在世界空间范畴的文化结构。所以,世界政治文化理论假定存在世界体系层次的文化结构是合理的。

其二,假定存在体系层面的主导文化结构,那么单位文化结构也是同时存在的。进而,如果承认国家是世界体系的基本和主导单位,国家作为世界政治的主导行为体,其身份是自身文化结构建构的还是世界体系文化建构的?温特的建构主义体系理论强调后者,江忆恩的战略文化理论强调前者。② 显然各有道理。但如果体系文化结构和单位文化结构都会发生作用,什么条件促使前者或后者发生作用就成为需要梳理清楚的问题。

其三,如果我们承认两种文化结构是共同存在的,那么体系文化结构与单位文化结构之间的关系、单位文化结构之间的关系是什么?常规建构主义理论虽然承认世界文化的多样性,但却没有解释这一问题,似乎也没有考虑过这一问题。可以设想一种"你中有我,我中有你"的辩证关系,整体的存在不是个体的消亡,个体是整体的部分和缩约。也可以采取本体论平等的概念对不同单位文化结构加以诠释。但是,建构主义的世界主导文化结构显然不是如此。建构主义设定国家层面的观念是私有观念,国际体系层面的观念是共有观念,这在以国际体系为分析层次的研究设计中无可厚非,但需要澄清的是世界性共有观念与世界文化单位的共有观念这两种观念之间存在什么关系。

所以,文化结构是文化理论需要考虑的第一个问题。科尔曼在对理论问题的讨论中有过一个观点:社会科学各分支存在的一个普遍问题就是微观理论和宏观理论之间的联系十分薄弱,未能解决微观到宏观或宏观到微观的转变问题。③ 这可以被称为缺失的中观理论。但是,如果要建立世界政治的文化理论,中观理论作为沟通宏观和微观的渠道显然不能缺失。

---

① 这与后现代国际政治理论的认识论和去中心论是截然不同的。参见 David Campbell, *Writing Security: United States Foreign Policy and the Politics of Identity* (Cambridge: Cambridge University Press, 1992), p. 4.

② Alastair I. Johnston, *Cultural Realism: Strategic Culture and Grand Strategy in Chinese History* (Princeton: Princeton University Press, 1995).

③ James Coleman, *The Asymmetric Society* (Sycracuse: Sycracuse University Press, 1982).

其次是文化单位。

如果存在主导性体系文化,什么是世界政治的文化的基本单位?国际关系学界在国际关系的基本单位这一问题上一直争论不休。罗西瑙总结说这是国家中心论和多元单位论之争。① 新现实主义坚持国家是国际政治的研究单位,跨国主义理论和各种新自由主义理论则将非国家行为体包括在研究重点之内。② 亨廷顿的文明冲突论虽不是文化理论,但却提出了一个不同于现实主义和跨国主义的文化单位:文明(儒家文明、基督教文明、伊斯兰文明等)。所以,我们有着多种可能的文化单位,包括:次国家行为体、国家、跨国行为体、文明。

到目前为止,主流体系理论都将国家定为研究单位。常规建构主义在建构其自身的体系理论大厦过程中,终于回归到国家,将国家确定为中心行动者及观念体系的主导行动者。如果仅仅希望研究单向的国际体系结构(无论是文化的还是物质的)对国家的影响,在威斯特伐利亚体系解体之前,这样预设的确是最简约的方式,但如果将国家定为世界文化的基本单位,则排斥了其他文化单位,而在某些条件下,正是这些其他文化单位,比如非政府组织和超国家组织,在建构世界文化体系方面起到了重要的作用。但如果采用多元文化单位的方式,又怎样进行理论建构、达到理论所要求的简约和严谨呢?这是一个两难境地,但却是世界政治的文化理论无法回避的问题。

最后是文化力。

文化力涉及世界政治的文化内容,私有观念是否能够上升到共有观念,主要取决于文化力。从现在的研究来看,普遍道德、国际制度、国际规范、战略文化以及民主政体和市场经济等都可以作为世界政治文化研究的内容。这些内容是如何成为共识的?必然有某种力量的推进。在世界政治的文化理论中,我们可以将文化力定义为使某些私有知识成为共有知识,成为世界主导文化的基本内容,形成世界文化的结构框架,并推动主导文化传播、扩散、发展和变革的力量。所以,文化力研究是文化理论的核心。

什么构成了文化力?有人说是权力。权力又有软硬之分:硬权力是

---

① James N. Rosenau, *Along the Domestic Foreign Frontier* (Cambridge: Cambridge University Press, 1997), pp. 55—77.

② 参见 Stephen Krasner, *Defending the National Interest* (Princeton, N. J.: Princeton University Press, 1978); Robert O. Keohane and Joseph S. Nye, "Transnational Relations and World Politics", *International Organization*, Vol. 25, 1971, pp. 329—352。

强制性权力,它可以帮助推进文化观念,如战后日本的"刺刀下的民主"。软权力根据奈的定义是同化性权力,国家具有的让其他国家心甘情愿地去做自己希望它做的事情。奈定义的软权力是靠对其他行为体价值观念的影响而产生作用的。软权力也可以推进文化的传播,如现在世界各国普遍接受的自由贸易制度。但是如果将软权力定义为对其他行为体价值观念的影响,则并非只有国家才可以垄断这种权力。①

  国际政治领域的建构主义学者意识到这个问题。虽然他们没有称其为文化力,但是根据他们对其功能的表述,应该是类似的动力因素。温特提出了一种元理论陈述,认为微观层面上的私有知识可以通过行动者的社会性互动,依据各种不同的路径,形成宏观层面上的共有知识,亦即文化。由于存在多种路径,微观层面上的知识可能产生多种形态的宏观层面共识,并且一旦形成了这样的共识,就不能再行还原为起初的私有知识,于是便形成了宏观层面上的观念结构(文化)。② 温特从元理论角度解释了文化力问题,将这一动力的源泉定位于行动者之间的互动。但是他没有说明在存在多种路径的情况下,是什么力量使私有观念通过了某种路径而没有通过另外的路径,是什么力量使私有观念成为体系层面的某一种共识而没有成为另外一种共识。费丽莫和辛金克提出了一种经验理论层面的陈述。她们在讨论国际规范形成的时候,借用了一个规范的"生命周期"的说法,认为国际规范的形成要经过一个发展过程,这个发展过程有着三个阶段:兴起阶段、普及阶段和内化阶段。规范兴起阶段主要靠规范倡导者的宣传鼓动和规范倡导机构的促进并得到国家的支持,将规范推至临界点;规范普及阶段主要是广大行动者对规范的接受,一旦规范超越了临界点,就会迅速扩展;规范内化阶段是行动者对规范的内化,使之成为自我身份和认同的一部分。③ 费丽莫和辛金克虽然讨论的是规范形成的动力,但由于规范是文化的一种形态,所以也可以看作对文化力的一种解释。她们的解释是可以操作的,但是对规范动力的阐述只是在第一阶段最为突出。在第二阶段,则更像是一种通常的社会化过程(教化和效仿)和无理智从众心理(随潮流)相结合的结果。而在第三阶段,则被

---

① Joseph S. Nye, *The Paradox of American Power* (New York: Oxford University Press, 2002), pp. 8—11.
② Wendt, *Theory of International Politics*, pp. 139—190.
③ Martha Finnemore and Kathryn Sikkink, "International Norm Dynamics and the Political Change," in Katzenstein, Krasner, and Keohane, eds., *The Exploration and Contestation in the Study of World Politics*, pp. 254—265.

描述成一种似为必然的惯性。所以,这一生命周期在后两个阶段越来越失去了活力。并且,如果说文化的推进在于对成功行动者文化的模仿,那么为什么历史上入主中国的少数民族虽然成为中原的统治者,但是自己却被中华文化所同化?①

文化力的研究是文化理论的关键。问题很多,比如,文化只有靠权力才能推进吗?文化力与权力是什么关系?再如,什么力量使微观层面上的观念通过某些畅通路径成为宏观层面上的文化结构?又是什么力量(可称之为文化阻力或反向文化力)阻断了微观层面观念的上升?什么力量改变了原有的文化结构,使其核心观念分崩离析?又如,文化力是国家的垄断物吗?现在世界上的许多得以广泛接受的观念,有些是由国际组织,有些是由非政府力量,有些则是由个人首先提出和倡导的,在其提出和倡导之时,既无硬权力强行推进,也无软权力诱惑引导,更不是国家首先发起,而最后终于修成正果,成为世界文化中的重要内容,其推动力到底在何处?如果文化力不等同于国家权力,那么国家是否应该是世界政治文化理论的唯一基本单位呢?个人在世界政治文化中的作用和地位又是什么?

提出的这些问题显然是一些不成熟的思考。建立世界政治文化理论是一项浩大的工程,但世界政治是需要文化理论的,因为世界范畴内的文化内容很可能是引导世界前进的主要因素。现在,人们还没有从理论建构角度讨论世界政治的文化理论,而中国又以其悠久历史和丰富文化著称于世界。所以,如果我们就此做出努力,应该是有意义的。

本文原载《世界经济与政治》2003 年第 1 期。

---

① Finnemore and Sikkink, "International Norm Dynamics and the Political Change," p. 266.

# 国际体系的无政府性
——读温特的《国际政治的社会理论》

## 内容摘要

在主流国际关系理论中，国际体系的无政府性一向被作为毋庸置疑的假定，是国际政治和国内政治的标志性分界线，是国际关系的第一推动。沃尔兹结构现实主义理论的第一条关于国际秩序的原则就是国际体系的无政府性，基欧汉的新自由制度主义接受了这一假定，提出了无政府状态下合作的可能和条件。长期以来，无政府性被认为只有一种逻辑，这就是霍布斯逻辑，亦即国家间政治就是争夺强权的逻辑。温特建构主义的一个重要的突破就是质疑人们视为"客观事实"的无政府性。他的推理说明，无政府性不是国际体系固有的"那在"事实，而是国家在互动中建构起来的文化；无政府性不会必然派生权力政治,权力政治是国际体系中的社会性建构;无政府性不仅只有一种逻辑,它可以是霍布斯式的,也可以是洛克式的,甚至可以是康德式的。无政府性既然是社会建构,就可以发生质的变化,使之变化的重要因素是行为体的能动作用。

20世纪90年代是社会建构主义国际关系理论迅速发展的年代,美国芝加哥大学教授亚历山大·温特是这一学派的主要理论学者,其著作《国际政治的社会理论》全面论述社会建构主义国际关系理论,成为这一学派最重要的理论专著。[①]《国际政治的社会理论》讨论了国际关系主流理论涉及的主要概念,对这些概念提出了富有意义的质疑,首当其冲的就是国际体系的无政府性。

一

沃尔兹对经典现实主义的一个重大革新是把国际关系的第一推动因素从人性转移到国际体系的无政府性。经典现实主义认为国际关系的实质是为权力的争斗,其动力来自人的本性。在摩根索提出的现实主义六原则中,这种以人性为国际关系第一推动的观点得到了充分的体现。[②] 沃尔兹在第一部著作里并没有完全否认人性的因素[③],但在《国际政治理论》一书中开始把体系结构作为国际政治的唯一分析层次,把国际体系的无政府性作为国际关系的最根本秩序原则。[④]

其他理性主义国际关系学者在这个问题上与沃尔兹观点是一致的。阿尔特和杰维斯认为"无政府性是国际关系的根本事实";奥伊在他主编的《无政府条件下的合作》一书一开始就指出:"国家处于永久的无政府状

---

[①] Alexander Wendt, *Social Theory of International Politics* (Cambridge: Cambridge University Press, 1999);亚历山大·温特:《国际政治的社会理论》(秦亚青译),上海人民出版社2000年版。

[②] 汉斯·摩根索:《国际纵横策论:争强权,求和平》(卢明华等译),上海译文出版社1995年版,第3—14页。

[③] Kenneth Waltz, *Man, the State, and War* (New York: Columbia University Press, 1959).

[④] Kenneth Waltz, *Theory of International Politics* (New York: McGraw-Hill, 1979), pp.88—93.

态之中,因为没有中央权威机构可以限制对主权利益的追求。"①基欧汉在《霸权之后》中也把无政府性作为新自由制度主义分析的起点,接受无政府性是国际政治的第一要素的观点。在他 1989 年的论文集《国际制度与国家权力》一书中,基欧汉认为,无政府性"表述了国际政治的特征"②。

　　理性主义学派对无政府性不加质疑的接受说明了无政府性在国际关系研究中根深蒂固的地位,也表现出无政府性这一概念的几重意义。第一是其本体论意义,即无政府性是国际政治的基本事实。既然是事实,就是客观存在的东西。从根本上说,也就具有不可改变性,尤其是不能根据人的主观意志所转移。即,只要国家体系存在,无政府性就是这个体系最显著的特征。第二是方法论意义,即无政府性成为国际政治中第一重要假定。既然是假定,就是无须质疑和讨论即可以认为属真的东西,既然是第一,就是最重要的假定,所以几乎所有国际关系的理论研究都是以这个假定开始的。如新现实主义从无政府性开始考虑为生存的竞争,新自由主义则从无政府性开始讨论为发展的合作。第三是学科意义。国际政治和国内政治这两个政治学的基本次领域也是以这个基本假定分界的。这样,无政府性就具有了对国际政治定义的功能。沃尔兹在建立其国际政治理论的时候,明确地区分了国内政治和国际政治两个不同的政治领域,其基本标准也是国际政治的无政府性。③

　　无政府性的基本定义是没有集中的权威权力机构。虽然无政府性具有无秩序状态的意义,但是现在很少有人将无政府状态等同于无秩序状态。布尔对国际体系存在秩序的事实进行了详尽的叙述,并将其称之为"无政府社会"。④ 所以,国际关系学界普遍接受的定义是无政府性即缺乏有政治权威的中央政府,亦即沃尔兹所说的"缺乏全体系范畴的权威机构"和基欧汉所说的"世界政治中缺乏一个共同的政府"。⑤ 对于新现实

---

①　Robert Art and Robert Jervis, *International Politics*, 2nd ed. (Boston: Little, Brown, 1986), p. 7; Robert Gilpin, *War and Change in World Politics* (Cambridge: Cambridge University Press, 1981), p. 7; Kenneth A. Oye, *Cooperation under Anarchy* (Princeton, New Jersey: Princeton University Press, 1986), p. 1. 以上转引自 Helen Milner, "Anarchy in International Relations Theory", in David Baldwin, ed., *Neorealism and Neoliberalism: The Contemporary Debate* (New York: Columbia University Press, 1993), pp. 144—145。

②　Robert Keohane, *International Institutions and State Power* (Boulder: Westview, 1989), p. 1.

③　Waltz, *Theory of International Politics*, pp. 88—93.

④　Hedley Bull, *The Anarchical Society* (New York: Columbia University Press, 1977).

⑤　Waltz, *Theory of International Politics*, p. 88; Keohane, *International Institutions and State Power*, p. 1.

主义来说,无政府性派生出两种国际关系的基本意义。第一,国际体系的无政府性使得国际体系必然是自助体系。在无政府条件下,体系单位是相似的单位,具有同等的主权,在它们之上没有一个权威的中央政府。无政府性意味着权力分散,没有一个权威机构能够保障个体成员的安全,因此,体系成员只有依靠自己的力量,保护自己的生存和财产权利。① 第二,国际体系的无政府性使得国家必然寻求和推行权力政治。无政府性必然造就自助体系,自助体系又必然导致安全困境,国家面临安全困境的应对方法只有采用权力政治的政策,权力政治的必然结果是无休止的权力竞争和利益冲突。根据这种推理,格里科明确指出:"国际无政府性造成了国家之间的竞争和冲突。"②

所以,新现实主义国际关系理论假定国际体系具有无政府性的基本特征,由于无政府性的存在,国际体系必然是自助体系,自助体系又必然导致权力政治,结果是军事竞争、势力均衡和国际战争。对无政府性派生竞争政治的强调使得以上假定成为无政府性的唯一逻辑。新自由主义虽然在权力政治问题上有所保留,但是同样把国际体系的无政府性和自助本质作为自己的基本假定,把研究重点置于国际制度如何削弱无政府性的负面影响上面。③ 这样,无政府性似乎确实成为国际体系的固有属性,成为国家行为体的国际行为的根本原因,因而也就成为国际关系的第一推动因素,成为一切国际关系研究的起点。

## 二

无政府性作为国际体系的基本特征和第一推动似乎从来没有受到认真的质疑。20世纪80年代以来的重要国际关系理论著作,尤其是体系层次的研究,大部分是以无政府性为切入点的。但是,无政府性是国际体系根本特征和客观属性的命题是否确实属真?这是温特提出的一个重要

---

① Waltz, *Theory of International Politics*, pp. 91—93.

② Joseph M. Grieco, "Anarchy and the Limits of Cooperation: A Realist Critique of the Newest Liberal Institutionalism," in Baldwin, ed., *Neorealism and Neoliberalism*, p. 116.

③ Robert Axelrod and Robert Keohane, "Achieving Cooperation under Anarchy: Strategy and Cooperation," in Oye, ed., *Cooperation under Anarchy*, pp. 226—254; Robert Keohane, *After Hegemony: Cooperation and Discord in the World Political Economy* (Princeton: Princeton University Press, 1984); Keohane, *International Institutions and State Power*. 关于国际制度和无政府性问题,我国学者苏长和做过较全面的讨论。参见苏长和:《全球公共问题与国际合作:一种制度的分析》,上海人民出版社2000年版,第23—31、291—297页。

质疑。① 根据逻辑推理,如果自助性质真是由无政府性派生的,权力政治真是无政府状态的必然结果,那么,无政府性的竞争逻辑也就属真,无政府性作为国际关系的第一推动因素也就名副其实。但是,如果推导不出这种逻辑上的必然,无政府性的实质、内容和作用都须另当别论。

所以,要从根本上否定无政府性作为国际政治第一推动的论点,就要证明自助性和权力政治不是无政府性派生出来。为此,温特做出的替代假设是:自助性和权力政治的产生和存在是国际体系成员的互动进程和实践活动导致的,与无政府性没有直接的因果关系。没有国家直接的实践活动,就没有国际结构,就没有所谓的无政府逻辑。由于自助性和权力政治是国家之间互动的产物,所以它们是制度性因素,不是无政府性内在的逻辑和必然的结果。②

首先来看无政府性是否派生自助性。

温特认为,一个行为体对客体(包括其他行为体)采取行动的基础是客体相对于这个行为体所具有的意义。客体可能是行为体的敌人,也可能是朋友。对于行为体来说,朋友和敌人具有完全不同的意义,因此它对两者所采取的行动也是不同的。无政府性本身无法帮助行为体界定敌友,因为对敌友的界定来自行为体之间的互主意义,也就是说,使国家形成自我和他者观念的"知识分配"或曰"集体意义",是自我和他者共有的观念和相互的意义。这种集体意义构成了结构。行为体的身份正是产生于这种集体意义,并因此产生了与身份相吻合的利益。两个行为体之间可能互为敌人身份,也可能互为朋友身份,具有哪种身份取决于这两个行为体之间的互主性意义。进而,利益来自身份。行为体从来就没有一套固有的利益,而是在不断互动的过程中、在社会实践语境中根据自己的身份界定自己的利益。当身份和利益趋于相对稳定状态,并以规则或规范的形态表现出来的时候,就成为制度。③

自助正是这样一种制度,并且是行为体可能建构的多种制度中的一种。前社会行为体只有两样东西:施动能力的物质基质和保护这种物质基质的意愿。实际上,前社会行为体不可能有自我和自我意识。正因为

---

① 温特在1992年的重要论文里对无政府性提出了质疑,在《国际政治的社会理论》一书中进一步阐述了他的观点。参见 Alexander Wendt, "Anarchy is What States Makes of It: The Social Construction of Power Politics", *International Organization* 46, 1992, pp.391—425。

② 温特:《国际政治的社会理论》,第24—25、313—318页。关于这个问题的集中讨论,可参见 Wendt, "Anarchy is What States Make of It"。

③ 温特:《国际政治的社会理论》,第191—193、318—328页。

行为体在互动之前不可能具有自我和自我意识,所以自助只能是一种社会建构和社会制度,而不可能是无政府性的必然结果。当行为体考虑自身安全的时候,首先影响到这种考虑的是自我与他者的认知性认同:正向认同就是朋友,反向认同就是敌人。无政府性到底具有什么意义,体系中物质权力分配到底有什么意义,都取决于这种认知性认同的差异。如果国家相互之间是反向认同,无政府体系就是争斗性的安全体系,是你死我活的零和博弈,体系当然是自助体系。如果国家之间的认知性认同是零向认同,无政府体系就是一个个体安全体系,一个国家的安全是这个国家自己的事情,与其他国家无关。这在很大程度上也是一个自助体系。但是,如果国家之间是正向认同,那么它们就把他国安全视为自己的事情,属于自己的责任所在,这是一个"人人为我,我为人人"的体系,这种体系仍然呈无政府性,但其基本特征不是自助,而是他助。自助是制度,他助也是制度,行为体的实践使制度成为可能,行为体实践的不同内容造就不同的制度。制度与无政府性无关。

以上三种体系都可以出现在无政府性体系之中,即:在无政府条件下可以产生自助,也可以产生他助。产生自助和他助的根本原因不是无政府性,而是体系成员之间的认知性认同或曰互主意义。这就从逻辑上否证了无政府性派生自助性的命题。

然后,我们来看无政府性是否导致权力政治。

权力政治是现实主义对国际关系的一种基本理解:国际政治体系结构的无政府特征这一所谓的客观事实使国家之间出现不可避免的安全困境,由于体系的自助特征,没有一个体系性权威机构能够保证国家的安全,国家只有通过推行以权力政治为基本内容的对外政策。这是结构的选择,是无政府性自助体系的必然结果。① 针对这一观点,温特指出,权力政治是社会建构,不是无政府性必然派生出来的结果。任何组织行动的意义产生于社会互动,权力政治也不例外。为了说明无政府性不可能必然造就权力政治,温特使用了第一次相遇的假定:假定自我和他者是第一次相遇,没有预先的互动经验,那么他们相遇的时候不一定会感到对方是在威胁自己。如果第一次相遇他者发出的动作和信号是威胁性的,自我经过自己的接收、解释和赋予意义这样一个过程,把这种信号也理解为威胁性的,才会产生威胁感。如果他者发出的信号是友好性的,自我经过同样的过程把信号也理解为友好性的,那么就不会认为相互具有威胁。

---

① 温特:《国际政治的社会理论》,第 328—332 页。

是否具有威胁性是双方在互动过程中通过共有知识建构起来的。也就是说,没有社会互动性实践活动,也就没有威胁和被威胁的意识,促成行为体采取行动的意义也就不会存在。双方对对方在互动过程中的信号有着共有的理解,则形成互主知识。这种互主知识不断由互动行为加强,并相对稳定下来。正是这种互主知识赋予行动以意义。①

据此,两个国家在无政府体系中相遇,可能成为朋友,也可能成为敌人,关键取决于国家采取的行动和对这种行动意义的理解。一方发出的信号被另一方理解为威胁,并针锋相对地发出同样威胁的信号,安全威胁才能够产生,安全困境才得以确立,权力政治才可以成为国家对外政策的基石。如果一方发出的信号被另一方理解为友好,并发出同样友好的回报信号,则不会出现安全威胁和安全困境,双方甚至可以形成安全共同体。所以,结构在本体上取决于进程。从这个意义上说,安全困境不是无政府体系固有的,而是被行为体的互动实践所建构的。如果国家处于安全困境之中,这是因为它们之间的实践活动造就了安全困境,改变它们的实践活动,就可以改变导致安全困境的共同知识和互主意义。因此,权力政治是社会建构,是行为体在互动行为过程中建立起来的。权力政治是国家建构的,不是无政府性派生的。

从这个推理可以看出,国际体系本身没有内在的因素使两个国家行为体必然产生敌意。权力政治必然化的关键是确认无政府国际体系必然造就安全困境。温特指出,这是一个错误命题。实际上,无政府体系本身不足以导致安全困境。这样,无政府性导致权力政治的命题也被证否。

证否无政府性的两个基本命题也就证否了无政府性是国际关系第一推动的命题,被新现实主义界定为无政府性唯一逻辑的竞争性国际政治也就不能够继续成为唯一的逻辑。"无政府状态……本身根本没有什么逻辑可言,一切都要取决于国家之间共有的观念结构。无政府状态是国家造就的。"②这一证否已经不再是针对理性主义国际关系理论体系保护带的辅助假说的质疑,而是针对这个理论体系基本命题的"硬核"本身的质疑。③ 这是一个根本性否证。

---

① 温特:《国际政治的社会理论》,第 337—338、412—422 页。
② 同上书,"中文版序",第 41 页。
③ 参见拉卡托斯:《科学研究纲领方法论》(兰征译),上海译文出版社 1986 年版,第一章第三节。

## 三

既然体系的性质和权力政治的形成取决于国家行为体的互动实践，那么，就没有单一的无政府性，也没有单一的无政府逻辑。行为体的互动实践可以造就多种无政府逻辑，建构多种无政府文化。①

温特提出了三种理想类型的国际体系文化，即霍布斯文化、洛克文化和康德文化。所谓文化，就是"社会共有知识"(socially shared knowledge)，亦即个体之间共有和相互关联的知识。② 这样的知识只能在社会范畴内存在，也只有在社会意义上产生。在国际关系领域里，规范、规则、制度等是文化的表现形式，是国家之间的互动实践造就的。国际体系文化的构成是由行动者之间的角色结构决定的。角色结构指行为体所处的相对主体位置。③ 国际体系中可以存在三种角色结构：敌人、对手和朋友；不同的主导角色结构产生不同的主导国际体系文化：敌人角色结构建构霍布斯文化，对手角色结构建构洛克文化，朋友角色结构建构康德文化。不同的无政府文化有不同的逻辑。

第一种理想类型的文化模式是霍布斯文化。霍布斯无政府文化是由敌人的角色结构确立的，它的核心内容是敌意(enmity)。在霍布斯文化中，国家相互之间的再现是敌人，行为原则是不承认其作为独立的行为体存在的权利，并且可以无限制地对其使用暴力。如果国家之间的相互角色是敌人，它们往往表现出以下的行为取向：(1)力图摧毁、消灭或改变对方；(2)时刻把对方意图向最坏处考虑，任何事件都会与敌意联系在一起；(3)军事实力被视为至关重要的因素，既根据敌人的军事实力预测敌人的行动，又认为自我军事实力是相互关系的决定性因素，军事方式被认为是唯一可以具有最终决定权的手段，发展军事力量被视为安全的保证；(4)如果爆发战争，就会无限制使用暴力，直至消灭对方或被对方所消灭。④

霍布斯无政府文化的逻辑是"所有人反对所有人"的战争状态。行为体不承认相互存在的权利，趋于无限制地使用暴力，直至消灭对方或被对

---

① 关于温特对国际体系文化的论述，参见《国际政治的社会理论》第六章。这一章从理论上阐述了国际体系文化的类型、内涵、逻辑和形成，是该书的精华所在。
② 温特：《国际政治的社会理论》，第180页。
③ 同上书，第325页。
④ 同上书，第328—331页。

方消灭。① 生存完全依赖自己的军事实力,相互之间的安全完全是高度竞争的零和游戏。这是完全意义上的霍布斯自然状态。

第二种理想类型的文化模式是洛克文化。洛克文化是由竞争对手的角色结构建立的,它的核心内容是竞争(rivalry)。竞争和敌意有着本质的不同:竞争的双方相互承认生存和财产权利,这种承认由主权制度表现出来。竞争对手不像敌人那样具有生死攸关的威胁,不会试图统治和消灭对方。如果国家之间的相对主体位置是竞争对手,它们往往表现出以下的行为取向:(1)承认相互主权。虽然国家之间的竞争和争执会涉及边界,竞争因此可能会涉及领土变动,但是主权作为一种制度是得到普遍承认和遵守的。(2)重视绝对收益。因为生存问题不是最紧迫问题,所以行为体趋于重视绝对收益,重视未来效应。(3)军事实力比重减弱。虽然竞争导致的冲突可能使得国家诉诸武力,但是军事力量的意义已经不像对敌人那样至关重要,军事力量不再是头等重要的因素。(4)暴力受到限制。一旦战争爆发,竞争对手会限制暴力的使用程度,不以消灭对方为最终目的。②

洛克无政府文化的逻辑是"生存和允许生存"。所以,国家之间的关系不是相互杀戮。从这些方面考虑,温特认为从1648年至今的国际体系主导文化是洛克文化,主权制度是洛克文化的标志性印记,国家的低死亡率表明了生存和允许生存的逻辑。正因如此,沃尔兹表述的国际体系是洛克体系,而不是像他自己说的那样是霍布斯体系。③ 洛克文化已经得到了很深程度上的内化。国家服从洛克文化的规范,不仅是由于它们被强迫这样做,也不仅是这样做对它们的自我利益有好处,而且也是因为它们认为洛克文化的规范是合理的,与这些规范认同,并且自觉遵守这些规范。④ 这样的文化虽然仍然有很大的部分属于自助,但是国家在洛克文化中的自我约束表明这已经不是一个完全意义上的自助体系。

第三种文化模式是康德文化。康德无政府文化是由朋友的角色结构确立的,核心内容是友谊。在康德文化中,国家之间相互再现为朋友,并为之遵循两条基本规则,即非暴力规则和互助规则。这两条规则界定了康德无政府文化中国家的基本行为取向:非暴力规则意味着不使用战争

---

① 温特:《国际政治的社会理论》,第332—335页。
② 同上书,第350—354页。
③ 同上书,第357页。
④ 同上书,第361页。

和战争威胁方式解决,互助规则意味着一方受到威胁的时候另一方将予以帮助。这不是说朋友之间没有利益冲突,而是朋友之间不使用暴力解决利益冲突问题。①

　　康德无政府文化的逻辑是"人人为我,我为人人"。当一个体系成员受到威胁或暴力侵犯的时候,其他体系成员即使在没有直接利益的情况下也会尽力相助。一个国家的军事实力不仅不再是威胁其他国家的手段,而且还成为体系中所有成员的财富。这就是集体安全或安全共同体的体系。它排除了完全个体意义上的利益,形成了一种真正的集体身份和高度的利益认同。在这种体系中,个体利益体现在集体利益之中,助人和自助也就融为一体。②

　　温特对国际体系的进化持一种谨慎的乐观主义态度,认为国际体系是朝着康德文化方向发展的。

## 四

　　温特通过逻辑推理推翻了无政府性是国际关系第一推动的论点,证明无政府性与理性主义理论赋予无政府性的两个核心内容——自助性和权力政治没有必然的因果关系。在否证了无政府性为国际关系的第一推动因素的基础上,他进一步提出了文化的概念,阐述了三种国际体系无政府文化的理想模式,指出无政府文化是国家建构的。

　　无政府性是文化因素,这是温特对国际关系理论发展的一个重要贡献。理性主义理论(新现实主义和新自由主义)之所以做出无政府性是自助性和权力政治的原因这种逻辑上的因果误判,是因为其理论假定把行为体本来只能从社会性互动过程中获得的特征归为行为体在自然状态中固有的特征。自助性、权力政治还有无政府性都是社会实践造就的,是社会实践的结果。理性主义理论却物化了无政府性,将其作为自然给定的东西。温特重新从社会建构的角度审视无政府性,把它从物化中解脱出来,还其文化的本义。这也就强调了可以激活和从事社会实践的、具有能动性的行动者,可以探讨这样的行动者持有的目标和价值等意义结构。这些行动者的实践活动和能动作用使意义结构成为开放性结构,因此也就使得改变这种意义结构成为可能。

---

① 温特:《国际政治的社会理论》,第370—372页。
② 同上书,第373—380页。

因此，文化的回归意味着人的回归，也意味着重新重视人的创造能力，包括人的建构能力、人的实践能力以及人批判和改造传统价值和观念的能力。所以，人的创造从根本上不同于自然物体的固定性和给定性。人是文化产物：这不是说人的生存不依赖物质性条件，而是说人是通过自己创造的意义图式来理解物质世界的。"国家也是人"[①]，国家之间的互动构成了国际社会。如果我们把无政府性作为自然属性处理，把自助性和权力政治作为无政府性的必然结果，那么我们就永远跳不出现实主义界定的无政府性那种怪圈，在循环往复的权力政治中无休止地争斗，任何不能如愿的事情都要归为军事实力的欠缺，任何国际关系问题都要透过霍布斯无政府性的视镜观察，对任何事件都要往最坏处准备，任何国家都要首先把其他国家视为敌人。这是现实主义对无政府性的总结，但是这不是也不应该是人类社会和国际社会的前景。国际体系的文化是国家行动者建构的，国家行动者有着至关重要的能动性。我们可以批判理想主义的乌托邦色彩，但是，我们也应该有关于国际社会和国际关系的理想。有了这种理想，我们才可以使我们的能动性朝着这个方向努力。反之，如果没有理想，我们就只能任凭现实主义的无政府性控制命运，永远在冷战思维中游弋。

这是温特理论的人文意义。

本文原载《美国研究》2001年第2期。

---

[①] 温特：《国际政治的社会理论》，第272页。

# 无政府文化与国际暴力

——大国的强行崛起与和平发展

## 内容摘要

大国是否可以和平崛起是一个国际关系研究的重大问题。历史上许多次大国崛起的经历都充满暴力,甚至导致世界性战争。因此,一些人认为大国的崛起必然是暴力的:因为国际体系是无政府体系,国家之间的权力之争是国际关系的实质,这种争斗又只有通过大国之间的角力才能解决,所以大国之间的暴力是不可避免的。这样的预设和推理是将国际体系视为只存在一种霍布斯文化的无政府状态。如果国际体系文化可以从霍布斯文化向洛克文化或是康德文化进化,则国际暴力的程度会逐步降低。有四个指标可以测量国际暴力程度:国际权力结构、国际经济相互依存度、国际制度体系和国家战略文化。使用这四个指标测量中国的情况,可以看出中国自改革开放以来的发展遵循了一条和平的道路。

中国和平崛起问题引发两种对立的观点。一种认为,从国际国内两个方面,中国都存在和平崛起的条件。① 另一种认为,大国只能强行崛起,国际政治的核心就是争夺霸权。② 实际上,和平发展理论和强行崛起思想都涉及一个国际政治的根本问题:国际体系的无政府性。由于国际体系处于无政府状态,才出现了强行崛起与和平发展之争。当国际体系中存在一个超强国家而另外一个大国又在迅速上升的时候,国际暴力,尤其是超强国家和上升大国之间的暴力行为,就成为人们特别关注的问题。追根究底,需要考虑的仍然是国际体系的无政府性是否必然导致冲突这一核心命题。

## 一、无政府性与国际暴力

国际暴力是国际体系的必然现象吗?强行崛起论的回答是肯定的。原因在于国际体系的无政府性是国际政治的第一推动。③ 并且,国际体系的无政府性只有一种逻辑:霍布斯无政府状态。它是由敌人的角色结构确立的,其核心内容是"敌意"。国家之间的敌对角色使它们表现出以下行为取向:摧毁、消灭,或改变对方;把对方意图向最坏处考虑,任何事件都会与敌意联系在一起;军事实力被视为至关重要的因素;无限制使用暴力,直至消灭对方或被对方所消灭。④ 霍布斯无政府逻辑是"所有人反对所有人"的战争状态,亦即霍布斯自然状态。在这种状态中,丛林法则主导一切,暴力是唯一的行为逻辑。霍布斯无政府状态被强行崛起论视为国际政治的实质和客观的事实,并从中衍生出两种国际关系的意义。第一,无政府性使得国际体系是必然的自助体系,即国家只能依靠自己的力量,尤其是军事力量,保护自己的生存权和财产权(主权)。⑤ 第二,无政府性使得国家必然寻求和推行权力政治,所以国际无政府性导致了国家之间的竞争与冲突。换言之,无政府性必然产生暴力。这一推理甚至

---

① 张幼文:《中国崛起道路的和平特征》,《文汇报》2004年4月26日,第10版。
② 约翰·米尔斯海默:《大国政治的悲剧》(王义桅、唐小松译),上海人民出版社2003年版。
③ 秦亚青:《国际体系的无政府性》,《美国研究》2001年第2期,第135—145。
④ 亚历山大·温特:《国际政治的社会理论》(秦亚青译),上海人民出版社2000年版,第328—331页。
⑤ 肯尼思·华尔兹:《国际政治理论》(信强译),上海人民出版社2003年版,第122—124页。

被视为无政府性的"元法则"。

霍布斯无政府状态到底是物质性的客观事实还是社会性的文化建构？如果是客观事实，国际暴力不可避免的命题就属真；如果是社会建构，就可以被解构和重构，国际暴力也就不是必然的现象。国际政治社会学研究发现，国际体系的自助性质及权力政治的产生和存在是国际体系成员的互动过程和实践活动建构起来的，与无政府性没有直接的因果关系。试想，如果自我和他者第一次相遇，他们不会必然成为敌人。只有当他者发出的信号是威胁性的，自我经过接收、解读和赋予意义这样一个过程，把这种信号理解为威胁性的，才会产生威胁感。如果他者发出的信号是友好性的，并被自我理解为友好性的，那么相互的感知就不会是敌意。是否具有敌意是双方在互动过程中通过共有知识建构起来的，是文化，不是物质性事实。德国和法国可以相互建构为敌人，也可以相互建构为朋友。所以，"无政府状态是国家造就的"①。

既然无政府状态取决于国家的互动实践，就没有单一的无政府逻辑。国家的互动实践可以造就多种无政府逻辑，建构多种无政府文化。温特提出了三种理想类型的无政府文化，即除了霍布斯文化之外，还有洛克文化和康德文化。②洛克文化是由竞争对手的角色结构建立的，它的核心内容是"竞争"。竞争和敌意有着本质的不同：竞争的双方相互承认生存和财产权利。所以，洛克无政府文化中的国家相互承认主权，重视绝对收益和未来效应。军事实力的比重减弱，暴力受到限制。一旦战争爆发，竞争对手会限制暴力的使用程度，不以消灭对方为终极目的。洛克无政府文化的逻辑是"生存和允许生存"。康德无政府文化则是由朋友的角色结构确立的，核心内容是友善。国家之间相互再现为朋友，并为之遵循两条基本规则：非暴力规则和互助规则。这两条规则界定了康德无政府文化中国家的基本行为取向：非暴力规则意味着不使用战争和战争威胁方式解决，互助规则意味着一方受到威胁的时候另一方将予以帮助。这不是说朋友之间没有利益冲突，而是他们不使用暴力解决利益冲突问题。康德无政府文化的逻辑是"人人为我，我为人人"，亦即集体安全或安全共同体的体系。

表1总结了国际文化类型、无政府性强度、国际秩序状态和暴力程度之间的关系：

---

① Alexander Wendt, "Anarchy is What States Makes of It: The Social Construction of Power Politics," *International Organization* 46, 1992, pp. 391—425.

② 温特：《国际政治的社会理论》，第六章。

表 1　文化类型、无政府性、国际秩序和国际暴力

| 文化类型 | 无政府性 | 秩序状态 | 国际秩序 | 国际暴力 |
|---|---|---|---|---|
| 霍布斯文化 | 高强度 | 无序状态 | 国际体系 | 绝对暴力 |
| 洛克文化 | 中强度 | 准秩序状态 | 国际社会 | 有限暴力 |
| 康德文化 | 低强度 | 有序状态 | 安全共同体 | 非暴力 |

因此,霍布斯状态是一种国际体系文化,是国家实践活动的社会建构。它不是国际体系的唯一文化形态,更不是国际政治的元法则。在目前的国际体系中,洛克文化是主导文化形态。霍布斯文化和康德文化虽然在时间和空间维度上都具有局部性质,但与洛克文化并存而且发生着作用。

## 二、强行崛起与和平发展的条件

国际无政府性不会必然导致暴力的发生,强行崛起与和平发展都是国家发展过程中可能的路径。强行崛起指国家在发展过程中试图改变国际权力结构,改变国际制度体系,并将使用武力作为解决国际冲突的有效手段。反之,则呈现一个和平发展或曰"软崛起"的过程。那么,什么条件促成国家的和平发展或强行崛起呢?可以假定,霍布斯无政府性越是得以弱化,国际暴力的可能性就越小,国家和平发展的可能性就越大。具体来说,国际权力结构、国际经济相互依存、国际制度体系和国家战略文化是与国际暴力有关的四个重要条件。图 1 表示了这一模式:

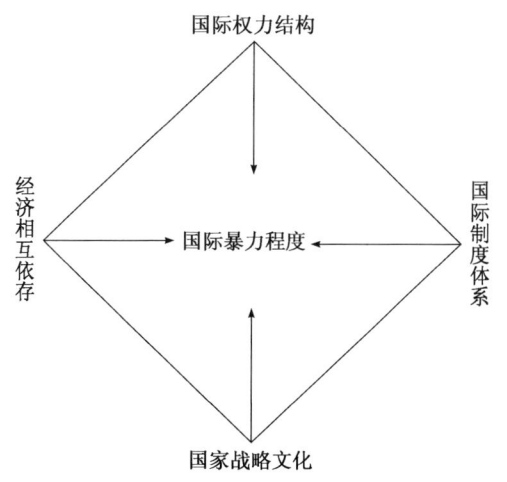

图 1　无政府性与国际暴力程度

一是国际权力结构,指国际体系中主要国家之间的实力分配格局。如果一个上升大国有能力打破国际体系中的权力分配格局,并且在意图上也刻意打破这种权力分配格局的话,霍布斯无政府性就会上升,强行崛起的可能性就会加大。最极端的强行崛起理论是进攻性现实主义。① 它一方面沿承古典现实主义,强调国家对权力的无限追求;另一方面又借鉴结构现实主义,强调在无政府条件下相对权力地位发生变化的大国之间会发生暴力冲突。根据这种理论,大国之间的暴力冲突是不可避免的。进攻性现实主义几乎完全忽略了上升国家意图这一变量,而其他强行崛起理论则基本上同时注意了实力和意图两个变量。权力过渡认为当一个上升大国实力接近原有霸权国的时候,最容易出现暴力权力移交。但权力过渡论设定了一个充分条件:上升大国对现有国际体系的满意程度。迅速强大而又不满现状是国家强行崛起的两个条件。② 霸权稳定论也将权力结构和满意程度视为暴力的两个条件。"如果一个体系中权力比较大的国家对现有的领土、政治和经济安排满意的话,这种体系就处于平衡状态。"③ 处于平衡状态的体系是稳定的低暴力状态。因此,从国际权力结构来看,强行崛起至少需要两个条件,一是实力,二是意图。单一因素不能构成强行崛起的充要条件。

二是经济相互依存。高度经济相互依存是弱化霍布斯无政府性的重要力量,它提高了暴力成本,因而降低了军事力量的效用。④ 一个与世界经济体系和其他国家具有高度相互依存的经济关系国家,其经济利益就与其他国家的情势有着重大的关联。国际暴力危及进口国需要的物资和服务,破坏出口国的市场,甚至破坏整个国际体系的稳定,对于重视国民经济发展的国家来说,这显然是不符合国家利益的。如果经济交往的数量、速度、范围等达到一定的高度,就会削弱无政府性的结构性效应。并且,经济相互依存加大国家之间对国际制度的需求,加强国家之间各种交流和来往,这些功能进一步弱化霍布斯无政府性。

三是国际制度体系。国际制度指持续的、相互关联的正式与非正式

---

① 米尔斯海默:《大国政治的悲剧》。

② A. F. K Organski and Jacek Kugler, *The War Ledger* (Chicago: The University of Chicago Press, 1980), pp.19—22.

③ Robert Gilpin, *War and Change in World Politics* (Cambridge: Cambridge University Press, 1981), p.11.

④ 罗伯特·基欧汉、约瑟夫·奈:《权力与相互依赖(第三版)》(门洪华译),北京大学出版社2002年版,第28—31页。

的规则体系,这些规则体系可以界定行为规范,制约国家行为,促使国家的预期趋同。国际制度包括国际组织、国际机制、国际规范和惯例等社会性因素。国际制度之所以能够加强国际合作、弱化霍布斯无政府性的重要因素,是因为它有着三个基本特征。第一是权威性,国际制度是无政府国际社会中的制度,因受到国际社会成员的普遍认可,具有相当高的权威性;第二是制约性,既然国家基本遵循国际制度的规则,国际制度对国家的行为就有着制约作用,国际行为体的行为就要符合国际制度的规范;第三是关联性,随着国际社会相互依存的程度越来越高,国际制度会不断发展和扩展,逐步在世界范围内建立起一种国际制度网络体系,使诸多问题领域已有的制度联系在一起,因而加强了整个制度体系的效力。这就是国际制度的关联性。国际制度的不断发展与健全使得军事力量的重要性相对下降,而国际制度本身也成为软权力资源。国际制度具备这些特征,因而能够缓解合作困境,从而削弱国际暴力。国际体系中的国家之所以能够形成一个没有政府的国际社会,主要原因就是具有国际制度和国际规范。[1]

四是国家战略文化。战略文化指一整套宏观战略观念系统,这套系统的基本内容被国家决策人所认同,并据此建立起较长时期的战略选择取向。[2] 战略文化是一套统合的符号系统,这一系统确立了军事力量在国家间政治关系中的作用和有效性的概念,因而建立了主导性战略偏好。战略文化包括对战略环境秩序的基本估计,确立国家决策者对国际冲突及其解决方式的理解,尤其涉及对暴力的认识。战略文化大致可以划归两类:冲突型战略文化和合作型战略文化。我们将其进一步定义为三种认识:对战争、冲突和暴力功效的认识。内容包括:怎样认识战争在人类事务中的作用,即认为战争是不可避免还是异常现象;怎样认识冲突的性质,即认为冲突是否必为零和性质;怎样认识使用暴力所产生的效用,即暴力是否可以有效地保护自我安全和控制国际事件的结果。如果认为战争是人类事务中不可避免和不必避免的现象、冲突具有必然的零和性质、暴力可以有效地控制结果和消除威胁,则行为体的战略文化属于冲突型战略文化。反之,则属于合作型战略文化。合作型战略文化削弱霍布斯

---

[1] John Ruggie, "What Makes the World Hang Together?" in Peter Katzenstein, Robert Keohane, and Stephen Krasner, eds., *Exploration and Contestation in the Study of World Politics* (Cambridge, Massachusetts: The MIT Press, 1999), pp. 215—245.

[2] Alastair Iain Johnston, *Cultural Realism* (Princeton, N. J.: Princeton University Press, 1995), p. ix.

无政府性,而冲突型战略文化加强霍布斯无政府性。

## 三、中国的战略选择

根据以上讨论的四个条件,可以假设,如果中国在其发展过程中刻意改变国际权力结构、改变国际制度体系、改变经济相互依存,并寻求以武力为主要对外政策手段,就说明具有暴力崛起的倾向;否则,则表明了和平发展的战略。

首先来看中国与国际权力结构的关系。实力和意图是两个基本参数。中国的实际力量,以 GDP 总值来看,仅仅是美国的 1/8 左右;以人均 GDP 来看,中国仅是美国的近 1/40。所以,中国现在并不具备强行崛起的物质性力量。虽然中国没有争霸的实际力量,但迅速的发展有一天终将会使中国具有这样的实力。所以,更重要的一个参数是中国是否具有强行崛起的意图。下面从两个层面的情况说明中国的基本意图不是强行崛起。在国际体系层面,中国对美国这一超强国家的基本政策是合作而不是对抗。一系列的中美危急处理也说明这一宣示政策和中国的实际政策是高度吻合的。在地区层面,中国在过去迅速发展的 10 年里,不是试图强行打破地区实力格局,而是更多地参与到区域合作之中,主张不排除地区外大国的开放性地区主义,并且通过朝核会谈等方式促进地区稳定,通过参加《东南亚和平友好条约》等一系列地区制度性安排实行自我约束。这些实际政策反映了中国没有打破现有国际体系权力分配的意图。

其次,经济相互依存。中国与世界经济已经具有高度相互依存的程度。中国的总体贸易量从 1980 年的 381.4 亿美元增长到 2003 年的 8512.1 亿美元;吸引外资从改革开放初期的几近为零增长到 2003 年的 1151 亿美元;对外投资从 1998 年后迅速增长,1998 年为 2.59 亿美元,到 2003 年已经达到 20.87 亿美元。贸易依存度是表示经济相互依存的重要指数,中国在 1980 年的贸易依存度是 12.6%,1990 年达到 30%,2003 年则超过了 60%。① 高经济相互依存程度加大了暴力崛起的成本,进一步加强了和平发展的条件。

再次,中国与国际制度体系的关系。两组参数可以用来说明这一问题。一是中国加入国际组织的情况,说明中国对国际制度的参与程度。中国在 1979 年之前参加的国际组织数目低于世界平均水平,而现在已经

---

① 数据主要来自中国国家统计局。

远远超过了世界平均水平,达到美国等发达国家和印度等发展中国家加入国际组织数目的 80%,属于高度参与国际组织的国家行列。① 二是中国加入国际多边公约的情况,说明中国与国际制度体系的认同程度。中华人民共和国从 1949 年成立到 1971 年恢复在联合国的合法席位之前基本上是一个国际体系之外的国家,在 1971 年加入联合国之后的整个 70 年代,真正参与的程度相当有限,1949—1979 年间只加入 34 个多边国际条约。在 1979 年之后,中国逐步融入国际社会,1979—2002 年间共加入了 220 个多边国际组织。② 同时,中国遵守自己的承诺,履行自己的义务,加入世贸组织之后的多次降低关税就是一个例证。所以,从整体趋势来看,中国越来越融入国际制度,越来越参与国际制度认同,而不是挑战和试图改变国际制度体系。

最后,战略文化。过去 20 年里,中国的主导战略文化经历着再建构的过程,明显地朝着合作型的战略文化的方向转化。1979 年以前,中国的基本看法是,战争是不可避免的,冲突是人类事务中的普遍现象,也比较强调对手本质的不可改变、战略意图的不可改变和战略冲突的零和性质。二战以后中国所处的国际安全环境,使得这些战略文化的核心因素在与环境的相互作用中得到了进一步的加强,所以中国准备打大仗的意识在二战后的四十多年里始终没有减弱,战略性合作是非主导方面。20 世纪 70 年代末,邓小平初步提出战争可以延缓的想法。③ 1982 年,中国共产党第十二次全国代表大会明确指出世界和平是可能的。④ 1985 年,提出和平与发展是当代的两大问题,认为战争至少十年打不起来。到 1987 年,明确指出战争是可以避免的。⑤ 至此,中国的战略文化发生了重大的变化。对于战争的性质,中国更多地意识到战争不是人类事务中不可避免的现象。即便是出现了一系列突发事件,中国对世界局势的基本估计仍然是"整体和平、局部战争,整体缓和、局部紧张,整体稳定、局部动荡",强调了世界大局的稳定与和平。对于对手性质,中国的态度是寻求

---

① Alastair Iain Johnston,"Is China a Status Quo Power?" *International Security*,Vol. 27,No. 4,Spring 2003,pp. 12—13.
② 中国外交部:《中国参加多边国际公约情况一览表》,http://www.fmprc.gov.cn/chn/premade/24475/dabiao.htm.
③ 《邓小平文选》第 2 卷,人民出版社 1994 年版,第 77 页。
④ 《十一届三中全会以来党的历次全国代表大会中央全会重要文件选编》上册,中央文献出版社 1997 年版,第 264 页。
⑤ 《邓小平文选》第 3 卷,人民出版社 1993 年版,第 233 页。

共同利益的汇合点,扩大互利合作,共同应对人类生存和发展所面临的挑战。对于暴力在解决冲突中的功效,中国的态度则是,对国与国之间的分歧要坚持对话,不搞对抗,认为互信、互利、平等、协作是安全的核心。所以,战争的可避免性、对手的可合作性、暴力效用的明显降低是中国新型战略文化的重要特征。

国际暴力不是客观的必然,大国发展也不是必然的强行崛起。从四个涉及强行崛起与和平发展的重要条件来看,中国的发展是一条和平发展的道路。当今的中国与当年威廉二世的德国、冷战时期的苏联、一战之后的德国在性质上和观念上有根本的不同。中国寻求的是一条和平发展的道路,改革开放的历程也表明中国实际走过的也是一条和平发展的道路。当今的世界与当年的世界也有着重大的不同。世界主导战略文化正在发生着深刻的变化,国际社会对中国的和平发展道路持高度的赞扬态度,在经济发展和参与国际制度等重要方面,中国和国际社会经历了一种良性博弈,这就为中国的和平发展提供了广阔的空间。

本文删节后发表于《中国社会科学》2004年第5期。

# 罗伯特·杰维斯及其国际政治心理学研究

**内容摘要**

一般来说,广义的国际关系理论会在三个层面上得以建构:国际体系层面、国家层面和个人层面。个人层面主要是研究国家决策者个人因素所导致的国家行为。二战后的国际关系理论大多是在体系这一最为宏观的层面上展开的,但罗伯特·杰维斯的国际政治认知心理学理论却恰恰是从最微观的层面入手,观察和分析国家决策者的心理认知因素对国家政策的影响。杰维斯认为,知觉影响决策,错误知觉导致错误决策,造成非本意结果。所以,为了寻找战争与冲突的原因,不仅要分析国际体系和国家体制,而且要研究决策者个人的认知心理,尤其要探寻决策者错误知觉形成的原因,分析错误知觉可能产生的后果。杰维斯的论述不仅系统地确立了国际政治心理学的理论体系,对于对外政策的决策也具有重要的现实意义。

罗伯特·杰维斯（Robert Jervis，1940— ）是一位成就卓著的国际政治学教授。20世纪60年代他就以研究核威慑理论活跃于国际政治学界。60年代后期至70年代,他借鉴认知心理学领域的最新成果,建立了比较完整的微观层次国际政治理论。1968年,杰维斯在《世界政治》杂志发表了重要论文《关于错误知觉的假设》,引发国际政治学界对微观层次研究的极大兴趣,也奠定了他作为认知学派国际政治理论领衔学者的学术地位。1976年他的名著《国际政治中的知觉与错误知觉》问世,全面阐述了他的原创性理论体系,成为国际政治认知心理学的代表作。后来,他又潜心研究系统效应和反馈机制,将复杂理论用于国际政治,以《系统效应:政治与社会生活中的复杂性问题》荣获美国政治学学会最佳著作奖。虽然杰维斯在国际政治学领域硕果累累,但中国国际政治学界却对其学术思想和研究成果知之甚少。① 在《国际政治中的知觉与错误知觉》译毕掩卷之时,深感有必要较全面地介绍一下这位我们还不算熟悉的学者,并对他的这部著作做出专门的评介,以便读者能够更好地了解杰维斯以及他在国际政治学界的成就和影响。

一

杰维斯于1940年出生于美国纽约市,1962年毕业于奥伯林学院,获学士学位,1967年在加州大学伯克利分校获得政治学博士学位。他先后在哈佛大学、耶鲁大学、加州大学洛杉矶分校执教,现为美国哥伦比亚大学 Adlai E. Stevenson 国际政治学教授。杰维斯是美国科学进步协会会员、美国艺术科学院院士,1988—1989年担任美国政治学会副会长,2000—2001年担任美国政治学会主席,他还是很有影响的康奈尔安全事

---

① 《美国研究》曾发表一篇论文,这篇论文使用杰维斯的认知理论分析中美关系中的知觉与错误知觉。这是我看到的国内仅有的一篇使用杰维斯国际政治认知心理学对中美关系所做的实证性研究文章。作者是杰维斯曾经执教过的美国加州大学洛杉矶分校的博士生。参见王栋:《超越国家利益:对20世纪90年代中美关系的知觉性解释》,《美国研究》2001年第3期,第27—46页。另外,一些关于国际关系理论的书中,对杰维斯的政治认知学派有简单的介绍。参见王逸舟:《西方国际关系学:历史与理论》,上海人民出版社1998年版,第三章第二节;倪世雄等:《当代西方国际关系理论》,上海复旦大学出版社2001年版,第四章第四节。

务研究系列丛书的主编之一。

杰维斯著述甚丰,主要分布在三个相互关联的国际政治领域:战略性互动(包括核威慑和无政府条件下的合作),国际政治中的知觉与错误知觉,复杂系统效应和非本意结果。① 虽然杰维斯的研究领域相当广阔,但他并非无所不收的杂家。在他潜心研究的三个领域中,认知心理学始终是他的理论依据,社会科学的假设和验证始终是他的研究方法,复杂的互动系统始终是他对国际政治的基本看法,无政府条件下的国际安全合作始终是他要解开的国际政治之谜。在下一部分,我会介绍他的《国际政治中的知觉与错误知觉》一书,专门讨论他对国际政治中决策者认知行为的研究。在这一部分,我们首先简要地介绍一下他在其他两个领域里的研究成果。

第一,战略性互动。战略性互动是冷战时期国际政治学者研究的重点问题之一,核威慑尤其突出,杰维斯是这一领域的主要学者之一。1963年,美国学者托马斯·谢林的《冲突的战略》一书问世,使用博弈理论和理性逻辑推理对战略性互动进行了理性的分析。② 1970年杰维斯的著作《国际关系中的认知逻辑》出版。他一方面借鉴了谢林的战略互动理论,一方面开创性地讨论了核时代国际行为体发出的信号和行为体预期行为之间的关系,分析了不完善信息条件下的战略互动和沟通问题。在这一著作中,他的重大贡献是使用认知心理学的理论和概念,补充博弈论的不足,使人们对核威慑、冲突螺旋、认知行为等重要国际关系理论概念有了比较清楚的认识。在其他一些研究项目里,他尤其重视微观层面的战略和威慑理论研究,主张先发制人和后发制人相辅相成,认为只有将强制性威慑和惩罚性威慑结合起来,威慑才能够真正发挥作用。

战略冲突和威慑的另一面就是安全困境下的合作。杰维斯被引用频率最高的论文之一是他1978年发表在《世界政治》杂志上的《安全困境下的合作》。③ 在这篇论文中,他借用了猎鹿博弈和囚徒困境博弈,说明为什么维持现状的国家也会相互展开军备竞赛,甚至导致战争。杰维斯认为,国际无政府状态是现实的存在,正是因为无政府状态,国家才产生了恐惧心理,国家之间的相互恐惧心理又导致了安全困境。在这篇论文中,

---

① 参见 Jack Snyder, "Robert Jervis: Illuminating the Dilemmas of International Politics", http://www.apsanet.org, 01/23/03.

② Thomas Schelling, *Strategy of Conflict* (New York: Cambridge University Press, 1963).

③ Robert Jervis, "Cooperation under the Security Dilemma," *World Politics* 30, 2, January 1978, pp. 167—214.

杰维斯对安全困境做出了经典定义：一个国家增强自我安全的行动必然削弱其他国家的安全感。国家往往通过增强军备减弱自我不安全感，但是这样做只能使其他国家以同样的方式加强自己的军备。结果就会出现国家之间不断升级的军备竞赛，致使所有国家都因为增强了军备而感到更加不安全。然后，杰维斯提出了自己重点考虑的问题：无政府状态下的国际社会很容易产生安全困境，在安全困境条件下，国家是否仍然可以合作？他的回答是肯定的。主要的方法就是调整进攻型和防御型战略，以改变安全困境的螺旋上升状况。

杰维斯认为，进攻型和防御型战略是两种具有明显不同的战略。对于一个国家来说，国土防御比进攻其他国家的代价相对要小。安全困境是由于国家希望增强自我防御导致对方的敏感知觉而产生的，所以，如果国家在增强防御的时候，将进攻型战略和防御型战略明确区别开来，使对方得到明确的非进攻性信号，安全困境就会减弱，国家也就可以合作。在这一过程中，重要的是调整博弈矩阵的支付结果，加大相互合作的收益、增加单方不合作行为的成本，加强各方对对方合作的预期。比如说，维持现状型国家可以首先采取行动，表明自己只采取防御型战略，以此明示自己合作的诚意，以便停止安全困境的上升螺旋，创造双方合作的基本条件。如果两个互动中的国家都是维持现状型国家，都在互动中采取非进攻型防御措施，并且使对方明确地知道自己行动的非进攻性质，以便使对方不至于产生不安全的错误知觉，这样就可以减弱安全困境，实现无政府状态下的稳定。这里值得注意的是，杰维斯虽然强调了无政府状态是导致安全困境的重要因素，但他并不像肯尼思·沃尔兹等现实主义者那样，认为这是唯一的因素。① 杰维斯强调的是，决策者的心理活动也是导致安全困境的重要因素。决策者对进攻和防御的认知、对其他国家合作与否的判断，都是产生安全困境的条件。对安全困境的研究是杰维斯的重大学术贡献，安全困境条件下的合作更是国际政治中国家常常面临的问题，所以，杰维斯的研究在这方面至今仍然有着十分重要的现实意义。

第二，复杂系统效应。杰维斯后期的研究主要集中在复杂的系统效应方面。② 他在1979年发表了《系统理论与外交史》，讨论了反馈机制如

---

① 肯尼思·沃尔兹：《国际政治理论》（胡少华、王红樱译），北京：中国人民公安大学出版社1992年版。

② Robert Jervis, *System Effect: Complexity in Political and Social Life* (Princeton, N. J.: Princeton University Press, 1997).

何影响势力均衡系统。① 他发现，在相互关联的复杂系统中，因果关系很少是线性的，某种行动的副作用和反馈效应很可能抵消甚至压倒了原来预想的结果。人们精心设计的计划可能会一无所成，国家经过反复斟酌后所决定的政策可能会以失败告终。1918 年西方诸国赢得了所谓结束战争的战争，但其后果之一是希特勒执掌德国大权。人们本想 1945 年二战的胜利会使世界比较安全，但随后产生的却是美苏近半个世纪的冷战，核威胁的阴影笼罩了整个世界。原因是什么？经过 20 多年的潜心研究，杰维斯极具挑战性的著作《系统效应：政治和社会生活中的复杂性问题》于 1997 年问世。他的目的就是回答上面说到的这类问题，而最基本的回答是：之所以如此，是因为我们很难预测复杂的系统效应。

系统指一组相互关联的单位或成员。系统效应有两种形式：(1) 一组单位或成员相互联系在一起，致使某些单位/成员或单位/成员之间关系的变化导致系统的某些部分的变化；(2) 整个系统显现出来的特征和行为方式会不同于系统各个部分所显现出来的特征和行为方式。他认为，世界上的事物就是这样相互关联的，因此，行为的总体结果不等于诸多单个行为的机械相加，行为体精心策划的行为往往会导致非本意的结果。

杰维斯总结了系统效应产生的三种原因。② 第一是非直接效应，即在一个系统中，任何行动除了直接效应之外，还会由于单位之间的相互关联产生间接的效应。比如改变税制的直接效应可能是改变政府的收入，但其间接效应则是影响投资和消费等等。第二是非直接互动效应，指体系中两个行为体之间的关系除了受到这两个行为体之间互动的影响之外，还受到体系中其他成员之间互动的影响。比如中美在冷战时期改善关系，主要是因为有着一个共同的威胁源——苏联。第三是多元战略性互动效应，指所采取的行动是否能够达到预期目的，在一定程度上也取决于系统中的其他成员对此行动做出的反应。比如，为了使森林里健康的树木有更多的生活空间，人们将枯朽的树木清理干净，但结果却会破坏整个森林的生态。再如，在汽车里面安装安全气囊等设施反倒会使驾驶员放松警惕；建筑水坝可以增加发电量，促进生产和生活，但也可能导致生态的恶性变化。所以，行为体的个别行动无法用来预测结果，一个行为体

---

① 参见 Steve Walt（*Perspectives on Political Science*，Summer 1998，p. 28）、Martin Farrell（*The Atlantic Monthly*，Sept. 1, 1998，p. 282）、Francis Fukuyama（*Foreign Affairs*、March/April 1998，p. 77）等人所写的书评。

② 参见 Walt 的书评。

的行动是和与之互动的其他行为体的行动密切相关的,体系的效应是多层多元多样的,简单化地理解体系性效应会带来无法弥补的错误。在国际政治中也是如此。一个国家大量获取武器以期保证自我安全,但是诸邻国的反应是同样增加武器,结果,首先增加武器的国家反而感到更加不安全。由于这三种系统效应的存在,所以,任何一个行动都会有着无数可能产生的后果,其中有些在预料之中,有些则是人们无法预料或有违初衷的。体系成员之间的互动越是频繁(比如在一个相互依存的世界经济体系之中),系统效应就越难以预料。杰维斯使用了诸多国际政治的实例,说明第一次世界大战在一系列事件始料不及的结果出现之后,终于陷入了无可挽回的地步,说明冷战是怎样通过一系列意料之外的活动发生、发展和激化的。

  系统稳定和变化的机制是系统的正负反馈功能。负反馈是系统单位试图抵制对系统的干扰因素,以维持系统的稳定。正反馈恰恰相反,它加强了对系统的干扰因素,因此可能导致系统的变化。比如,在国际关系中,典型的负反馈表现是势力均衡,目的是维持系统原有的稳定,亦即国际体系的稳定,防止任何一个国家称霸于诸强之上。美国的三权分立制度也是一个负反馈的例子。正反馈显现表现在一个雪球引发雪崩,一个蝴蝶翅膀的扇动可以引发一场龙卷风等例子之中。国际关系中的多米诺骨牌效应也是正反馈的表现。杰维斯认为,没有负反馈,系统就无法形成和维持;而没有正反馈,系统则没有变化和发展。他对决策者的忠告是,没有任何一件事情是孤立的,也没有任何一种结果是一厢情愿就可以促成的。

  应该说,杰维斯对复杂系统的研究是具有开拓意义的。虽然复杂理论在自然科学界已经讨论了很久,并且产生了很大的影响,但在国际政治学界仍属罕见。到目前为止,杰维斯对体系效应的研究和罗伯特·阿克塞尔罗德对合作进化的研究大概属于这一方面的前沿理论了。[①]

---

  ① 杰维斯和阿克塞尔罗德都在研究系统效应和复杂理论,但是,两个人的研究途径并不相同。杰维斯主要是使用历史和现实生活中的例子,尤其是国际关系事件,来解释和验证系统效应,而阿克塞尔罗德则主要是通过计算机模拟和建构理论模式的方式来研究这一现象。参见 Robert Axelrod, *The Evolution of Cooperation* (New York: Basic Books, 1984); Robert Axelrod and Douglas Dion, "The Further Evolution of Cooperation", *Science*, 242, December 1988; Robert Axelrod, *The Complexity of Cooperation: Agent-based Models of Competition and Collaboration* (Princeton, N.J.: Princeton University Press, 1997); Robert Axelrod and Michael D. Cohen, *Harnessing Complexity: Organizational Implications of a Scientific Frontier* (New York: Free Press, 2000)。实际上,复杂理论和系统效应是富有意义的科学思考,将其用于国际关系研究,会产生很多新的学术兴奋点。国内国际政治学界还没有人做过这方面的研究课题。关于复杂理论,有一本科普性质的著作《复杂》,写得很精彩,可以作为参考。参见米歇尔·沃尔德罗普:《复杂:诞生于秩序与混乱的边缘》(陈玲译),三联书店1997年版。

## 二

如果说杰维斯最富有挑战意义的学术著作是《系统效用:政治和社会生活中复杂性问题》,那么他最成熟的理论著作则是《国际政治中的知觉与错误知觉》。这部著作花费了杰维斯的大量心血,既是他的成名之作,也是学术界公认的大师级著作。我们遵循这部著作的结构顺序,对杰维斯的研究问题、理论假设、错误知觉的生成机制和经常出现的错误知觉等四个方面分别予以评介。

第一,研究问题。

杰维斯在这部著作中提出的研究问题是:为什么在行为体双方均不希望冲突的情景中、在本来可以合作的条件下,会发生冲突和争斗、会拒绝合作而走向战争?这是一个具有重大学术意义和现实意义的研究问题。从国际政治的学理思想发展来看,思想者和学者多年来集中考虑的国际政治问题就是战争与和平、冲突与合作。这是关系到我们的世界和世界上的国家的头等大事,也关系到人的生存和发展问题。这一问题本身固然具有重大意义,但它也是国际政治中的永恒命题。提出这一问题的不仅仅是杰维斯。可以说从国际关系学科在20世纪初诞生之时,这个问题就是它研究的第一主题。许多优秀学者也就此问题做出了不同的回答。那么,杰维斯的贡献是什么呢?

从20世纪初国际政治成为独立的学科以来至20世纪70年代末80年代初,在学理上面就战争与和平问题的主要研究成果集中在宏观和中观两个层次上。宏观层面上的研究重点考虑国际体系对国家战争与和平行为的影响。比如,沃尔兹认为,国际体系的无政府性是国际关系的第一推动,国家的行为根源就在于此。正因为国际体系的无政府特征,国家之间的生存需求才必然导致它们之间的冲突。① 奥根斯基和库格勒认为,国际体系的权力结构是决定大国战争行为的最重要原因。当挑战国实力接近霸权国实力的时候,它们之间相互采取战争行为的可能性就极大。② 中观层次研究主要在国家层面上寻找原因,例如,帝国主义理论认为帝国主义就是战争,垄断资本主义争夺海外市场和原料基地的斗争必然导致

---

① 沃尔兹:《国际政治理论》。
② A. F. K. Oganski, *World Politics* (New York: Knopf, 1968); A. F. K. Organski and Jacek Kugler, *The War Ledger* (Chicago: University of Chicago Press, 1981).

这些国家之间的冲突和战争。① 还有的学者在国家内部寻找原因,认为军事—工业复合体(military-industrial complex)是战争的重要原因,因为这样的复合体在战争中可以获得最大的利益,所以它们必然支持战争政策。② 另外,政府部门之间的竞争等也被视为国家对外行为的重要原因。③

杰维斯同样在寻找这一问题的答案,他认可许多优秀国际政治学者的研究成果,认为国际体系的无政府状态无疑是国家之间冲突和争斗的重要条件之一。④ 他也认可许多国内政治研究和决策理论学者的观点,认为国家性质、国内政治、利益集团之间的竞争、政府部门之间的竞争等也都对国家的对外行为起到了重要的作用。但是,他认为这些依然不能充分说明国家的战争与和平行为。因为国家的对外政策是人做出的,也是由人执行的,所以作为重要的决策者和政策执行人的个人的作用是不容忽视的。同时,杰维斯还认为,人们对客观世界的认识是极端重要的。对于同样的客观世界,不同的人会有着不同的理解,不同的理解又会带来不同的决策。同时,作为决策者的人,具有同所有人一样的认知局限(cognitive limitation),所以难免出现错误知觉。基于这些基本的理论假定,杰维斯独辟蹊径,从决策者的心理认知这一最微观的分析层次入手,利用20世纪60、70年代心理学界的重要研究成果,分析决策者心理活动对于一个国家的国际行为所起的作用。所以,杰维斯的创新在于他从一个不同的视角观察国际政治,并且得到了富有启发意义的发现。正因为如此,《国际政治中的知觉与错误知觉》出版之后,杰维斯便成为在国际政治学微观层次上的最卓越学者。

第二,理论假设。

在决策者这一微观层次上面,杰维斯对国家冲突行为的解释是:国家

---

① 这些研究主要受到霍布森和列宁关于帝国主义论述的影响,参见 J. A. Hobson, *Imperialism: A Study* (London: Allen and Unwin, 1902); V. I. Lenin, *Imperialism* (New York: Vanguard, 1929).

② Gordon Adams, *The Iron Triangle: The Politics of Defense Contracting* (New York: The Council of Economic Priorities, 1981).

③ Graham Allison, *Essence of Decision: Explaining the Cuban Missile Crisis* (Boston: Little, Brown, 1971); Graham Allison and Morton Halperin, "Bureaucratic Politics: A Paradigm and Some Policy Implications," *World Politics* 24, pp.40—79.

④ Kenneth Waltz, *Man, the State, and War* (New York: Columbia University Press, 1959); Robert Gilpin, *War and Change in World Politics* (Cambridge: Cambridge University Press, 1981).

决策者在不确定的国际条件下,很容易发生错误知觉,并且大多数这样的错误知觉是夸大对方的敌意,将对方国家视为具有冲突意图的对手。由于互动的双方都趋于发生这样的错误知觉,冲突的概率就可能明显大于合作的概率。所以,在杰维斯的研究设计中,他确定了两个变量:一个是最微观层次上的国家决策者知觉,这是他的自变量;另一个是国家之间的冲突行为,这是他的因变量。两个变量之间存在的因果关系是:国家决策者的错误知觉可能加剧国家之间的冲突,甚至导致国家之间的战争。

根据认知心理学的基本理论,当一个人接收到信息或者受到环境中刺激因素刺激的时候,他就会产生对这一刺激因素的知觉。知觉是一个心理学的专门术语,指人在受到刺激后进行选择、组织和判断自己接收的信息的过程。然后,人对知觉到的信息加以理解,并根据自己的理解对刺激因素做出反应。人对刺激因素的反应是基于他对刺激因素的知觉,而不是基于客观真实的刺激因素本身。所以,如果人们的知觉是错误的,他的理解就会是错误的,他的反应也会是错误的。正因为如此,在决策过程中,知觉起到十分重要的作用。

杰维斯发现,在两种情况下,国家之间会发生冲突。第一,作为对手的双方或其中的一方志在改变现状,确有侵略和发起冲突的意图。在这种情况下,无论是否存在错误知觉,冲突都难以避免。第二,双方都是维持现状国家,都不希望发生冲突,但是冲突还是发生了。杰维斯认为,在第二种情况下,冲突发生的重要原因是决策者的错误知觉。错误知觉也是一个心理学的专门术语,指由于决策者对接收到的信息做出了误判,其决策和行为随之偏离了实际,结果,事物的发展结果就与决策者的原本意图不相吻合。也就是说,由于决策者对形势和对方意图做出了错误的判断,并且往往是夸大对方敌意的判断,所以他们会采取过分的行为。如果双方均是如此,敌意螺旋就会不断上升,冲突也就会在双方都无意冲突的情况下爆发。第二种情况是杰维斯研究的重点范畴。

第三,错误知觉的生成机制。

在做出这一回答之后,杰维斯进一步使用历史数据证实自己提出的假设,分析了为什么决策者会发生错误知觉。在对大量历史资料进行研究之后,他发现心理学理论中讨论的几个导致错误知觉的重要机制在国际政治领域同样起到了重要的作用。首先是认知相符现象(cognitive consistency)。人们对世界的事物总是有着一定的认识,这些认识保存在他们的记忆之中,形成了人在接收新的信息之前的原有认识。从心理学角度来看,人都有保持自己原有认识的趋向,当他们接收到新的信息的时候,总是下意识地使新的信息与自己原有的认识保持一致,这就是所谓的认知相符。如果决策者接收到的信息与自己原有的认识不一致,他们就可能对新的信息或是视而不见,或是曲解误断,使其能够与自己原有的认识一致起来。比如,艾森豪威尔时期,美国国务卿杜勒斯就将苏联视为邪恶的代表,将任何关于苏联的信息和任何苏联的行为都与邪恶联系起来,即使苏联做出合作的表示,他也不惜曲解事实,表现出极强的认知相符倾向。

其次是诱发定势(evoked set)。人们接收到信息的时候,会以自己当时集中关注和考虑的问题为定势,据此解读自己接收到的信息。用我们的俗话来说,颇有"丢了斧子的人"的意思:自己总是想着丢斧子的事情,也就将所有的人都视为偷斧子的人。杰维斯使用了珍珠港事件之前发生的一系列事件作为例子。美国政府感觉到珍珠港可能受到敌国的攻击,并发电报给驻珍珠港的美军司令官肖特,告诉他时刻提防敌人的"敌意行为"。华盛顿所谓的"敌意行为"指的是外部敌人对美国领土的进攻,但是,当时敌方特务不断在珍珠港搞破坏活动,这位驻珍珠港的司令官满脑子都是如何对付这些破坏活动,所以,他就想当然地将华盛顿的建议理解为提醒他进一步防范这类破坏活动,根本没有考虑华盛顿的指令是让他注意外敌对美国领土的进攻。结果,肖特完全没有对外部进攻采取防范措施。这样的错误知觉就是由诱发定势引起的。

最后是历史包袱。人们往往将历史作为镜子,以史为鉴就是这个道理。历史可以教会我们许多东西,但历史也可以是沉重的负担,它会使人们简单机械地将现实与历史相比,结果就会完全错误地认识现实。由于当年张伯伦对希特勒实行了绥靖政策,致使希特勒发动侵略战争而未受到遏制,所以后来人们"一朝被蛇咬,十年怕井绳",出现了所谓的慕尼黑综合征。1956 年英国首相艾登就将埃及的纳赛尔错误地视为希特勒第二。还有研究发现,美国总统里根对待苏联的强硬态度也与古巴导弹危机给他留下的印象有关。① 经历过动荡的人会过度害怕动荡,经历过战争的人尤其担心战争,经历过侵略的国家会对敌意十分敏感。历史的类比是重要的,但是,历史的类比也会由于人的认知局限而成为负担,产生误导作用,将一些实质上不相同的现实事件和历史事件牵强地联系在一起,结果出现重大的知觉错误。

---

① Russell Leng, "Reagan and the Russians: Crisis Bargaining Beliefs and the Historical Record," *American Political Science Review* 78, 1984, pp. 338—355.

第四,经常发生的错误知觉。

由于存在这些导致错误知觉的机制,决策者是很容易错误地认识客观事实的。在从理论层面讨论了错误知觉的生成机制之后,杰维斯继续分析了四种常见的错误知觉。一是国家决策者往往将对方想象为内部团结一致、令行禁止的行为体。这样一来,任何无意、巧合和偶然的事件都会被视为精心策划的战略行动。比如,美国国务卿杜勒斯就认为:"俄国人是国际象棋大师,他们严密周到的设计……他们在国际舞台上的行动,就像他们在棋盘上筹棋运子一样。"苏联人也是一样。古巴导弹危机时期,美国一架 U-2 飞机飞越苏联上空,无论肯尼迪怎样解释这是因为飞机迷失方向,赫鲁晓夫都不能相信,他认为这是美国整个战略的一步棋。二是决策者往往过高估计自己的影响力和被影响的程度。如果出现了有利于自己的情景,决策者就认为是自己的影响所致。比如尼克松访华期间,美国认为越南北方肯定会利用这一时机发动大规模进攻,结果北方没有发动进攻,美国认为这是因为美国对越南的轰炸瓦解了对方的进攻。一旦出现不利结果,则会认为这是对方的敌意预谋,与自己的行动没有关系。中国出兵朝鲜,美国人武断地认为这是中国国内存在高度的对美敌意和周密的战略谋划,而不考虑中国的行为可能更多的是因为担心美国对中国领土的威胁而做出的自卫反应。三是愿望思维(wishful thinking)。人们在接收信息的时候,总是趋于避开自己不愿听到和看到的事情,总是希望接收到自己愿意听到和看到的消息。这就是心理学上所说的愿望思维。第二次世界大战爆发之前,英国一些人总是对和平抱有侥幸心理。所以,当张伯伦从慕尼黑回到伦敦的时候,他们相信张伯伦为英国赢得了一代人的和平。这一错误知觉是愿望思维的一个典型例子。四是认知失调。当人们在考虑应该采取一种政策的时候,却发现了许多关于这一政策不妥的意见和评论,于是就会出现认知失调现象。为了保持自己的认知相符,人们便寻找理由,以自圆其说。比如,20世纪50年代初美国原本希望在印度支那进行干预,以防止所谓的多米诺骨牌现象出现。但当时由于种种原因未能做到,便转而认为即使不干预,印度支那的多米诺现象也不会十分严重,以此调整自己的认知失调。

杰维斯使用了大量的历史例证,说明即使再明智的决策者也经常出现这些错误知觉。所以,他在著作的最后对决策者提出了一些非常实用的忠告,希望决策者能够意识到人的心理过程包含了错误知觉生成的机制,在接收信息的时候,尤其是接收到与自己原有的认识矛盾的信息的时候,要冷静全面地思考,尽量减少决策过程中的错误知觉。决策者可以进行换位思考,将自己置于对方的处境,来理解对方可能做出的反应。或者可以多了解对方国内政治和社会进程,以便防止以自己国内政治和社会进程的习惯定势去判断对方的行为和对策。减少错误知觉,就可以减少由于错误知觉造成的国家之间的冲突和战争。

## 三

杰维斯的研究有着重大意义。概括起来说,有四个方面尤为突出。这就是:(1)理论的借鉴与创新;(2)微观层次研究的成功尝试;(3)对历史资料的娴熟使用;(4)对决策和决策者的实用价值。

第一,在理论方面,杰维斯主要是借鉴了认知心理学的重要理论和试验结果,对涉及国际政治的决策和决策者进行了独到的分析。如果对决策者个人进行分析,理论方面最适合借鉴的无疑是心理学,但是将心理学与国际政治学研究结合起来,也无疑是学术难度很大的研究设计。不过,如果我们稍稍回顾一下国际政治学的学科发展和理论突破,不难发现其重大成果几乎都是借鉴其他学科的最新理论而产生的,都是在其他学科的启迪下实现突破的。早期的国际政治研究主要借鉴了历史学和法学,二战后的国际政治学开始走向社会科学,经济学便成为借鉴的主要源泉。在20世纪80、90年代在国际关系研究舞台上叱咤风云的结构现实主义和新自由制度主义都是借鉴经济学的理论和逻辑,设计自己的理论框架的。① 90年代起,建构主义独树一帜,成为与现实主义和自由主义三足鼎立的理论范式,国际政治领域的建构主义理论主要是借鉴了社会学理论而发展起来的。② 所以,人们往往说,国际政治学是落后的科学,总是在借鉴中发展。这种说法也许是有道理的,但是,借鉴和启迪到目前来看仍然是国际政治学发展的主要动力。杰维斯在这方面的重大理论贡献就是借鉴了心理学的理论,首先将认知心理学娴熟地运用到国际政治领域,揭示了理性行为体由于心理机制和认知过程而难以避免的非理性决策。

---

① 参见沃尔兹:《国际政治理论》;罗伯特·基欧汉:《霸权之后:世界政治经济中的合作与纷争》(苏长和等译),上海人民出版社2001年版。

② 参见亚历山大·温特:《国际政治的社会理论》(秦亚青译),上海人民出版社2000年版; Nicholas Greenwood Onuf, *World of our Making*: *Rules and Rule in Social Theory and International Relations* (Columbia: University of South Carolina Press, 1989); John G. Ruggie, *Constructing the World Polity*: *Essays on International Institutionalization* (London/New York: Routledge, 1998)。

第二,正像我们在上面简单提到的那样,在国际政治研究领域,杰维斯十分为人称道的是他的研究层次。层次研究的方法是沃尔兹首先使用的,他在 1959 年出版的《人、国家与战争》一书中,首先有意识地按照个人、国家、国际体系三个层次设计了自己对战争原因的研究。① 但是,沃尔兹并没有从社会科学研究方法论的角度对层次分析的方法予以论述。1961 年,戴维·辛格写了一篇著名的论文《国际关系中的层析分析问题》,从宏观和微观两个角度讨论了对国家对外行为的影响因素。他的宏观层次是国际体系,这是最全面的外部因素;他的微观层次是国内因素,这是从国家内部分析国家对外行为的途径。② 后来,国际关系研究人员逐渐分离出六个分析层次,即世界体系、国家间关系、社会、政府、决策者角色和决策者个人,试图辨析每个层次上影响国家的国际行为的重要因素,并有意识地据此进行自己的研究设计。③

20 世纪 70 年代到 80 年代是国际政治研究发展的重要阶段,许多新的理论开始向现实主义挑战,但同时也出现两个趋势:一个是国际政治理论开始向体系层次发展,许多重要的国际政治理论都集中在体系层次上面;第二个是比较政治学研究开始集中在国内政治进程层面,主要采取多元主义的方法,重点考虑国内政治进程中的利益集团政治对国家政策的影响。在国际政治体系层次,最具有代表性的是沃尔兹。从 50 年代末,沃尔兹就一直在考虑建构一种体系层次的国际政治理论。1979 年,经过 20 年的思考,他的名著《国际政治理论》出版,其中最重要的问题就是关于体系理论和还原理论的区别。沃尔兹认为,只有体系层次的理论才是国际政治理论,其他层次的研究虽然有着重要的意义,但是都不能成为严格意义上的国际政治理论。④ 体系层次的研究势必将国家视为单一行为体,将决策视为黑箱运作。而国内政治进程研究则势必将国家视为非单一行为体,将决策视为集团之间讨价还价的结果。⑤ 这样的发展趋势对

---

① Waltz, *Man, the State, and War*.

② David Singer, "The Level-of-Analysis Problem in International Relations," in Klaus Knorr and Sidney Verba, eds. *The International System: Theoretical Essays* (Princeton, N.J.: Princeton University Press, 1961).

③ 参见 James Rosenau, ed., *The Scientific Study of Foreign Policy* (London: Frances Pinter, 1980); Bruce Russett, Harver Starr, and David Kinsella, *World Politics* (Belmont, CA.: Wadworth/Thompson, 2004)。

④ 沃尔兹:《国际政治理论》。

⑤ 关于这两种趋势的精彩论述,参见 Peter Katzenstein, Robert Keohane, and Stephen Krasner, "International Organization and the Study of World Politics", in Katzenstein, Keohane, and Krasner, eds., *Exploration and Contestation in the Study of World Politics* (Cambridge, Mass.: The MIT Press, 1999), pp. 23—30。

决策研究有着重大的影响,比如艾利森的名著《决策的实质》考虑的就是单一理性行为体、组织程序和政府政治三种决策模式,在某种程度上结合了体系研究和国内政治多元主义研究的方法。① 杰维斯同样要揭示黑箱内部的决策机制,但是他却将研究置于最为微观的层次上面。《国际政治中的知觉与错误知觉》于1976年出版,当时几乎没有人在最微观层次——决策者个人心理过程层次上对国际政治加以研究。所以,这显然是学术领域的空白。杰维斯的研究填补了这一空白,之后出现了一批从心理学角度分析决策者个人的研究成果。②

第三,杰维斯使用历史资料,以社会科学方式进行行为研究的方法也是富有启发意义的。自20世纪五六十年代西方社会科学界的行为主义革命以来,国际政治学的定位基本上得以明确,即:国际政治学属于社会科学学科,其主要研究方法是社会科学研究方法,其认识论基础是实证主义。这就要求国际政治学研究人员采用提出研究问题、确定理论假设、收集系统数据、进行科学验证、得出研究结论这一基本的社会科学研究程序。二战以后,国际政治学开始脱离历史学,成为独立的社会科学学科,主要标志就是国际政治学不再试图解释某一个具体的历史事件,而是努力发现国际政治的规律和事物之间的内在因果关系。但是,大家也都十分清楚,历史对于国际政治学是极其重要的。国际政治研究学者怎样对待历史实际上成为一个重大的学术问题。杰维斯虽然没有正面回答这一问题,但是他的研究方法却为我们提供了极好的启示。杰维斯对历史是十分熟悉的,对具体的历史事件了如指掌。他充分使用了自己的这一特长,将历史作为研究的数据。他根据心理学理论提出假设,然后使用历史数据进行验证,并且这些历史数据基本上都是已经确认的史实。虽然每一个历史事件在他的笔下只有寥寥数语,但是从他大量的注释中可以看出他使用数据的系统性和全面性。在《国际政治的知觉与错误知觉》之中,他始终采取了实证主义的研究方法,通过理论的指导,提出研究问题;根据研究问题,提出理论假设;然后用丰富的史料对自己提出的假设一一予以证明。他使用史实,并不是要对某一特定历史事件进行详细的追踪,

---

① Allison, *The Essence of Decision*.

② 参见 Deborah W. Lason, *Origin of Containment: A Psychological Explanation* (Princeton, N.J.: Princeton University Press, 1985); Morton Deustch and Shula Schichman, "Conflict: A Social Psychological Perspective", in Margaret G. Hermann, ed., *Political Psychology* (San Francisco: Jossey-Bass, 1986), pp. 219—250; Betty Glad, ed., *Psychological Dimensions of War* (Newbury Park, California: Sage, 1990).

而是要通过大量史料发现决策者认知过程中规律性的东西,发现他们在心理过程中存在的共性行为,这是一个国际政治学家区别于历史学家的根本之处。许多国际政治研究人员使用历史数据,但是像他这样如此娴熟、如此精到的学者实属少见。

第四,杰维斯的研究不仅有着重大的学术意义,而且有着重要的实际意义,尤其对决策者会产生积极的影响。杰维斯的研究一直是以实际问题为导向的,无论是他关于战略互动和战略合作的研究,还是他的政治心理学研究,始终都是与国际政治的现实密切联系的。国际政治学的研究长期以来一直受到这一问题的困惑。正像卡赞斯坦、基欧汉和克莱斯纳所说的那样,国际政治的学理研究和国际政治的实际之间存在一条鸿沟。① 对于这一问题,学术界仍然有着很大的不同意见。有人认为,学理研究必须超脱现实政策才能成就学术,有人则认为学理研究脱离现实政策就成为空中楼阁。但不管怎样,杰维斯是将这两个方面结合得比较好的学者。我们看到他使用的理论和引证的心理学试验都是艰深的,甚至是比较晦涩的。但是一旦结合到国际政治领域的事实,这些理论便活了起来,使人们很容易理解那些易于发生的错误知觉及其可能带来的不良后果。由于杰维斯的理论假设都是在国际政治的历史实例中得以验证的,所以对于决策者尤其具有实用价值。他们在做出复杂决策的时候,可以借鉴杰维斯的研究成果,也可以根据杰维斯对决策者提出的建议,克服自己可能出现的错误知觉现象,更加全面地、正确地分析面对的复杂情形,以便做出切合实际的理性决策,避免本不愿意看到的冲突和纷争,以实现更高程度上的国际合作。

当然,像所有研究成果一样,杰维斯国际政治心理学的研究也存在自身的局限性。首先,由于他将自己的研究层次设定在微观层面,所以对于解释决策过程中出现的知觉错误具有很强的解释能力,但在解释国际政治的总体发展和国家行为的宏观走向方面则不及体系层面的研究。当年辛格在评论宏观和微观层次的研究的时候就曾经说过:在任何学术研究领域,总是存在多种方式对所研究的现象进行归类整理,以便进行系统的分析。无论是在物理学还是在社会科学中,研究人员需要决定是研究部分还是整体、是分析各个组成部分还是分析整个体系,这就好比决定观察

---

① Peter J. Katzenstein, Robert O. Keohane, and Stephen D. Krasner, eds., *Exploration and Constestation in the Study of World Politics* (Cambridge, Mass. / London: The MIT Press, 1999), p.44.

花朵还是花园、是观察树木还是森林。① 杰维斯的研究就是集中在花朵和树木上面。这类研究可以对国际政治微观层面上的现象做出详细的描述和解释,会十分贴近国际关系的实际,但是它的缺点是对整个国际政治的发展趋势和国际关系的格局特征把握不足。虽然杰维斯的研究设计本来就不是想在宏观上总体揭示国际关系规律的,但是,我们在阅读这部著作的时候,应当记住花朵和树木的研究毕竟不能代替对花园和森林的研究,反过来也是一样。

其次,杰维斯的研究避开了不同文化背景对人的知觉的影响。他注意到不同国内政治和社会进程对决策者个人知觉的作用,指出即使在像英美这样的国内政治社会进程相似的国家之间,决策者也会对对方行为和意图表现出错误的知觉。所以他告诫决策者要注意换位思考。但是,他也指出在研究中他避免讨论不同文化之间的认知差异问题。他的解释是,如果相似文化背景中的个人相互之间都会发生错误知觉,不同文化背景中的人必然会出现类似的错误,并且其程度只会更加严重。这一假定是有道理的,但是它只指出了错误知觉的程度不同,却没有意识到不同文化中的个人对同一个事件会产生根本不同的知觉。比如,美国轰炸中国驻南斯拉夫使馆之后,克林顿总统只在一个非正式场合表示道歉,对于美国人来说,也许非正式场合最可能表现诚意,但是对于中国人来说,这样重大的事件只有在十分正式的场合才能足以表明对方的重视和诚意。这里,事情的原因已经不在于心理知觉过程,而在于文化的差异。所以,文化差异导致的错误知觉在杰维斯的研究之中是一个重要的缺失。

杰维斯的著作毕竟是一部具有重大影响的学术著作,对国际政治学的研究起到了积极的作用,表明我们可以有着多种国际政治的研究途径,任何一种都可以帮助我们更好地了解国际政治的世界。

## 附:杰维斯主要学术论著

"The Costs of the Scientific Study of Politics: An Examination of the Stanford Content Analysis Studies." 1967. *International Studies Quarterly* 11 (December).

"Hypotheses on Misperception." 1968. *World Politics* 20(April).

*The Logic of Images in International Relations*. 1970. Princeton University Press.

---

① Singer, "The Level-of-Analysis Problem in International Relations."

*Perception and Misperception in International Politics*. 1976. Princeton University Press.

"Cooperation Under the Security Dilemma." 1978. *World Politics* 30(January).

"Deterrence Theory Revisited." 1979. *World Politics* 31(January).

"Systems Theories and Diplomatic History." 1979. In *Diplomatic History: New Approaches*, ed. by Paul Lauren. Free Press.

"Why Nuclear Superiority Doesn't Matter." 1979—1980. *Political Science Quarterly* 94(Winter).

"The Impact of the Korean War on the Cold War." 1980. *Journal of Conflict Resolution* 34(December).

"Security Regimes." 1982. *International Organization* 36(Spring).

*The Illogic of American Nuclear Strategy*. 1984. Cornell University Press.

*Psychology and Deterrence*. 1985. Coauthored with Richard Ned Lebow and Janice Stein. Johns Hopkins University Press.

"From Balance to Concert: A Study in International Security Cooperation." 1985. *World Politics* 38(October).

"What's Wrong with the Intelligence Process?" 1986. *International Journal of Intelligence and Counterintelligence* 1(Spring).

"More than the Facts Will Bear." 1986. *International Journal of Intelligence and Counterintelligence* 1(Spring).

"Representativeness in Foreign Policy Judgments." 1986. *Political Psychology* 7 (September).

"Intelligence and Foreign Policy: A Review Essay." 1986—1987. *International Security* 11(Winter).

"Morality and Nuclear Strategy." 1987. *In International Ethics in the Nuclear Age*, ed. by Robert Myers. University Press of America.

"Realism, Game Theory, and Cooperation." 1988. *World Politics* 40(April).

*The Meaning of the Nuclear Revolution*. 1989. Cornell University Press.

"Rational Deterrence: Theory and Evidence." 1989. *World Politics* 41(January).

*The Logic of Images in International Relations*. 2nd ed. 1989. Columbia University Press.

"Domino Beliefs and Strategic Behavior." 1991. In *Dominoes and Bandwagons: Strategic Beliefs and Superpower Competition in the Eurasian Rimland*, ed. by Robert Jervis and Jack Snyder. Oxford University Press.

"The Future of World Politics: Will It Resemble the Past?" 1991—1992. *International Security* 16(Winter).

"International Primacy: Is the Game Worth the Candle?" 1993. *International*

*Security* 17(Spring).

*System Effects*: *Complexity in Political and Social Life.* 1997. Princeton: Princeton University Press.

"Realism in the Study of World Politics." 1998. *International Organization* 52 (Autumn).

"Realism, Neoliberalism, and Cooperation." 1999. *International Security* 24 (Summer).

"Civil War and the Security Dilemma." 1999. Coauthored with Jack Snyder. In *Civil Wars, Insecurity, and Intervention*, ed. by Barbara Walter and Jack Snyder. Columbia University Press.

> 本文原为《国际政治中的知觉与错误知觉》中译本（世界知识出版社 2003 年版）的译者前言。

# 现代国际关系理论的沿革

**内容摘要**

本文探讨国际关系理论的发展过程,也试图讨论它的未来走向。1919—1948 年是国际关系理论初创与理想主义主导时期,源于对一战的深刻反思,理想主义谋求实现一个想象中的和平世界。从二战到 1979 年是现实主义的主导时期,以二战和冷战为背景,摩根索建立起现实主义理论框架,沃尔兹的新现实主义在理论上做出了重大贡献。1979—1992 年是自由主义复兴时期,新自由制度主义成为理论化程度最高的自由主义流派,与新现实主义比肩而立。1992 年至今,强调观念作用的建构主义兴起,逐渐与新自由主义和新现实主义形成三足鼎立。今后,国际关系理论将更多地表现出进化思维、权利政治和多元理论的发展取向。

国际关系成为一门学科有近百年的历史,1919年英国威尔士大学设立第一个国际关系教席是国际关系学科成立的标志。学科的建立反映了人们对一战的反思和对消除战争的希冀。从1919年起,国际关系理论的沿革经历了四个主要阶段。本文主要探讨在这四个阶段中国际关系理论的发展与变化,并讨论国际关系理论可能的发展取向。

## 一、国际关系理论初创阶段与理想主义的兴起(1919—1948)

一战后,人们希望建立一个和平的国际社会。1918年,美国总统威尔逊提出"十四点"计划,集中反映他的理想主义思想。[①] 威尔逊理想主义的核心是建立一个可以维护世界和平的超国家组织,具体体现在国际联盟上。威尔逊主义影响深远,国际关系理论发展到第三个阶段,即自由主义复兴时,在相当大的程度上是将威尔逊理想主义中民族自决、自由贸易、国际组织等观念重新整合梳理,并使之理论化。

在两次世界大战期间,国际关系思想还没有形成一个完整的国际关系理论体系。历史上许多思想家,如霍布斯、洛克、格劳秀斯、康德等人都有着关于政治和国际政治的重要论述,但没有统合成为国际关系理论的体系。威尔逊的理想主义至多是一些关于国际关系的思想和政策建议。因此,1919年开始的第一个阶段是国际关系学科的初创阶段或曰幼稚阶段。从理论角度讲,理想主义是这一阶段国际关系的主导理念,考虑的是"应然"问题,就是世界应该是什么样子。在方法论方面,国际关系远未形成自己的方法论体系,主要是借鉴历史学和国际法的研究方法。威尔逊的很多思想来源于国际法,他本人在任大学教授时期的主讲课程也是政治学和法学。另外,一些国际联盟的积极倡导者,如塞西尔、劳特巴赫等,也是典型的理想主义者。

但是,国际关系理论在第一个发展阶段中发生了一个重大的"断裂",这就是1939年卡尔《20年危机》一书的出版。[②] 该书矛头直指威尔逊理

---

[①] Woodrow Wilson, "The Fourteen Points," in Phil William, Donald Goldstein, and Jay Shafritz, eds., *Classical Readings of International Relations* (Fort Worth: Harcourt Brace College Publishers, 1999), pp. 23—26.

[②] 关于卡尔的论述,参见 E. H. Carr, *The Twenty Years' Crisis, 1919—1939* (New York: Harper & Row, 1939/1964)。

想主义。卡尔认为,在国际关系思想界存在着两种对立的思想:一种是乌托邦主义,即威尔逊理想主义;一种是现实主义。理想主义的典型实例国际联盟在制止侵略方面屡遭失败,最根本的一点就是把世界设想得过于理想,与现实脱节。国联的失败也是理想主义的失败,它忽视了现实世界到底是什么样子的问题,亦即"实然"问题。卡尔指出,现实主义是一种和乌托邦主义对立的理念,它所重视的第一要素就是权力,最核心的一点是怎样看待权力和道德。卡尔认为这个世界上没有道德是不行的。但什么是道德,怎样遵循国际道德,国家的道德标准是什么,则完全是另外一回事。正是在权力这一核心问题上,卡尔对理想主义的尖锐批判使这本书一出版就引起了很大反响,但最大的震撼还是来自二战。《20年危机》首版在1939年,当时战火初起;此书于1946年发行第二版,二战刚刚结束。二战的实际似乎印证了卡尔的预言,此书影响力进一步加大。二战前人们纷纷谈道德和秩序,但卡尔说,国际关系的实质是权力。所谓的道德,所谓的维持国际秩序、国际组织,都是维持现状国家的口号,德国不会这样思考问题,不满意现状的国家必然要加强实力去改变现状。《20年危机》使得理想主义发展出现了"断裂",为战后现实主义的兴起做出了重要的铺垫。

## 二、国际关系理论的发展阶段与现实主义理论体系的确立(1948—1979)

　　第二阶段开始的标志是1948年摩根索《国家间政治》一书的问世。如果说卡尔在理论上的重大贡献是界定了理想主义和现实主义两大流派并突出了现实主义理论的话,那么,摩根索则建立了现实主义的理论体系,系统地表述了现实主义的整体思想、基本原则和具体运用方式。因此,摩根索被称为"战后现实主义之父"。由于国际关系有了自己的理论体系,所以,作为一门学科,它开始走出幼稚阶段,进入发展阶段。

　　战后最初几年,美国一度垄断原子弹,被称为"短暂单极"。但冷战很快就开始了,美苏对峙局面迅速形成。这种国际政治的背景又给现实主义增添了发展的土壤与证据。美苏对峙的本质是军事对峙,最终体现在战略均势上面。在这个阶段,国际关系研究的重心转向美国,现实主义成为国际关系理论的主导范式,国际关系研究基本上是在现实主义的理论框架中展开的。现实主义的基本假定是:权力(特别是军事实力)是国际关系的最根本因素,国家的利益至高无上,普世道德是没有意义的。摩根索在《国家间政治》中最极端的表述是将国家的一切行为动机归于获得权力、增加权力和保持权力。权力不仅是国家生存的手段,而且更成为国家本身的目的。①

现实主义作为主导理论持续三十年。在这个大框架下,许多针对实际问题(如战略威慑问题、安全困境问题等)的研究深入展开,使国际关系学进入了迅速发展时期。标志有两个:其一,现实主义高度理论化。《国家间政治》提出了现实主义的基本问题,但全书理论化程度并不是很高。之后经过众多学者的努力,一些有影响的理论相继出现,理论化程度越来越高。比如强调权力结构决定世界体系稳定的霸权稳定论,认为霸权国和挑战国之间相对权力变化会导致战争的权力过渡论等。② 再如,卡普兰的体系论、艾利森的决策理论等也使国际关系研究进一步规范化。③《集体行动的逻辑》的作者奥尔森从经济学角度也提出了国家兴衰理论,指出大型分配联盟是国家衰退的重要原因。大型战争可以将原有的社会结构全部打乱,所以战后会有迅速的经济发展。④ 经济学家严谨的方法论更加受到重视。有人用这种理论专门分析了战后德国和日本的发展,也有人试图把此理论运用到分析中国"文化大革命"后的发展。

其二,形成了以社会科学方法为基本方法的方法论体系。在国际关系理论的幼稚阶段,很多学者是从历史学、法学转行研究国际关系的,前者沿着历史学的方式进行研究,后者沿着国际法学的脉络展开分析,国际关系理论在幼稚阶段没有自己的方法论。在现实主义主导阶段,国际关系理论在方法论上的突破,主要在于战后美国出现的社会科学繁荣,人们强调社会科学向自然科学靠拢,行为主义开始主导国际关系学的研究。从认识论的角度看,行为主义坚持自然科学和社会科学的一元论,认为二者本质上一样。与此相呼应,国际关系学学者努力将自己的理论体系化

---

① Hans J. Morgenthau, *Politics Among Nations*: *The Struggle for Power and Peace* (New York: Alfred A Knopf, 1960), pp.37—40.

② 参见 Robert Gilpin, *War and Change in World Politics* (Cambridge: Cambridge University Press, 1981); O. F. K. Organski and Jacek Kugler, *The War Ledger* (Chicago: University of Chicago Press, 1980)。

③ Morton Kaplan, *System and Process in International Politics* (New York: Wiley, 1957); Graham Allison, *The Essence of Decision* (Boston, Little, Brown, 1971).

④ Mancur Olson, *The Logic of Collective Action* (Cambridge, MA.: Harvard University Press, 1965); *The Rise and Decline of Nations*: *Economic Growth*, *Stagflation*, *and Social Rigidities* (New Haven: Yale University Press, 1982).

为一种极其简约的理论,能够用公式表示出来,能够用定量方法计算出来。不仅在国际关系学界,在整个政治学界都出现了这个趋势。所谓国际关系学第二次大论战主要是方法论论战,争论焦点在于自然科学的方法到底能否运用到国际关系研究之中。结果是科学派占了上风。这种结果有利有弊。有利的方面在于将国际关系学科的方法论逐渐统合起来,形成了比较"硬"的国际关系科学方法论。与之相关的数据收集也积极展开。比如,在密歇根大学建立了庞大的战争数据库,收集了自拿破仑战争以来所有可以收集到的战争数据,建立了"战争相关系数"(Correlates of War, COW)体系。[①] 不过,这样做的负面效应是建立起科学方法论的话语霸权,其他方法都或多或少地被边缘化了。

国际关系理论和方法论这两条主线的发展,到1979年汇聚到一个顶峰,即沃尔兹的《国际政治理论》。以自然科学理论的标准衡量,此书至今仍是国际关系理论界最严谨、最简约的著作。它以国际体系的无政府性为基本前提,将以主要国家实力分配为基本内容的体系结构视为国际政治的核心变量,形成了以国际体系结构解释国家行为的严谨理论体系,简称"结构选择"。以方法论的标准衡量,它具有高度的理论简约性和可证伪性,比较容易地演化出理论假设,通过理论、假设、数据、验证的步骤,得出分析结果。[②]《国际政治理论》是国际关系学引用率最高的书,是第二阶段的集大成著作,是国际关系理论发展和学科趋于成熟的标志。当时的国际政治背景,尤其里根上台后美苏展开的第二轮冷战,似乎再度证明了现实主义国际关系理论是不可取代的。

## 三、国际关系理论繁荣阶段与自由主义的复兴(1979—1992)

国际关系理论发展的第三个阶段是学科的繁荣时期,以现实主义危机和自由主义复兴为基本标志。20世纪70年代初,国际政治现实中出现了布雷顿森林体系垮台、美元贬值、越南战争、石油危机等一系列事件,这使人们开始反思现实主义的许多基本命题是否还能解释国

---

[①] 该数据库网站为 http://www.umich.edu/~cowproj/;亦参见 David Singer and Melvin Small, *National Capabilities Data*, 1816—1985 (Ann Arbor, Michigan: Inter-University Consortium for Political and Social Research, 1993)。

[②] Kenneth Waltz, *Theory of International Politics* (New York: Mcgraw-Hill, 1979)。尤其参见第3、5章。

际关系的现实。将1979年作为国际关系理论发展的第二和第三个阶段的分野是因为这一年《国际政治理论》出版。此前两年,即1977年,基欧汉和约瑟夫·奈出版了著名的《权力与相互依赖》。在这本理论著作之前,两人也已提出过"跨政府关系"的概念,对国家作为单位提出了质疑。①《权力与相互依赖》否定了现实主义的三个基本假定,但由于第二轮冷战开始的政治大背景,该书没有立刻掀起理论论战,但它是自由主义全面复兴的序曲。

《权力与相互依赖》提出了三个与现实主义针锋相对的基本假定。第一,否定现实主义以国家为国际关系唯一行为体的命题,认为国家不是单一的理性行为体,其他超国家和次国家行为体也在国际关系中发挥着重大影响。第二,军事安全并非总是国家的首要问题。其他问题也会具有极大的政治意义。第三,军事力量不是或不完全是国际关系中实现国家对外政策的最有效手段。② 沃尔兹把摩根索的理论做了两个重大修正。一是把国际政治的第一推动从人性改为无政府性。人性难以科学化,是难以验证的东西,沃尔兹的理论之所以具有高度的科学性,原因之一就是他的理论变量都是可验证变量,这样沃尔兹否定了摩根索现实主义的第一原则,亦即人本性好斗。沃尔兹认为国家间战争的根本原因在于国际社会的无政府性,而不是人性。二是沃尔兹认为权力不是目的,只是手段,生存才是目的,因此沃尔兹理论又被称为"防御性现实主义"。在无政府状态下,保存自己只能靠自助,依靠军事力量,因此沃尔兹主张权力的合理性够用。但是,恰恰是在这个问题上,基欧汉和奈提出了质疑,是否只是军事手段才是权力?例如,军事强大的美国和军事孱弱的加拿大为邻,是否美国可以因渔业纠纷而军事进攻加拿大?基欧汉和奈认为,军事手段并非在任何情况下都是保障国家生存和利益的最有效手段,更不能事先假定如此。权力不仅仅是军事力量,权力也可以来自相互依存,世界的相互依存度很高,但是不对等的,不对称的相互依存产生权力。③

1977年以后,特别是进入80年代后,出现了各式各样的自由主义。有影响的国际关系自由主义理论包括:迈克尔·多伊尔和布鲁斯·拉西特

---

① Robert Keohane and Joseph Nye, eds., *Transgovernmental Relations and World Politics* (Cambridge: Harvard University Press, 1972).
② 罗伯特·基欧汉、约瑟夫·奈:《权力与相互依赖(第三版)》(门洪华译),北京大学出版社2002年版,第24—31页。
③ 同上书,第11—20页。

的"民主和平论"①，认为民主体制是和平的基本原因；商贸和平论，继承了亚当·斯密的思想，认为只要国际上有一个开放的商贸体系，国家就不会发动战争。梳理起来，共有五种形态的自由主义，即共和自由主义、相互依存自由主义、认知自由主义、社会自由主义和制度自由主义。② 各种理论纷纷出台，形成了繁荣阶段的高峰时期。

在诸多自由主义流派中，新自由制度主义的理论化程度最高，这主要归功于基欧汉。新自由制度主义在方法论上没有新的贡献，而是严格继承了科学方法论，坚持科学实在论和物质主义本体论，坚持国际关系中客观规律的存在和可发现性。从这个角度来说，沃尔兹和基欧汉都借鉴了微观经济学的理论，在理性主义这个大范畴中进行研究。新自由制度主义的根本突破始于对现实主义一个重大理论——霸权稳定论的批判。霸权稳定论是沃尔兹结构现实主义的典型范例，它的基本命题是：国际体系中实力分配的结构决定这个体系是否易发战争、是否稳定。霸权国可以遏止战争，一旦没有霸权国，则会狼烟四起。根据这个理论，霸权国在军事经济上占有绝对优势，且建立起规则、机制和制度来维持霸权地位，同时也维持着世界秩序。20世纪70年代中后期，人们普遍认为美国霸权衰退了，《大国的兴衰》反映了这种共识。该书的基本观点是任何大国都要衰退，基本原因是在海外的帝国战线太长，太多的承诺必然要消耗自身的资源基础。③ 根据霸权稳定论的基本理论，只有霸权国把自己的军事经济实力重新恢复到最高点，才能继续保持原有的规则、机制和制度，维持体系本身的稳定。基欧汉则认为，维持秩序既靠权力，也要靠制度，如一个国家或社区成员服从制度，在没有强权保障秩序时，仍然可以维持秩序，实现稳定。霸权国（指美国）在权力鼎盛时的1945年领导建立了一系列的国际制度，根据霸权稳定论的说法，霸权国一旦跌落，它所领导制定的制度也随之瓦解。但基欧汉指出，这种供应学派观点是不适当的，应当从需求角度思考这个问题。即便制度是霸权国提供的，但由于无政府体

---

① Michael W. Doyle, "Liberation and World Politics", *American Political Science Review*, No. 80, 1986; Bruce M. Russett, *Controlling the Sword: The Democratic Governance of National Security* (Cambridge: Harvard University Press, 1990); Bruce M. Russett, *Grasping the Democratic Peace: Principles for a Post-Cold War World* (Princeton: Princeton University Press, 1993).

② 参见 Mark Zacher and Richard Mathew, "Liberal International Theory: Common Threads, Divergent Strands", in Charles Kegley, ed., *Controversies in International Relations Theory* (New York: St. Martin's, 1995), pp.120—137。

③ Paul Kennedy, *The Rise and Fall of the Great Powers* (New York: Wiley, 1987).

系中国家对制度的需求,所以即使霸权国权力消退,已有的制度也不会全然瓦解,国际制度仍然可以是维持秩序的最主要的手段,促进国家间的合作。① 1984年,基欧汉出版了《霸权之后:世界政治经济中的合作与纷争》。作为新自由制度主义的代表作,该书从理论和实证两方面比较完整地提出了需求学派的制度理论,也使新自由制度理论成为众多自由主义流派中理论化最高的理论,标志着新自由主义理论的成熟。

除此之外,第三阶段还有两个值得注意的发展。第一,二战以后在英国出现的"英国学派"此间取得了重大进展。英国学派大致可以归为社会自由主义学派。早期重要学者马丁·怀特在卡尔分类的基础上,将国际关系理论分为现实主义、革命主义和理性主义,分别对应着霍布斯传统、康德传统和格劳秀斯传统。前两者类似于卡尔所说的现实主义和乌托邦主义,第三个则是怀特的贡献。国际社会不是霍布斯的互相征战的原始状态,而是有法律和准法律约束的社会性结构。怀特阐释的理性主义成为英国学派的基本理论出发点。布尔是英国学派第二代代表人物,其著作《无政府社会》在20世纪70年代冷战非常激烈之时提出可以建立一个有规则管理的国际社会。英国学派发展至今,出现了新的一代以及《国际社会与国际关系的发展》等代表作。② 布赞的《世界历史中的国际体系》发展了英国学派的核心思想。尽管他本人不承认自己属于什么学派,但布赞探讨国际社会向世界社会的演进,其方法论特征也已经比较明显,即从历史中提炼理论。③ 比如说,谈国际社会、国际体系,不像沃尔兹那样当成是超历史概念,而要研究在历史中的发展演变过程。这样,历史演进就成了英国学派的主要研究方法。与历史学家不同的是,这种历史演变的方法着重于在历史中提炼国际关系理论的概念,是史学与国际政治的融合,史料为政治学研究服务。这种方法的优点是有大的历史观,很容易形成一种发展和进化的理论;弱点是以科学观来看,英国学派的理论难以提出明确的因果关系假设,缺乏理论陈述的清晰度。④

第二,非主流理论对主流理论的抨击日趋尖锐。一方面,20世纪60

---

① 罗伯特·基欧汉:《霸权之后》(苏长和等译),上海人民出版社2001年版。尤其参见第二部分。
② 参见英国学派网站http://www.ukc.ac.uk/political/englishschool/。
③ 巴里·布赞、理查德·利特尔:《世界历史中的国际体系:国际关系研究的再建构》(刘德彬等译),北京:高等教育出版社2004年版。
④ Martha Finnemore, "Exporting the English School?" *Review of International Studies*, 2001, pp. 509—513.

年代发展起来的依附理论仍然在发展中国家有着很大的影响,沃勒斯坦的世界体系理论也在进一步发展之中。另一方面,非主流理论也开始与主流理论正面交锋。1984 年,基欧汉主编的《新现实主义及其批判》出版,收入了批判理论和后现代理论对新现实主义的质疑和批判。① 虽然主流理论后来没有高度重视非主流理论的力量,真正的对话并没有深入展开,但非主流理论的批判一直没有停歇,一批重要著作也相继问世。考克斯(Robert Cox)的《生产、权力与世界秩序》(1987)、林克莱特(Andrew Linklater)的《超越现实主义:批判理论与国际关系》(1990)、埃尔思坦(J. B. Elshtein)的《性别与国际关系》(1987)等都对国际关系理论发展做出了重大贡献,加大了第三阶段的争鸣力度,为下一阶段的发展奠定了基础。

## 四、国际关系理论的三足鼎立时期与建构主义兴起(1992 年至今)

1992 年至今是国际关系理论范式分野再显清晰的时期,标志是建构主义兴起并与现实主义、自由制度主义形成了三足鼎立的态势。建构主义在西方社会科学中一直非常重要,但在国际关系学中,现实主义作为主导理论的地位已经确立,建构主义则还没有形成完整严谨的理论体系,所以一直处于边缘状态。20 世纪 50 年代对欧洲一体化的研究表现出了建构主义的一些思想。例如,以米特兰尼(David Mitrany)为代表的功能主义学派、以哈斯(Ernst Haas)为代表的新功能主义学派、以多伊奇(Karl Deutsch)为代表的社会交流学派等。但由于冷战的反复和持续及欧洲一体化进程的曲折复杂,这些学派没有形成重大的影响。

20 世纪 80 年代末,奥努弗(Nicholas Onuf)把"建构主义"这一术语正式引入到国际关系学,并出版著作《我们创造的世界》。对国际政治学建构主义做出最大贡献的是亚历山大·温特。温特 1987 年在《国际组织》上发表了一篇以行动者和结构的关系为内容的文章《国际关系理论中

---

① 参见罗伯特·考克斯:《社会力量、国家与世界秩序》;理查德·阿什利:《新现实主义的贫困》。均载于罗伯特·基欧汉主编:《新现实主义及其批判》(郭树勇译),北京大学出版社 2002 年版。

的施动者—结构问题》,开始探讨国际政治的社会因素。[①] 1992年,温特发表了《无政府状态是国家造就的:权力政治的社会建构》,立刻引起轰动,建构主义国际关系理论开始得到广泛地关注,因此可作为国际关系理论发展进入第四个阶段的标志。温特的这篇文章质疑的是现实主义和自由主义研究的起点问题——国际体系的无政府性。现实主义和自由主义都把国际体系的无政府性作为事实接受下来,以此为起点开始研究。但温特指出,这种接受"无政府逻辑"的做法本身就值得质疑。"无政府逻辑"并非只是现实主义和自由主义接受的那种霍布斯逻辑,而是包括洛克文化和康德文化在内的多种逻辑。"无政府逻辑"也不是亘古不变的客观存在,而是行为体的社会实践中建构起来的社会事实,有别于自然科学中的自然事实。国家利益、权力政治这些现实主义的基本概念同样也是社会实践建构的产物。这些思想集中体现在温特1999年出版的《国际政治的社会理论》。这部著作与新现实主义的大作《国际政治理论》形成鲜明对照,被认为是20世纪国际关系学最后一本最重要的著作。

建构主义对现实主义和自由主义形成了根本性挑战,并逐步与后两者形成三足鼎立的局面,最根本的一条是它与现实主义和自由主义存在不可通约的在本体论观点,认为社会科学和自然科学有相同之处,也有不同之处,认识论、本体论、方法论三个方面的机械一元主义是不能成立的。建构主义强调观念的重要性,认为国际体系的物质性结构只有在观念结构的框架中才能具有意义。考察两个国家的关系,不要只看它们是否都有核武器或是否是邻国,也要看它们到底是敌人还是朋友。温特最常用的典型例子是,美国并不担心英国的一百枚核弹头,却十分害怕朝鲜的一枚核弹头。因为英美是朋友,而朝美是敌人。

现实主义仍在发展。当前具有代表性的现实主义理论是所谓的进攻性现实主义。它可被视为现实主义发展的第三个阶段,也是后冷战时期最典型的、最激进的现实主义,代表作是米尔斯海默的《大国政治的悲剧》。虽然这部著作的理论化程度不是很高,但现实主义意识却超过了以往的现实主义。进攻性现实主义从两个源泉获得了灵感:一是摩根索的权力论,二是沃尔兹的结构论。进攻性现实主义认为,国家的目的是保全自己的生存,因此权力是第一要素。但国际体系的无政府结构却决定了

---

[①] 这篇论文提出了施动者和结构互相建构的基本论断,开始系统地提出国际政治社会特性的具体研究问题。见亚历山大·温特:《国际政治的社会理论》(秦亚青译),上海人民出版社2000年版,译者前言。

国家永远无法知道自己拥有多少权力才能实现这一目标,所以国家必然追求无限大的权力,因而争霸也就成为大国关系的必然态势,争霸的结果又取决于经济和军事实力。① 进攻性现实主义认为大国争霸是国际关系的铁律,人是没有任何作用的,这是机械唯物主义的错误。因此,进攻性现实主义是极其悲观的现实主义,悲观程度超过了沃尔兹的新现实主义,甚至在某些方面也超过了摩根索的传统现实主义,摩根索还相信外交技巧在起作用,而外交技巧恰恰是人之所为。②

自由主义的发展也仍在继续。一是制度合作研究进一步深入,阿克塞尔罗德的复杂系统和合作进化理论可能是目前最尖端的合作研究,不仅研究国家在国际体系中通过复杂学习程序进行合作的问题,也研究其他行动者和生物体之间在复杂系统中的合作过程。③ 还有学者将自由主义的几个重要因素——比如相互依存、民主政体和国际制度——结合起来研究战争与和平问题,提出了三角和平的理论。④ 二是全球治理。在全球化发展迅速的阶段,以无政府治理为基本内容的合作性治理得到了进一步的拓展,多边主义与多边国际组织再度成为自由主义研究的重点之一。⑤ 与之相关的是软权力的概念,因为在全球治理中,仅仅依靠硬权力是远远不够的。⑥ 三是国内政治和国际政治的结合。自由主义从第三阶段起就开始注意国内国际政治的相关性。1988年普特曼提出了双层博弈模式,强调了国内和国际两个层面的关系。⑦ 海伦·米尔纳在1991年的一篇论文中就对以无政府性划分国际国内政治的做法提出了质疑。⑧ 到20世纪90年代中期,这一研究取向更加明显地朝着国内国际

---

① 约翰·米尔斯海默:《大国政治的悲剧》(王义桅等译),上海人民出版社2002年版,第1—13、42—78页。

② Hans J. Morgenthau, *Politics Among Nations*, Part Ten.

③ Robert Axelrod, *The Complexity of Cooperation* (Princeton: Princeton University Press, 1997).

④ Bruce M. Russett and John R. Oneal, *Triangulating Peace: Democracy, Interdependence, and International Organizations* (New York: Norton, 2001).

⑤ 詹姆斯·N. 罗西瑙主编:《没有政府的治理——世界政治中的秩序与变革》(张胜军、刘小林等译),南昌:江西人民出版社2001年版; John Ruggie, ed., *Multilateralism Matters* (New York: Columbia University Press, 1993).

⑥ Joseph Nye, *The Paradox of American Power* (New York: Oxford University Press 2003), pp. 72, 81, 162.

⑦ Robert Putman, "Diplomacy and Domestic Politics: The Logic of Two-Level Games," *International Organization* 42, 1998, pp. 427—460.

⑧ Helen Milner, "The Assumption of Anarchy in International Relations Theory: A Critique," *Review of International Studies* 17, Jan. 1991, pp. 458—507.

政治的结合部位和相互影响方面发展。①

## 五、国际关系理论发展的走向

从国际关系理论的沿革历程来看,国际关系理论发展可能会有以下几个走向。

第一,从强调循环向强调进化发展。回顾社会科学(不仅仅是国际关系理论)的发展,大理论有两种明显的思维取向。一种是认为整个理论体系是循环的,人的社会的运动也是循环的,汤因比的"文明循环论"和米尔斯海默的霸权轮回圈等都有着决定论的循环理论色彩。沃尔兹的新现实主义也是如此,认为只要国际体系的无政府性质不变,国际体系中的行为体都会围绕权力这一轴心运转,这是不可更改的客观规律。但理论发展到自由主义之后,很大一部分就不是这样了。自由主义的制度观是进化性理论。制度是人为的社会事实。基欧汉理论最简单的表述是"制度选择"——制度可以促成国家间的合作行为。若将人在建立制度方面的能动性考虑在内,就是人通过努力可以促成合作。如果这个命题确实反映了基欧汉的思想,那么意味着国际关系的整体发展可以走出循环圈,不断地向更趋合理的方向发展。建构主义则进一步突破机械的历史循环论,突出了人的观念的力量,重视人的实践活动的建构功能,强调了文化的作用。从循环理论走向进化理论的实质是关注人的能动性。如果说沃尔兹的理论是人失能的世界,基欧汉的制度自由主义则是人有限能动的世界,而温特的建构主义则是人积极能动的世界。人的能动是国际关系和历史的推动力,人的复活也是国际关系的希望所在。

第二,从权力政治向权利政治发展。在现实主义顶峰时期,权力变成了一切国际关系活动的核心。二战后,摩根索建立现实主义理论大厦时,权力就开始走向神话。如果以权力政治活动为目的的情况持续下去,人类是永远没有希望的。当然,在当今国际关系中,权力仍十分重要,没人会否认这一点。但是,也可以看到一种越来越清晰的理念轨迹,它在更多地向权利的方向发展。后现代国际关系理论、女权国际关系理论以及很

---

① 参见 Peter Katzenstein, Robert Keohane, and Stephen Krasner, eds., *Exploration and Contestation in the Study of World Politics* (Cambridge, MA.: The MIT Press, 1999), pp.23—30;罗伯特·基欧汉、海伦·米尔纳主编:《国际化与国内政治》(姜鹏等译),北京大学出版社 2003 年版。

大一部分建构主义理论都表现出这种迹象。即使把国家作为主要的国际政治行为体,作为国际社会的成员,国家之间争斗的原因很可能是权利没有得到承认而不是生存受到威胁。对等关系是要承认拥有平等的权利。即便对方再弱小,如果不承认对方的权利,就会形成不解之结。民族之间、个人之间又何尝不是如此。权力和权利是政治学中永恒的概念,核心问题是谁是目的、谁是手段。人类社会要想不断走向进步,就不应该忽视权利,并将权利视为目的、权力视为手段。如果说现实主义是权力政治理论,自由主义和建构主义则更加重视权利政治的历史性和现实性意义。

第三,从话语霸权向多元理论和方法论发展。如果说第一阶段是理想主义的天地,第二阶段是现实主义和科学方法论主导,第三阶段已经明显表现出多元态势,无论是理论还是方法论都是如此。无论哪个学者都很难说自己的理论就是唯一正确的国际关系理论,自己的研究方法就是国际关系研究方法。国际关系理论的现实是多种理论并存,多种方法并存,而且同一个研究中有并用多种方法的现象,即所谓的后实证主义的状态。除三大主流理论之外,还有深入发展中的批判理论、规范理论、女性理论、后现代理论;除了实证主义方法论之外,还有解释学方法论、解构方法论等等。① 这样的状态应该是正常状态,因为多理论、多方法论的竞争状态,才应该是"学问"的真实状态。

国际关系学是和现实结合很紧密的学科。从理论与现实的关系看,国际关系理论,除了威慑理论等非常具体的理论外,宏理论一般对国际关系实践没有立竿见影的效果,却有潜移默化的作用。从理论自身建设来看,它要解决的是最根本的问题,比如,我们是谁?世界是什么?国际关系是什么?理论本身的意义在于积累思想、传播学术,实现知识的生产和再生产。国际关系理论经过近百年的积淀和沿革,深化了人们对这个世界的认识,为社会科学的发展做出了自己的贡献,这是国际关系理论自身的学理旨趣。理论的根本功能是使人们对世界和人类的根本问题有更深刻的认识,从而能够使人类向更美好的未来发展。说到底,国际关系的根基是人与人的关系,国际关系学的终极关怀也应当是人。

本文原载《教学与研究》2004 年第 7 期。

---

① 参见秦亚青:《国际关系研究中科学与人文的契合》,《中国社会科学》2004 年第 1 期,第 80—81 页。

# 文化、文明与世界政治：
# 不断深化的研究议程

**内容摘要**

冷战之后，文化和文明开始进入国际关系研究范畴，虽然一直没有间断，但也没有形成有重大影响的研究议程。最近美国学者卡赞斯坦主编的论文集《世界政治中的文明：多元多维的视角》有可能推动建立以学术为主导的研究议程。本文使用结构—过程和冲突—融合两个向度构建一个分析框架，用以梳理世界政治中的文化和文明研究。这一框架将国际关系领域的文化和文明研究分为四个类型：结构冲突型、结构融合型、过程冲突型和过程融合型。这些研究类型从不同视角审视了文化和文明在世界政治中的作用，也反映了本体论和认识论的一些不同。文化和文明研究正在形成一个具有潜力的学术研究议程，中国的辩证思维方式可以丰富这一议程。

　　文明与文化作为重要研究内容进入国际关系领域并引起广泛关注主要是冷战之后的事情。冷战期间,美国国际关系理论的重点先是集中在对权力的考量上面,现实主义研究议程逐步完善,并以新现实主义的形成而达到巅峰。到20世纪80年代,学术研究议程的重点又转向了国际制度,新自由制度主义的出现使得自由主义研究议程形成气候,其后大量理论和经验研究完善了这一议程。从20世纪40年代到80年代,文明和文化始终不是美国国际关系理论研究的重点。英国学派从国际社会的角度出发,一直关心文化问题。布尔曾指出,两个或两个以上的政治单位在一起就可能构成一个国际体系,但由于没有文化纽带的连接,没有共同价值和身份,则无法形成国际社会。① 怀特也认为,如果没有一定程度的文化一致性,国际社会是难以形成的。② 不过,英国学派的研究在冷战期间并没有引起高度重视,因而也没有在国际关系领域形成有影响的文明和文化研究议程。

　　冷战结束伊始,美国学者亨廷顿的"文明冲突论"在世界范围内引起了极大的反响。将文明作为国际关系研究议程的做法确实有着开拓性的意义,以至现在国际关系学界的文明研究不可能避开亨廷顿的文明理论。但是,一方面亨廷顿的观点受到来自包括美国在内的世界各地学者的批判,另一方面亨廷顿的研究并非严格意义上的学理研究,所以,其后在学界并没有形成真正的国际关系研究议程。几乎与此同时,建构主义在美国兴起,加大了国际关系学界对文化的兴趣,但研究议程主要集中在身份认同和国际规范等方面③,至于文明、文化与世界政治的关系在建构主义框架之下也没有形成实实在在的学理研究议程。

---

① Hedley Bull, "Notes on the Modern International System," pp. 1—2, cited in Tim Dunne, *Inventing International Society: A History of the English School* (New York: St. Martin's, 1998), p. 126.

② Martin Wight, *Systems of States* (Leicester: Leicester University Press, 1977), p. 33.

③ Alexander Wendt, "The Agent-Structure Problem in International Relations Theory," *International Organization*, Vol. 41, No. 3, 1987, pp. 335—370;亚历山大·温特:《国际政治的社会理论》(秦亚青译),上海人民出版社2000年版。建构主义兴起之后,在其框架中比较成熟的研究议程是国际规范研究。从2000年之后,《国际组织》等重要期刊不断推出国际规范研究成果,现在已经基本形成了包含规范兴起、规范传播、规范式微和规范消亡的完整研究内容。关于规范研究议程的设定、发展和完善,参见秦亚青:《研究设计与学术创新》,《世界经济与政治》2008年第8期,第75—80页。

同时，由于文明和文化对世界政治的重要意义，冷战以后对文明和文化的研究始终没有间断。英国学派对文化和国际社会的研究在深入发展，美国国际政治学者对文化文明的重视程度也不断提高。更重要的是，非西方和非主流的国际关系研究对文化和文明的讨论已经开始。卡赞斯坦2010年主编的《世界政治中的文明》就试图发展一个具有高度学理意义的世界政治中文明和文化学术研究议程。① 世界政治中的文明和文化是逐步深化的研究议程，有着很大的学术潜力。本文试图建立一个分析框架，以梳理国际关系领域文化和文明研究的脉络，从比较文化和文明研究的视角，为文化和文明成为世界政治的学术研究议程提供一些基本的线索。

# 一、文化和文明研究的分析框架

从冷战以后的研究成果和文献来看，文化和文明在世界政治研究中出现了不少的成果。我们不妨从两个向度、四个方面对此进行一个简单但却比较系统的梳理，以厘清研究脉络，观察发展取向，发现新的知识增长点。

第一个向度是结构和过程。② 也就是说，文化和文明研究的切入点可以是结构性的或是过程性的。一个要素是结构。在社会理论中对结构有着多种的定义和解释，我们这里只选取其中几个要素进行界定。③ 从结构角度研究文化文明的方式强调：(1) 文化结构的整体特征，即结构是一个系统要素，是由文化单位构成的一个整体；(2) 文化单位的独立特征，即文化结构中的个体单位是独立的，独立的文化单位具有该单位区别于其他单位的本质属性；(3) 单位的互动特征，即文化结构中文化单位是互动的，互动受到结构的影响，互动可以改变其行为方式，但不能改变其

---

① Peter Katzenstein, ed., *Civilizations in World Politics* (London and New York: Routledge, 2010).

② 这一向度主要是根据我在另一篇文章中使用的分类方法。参见秦亚青：《关系本位与过程建构：将中国理念植入国际关系理论》，《中国社会科学》2009年第3期，第69—86页。Patrick Thaddeus Jackson采用了一个特性—过程(attributes vs. processes)的向度，与结构—过程向度有相似之处。参见Patrick Thaddeus Jackson, "How to Think About Civilizations", in Katzenstein, ed., *Civilizations in World Politics*, pp.176—200.

③ 〔美〕肯尼思·华尔兹：《国际政治理论》（信强译），上海人民出版社2003年版。

本质属性。① 比如,我们可以把世界视为一个整体的文明结构,其中伊斯兰文明、基督教文明、中华文明等是这一文明结构的构成单位或曰文明单位,它们之间存在持续不断的互动关系。

第一向度里面的第二个要素是过程。无论是文明也好,以文化价值为基础的国际社会也好,都可以被视为社会性过程。过程视角认为,行为体从一开始就处在复杂的社会关系网络之中,过程就是变动不居的各种关系。行为体只有在过程之中才有意义,其表征特性和本质属性都是与关系过程高度相关的。过程视角不是不重视行为体的所谓本质属性,但是认为过程本身有着独立的本体地位和运行动力,可以建构行为体的本质属性,因而也就可以建构行为体的身份和认同。② 因此,从过程角度研究文化和文明,也有几个重要的假定:(1)过程具有本体地位。过程不仅仅是为结构和单位互动提供背景和平台,过程本身可以塑造结构和建构行为体;(2)过程是由运动中的关系构成的。由于关系是流动的,所以行为体,无论是国家、国际社会还是文化,都是变化的,这不仅涉及其表征特点,也涉及其本质属性;(3)只有过程中的文化和文明才具有社会意义。随着哲学领域出现的实践转向,以实践共同体研究文明和文化的成果,比如伊曼纽尔·阿德勒对欧洲文明共同体的研究,就更多地强调了时间进化和实践过程的重要意义。③

当然,结构和过程更应当视为一种相互关联、相互影响的要素,它们不是分立的、互不相关的两个极端。一些成果显然是介于两者之间的:既有结构色彩,也有过程成分。但总体来说,以这种方式构建分析框架是合理的,因为重过程和重结构的研究起点出自不同的世界观和方法论。

第二个向度是冲突与融合。在国际关系学术研究的各种议程之中,冲突与合作始终是一个重要问题。文化和文明研究也是如此。西方国际关系的理性主义主流理论大多将冲突与合作视为行为表征,所以其解决方式也是行为导向的,比如理性选择,亦即以强力方式迫使或是以获益方式诱使行为体采取合作行为。但在另外一个层面上,冲突与合作可能更是一个世界观或是思维方式问题,也就是说,是将世界及其万物视为本质

---

① Qin Yaqing, "International Soceity as Processes: Insitutions, Identities, and China's Peaceful Rise," *The Chinese Journal of International Politics*, Vol. 3, No. 2 (2010), pp. 129—153.
② 秦亚青:《关系本位与过程建构》。
③ Emanuel Adler, "Europe as a Civilizational Community of Practices," in Peter J. Katzenstein, ed., *Civilizations in World Politics*, pp. 67—90.

冲突还是本质非冲突的问题,甚至是冲突还是合作是人类社会发展的第一推动和持续动力问题。

以冲突式思维审视文化和文明的,第一个关注点是空间。一方面承认世界是由多种文明和文化构成的,另一方面力图在每个文明中寻找本质属性,比如基督教文明和伊斯兰文明的不同定义性特征,以此来界定这个文明。然后寻找文明的不同之处,如果这些不同是本质属性上的不同,冲突就是不可避免的。文明不同于国家,所以冲突的内涵不是物质性实力,而是文化性基因。冲突式思维也并非决然认为文化和文明之间的冲突是无解的,但是,这种解决是一方消解另一方,是一种文明替代另一种文明,无论是通过软实力还是硬实力。历史上的十字军东征就是一个典型的例子。

以冲突式思维审视文化和文明的另一个关注点是时间。这种视角强调时间和历史的进化,认为文明和文化是在时间过程中变化的。从某种意义上说,这是一种过程式思考。但是,在这种思考中,首先是区分先进文化与落后文化,并且这种先进文化往往是定格在西方文明之中。比如,布赞认为,欧洲国际社会形成了新的基本制度(primary institutions),而中国等新兴国家遵循的是欧洲国际社会过去的诸如主权之类的制度,所以,中国崛起很难和平实现。① 阿德勒提出了现代文明和后现代文明问题,认为美国代表了现代文明,欧洲代表了后现代文明,所以文明的冲突会发生在美国和欧洲之间。② 这种先进与落后文明之间的冲突似乎是必然的,而冲突的结果也是先进的文明代替落后的文明。

以融合式思维审视文化和文明的,首先认为多元文明并非坏事,它们之间可以和谐并存,互相学习,互相融合。融合式思维试图在每种文化和文明中寻找共同的或是优秀的成分,共同的成分构成了共存的基础。优秀的成分会发扬光大,成为人类社会的基本价值。当年联合国秘书长安南发起的文明对话,试图将各种文明中的优秀成分提炼出来,比如中华文化中的"己所不欲,勿施于人"。③ 融合式思维认为多元文化和文明是可以共存共生的,并且世界原本就是这个样子。文化和文明的融合不是一

---

① Barry Buzan, "China in International Society: Is 'Peaceful Rise' Possible?" *The Chinese Journal of International Politics*, Vol. 3, No. 1 (2010), pp. 5—36.

② Adler, "Europe as a Civilizational Community of Practices," in Katzenstein, ed., *Civilizations in World Politics*, pp. 67—90.

③ 杜维明:《全球化与多样性》,载哈佛燕京学社编:《全球化与文明对话》,江苏教育出版社2004年版,第91页。

种文化取代另外一种文化和文明,而是在平等对话中交流沟通,在交往过程中、在保留自身文化传统和生活方式的情况下,形成新的文化和文明合体。

如果我们把这两个向度结合起来考虑,就会出现四种文明和文化的基本研究方式:结构冲突型、结构融合型、过程冲突型和过程融合型。下面我们用这一分析框架来梳理国际关系领域现有的文明和文化研究成果。

## 二、文化和文明的研究脉络

### (一) 结构冲突型

结构冲突型研究强调结构和结构单位之间的冲突。亨廷顿的文明冲突理论是这类研究的典型。冷战结束不久,亨廷顿提出的"文明冲突论"是十分引人注目的。① 他对文明的定义是"文化实体"②,将世界分为中华、日本、印度、伊斯兰、西方、拉美以及非洲等多个文明单位,由这些单位构成一种世界文明结构。接着他阐述了这些文明的不同本质属性。比如,他对西方文明本质属性的总结包括:古典遗产、天主教和新教、政教分离、法治、社会多元主义、代议机构和个人主义。③ 而伊斯兰文明的一个核心理念就是忠诚:对家庭、部族和部落的忠诚,对文化、宗教和帝国统一体的忠诚,这种政教合一的忠诚高于一切。④ 伊斯兰政教合一的基本生活方式与基督教的政教分离形成根本差异。亨廷顿接下来讨论了文明之间的基本关系模式:冲突。差异导致冲突,西方和非西方文明本质属性的差异将不可避免地导致它们之间的根本冲突。所以,他的结论是,冷战时期的意识形态和两大阵营冲突必将被不同文明单位之间的冲突所代替。

亨廷顿采用了一种简单化的方式来研究文明和文化。他只是使用物化文明的方法,用文明代替了国家,用文明的本质属性——价值与制度代

---

① 亨廷顿1993年在《外交》季刊上发表的关于文明的冲突的文章引起了极大关注,1996年亨廷顿基于此文撰写的著作出版。参见 Samuel Huntingdon, "The Clash of Civilizations?" *Foreign Affairs*, 1993, 72(3), pp.22—49; *The Clash of Civilizations and the Remaking of World Order* (New York: Simon and Schuster, 1996).

② 塞缪尔·亨廷顿:《文明的冲突与世界秩序的重建》(周琪译),新华出版社1999年版,第26页。

③ 同上书,第60—63页。

④ 同上书,第189页。

替了军事实力,思维方式与现实主义国际关系理论非常相似。对于亨廷顿来说,文明的冲突是必然的,这与现实主义学者米尔斯海默认为大国之间的冲突是必然的,在推理上没有什么区别。由于亨廷顿研究方法的线性简单和亨廷顿理论在学理上的严谨不足,所以学界对他的批判多于支持,采用这种简单主义研究的人也很少。但是他的观点影响很大,因为他毕竟在把文明带入国际政治研究并使之成为一种可能的研究议程方面做出了开拓性的工作。

英国学派的文化和国际社会研究虽然不是亨廷顿那样的强结构、强冲突论,而且在强调历史和社会因素的时候自然会涉及过程内容,但其结构形态仍是比较明显的。马丁·怀特认为全球性国际社会是不可能形成的,其重要原因就是两种不同基因的文化之间是不能融合的。① 布赞的观点虽然比怀特要乐观一些,但是他同样认为在现在的全球条件下,欧洲国际社会的扩展遇到巨大障碍,主要是来自其他国际社会的挑战和拒斥,比如东亚。布赞认为这种互动难以形成一个全球性的国际社会,所以他的解决方案是首先在文化基因相似的地区形成地区国际社会,比如欧洲国际社会、东亚国际社会等等。② 从根本上讲,冲突论者认为文化之间的冲突是不可避免的,也是难以解决的,除非一种文化中的基本制度和价值成为整个国际社会中的基本制度和价值。

### (二) 结构融合型

许多研究人员像亨廷顿一样,首先从文明的结构切入,然后厘清结构中的单元并界定单元的本质属性,继而再讨论文明之间的关系。这种研究方式对结构的重视程度直接受到结构主义的影响,比如卡赞斯坦实际上将文明大致分为美国文明、亚洲文明、伊斯兰文明、欧洲文明和印度文明,认为美国文明的本质属性是世俗自由主义,亚洲文明是亚洲价值(其中很大成分是儒家思想),伊斯兰文明是原教旨主义,欧洲文明是启蒙运动价值观念,印度文明则包含了对不同宗教、不同世俗思想、不同自由主

---

① Martin Wight, *Systems of States*. 其中一个基本观点被布赞凝练成一个假设:国家组成的国际社会如果没有共同的文化则是不稳定的。由于这个基本假定,英国学派不少学者认为世界社会是难以形成的。参见 Barry Buzan, "Culture and International Society", *International Relations*, Vol. 86, No. 1 (2010), pp. 1—25.

② 巴里·布赞:《权力、文化、反霸权与国际社会:走向更为地区化的世界秩序?》(刘伟华译),《世界经济与政治》2010 年第 11 期,第 16—33 页。亦参见 Barry Buzan, "Culture and International Society"; "China in International Society: Is 'Peaceful Rise' Possible?"

义和非自由主义流派的容忍。① 许倬云也认为:"今天世界有资格在未来世界文明中占一席之地的文明有中国文明、印度文明、伊斯兰文明、西欧系统文明等。"②

结构融合型虽然强调结构,但是却把结构中不同的文明单位之间的关系基本上视为是可沟通、可合作、可协调、可融合的。卡赞斯坦在《多元与多维文明构成的世界》一文中提出了一个重要观点,即文明是多元的,又是多维的。多元指的是在世界的文明结构中,存在不同的文明单位,它们经历不同、实践活动不同,因此也就成为不同的文明形态,比如当今世界的几大主要文明;多维指的是在同一文明之中,也存在不同传统,也会出现文明内不同群体的互动问题,比如西方文明中的纳粹德国还有美国文明内部的差异和竞争。卡赞斯坦认为,文明之间是可以互相沟通的,是一种互予互取的关系。并且,各种文明的交流会建构一个"吸收融合的世界:本土文化有选择地吸收外来文化,其规范与实践则因此而发生变化。……这是一种欲予欲取的文明进程,即信息、思想、价值、规范、认同等文化资源的交流吸收"③。这样就否认了多元文明并存并且必然冲突的结构冲突论观点。

不少学者持文明融合的观点。中华文明是世界的主要文明之一,中华文明在与其他文明交往的过程中,有大量地学习借鉴其他文明的地方,比如佛教从印度传入中国并本土化,形成了道释儒并存共生的情景。中国学者汤一介在《评亨廷顿的〈文明的冲突〉》一文中表达的也是一种文明融合的思想,认为"不同文化之间存在的冲突总是暂时的,而不同文化之间的相互吸收和融合则是主导的"④。伊斯兰文明虽然被一些人认为是具有暴力倾向的,但15世纪伊斯兰思想家伊本·赫勒敦(Ibn Khaldun)就认为东西方文明的对立和冲突是不存在的,伊斯兰不是西方的敌人。有观点认为伊斯兰文明是西方和东方文明的桥梁,也是古代和现代之间的桥梁。⑤

---

① 需要指出的是,卡赞斯坦是兼顾结构和过程。一方面他采取了结构的方式区分不同文明,另一方面在其论述中表现出对过程的高度重视。他明确指出:"文明不是一种条件,而是一种过程。"Peter Katzenstein, "A World of Plural and Pluralist Civilizations: Multiple Actors, Traditions, and Practices," in *Civilizations in World Politics*, p. 32.
② 许倬云:《中国文化与世界文化》,桂林:广西师范大学出版社2006年版,第204页。
③ 彼得·卡赞斯坦:《多元与多维文明构成的世界》(刘伟华译),《世界经济与政治》2010年第11期,第45—53页。
④ 汤一介:《评亨廷顿的〈文明的冲突〉》,载王缉思主编:《文明与国际政治:中国学者评亨廷顿的文明冲突论》,上海人民出版社1995年版,第251页。
⑤ Bruce B. Lawrence, "Islam in Afro-Eurasia: A Bridge Civilization," in Katzenstein, ed., *Civilizations in World Politics*, pp. 157—175.

### (三) 过程冲突型

过程是社会科学中的一个重要概念,并且越来越受到国际关系学界的重视。注重过程研究的学者不是否定结构,而是认为完全的结构化会将一个动态的世界和社会视为静态的物体。但是过程本身并不一定导致研究的合作性质,一些以过程为基本假定的文明研究成果也得出了文明冲突的结论。

比较典型的研究成果是近些年来对欧洲联盟的分析,阿德勒对于欧洲文明的研究就是一个例子。他没有采取结构的研究方式,而是将欧洲作为一个实践共同体(community of practices),这当然是社会科学从实体转入实践的一种表现。由于实践本身是一种行动者行动,连续的实践是行动者行动的过程。在连续实践活动中形成的行为方式也就成为文明共同体的标识。比如作为实践共同体的欧洲新文明的基本标识是"作为规范力量的欧洲"(normative power Europe),其实践特征是自我约束(self-restraint)。阿德勒一方面承认文明是社会建构的实体,但他观察的不是这种实体的本质属性,不是静态的"它们是什么",而是动态的"它们做什么",强调的是"我们应当将文明视为一种动态的、松散聚合的、多维的和异质共存的实践共同体,其实践活动延伸到哪里,文明的疆界也就在哪里"①。

阿德勒并没有脱离差异导致冲突的二元对立思维。他的研究结果是,不同实践活动导致不同文明之间的差异,而时间则成为过程中的重要因素。他用现代和后现代来界定这种时间过程的差异,并认为差异必然导致冲突。正因为如此,"欧洲和美国这两个实践共同体看来已经出现差异,也不再是西方文明阵营中的不同表现形态"②。所以,真正的文明冲突可能是这种现代文明与后现代文明之间的冲突。

### (四) 过程融合型

过程融合型认为过程是具有本体地位的,是了解和认识人类社会的主要切入点。因此,文化和文明也更多的是一个生成的过程。它在许多方面与中国传统中对中华文明的认识有相似之处。中国传统上并没有西方现代意义上的主权概念,中华文明的实践活动和生活方式延伸到哪里,中华文明的疆界也大约就在什么地方,并且这种疆界是以文明的标准而

---

① Adler, "Europe as a Civilizational Community of Practices," in Katzenstein, ed., *Civilizations in World Politics*, pp. 67—68.

② Ibid., pp. 86—87.

不是地理的画线来界定的,因而身份也是根据文化准则来界定的。所以才有"入中国则中国,入夷狄则夷狄"的说法,这就根本否定了结构型研究的本质主义观点。

过程的核心内容是社会性关系。中国人的思维是以关系为取向,注重过程中的关系,认为事物相互关联,行为体是关系中的行为体。正如郝大伟和安乐哲所说的,互系性(correlativity)是中国人的思维根基。[①] 世界万物都是相互关联,非关系中的行为体不是社会行为体,非过程中的事件是不存在的。这种思维同样认为世界上存在诸多两极偶对,但并不认为它们是相互对立、相互争斗的,而是认为它们相互依赖、互为补充。没有另一方,对立的一方就不可能存在,因为一方为另一方的生成、存在和转化提供条件。正因为如此,关系取向的思维方式更加强调环境而非独立的个体。由于环境主要是以复杂关系界定的,这种思维将社会看作是一个复杂的关系网络,不断交错运动的各种关系构成了过程,过程定义和改变个体事物或施动者的形式(行为)和性质(身份)。以关系界定的过程是社会最重要的特征。

从上面对过程冲突型研究的论述可以看到,以过程为切入点的研究并非认为过程性活动必然导致合作。恰恰相反,过程可以导向对立和冲突。在深层意义上,这涉及人类社会的发展动力是冲突还是和谐。在这个方面,中国辩证法可能提供了一个合作的本源性解释。成中英认为中国的辩证法是和谐辩证法,因为儒家和道家有着共同的形而上根基,即宇宙的本质是和谐或曰和谐化过程。冲突不是真正的哲学本体,冲突的存在和出现仅仅是为了获得生命中的和谐。冲突在本质上可以通过个体的自身调整以及自我与环境关系的协调而得到化解。中国式辩证法不认为正题和反题相互矛盾,而认为正题和反题实际上均为共题(co-theses)。合题总是正反两题的相互结合与相互包容,抑或共题间互融,而不是一方消解或消灭另一方。[②] 自我包含他者,A 可以成为非 A,反之亦然。这种

---

① David Hall and Roger Ames, *Thinking from the Han* (Albany: State University of New York: 1998), p. 235.

② 参见 Roland Bleiker, "Neorealist Claims in Light of Ancient Chinese Philosophy: The Cultural Dimension of International Theory", in Dominique Jacquin-Berdal, Andrew Oros, and Marco Verweij, eds., *Culture in World Politics* (New York: Millennium, 1998), pp. 89—115. 布莱克尔认为:"国际理论和西方概念的生成总体上一直是基于将对立的两极并置的传统,如理性与非理性、善与恶、正义与非正义、战争与和平、混乱与秩序等。每对对立物的一方在分析和概念化的过程中被认为是独立于另一方的。对立两极之间的关系通常表述为优越性、支配地位或此实体(如和平)的规范价值高于彼实体(战争)。"第 94 页。

包容性的实质就是过程,通过再造将自我与他者转化为一个新的合题。共题在本质上是非冲突的,因此它们间的根本关系是和谐而非冲突。① 运动中的关系界定变化的过程。我们看到世界上存在冲突和矛盾,这只是暂时或者表面现象,而不是本质特征,因为创造所有这些对立物的宇宙之道或本质在原初本体上是和谐的,文明和文化亦然。比如,杜维明对文明之间的对话实际上是描述了这样一种过程。他认为,文明的对话绝不是一方说服或压服对方的技巧,"它将通过分享对方的价值而建立相互理解并共同创造一种全新的生活意义"②。

我的《作为过程的国际社会》一文中主要是采用了这种过程合作型的研究方式。③ 中华文化或是中华文明是一个基于历史传承和现实实践的过程,在这个过程之中,中华文明与其他文明相互交流,既传递中华文明的核心理念和价值,也接受其他文明的理念与价值,所以中华文明也是一个生成的过程。如果将过程关系性思维逻辑用于文化和文明研究,任何文明和文化都是一个过程而非实体,一个由错综复杂且持续不断的实践关系构成的过程;全球文明也是一种生成(becoming)而非绝对意义上的存在(being),一种涉及施动者和制度的实践性生成。在和谐辩证法的逻辑里,不同文化以非冲突的方式互动,无论是空间上的不同文明形态(比如基督教文明、伊斯兰文明和中华文明),还是时间上的不同文明形态(比如现代文明与后现代文明),都在互动转化为一个相互包含而非同质的新的合体。

## 三、结　语

本文提出了四种研究文明和文化的基本类型。这些都是理想类型,在实际研究中,无论研究人员采用哪种方式,或多或少都会包含其他方式的成分,因为在现实世界里,这些方式的每一种都包含一些需要研究的重要内容,各自的研究成果都有重要的价值。当然,每一种研究类型也会有局限和缺陷。

从第一向度来看,到目前为止,结构型文明和文化研究仍然是一种主

---

① 参见成中英:《论中西哲学精神》,上海:东方出版中心1995年版,第182—184页。
② 杜维明:《全球化与多样性》,第84页。
③ Qin Yaqing, "International Society as Processes: Identities, Institutions, and China's Peaceful Rise."

要研究传统,其长处在于可以使研究变得十分清晰简约。如果我们将一个研究议程设定在结构层面,那么我们就会力图发现结构的本质特征、单元的本质属性以及具有该特征的结构和单元之间的因果关系。文明和文化研究显然要首先物化文明,将世界分为几个主要的文明单位,再寻找每个文明单位具有什么本质属性,然后讨论世界文明结构与文明单位之间的关系以及文明单位之间在具有某种本质属性(比如无政府状态)的世界文明结构中的关系。但是,结构型研究的根本问题是其静态的研究方式以及寻求稳定性和确定性的价值取向。如果将文明和文化都物化了,本质属性和特征就有了稳定性和确定性。在这个基础上,再分析它们之间或是它们与结构之间的关系就变得比较容易和明确。但结构型研究的最大问题也正是这种静态假定,因为文明和文化本身是动态的、变化的,比如阿德勒将欧洲文明视为后现代文明,布赞将欧洲国际社会的基本制度视为由威斯特伐利亚时代的主权和领土发展到当今的人权与绿色和平,这都说明文明在发生变化。这种变化可能在文明内部多维元素之间发生,也可能是与其他文明交往和相互影响的结果。如果不将这种变化考虑在研究议程之中,就会忽视人类社会以及人类实践创造的文化和文明的重要方面。沃尔兹的理论难以解释,因而无法预判冷战结束这一巨变,这也部分地说明了结构研究的这种缺陷。

过程型研究比较充分地考虑了文化和文明作为人类实践过程的重要意义和作为生成过程的变化特征。这在关键转型期尤为重要。比如从前现代转入现代,从现代转入后现代,再比如中国从国际社会的非成员转为重要成员等等。作为互动实践和流动关系的过程为这种转型提供了动力,构成了基本的文化力。研究这种过程,就容易追踪变化和变化趋向,就可能发现文明和文化的继承和演进。当我们从试图寻求确定性走向探索不确定性的时候,过程型研究就为我们提供了一条新的研究路径。如果不是将中华文明和欧洲文明视为两个独立和具有不同本质属性的实体,我们可能会更好地揭示这两大文明之间关系的发展、实践的相互影响和理念的互予互取。但是,过程型研究的局限是,虽然它比较容易发现变化,但是相对忽视文化和文明的黏稠性。再就是所有动态研究所带来的设计难题,当然,这也是世界、人的认识和人类知识的发展对研究设计和研究议程提出的挑战。

冲突型和融合型研究也是如此。从某种意义上讲,对冲突与合作的认识和文化建构的思维有关,但这是涉及本源的冲突与合作问题,也就是说事物从根本上说是冲突还是合作,它与人之初,性本善或性本恶或本无性等观点有相似之处。这是哲学意义上的问题,比如黑格尔辩证法的本源冲突思维和中国辩证法的本源和谐思维。但在现实世界中,冲突和合作都是人的实践活动。因此,冲突型研究可以揭示冲突的许多条件。戴维·康指出,朝贡体系时期中华文明圈内的国家之间(中国、韩国、越南以及其他东南亚国家)很少发生重大战争,但中国与中华文明圈外的国家(北方游牧国家)却比较容易发生战争。再深入下去,可能就会发现更多的与文明有关的冲突或是合作发生、发展的条件和结果。[①] 无论如何,发现文明之间冲突或是融合的条件,目的都应该是消解前者而促进后者。

文化和文明作为国际关系的研究议程还处于刚刚起步阶段,许多研究问题已经提了出来,不同研究路径和研究方式也已经出现,各类成果也越来越多。同时,对文明的研究一方面仍然表现出很强的现代性,另一方面其研究取向已经出现了从本质主义向后本质主义的转型,当人们从不同的本体论和认识论角度来审视文明的时候,文明研究可能会出现新的视野和新的内容。[②] 但是,与社会学、人类学等领域比较起来,国际关系学界对文化和文明的研究仍然十分稚嫩。在当今世界发生重大变化的过程中,文化和文明对于世界政治的影响已经越来越明显。如何在学理上发展和深化文化和文明研究议程,仍然是一个具有深刻意义的问题。

本文原载《世界经济与政治》2010年第11期。

---

① David Kang, "Civilization and State Formation in the Shadow of China," in Katzenstein, ed., *Civilizations in World Politics*, pp. 91—113.
② 魏玲:《后本质主义文明与国际政治》,《世界经济与政治》2010年第11期,第34—44页。

# 行动的逻辑：西方国际关系理论"知识转向"的意义

**内容摘要**

国际关系理论研究的重点之一是国际行为体行动的逻辑。西方国际关系理论近年来出现了一个新的发展趋势，即从原来讨论行动的实在性原因转向探究行动的知识性原因，主要表现是实践理论的兴起。国际关系主流理论一直试图发现国家行动的实在性因变量，比如现实主义、自由主义和建构主义分别将国际体系结构、国际制度、国际规范作为国家行动的重要原因。实践理论转而探索知识对行动的作用，将知识分为表象性知识和背景性知识两类，前者导向理性行动，后者导向自发行动。由于行动在大部分时候和大部分情境中受到背景性知识引导，背景性知识才是行动的主要驱动和基本逻辑。因此，促成行动的基本要素不是理性，而是行动者的历史、经历、文化和实践。这种新的趋势可以称为"知识转向"。知识转向的意义不仅在于提出了新的行动逻辑，挑战了西方主流理论的理性主义假定，更重要的是为"他文化"语境中的社会理论创新开拓了合法性空间。

国际关系理论研究的核心内容是国际行为体行动的逻辑。过去五十多年里，西方国际关系主流理论讨论的是实在性原因因素。以美国现实主义、自由主义和建构主义三大流派为主导的国际关系理论都试图发现一个单一的、最重要的因变量，用以解释国家行动的原因，比如权力结构、国际制度和国际规范。主流理论之间的论争往往集中在哪一个单一原因变量更具解释力，实证研究也多是验证这些变量中哪一个更符合客观事实。但是，如果从这些具体变量上升到知识概念，就会提出不同的研究问题：实在性因素背后的知识结构是什么？知识和行动之间是否有着重要的关联？什么样的知识对行动者的行动具有重要的影响？

上述问题指向一个不同于主流理论整体思路的研究议程。而这一研究议程表明：西方国际关系理论在经历了几十年对实在性行动原因的讨论之后，出现了一个重要的转折，即转向对知识和行动关系的关注。虽然这一转折还没有广泛应用于对具体国际事务和政策的研究，西方学者还没有意识到知识和行动的关系涉及一个更为根本的所谓"他文化"以及"他文化"理论创新问题，但理论层面的讨论已经显示出重要的意义和广阔的空间。从表象性知识（representational knowledge）走向背景性知识（background knowledge）、从理性主导走向实践本体已经成为西方国际关系理论发展的一个新走向，也是最近十年来国际关系理论最重要的一个转向，笔者将国际关系理论研究中出现的这种以知识为核心、讨论知识与行动关系的研究议程和辩论焦点称之为"知识转向"。这一转向的实质是探讨何种知识是行动的主要驱动力，而这将直接导向理论的文化建构问题。

# 一、西方国际关系理论中的三种行动逻辑

行动逻辑指的是行动的原因机制。国际关系研究对于行动逻辑的论述受到美国三大主流理论的影响。三大主流理论之所以成为不同的理论流派，主要是因为每一流派都提出了一个主要的、单一的行动原因：新现

实主义强调国际体系结构,新自由制度主义强调国际制度,而建构主义则强调国际规范。近年来,实践理论在国际关系领域兴起,提出了不同的行动逻辑,使得国际关系研究从实在性要素转向知识性要素,从一种知识的一统天下走向对多元知识的重视。这种趋势就隐含在西方国际关系理论中几种主要逻辑即理性主义的结果性逻辑(logic of consequences)、建构主义的适当性逻辑(logic of appropriateness)①和实践理论的实践性逻辑(logic of practicality)的发展进程之中。

### (一)理性主义理论与结果性逻辑:利益决定行动

理性主义国际关系理论主要包括现实主义和自由主义,尤其以新现实主义和新自由主义影响最大,两种理论遵循的均是结果性逻辑。结果性逻辑的基本内涵是:行动者采取行动的基本动因是利益权衡。行为体是理性人,在面临决策情景时,能够通过成本效益分析,将手段和目的密切联系在一起,从而理性地选取那些可以最大限度实现目的的手段,即成本效益比最好的方式,并采取行动。但两种理论在什么因素决定行为体的利益权衡这一问题上提出了不同的核心变量。

新现实主义强调"结构选择",认为国际体系的物质性权力结构或曰实力分布是决定利益权衡的主要动因,亦即结构决定行动。美国学者沃尔兹借鉴现代物理学和微观经济学的理论构建方式,在20世纪70年代系统提出了简约的结构现实主义理论。这一理论被广泛应用于分析国际政治的现实,比如,沃尔兹本人就认为两极更加趋于稳定,多极则更加趋于动荡,因为两极的确定性成分高,便于国家进行准确的理性权衡。② 这种将体系内实力分布的状态与国家行动联系起来的做法,是理性因果论的典型代表,实力这种显见要素决定了行动者的利益权衡,因此也就决定了行动者采取什么行动。比如新现实主义框架内的权力转移理论的基本观点就是,当国际体系中顶端权力结构发生变化即当挑战国实力接近霸权国实力的时候,处于权力顶端的国家最容易采取战争行动。在这种情况下,守成霸权国担心的是最强有力的崛起国的挑战,而崛起的挑战国也会认为自己应该在国际体系中具有更加重要的位置,甚至是霸主或

---

① 关于结果性逻辑和适当性逻辑,参见 James March and Johan Olson, "The Institutional Dynamics of International Political Order", *International Organization*, Vol. 52, No. 4, 1998, pp. 943—969; Robert Nalbandov, "Battle of Two Logics: Appropriateness and Consequentiality in Russian Interventions in Georgia", *Caucasian Review of International Affairs*, Vol. 3, No. 1, 2009, pp. 20—36。

② 参见肯尼思・华尔兹:《国际政治理论》(信强译),上海人民出版社2008年版。

准霸主地位。实力越是接近,权衡越是容易出现误差。双方根据各自的力量以及力量对比,认为或是误认为可以战胜对方,所以发生战争的概率相当高。而当霸权国与挑战国实力有着明显差距的时候,国家采取战争行动的可能性就会很小。因为霸权国和挑战国都是理性行为体,都知道存在明显的权力差距,霸权国没有必要使用战争这种代价最高的工具,而挑战国明知若战必败,也自然不会使用战争来达到自己的目的。①

新自由制度主义强调"制度选择",认为国际制度决定利益权衡,亦即制度决定行动。新自由制度主义的一个基本假定是,国家需要获得利益,获得利益需要进行国际合作。国际体系的无政府性是新现实主义的前提假定。新自由制度主义的领军学者基欧汉一方面接受现实主义这一前提假定,另一方面则提出了以制度为核心的行动逻辑观,指出国际制度可以克服无政府性、促成国家采取合作行动。② 新现实主义认为,国际体系的无政府性决定了国家之间的合作是无法保障的:由于国际体系中没有一个超越国家的权威裁判机构,国家为了获取自己的最大利益,很容易采取欺骗行为,诱使对方采取合作行动,而自己采取不合作行动。各方均以此种理性进行权衡,结果只能是陷入囚徒困境的博弈之中,双方都无法获得最大的共同利益。新自由制度主义明确提出了国际制度这一变量,认为国际制度是解决这种困境的最好办法,因为国际制度为利益权衡提供了确定性很高的依据。交往双方依据国际制度行动,就会加大信息透明,减少交易成本,使合作成为可能。国家的理性权衡也很明显:如果依照国际制度办事,就会在交往中通过合作获得绝对收益;如果不依照国际制度办事,则会受到惩罚。即便不是即时的惩罚甚至会获得某种即时的收益,在其他领域和未来的交往中也会像信誉不佳的公司一样,给自己蒙上不可逃避的"未来阴影",难以实现重大和长远利益。作为一个理性人,国家会以整体、长远思考进行权衡,为获得自我最大利益而遵守国际制度并且需要国际制度来保障自己的利益和加大获取利益的确定性。③

---

① 参见 A. F. K. Organski and Jacek Kugler, *The War Ledger* (Chicago: University of Chicago Press), 1980.

② 参见罗伯特·基欧汉:《霸权之后:世界政治经济中的合作与纷争》(苏长和等译),上海人民出版社 2002 年版。

③ 参见 Robert O. Keohane, *International Institutions and State Power* (Boulder, San Francisco, and London: Westview, 1989)。

到目前为止，理性主义的结果性逻辑是国际关系理论中颇具影响力的行为逻辑，行动者采取什么行动主要来自利益权衡，决定利益权衡的或是体系结构或是国际制度。这是西方国际关系主流理论阐释的基本逻辑，也深刻影响到国际关系的政策领域。

## （二）建构主义理论与适当性逻辑：规范塑造行动

建构主义国际关系理论在 20 世纪最后十年兴起，并迅速发展成为西方主流国际关系理论之一。建构主义的基本观点是"文化选择"，国际体系文化范畴内的重要变量"国际规范"成为建构主义的重要研究议程。对于建构主义而言，行动逻辑是适当性逻辑。所谓适当性逻辑，就是行动者采取行动的基本动因是对行动是否合乎社会规范的思考，亦即规范决定行动。虽然西方主流建构主义提出了一些重要的理论概念，包括身份、认同、规范、文化等，但到目前为止，最成熟的研究议程是国际规范研究。建构主义认为，在一个规范的社会环境中，行为体会认同现有的规范结构和规则体系，采取与自我身份相符合的行动。长此以往，行动者会内化这些规范，从盲目服从到学习内化，再到自觉服从。[1] 温特讨论了国际体系的三种文化。在霍布斯文化中，国家的身份是敌人，行动者可以采取一切手段，包括极端暴力的手段达到目的，因为霍布斯丛林的规范就是物竞天择，适者生存。在洛克文化中，竞争合作成为基本规范。国家是竞争对手，竞争包含了冲突与合作，但消灭对方已经不是目的，生存且允许别人生存是洛克文化的基本规范，所以，国家的适当行为是通过竞争与合作寻求发展。而在康德文化中，国家的身份是朋友，非暴力成为基本规范，一切暴力手段都不应当存在也不会存在，因为暴力不是朋友身份应该采取的行动。[2] 当然，即便是内化，也是一个理性学习的过程，是一个从不知其然到知其然再到不问其然的过程。[3]

---

[1] Jeffery Checkel, "International Institutions and Socialization in Europe: Introduction and Framework," *International Organization*, Vol. 59, No. 4, 2005, pp. 801—26; Alexander Gitsciu, "Security Institutions as Agents of Socialization," No. 4, 2005, pp. 973—1012; and Amitav Acharya, "How Ideas Spread: Whose Norms Matter," *International Organization*, Vol. 58, No. 2, 2004, pp. 239—75.

[2] 亚历山大·温特：《国际政治的社会理论》（秦亚青译），上海人民出版社 2000 年版。

[3] Jeffery Checkel, "International Institutions and Socialization in Europe: Introduction and Framework."应指出的是，虽然建构主义在本质并没有摆脱价值理性思维，但建构主义强调规范内化，内化后的规范往往成为行动者不假思索的行动导向。因此，较之理性主义，建构主义已经弱化了理性权衡的假定。

建构主义的规范传播研究具体地反映了这种思路。① 西方主流理论对规范传播的研究多是基于"好规范"假定或者说是"好规范偏见",即假定国际体系中的主导规范是"好"的,是可以促进国际生活向更加文明、更加先进的方向发展的。另外,这类研究还有一个隐含假定,即国际体系中落后的国家需要学习和内化这些"好规范",以便使自己也进入文明社会的先进国家行列。② 换言之,这类"好规范"提供了适当性行为的基本标准。一旦国际组织教会了后起国家或是后起国家学会了这类规范,它们的行为就具有合规范性;一旦这些国家内化了规范,它们在采取行动的时候也就有了基本的依据:符合规范的就做,不符合规范的不做。行动是否符合规范成为是否采取行为的主要动因。

建构主义经过二十多年的发展,产生了很大的影响力。国际规范研究以及适当性逻辑已经成为国际关系的重点研究议题。虽然也有学者批判"好规范偏见",但规范研究不仅成为国际关系的主流议程,而且在国际关系的政策领域也产生了重要的影响,比如国际组织对规范传播力度的加大以及跨国行为体对规范生产、传播和普及的高度重视等等。

### (三)实践理论与实践性逻辑:实践引导行动

实践理论在社会学领域的研究成果进入 20 世纪之后受到国际关系学界的更多关注,已经成为国际关系理论界最具活力的理论取向。③ 实践理论取向在国际关系领域最初显现于世纪之交对安全共同体的研究中,包括伊曼纽尔·阿德勒的一系列文章以及他和巴奈特主编的《安全共

---

① 关于规范理论研究成果,参见玛格丽特·凯克、凯瑟琳·辛金克:《超越国界的活动家:国际政治中的跨国网络》(韩召颖等译),北京大学出版社 2005 年版;Edward Keene, "A Case Study of the Construction of International Hierarchy: British Treaty-Making Against the Slave Trade in the Early Nineteenth Century", *International Organization*, Vol. 61, No. 2, 2007, pp. 311—339; Mark L. Haas, "The United States and the End of the Cold War: Reaction to Shifts in Soviet Power, Policies, or Domestic Politics?" *International Organization*, Vol. 61, No. 1, 2007, pp. 145—179; Ryder Mckeown, "Norm Regress: Revisionism and the Slow Death of the Torture Norm", *International Relations*, Vol. 23, No. 1, 2009, pp. 5—25。

② 参见玛莎·费丽莫:《国际社会中的国家利益》(袁正清译),杭州:浙江人民出版社 2001 年版。

③ 参见西奥多·夏兹金、卡琳·诺尔·塞蒂纳、埃克·冯·萨维尔主编:《当代理论的实践转向》(柯文、石诚译),苏州大学出版社 2010 年版。亦参见 Emanuel Adler, *Communitarian International Relations: The Epistemic Foundations of International Relations* (New York: Routledge, 2005); "The Spread of Security Communities", *European Journal of International Relations*, Vol. 14, No. 2, 2008, pp. 195—230; Emanuel Adler and M. Barnett, eds., *Security Communities* (Cambridge: Cambridge University Press), 1998。

同体》。但当时的研究仍是在建构主义框架中进行的,研究议程也主要围绕建构主义提出的核心概念展开。2002年,国际关系理论期刊《千禧年》(*Millennium*)出版专辑,讨论了杜威对社会理论的影响与国际关系领域的"实用主义转向",为实践理论在本体论和认识论上具有独立地位奠定了基础,也使其开始脱离对建构主义的依附,导向了以实践为理论硬核的研究路径。总体上看,国际关系领域的实践理论主要是美国之外的学者提出的,领军学者为加拿大多伦多大学(University of Toronto)的伊曼纽尔·阿德勒和麦吉尔大学(McGill University)的文森特·波略特。2008年,波略特在《国际组织》上发表了论文《实践性逻辑:安全共同体的实践理论》,这是实践理论在国际关系学界最重要的主流期刊上发表的系统理论论文,表明实践理论开始受到西方主流学界的关注。2011年剑桥大学出版社最具影响力的国际关系理论系列丛书出版了两人主编的文集《国际实践》。这部文集对实践理论做出了系统的论述,并试图将这一理论应用到国际关系的不同领域,成为这一理论系统化的标志性著作,也是实践理论经验性研究的开始。

实践理论突出的是"实践选择",即实践引导行动。建立在实践理性基础上的实践性逻辑认为,实践活动本身是行动实施的主要驱动力量。实践理论学者对实践做出了这样的定义:"实践是适当行动的实施。更加具体地说,实践是具有社会意义的有规律行动,这类行动具有不同程度的适当性,同时包含并展现背景性知识和话语,并可能物化这样的知识和话语。这类行动在物质世界中发生,也会对物质世界产生影响。"①在国际领域的实践活动也就被定义为"与世界政治相关的有组织的社会性行动"②。行动者的行动不是单纯的利益权衡使然,也不是单纯的规范思考使然,而是他们每时每日的实践活动使然。这种实践就是与行动者资质相符合的日常行动。换言之,物质因素和理念因素都会发生作用,但两种因素的作用是在实践活动中结合产生并发挥出来的,物质和理念因素通过实践促成了行动。实践是物质和理念之间的桥梁,没有实践,物质不能产生意义,理念也无法成为行动。③

---

① Emanuel Adler and Vincent Pouliot, eds., *International Practices* (Cambridge: Cambridge University Press, 2011), p. 6.
② Ibid.
③ Vincent Pouliot, "The Materials of Practice: Nuclear Warheads, Rhetorical Commonplaces and Committee Meetings in Russian-Atlantic Relations," *Cooperation and Conflict*, Vol. 45, No. 3, 2010, pp. 294—311.

国际关系中的实践理论最重要的贡献是将知识要素突显出来,使物质和理念因素与实践活动、实践活动与知识类型密切联系在一起。行动者的知识是通过长期实践而积累起来的经验知识,亦即实践定义中的背景性知识,正是这一要素推动行动者采取某一种行动而非另外一种行动。比如安全共同体这种非暴力的国际社会群体形态,不像制度主义所说的那样,是国际制度将这些国家联系在一个合作的约束性制度框架之中,也不像建构主义所说的那样,是好规范的产生、传播、内化使共同体成员完全放弃使用武力。实践性逻辑认为,安全共同体的形成是共同体成员经过长期的实践,逐渐形成了一种共有知识和相互默契,使他们不会将使用武力作为一种行动选项加以考虑,也不会认为其他成员会使用武力解决争端。换言之,他们在处理彼此关系的实践活动中,自然而然地诉诸外交手段。[①] 他们之所以这样做,是因为在日常实践互动中形成了这种思维方式和行为方式,或者说这就是他们的日常实践活动。行动者也会进行理性的思考,但理性思考不会也不可能超出他们日常实践的范畴。

在实践中直接驱动行动的是实践意识。实践意识是行动者对自己如何进行某种博弈的直觉把握,当行动者遭遇一个社会境域的时候,过去的经验就会被激活,呈现于现在,并自动地告诉行动者应该怎样去做。也就是说,行动者往往不是经过缜密的理性思考和理性设计之后才采取行动,而是更多地依靠过去的经验,瞬间将这些经验集中到当下的决策情景上面,做出判断并采取行动。实践意识既不是单纯的结构性因素,也不是单纯的个体性概念,实践意识的形成是外部性内化和内部性外化的辩证过程,也就是说,社会境域这一外部因素被摄入行动者个体的习性之中,同时,行动者个体习性这一内部因素被投射到社会境域中。在这种交集中产生了认识、判断、决定和行动。

实践性逻辑与结果性逻辑或适当性逻辑有着根本的不同。结果性逻辑的基本假定是行动者会采取收益最大的行动;适当性逻辑的基本假定

---

[①] 伊曼纽尔·阿德勒:《欧洲文明:实践共同体视角》,载彼得·卡赞斯坦主编:《世界政治中的文明:多元多维的视角》(秦亚青等译),上海人民出版社 2012 年版,第 74—101 页;Emanuel Adler, "The Spread of Security Communities: Communities of Practice, Self-Restraints, and the NATO's Post-Cold War Transformation," *European Journal of International Relations*, Vol. 14, No. 2, 2008, pp. 195—230; Emanuel Adler and Patricia Greve, "When Security Community Meets Balance of Power: Overlapping Regional Mechanisms of Security Governance," *Review of International Studies*, No. 35, 2009, pp. 59—84; Vincent Pouliot, "The Logic of Practicality: A Theory of Practice of Security Community," *International Organization*, Vol. 62, Spring, 2008, pp. 257—288.

是行动者会采取符合主导社会规范的行动;而实践性逻辑则是行动者会依照实践的经验采取某种行动。所以,结果性逻辑表述的是对目的手段反思后的行动,适当性逻辑表述的是对身份规范反思后的行动,而实践性逻辑则是未经反思的、由实践"自然而然"促成的行动,是从实践经验中自然流淌出来的。① 即便行动者似乎是经过认真思考和理性权衡之后采取行动,这种思考和权衡也无法超越行动者实践活动的范畴。比如对待同样的事件,东方人和西方人所做的"理性"决定可能截然不同。简言之,现在所遇情景,激活内在习性,促成未来行动,整个过程是弱意识的自然反映,这就是实践性逻辑。

## 二、西方国际关系的知识转向:
## 从表象性知识到背景性知识

上述有关"行动逻辑"的三种理论模式,就其本身而言,仍然是在讨论什么要素构成了行动的原因。但是,如果超越这些具体原因机制的范畴,就会发现西方国际关系的理论研究经历了现实主义、自由主义、建构主义之后,出现了实践理论。这个过程使得理论构建一步一步地从理性思维转向人们的日常实践,从超然理论转向行动者作为社会人活动和习性的理论,从表象性知识转向背景性知识。这种知识转向才是新近西方国际关系理论发展的深层意义所在。

### (一) 表象性知识与背景性知识

知识可以被分为表象性和背景性两类②,而对两种知识的理解和认识直接影响了人们对行动逻辑的解读,也构成了知识转向的主要内容。表象性知识是西方自启蒙运动以来的主导型知识论观点,是现代自然科学和社会科学的基础。表象性知识是人通过大脑的反思产生的知识,是思维和分析的结果,是强意识的、抽象的、可以言明的系统知识。③ 所谓表象,就是以抽象的形式再现客观世界的规律。所以,表象性知识被视为人通过理性思考之后对真实世界的真实写照,是普适性知识,是通则和规

---

① 最近出现的习惯性逻辑则更加强调行动的自发性和无意识。参见 Ted Hopf, "The Logic of Habit in International Relations", *Journal of European International Relations*, 16 (4) 2010: 539—561。

② 参见 Pouliot, "The Logic of Practicality"。

③ *Ibid.*, p. 260.

律。表象性知识不是来自具体的情景、不以具体地域和文化的经历为基础,而是来自理性人对世界的客观观察、抽象思维和真实再现。从定义上讲,表象性知识就具有普遍意义,不以地域环境文化等具体地方性要素为转移。现代西方社会科学寻求普适性通则的做法,就是受表象性知识影响的集中体现。

在相当长的一段时间内,表象性知识的主导地位主要来自笛卡尔的二元主义以及因之产生的理性主义传统。① 二元主义本体论的核心是二元分离,认为世界是由两种存在形态构成的,一种是"物体"(things),一种是"思想"(thoughts)。前者指观察者所观察的对象,后者是观察者对所观察对象的理性抽象,所生产的知识也就是对客观世界尤其是客观世界规律的重现。根据这种观点,世界分为现实的世界和知识的世界。知识的世界是由表象性知识所构成的。② 正是人的灵魂与肉体的二元分离,思想与物体的二元分离,以及人的灵魂或心智被赋予的超然能力,使得知识的性质被赋予重要的特征:知识只有通过人的抽象思维才能被生产出来,客观世界只有通过人的反思才能再现出来。这种思想在知识生产中有着特殊的意义,因为只有人以其超然能力进行抽象分析和思维,才能生产出普适性的知识,这样的知识也必然是反思性和充满能动作用的。

与表象性知识不同,背景性知识是指无意识的、非表象的、无以言明的知识。背景性知识主要是来自行动者的经验知识,是行动者通过长期的自身经历获得的知识,是长期实践过程的自然沉淀积累。背景性知识具有与表象性知识不同的特点。③ 第一,背景性知识是地方性的、具体的、自下而上的。由于行动者的行动只能在具体场景中发生,背景性知识必然是地方性的,是在具体经历和实践中自下而上产生的,而不是自上而

---

① C. Robert Mesle, *Process-Relational Philosophy*: *An Introduction to Alfred North Whitehead* (West Conshohocken, Pennsylvania, 2008), pp. 20—30; Victor Lowe, *Understanding Alfred North Whitehead* (Baltimore: John Hopkins University Press, 1966).

② Patrick Thaddeus Jackson, "Foregrounding Ontology: Dualism, Monism, and IR Theory," *Review of International Studies* (2008), 34, 129—153.

③ 参见 Pouliot, "The Logic of Practicality"。还需注意的是,表象性知识和背景性知识不同于我们通常理解的理性知识和感性知识。感性知识和理性知识是认识论范畴的现代性概念:前者指人的感官对客观事物的印象,反映了事物的现象和外部联系;后者指在感性知识基础之上的推理判断,反映了事物的规律和内在联系。感性知识是认识的初级阶段,理性知识则是认识的高级阶段,两者在实践中统一起来。表象性知识和背景性知识是知识论范畴的概念,前者指来自理性思考的抽象知识,后者指来自实践活动的经验知识,两者没有高低阶段之分。与实践密切相关的主要是背景性知识,故亦称实践知识(practical knowledge)或是非言明知识(tacit knowledge)。

下的、由人脑通过抽象思维产生的高度普适性知识。第二，背景性知识是弱意识的、高自发性的。也就是说，行动者在获取这类知识的时候，并不是有意识地去思考，而是通过自己的实践活动自然习得而来。第三，这种知识是弹性的、变化的。表象性知识的一个重要特点是寻求确定性，是发现通则性的恒定规律，确立探讨放之四海而皆准的真理。而背景性知识则是在实践中摸索出来的，是摸着石头过河的知识。由于它的获取是在具体的、地方的场景之中，所以，它也随着具体情况的变化而发生变化，随着情势的发展而不断调整。①

在国际关系领域，背景性知识的重要意义是由实践理论学者明确提出来的。实践理论借鉴哲学、语言学和社会学理论，在国际关系领域区分了表象性和背景性两类知识。实践理论从一开始就在研究中突出了背景性知识。虽然2002年的《千禧年》专辑已经把实践经验设定为最重要的行动要素，但明确做出两类知识的分类的是加拿大学者波略特。他于2008年在《国际组织》杂志上发表的学理性论文《实践性逻辑：一种安全共同体的实践理论》，不但区分了两类知识，而且对西方主流国际关系学界表象性知识的话语霸权地位提出了深刻的批判。波略特指出，国际关系主流理论注重反思性和有意识的知识（reflexive and conscious knowledge），忽视背景性和无以言明的知识（background and inarticulate know-how），这就是西方国际关系理论中根深蒂固的"表象偏见"（representational bias）。在批判表象偏见的基础上，他提出了"实践知识"（practical knowledge）这一概念。② 在2011出版的实践理论代表著作《国际实践》中，阿德勒和波略特在实践定义中明确使用了"背景性知识"（background knowledge）的概念，用以指代与表象性知识不同的知识类别。③ 以实践理论为基础的研究将知识的重心从表象性转移到背景性知识，并以背景性知识为行动逻辑的根本机制。

### （二）知识与行动：行动逻辑的核心问题

根据上述知识的分类，西方国际关系理论关于行动逻辑的论争便转换为：行动的主要驱动力是表象性知识还是背景性知识？这是知识转向背景下国际关系理论视野中行动逻辑的核心问题。

---

① 参见 Friedrich Kratochwil, "Making Sense of 'International Practices'", in Adler and Pouliot, eds., *International Practices*, pp. 43—48。
② Pouliot, "The Logic of Practicality," pp. 260—271.
③ Adler and Pouliot, eds., *International Practices*, p. 6.

西方主流国际关系理论的潜在假定是表象性知识引发并促成行动。依据纳什均衡,理性驱动了行动,博弈双方都希望实现自己的最大利益,而最终只能达成一种次优结果。奥尔森也认为:当行动者是"理性人"的时候,都会有意识地选择搭便车的行动,以小的代价换取大的收益。① 现实主义将权力和利益结合起来,认为权力的大小可以决定在多大程度上获取利益,权力计算直接涉及利益的权衡。新自由制度主义则试图通过国际制度来解决奥尔森提出的搭便车行为以有利于促成合作,这被视为该理论最重要的一个贡献。② 新兴的实践理论转而强调背景性知识,明确指出背景性知识是促成行动的主要原因。关于背景性知识促成行动的重要意义,可以追溯到韦伯、怀特海、维特根斯坦和图尔明及杜威实用主义哲学的影响。希尔对背景知识做过系统阐释,他认为,人的有意识状态只是在背景知识的条件下发生作用的,背景知识使我们能够及时地应对所面临的世界。③ 布迪厄关于习性(habitus)的理论在国际关系领域更是产生了深远影响。习性是"持久的、可传输的性情体系,它每时每刻将过去的经历和行动结合起来,使之成为认知、判断、行动的坐标,使人们得以应对千差万别的情景"④。根据布迪厄的场域概念,当习性和场域互动时会产生一种引导行动的意识或者说是一种通过潜移默化所把握的明示或是潜在的游戏规则。实践理论继承了这一传统,强调行动者从自身在社会的经历中获得了一种不同于表象性知识的知识,这种知识在大部分情况下使得行动者能够自动地、不假思索地应对自己面临的情景、做出自己的决定。这是一种对事物前反思性的、潜意识的把握,是行动者通过长期置身于社会世界而从中获取的无以言明的知识。

在国际关系理论发展过程中,表象性知识一直占据主导地位。因此,行动逻辑一直是围绕表象性知识范畴内的实在性因素设置研究议程。在长期的理论论争和发展过程中,知识作为重要的因素却一直没有受到研究人员和国际关系学界的关注。由于理论界的思考被限定在表象性知识范畴之内,致使研究人员内化了表象性知识,自然而然地就范于理性思维定式,总是在表象性知识划定的边界之内寻找具体的原因因素,而对知识本身的性质及其对行动产生的作用不做任何质疑。从20世纪70—80年

---

① Mancur Olsen, *The Logic of Collective Action* (Cambridge, MA.: Harvard University Press, 1965).
② 参见基欧汉:《霸权之后》。
③ 转引自 Pouliot, "The Logic of Practicality", p. 272。
④ *Ibid*.

代兴起的新现实主义和新自由主义,到 20 世纪 90 年代发展起来的社会建构主义,再到新近发展起来的实践理论,西方国际关系理论开始表现出一个新的发展轨迹:对社会性、实践性、地方性的理论探索已经冲击了西方主流国际关系理论的知识边界,也突破了国际关系学界的理性思维定式。国际关系研究中有关"行动逻辑"的研究正在从关注利益、制度、规范等可言明、可界定甚至可量化的表象性知识范畴中的概念转向关注在很大程度上无以言明的背景性知识。当对行动逻辑基本机制的认识发生了深层的变化,国际关系理论研究思路的变迁随即悄然发生。

## 三、知识转向与"他文化"背景下国际关系理论的创新

国际关系理论的知识转向已经发生,从目前的研究议程和理论形态上来看,实践理论学者经过十几年的努力,开始在主要期刊上发表研究成果,也引起了国际关系学界的关注,但还没有形成像主流理论那样成熟的研究议程。而且,表象性和背景性知识在许多情况下同时存在,在学理上可以严格区别,在实际运作中却往往难以分离开来。况且背景性知识本身也充满内在的矛盾和张力,只注重背景性知识和适当行动的实施难以解释重大的体系转型和国际社会变化,也难以解释所谓的非适当行动所包含的政治和社会意义。①

因此,以背景知识为行动基本驱动的实践理论做出的最重要贡献不在于发现了另外一个原因变量,而在于这种理论发展取向开拓了非主流、非西方理论创新的合法性空间。在西方国际关系理论发展历程中,20 世纪 70 年代开始占据主导地位的新现实主义和新自由制度主义等理性主义理论所呈现的是行动逻辑的单一性、理论的一统性和知识的一元性。建构主义的出现部分地挑战了这种话语主导,开始强调社会性和主体间性,并提出了国际社会多元无政府文化的观点。实践理论的兴起表现出来的趋势是加大了对背景知识的强调力度,弱化了国际关系主流理论中理性和不确定性等核心假定。知识转向从对知识的不同认知思考行动逻辑,虽然西方学者论辩的焦点仍然是哪种要素构成了行动逻辑的核心机制,但非西方学者看到的则是多元理论发展的广阔空间。在表象性知识

---

① 参见 Raymond D. Duvall and Arjun Chowdhury, "Practices of Theory," in Adler and Pouliot, eds., *International Practices*, pp. 335—354。

的一统天地中,无论文化背景如何、实践经验如何、思维方式如何,所有理论构建必须在表象性知识规定的边界之内进行,对国际关系理论的评价也是以表象性知识为普适性标准的。背景知识强调行动者的实践经验,实践经验的多元本质决定了文化的多样性,文化的多样性又指向了多元理论构建和形式的合理性。因此,知识转向对于国际关系理论发展的重要意义在于对"自文化"中国际关系理论的话语霸权提出深刻挑战,也因之释放了"他文化"背景下国际关系理论创新的潜在能量。知识转向的深层意义正在于此。

### (一) 自文化、他文化与国际关系理论的构建

在西方二元对立的思维模式中,"自文化"指西方主流文化,"他文化"则指非主流、非西方的文化。这两个概念本身就是一种二元对立的结构,所以恰恰形象地反映了国际关系主流学界的思维定式。① 对于国际关系理论研究而言,自文化背景下的国际关系学的发展是以理性本体论为思维基础、以西方实践和经验为基础、以表象性知识为话语主导的理论构建。"自文化"中的核心内容规定了理论构建的基本途径和理论评判的正统标准,因此成为束缚"他文化"理论创新和知识生产的桎梏。

理性本体论是西方主流国际关系理论的坚实硬核。理性本体论以二元分离为本体论依据。知识世界与现实世界分离,知识超然于经验和实践之上,是对客观世界的表象。知识生产者与客观世界也是分离的,知识生产者可以独立地、客观地、理性地观察和分析世界,这样生产出来的知识也就是价值无涉的,是对客观事实的真实反映。根据这样的观点,无论行动者来自何种背景、何种性别、何种民族,他们的行动逻辑是一样的,比如理性被认定为共性,是任何行动的基本逻辑,并且这样的行动逻辑可以通过客观数据加以验证。正像自然科学的实验无论在什么地方、无论重复多少次都只能得出一个结果一样,其他任何因素都是没有意义的。新现实主义遵循物质主义,坚持物质第一的本体论,强调物质是独立的,本身就具有意义。建构主义遵循理念主义,坚持理念第一的本体论,强调一切意义来自主体间互动,物质性因素的意义被降低到最低程度。但这两

---

① "自文化"与"他文化"的概念基于后殖民理论对"自我"和"他者"的论述。后殖民理论对西方中心论的批判揭示了西方自我界定的"主体性"与非西方殖民地的"非主体性",亦即"自我"和"他者"的二元对立。这种二元对立的观点从本源上决定了自文化的主导地位和对他文化的排斥,也决定了两者之间是非包容性的冲突性关系。对于这种二元对立的结构,参见秦亚青:《关系与过程:中国国际关系理论的文化建构》,上海人民出版社2012年版。

种理论实际上都是以二元主义为基本依据的,工具理性和价值理性都是理性范畴内的概念,只不过强调的方面不同而已。①

根据理性本体论的话语体系,他文化的思想和知识都要统合到理性的边界之内,也都要归依到理性的话语权力框架之中。否则,就不能被视为理论和知识。西方历史或者说西方的实践和经验是国际关系主流理论的基本依据,并且这种历史、实践和经验以西方主流社会为主导。纵观西方国际关系史研究,近现代国际关系往往从1648年的《威斯特伐利亚和约》开始,而此前出现的其他国际体系或类国际体系的历史则被排除在外,比如中国春秋战国时期或是东亚的朝贡体系。从国际关系理论发展的知识历史来看,最早出现的现实主义理论著作——英国学者卡尔的《20年危机》是以欧洲经验为主要背景的,经典现实主义的奠基著作——摩根索的《国家间政治》也是以欧洲历史为主要依据。新现实主义的代表作——沃尔兹的《国际政治理论》以理论为先导,例证部分则主要是参照了西方国际体系的多极和美苏冷战时期的两极,新自由制度主义的代表作——基欧汉的《霸权之后》主要使用了西方国家之间的政治经济互动为经验事实。② 正如阿查亚和布赞在主持"非西方国际关系理论"项目时所说的那样,"西方声称的普世主义其实是根植于特殊的历史经验的,……这就对在威斯特伐利亚暗箱之外、面向未来的思考构成了障碍"。正因为如此,他们主持的项目希望挖掘国际关系理论化相关的非西方的传统、叙事和历史,其"最终目的是激励非西方的声音将自己的历史文化以及智识资源带入关于国际关系学的争鸣之中"③。

由于表象性知识被不加质疑地视为唯一的知识类别,处于表象性知识边界之内的国际关系主流理论以一种"不正自明"的方式成为普适性的理论并被如此地加以接受。其他地方性的历史和他文化中的实践也就只能具有一种地位,即作为"客观"证据,验证这些国际关系主流理论与事实的吻合程度。由于当今社会科学主流普遍接受"演绎"的原则,以理论为出发点,自上而下地进行科学验证,所以他文化中的实践经验首先就被框

---

① 参见 Pouliot,"The Materials of Practice"。
② 参见爱德华·卡尔:《20年危机(1919—1939):国际关系研究导论》(秦亚青译),世界知识出版社2005年版;汉斯·摩根索:《国家间政治:权力斗争与和平》(徐昕等译),北京大学出版社2006年版;华尔兹:《国际政治理论》。
③ Amitav Acharya and Barry Buzan,"Preface:Why Is There No Non-Western International Relations Theory", *International Relations of the Asia-Pacific*, Vol. 7 (2007), pp. 313—340.

定在主流理论提出的假设范畴之内,无论其验证结果如何,结果只有一个,那就是加强这些国际关系主流理论的普适性和强势话语地位,使国际关系理论研究长期处于一种常规科学状态,难以产生革命性的进步。

## (二)自文化内部他者的理论反叛

国际关系的知识转向为释放他文化提供了系统的理论依据。由于实践被赋予本体优先的地位,被视为行动最重要的原因,心物二分的理性本体论受到了根本性的质疑,表象性知识的霸权地位开始动摇。在以背景知识为基本依据的国际关系理论中,"经验人"和"实践者"代替了表象性知识中的"理性人"或是"超验人"。韦伯说过:"对于文化生活,根本不存在所谓'客观'的科学分析。也不存在独立于具体'片面'观点的社会现象……正是根据这类观点,社会现象得以选择、得以分析,并作为研究客体被再现出来。"① 换言之,人作为社会的、经验的主体,其思维和行为是不能与其生活的世界以及在世界中的活动分离的。将背景性知识视为行动最重要的原因从更加根本的层面否定了表象性知识是唯一知识的垄断话语,表明在不同历史文化社会中的实践者具有不同的行动逻辑和不同的理论取向。自文化和他文化的概念虽然主要是指西方文化和非西方文化,但即便在西方文化之中,非主流文化体也往往被视为他者。自文化内部的他者群体从理论上思考他们与自文化主流的差异,在理论上挑战了主流理论的话语霸权。

产生于西方社会内部的女性国际关系理论就是一个典型的范例。西方主流国际关系理论视为当然的是西方是一个具有统一知识、规范和行为准则的社会,国际社会也应该是这样一个社会,所以,从来不会将某一社会群体当作行动逻辑的主体。女性国际关系理论批判了这种以男性经验和实践为基础的理论化方式,提出了基于女性经验和实践的国际关系理论。如果说国际关系理论的主流话语是,战争对于女人和男人来说,其经历和感受是相似的,那么女性主义国际关系理论的一个基本问题是:身为女人,我的亲身经历是什么? 女性主义理论学者扎尔维斯基在讨论科索沃战争的时候说,战时妇女由于性别遭受了特殊的苦难,这是谁都无法否认的事实。在战争中女人和男人的经历是不同的,因而对战争的解读也就不同。② 这是一种基于实践进行思考的方式。从实践理论的视角来

---

① 转引自 Jackson,"Foregrounding Ontology",p. 146。
② Keith Shimko, *International Relations: Perspectives and Controversies*, 3rd ed. (Boston: Wadsworth, 2010), pp. 51—52.

看,女性国际关系理论是以背景性知识为行动的基本依据,是以女性作为被社会建构起来的身份这一特殊经历入手的。女性的经验实践和男性具有很大的不同,女性处于社会边缘和受到压抑的基本状态、女性作为社会人的集体经历和记忆等背景性知识使得女性的行为不同于男性行为。①而女性的历史经历和实践活动受到表象性知识的压抑和掩盖,不可能被理性主导的表象性知识所"表象"或是"再现"。只有从女性的经验和实践入手思考行动的逻辑,才能构建符合事实的理论。对于西方主流国际关系学界而言,这无疑是一种理论反叛。但也正是这类理论坚持不懈的努力,为多元知识话语搭建了一个创新的平台。

一旦表象性知识的话语垄断地位受到挑战,一旦实践成为促成行动的主要原因,人们就会从更多的方面思考行动的原因,从更多的角度审视行动者与社会结构的关系。女性主义国际关系理论表明,即便在所谓的自文化内部,不同的次文化体也会提出新的理论,诠释行动的逻辑。正如《千禧年》杂志主编在 2002 年实践理论专辑中所指出的那样:"实用主义不同于(主流)国际关系理论追求绝对的和互斥性的本体论视角,它主张的是一种多元的研究视角,这种视角将实践放在优先的位置,并认为对世界政治多种不同的理解可以起到相辅相成而不是相互对立的作用。"②

### (三) 超越自文化的他文化理论创新

知识转向更为重要的意义是释放了他文化的理论创造意义,为多元理论生产开拓了广阔的空间。这一点只有在完全意义上的他文化中才能真正实现。他文化既然称之为文化,必然是一种实践和文化共同体形式,反映的是不同的历史和实践活动。不同文化和社会共同体成员的经历和日常活动有着很大的不同,他们对世界的理解和认知就会具有很大的差异。同时,实践的不同又会导致行动原因机制的不同,在更深的层面上,还会导致生产不同的知识和建构不同的理论。

表象性知识范畴内的行动逻辑势必导向所谓的普适性理论,即表象

---

① 参见 Rumki Basu, ed., *International Politics: Concepts, Theories and Issues* (Los Angeles: Sage, 2012), pp. 221—247。另外,关于女性主义理论的知识产品,参见 Robert Ethane, "International Relations Theory: Contributions of Feminist Standpoint", *Millennium*, Vol. 18, No. 2, 1989, pp. 245—253; Spike Peterson, *Gendered States: Feminist Revisions of International Relations Theory*, Boulder, C.O.: Rienner, 1992; Christine Sylvester, *Feminist Theory of International Relations Theory in a Postmodern Era*, Cambridge: Cambridge University Press, 1994。

② "Editorial Note," *Millennium*, 2002, Vol. 31, No. 3, p. iii.

性理论在任何地域文化场景之中都可以用来解释和预测行动者的行动。这显然为国际关系中有关"行动逻辑"的表象性知识解释建立了神坛。所有基于地域文化情景的行动及其背后的动因都将被排斥在主导话语之外。其结果是,自上而下的知识意识和理论建构为占据主导地位的知识体系和理论话语霸权提供了强有力的保护:由于这些理论是表象性知识,是普适性通则,所以,只有在这种思维框架之中才能形成理论,才能进行知识的再生产,也才能发现推动行动者行动的主导原因。以国际关系理论为例,只有在现有的"普适性"理论框架内才能生产出新的理论、发现新的行动逻辑。

实践理论在深层意义上对表象性知识包含的文化话语霸权提出了挑战,指出表象性知识只是一类知识,而国际关系主流理论关注的只有这一类知识,所以表现出非正常的"表象性知识偏见"。正因为如此,无论是工具理性的结果性逻辑还是规范理性的适当性逻辑,都难以解释非表象性的实践活动。当然,在更广泛的意义上,国际关系领域的表象性知识偏见只不过反映了现代知识界对理性和科学主义的崇拜。"现代科学的进步就是远离实践性知识,走向正式的、抽象的表象性知识"的过程。① 如果这种崇拜作为一种权力形式出现,并且形成一种话语暴力,那么,无论行动者的文化背景如何,都会像化学元素一样在相同条件下表现出相同的行动,进而,现代化的道路也只有一条,其他解释和其他路径也就因此成为没有科学根据的臆想或是幻觉。②

背景性知识以及背景性知识促成行动的逻辑是自下而上的理论。它首先考虑的是行动者自身所处的具体背景以及在这种背景中长期实践的重要意义,势必将地域文化视为极其重要的因素,因为"实践是行动中的文化"。③ 在不同的地域文化中,人们的社会实践和互动方式不同,就会产生不同的社会表象体系,形成不同的社会意义,因此就可以产生不同的

---

① Pouliot, "The Logic of Practicality," p. 260.
② 典型的是沃尔兹批评经典现实主义的说法,即经典现实主义只不过是一些想法,而不是科学的理论。参见 Kenneth Waltz, "Realist Thought and Neo-realist Theory", in Charles Kegley, ed., *Controversies in International Relations Theory: Realism and Noeliberal Challenges* (New York: St. Martin's, 1995), pp. 67—82。
③ Ann Swidler, "Culture in Action: Symbols and Strategies," *American Sociological Review*, Vol. 51, No. 2, 1986, pp. 273—286. 转引自 Emanuel Adler and Vincent Pouliot, "International Practices: Introduction and Framework", in Adler and Pouliot, eds., *International Practices*, p. 14。

知识体系,也就是理论。① 所以,针对美国学者亚伦·弗莱德伯格(Aaron Freidberg)提出今日之东亚即昨日之欧洲的说法,韩裔学者康灿雄明确地指出:"我不明白,我们为什么要用欧洲的过去来探讨亚洲的未来,而不用亚洲的过去来探讨亚洲的未来呢?"进而,他又写道:"我越是研究亚洲国际关系的历史,越是将亚洲的过去与亚洲的现在和未来联系在一起,我就越感到饶有兴趣。"②康灿雄所强调的正是基于非西方历史的实践经验所蕴含的理论和知识资源。

近年来,与实践理论同时出现了一批试图使用"他文化"实践资源实现理论创新的研究成果,并引起广泛注意。以现实主义的重要理论均势理论为例。均势理论认为,在一个国际体系中,一个国家的崛起会导致体系的不稳定,为了维护体系稳定,其他国家会采取结盟和制衡的战略。但在《中国崛起:东亚的和平、权力与秩序》这本书中,康灿雄发现在东亚历史上,均势理论所表述的欧洲历史上不断出现的那种结盟和制衡现象并没有发生,东亚地区的其他国家并没有联合起来抗衡中国,形成均势,而是出现与中国合作的现象。正因为如此,1300—1900年间亚洲的战争明显少于欧洲。这不是均势理论可以解释的现象,而是在长期的互动实践中逐渐形成的一种偏好和行为方式。康灿雄的研究反映了一个重要的思想,理论来自于某种特定地域文化中的生活实践。和平行为的一个重要原因是行为体相互之间的身份定位和偏好形成,亚洲各国的身份定位和偏好形成比起欧洲各国来更有利于和平与稳定,而身份定位和偏好正是在长期的互动实践中形成的。这就是以亚洲历史解释亚洲行动者行动的逻辑脉络。也正是这样一种思路,使得康灿雄通过使用亚洲的历史和实践活动,提出了一个与均势理论不同的国际体系理论观点,用以解释"儒

---

① "理论即实践"的观点是对理论的一种定义,否定了只有理性活动才是理论建构的途径。这种观点认为,理论是生活方式,是生活形式,是我们每日每时所做的事情(What we all do every day, all the time)。这个观点是实践本体的基本内涵,认为构成理论的不是物质性因素,也不是单纯的主体间话语,而是把理念和物质结合在一起的实践活动。根据这个观点,不同文化、不同性别、不同种族都能够以自身实践为基准进行理论化活动。"理论即实践"的观点在欧洲国际关系学界出现的时间较早,当美国主流建构主义刚刚兴起的时候,欧洲一些学者已经开始在这方面进行讨论了。但由于美国国际关系理论占据主导地位,当时欧洲学者的讨论并没有进入主流国际关系学界。参见 Marysia Zalewski, "'All These Theories Yet the Bodies Keeping Piling up': Theory, Theorists, Theorizing", in Steve Smith, Ken Booth and Marysia Zalewski, eds., *International Theory: Positivism and Beyond* (Cambridge: Cambridge University Press, 1996), pp.346—351.

② David Kang, *China Rising: Peace, Power, and Order in East Asia* (New York: Columbia University Press, 2007), p. xi.

家长和平"现象。

华裔学者许田波也有着相似的设计思路。她发现,均势理论对欧洲是适用的,但是对于历史上的中国却是不适用的。在2005年出版的著作《战争和国家形成:古代中国与早期近代欧洲》中,她明确指出,制衡这个均势理论的核心概念适用于欧洲却不适用于中国。① 中国先秦时代与欧洲的前威斯特伐利亚时代有很多相似之处,都是诸国相争的纷繁局面。"中国古代体系的确出现了国家之间竞争的进程……古代中国体系与欧洲早期的近代体系相似,经历了连年的战争、封建体制的解体、国际无政府状态的形成、领土主权的产生、实力均衡的格局等。但是,这样的情景最终走向了大一统。[西方]很少有国际关系学者愿意正视这样一个令他们不安的事实。"②相似的体系条件却产生了不相似的结果:欧洲最后产生了以个体主权国家为基本单位的威斯特伐利亚体系,而中国则出现了大一统的国家;欧洲形成了各方制衡的格局,而中国则产生了统一的秦帝国。显然,西方的国际关系理论难以解释中国的现实,而中国的现实需要中国当时行为体的实践活动和战略选择才能得到更为准确的解释。

许田波和康灿雄的研究理论有着许多相似之处。因为他们从东方文化和历史的感性认知上发现东方的历史和实践与西方国际关系理论的解释和预测不相吻合,所以他们开始从东亚的视角、从中国的视角来思考,尤其是思考均势这一国际关系重要理论的效度和信度问题。他们的研究是从局部实践活动开始的,因此都有一个含蓄的预设:理论从局部的经验和实践中产生,在历史和文化中得以建构。不同文化中的行为体会有不同的实践形态和生活方式,一种实践场域中产生的理论往往不能很好地解释另外一种实践场域中的行为。对于许田波来说,制衡的经验是欧洲特有的,而中国的战略家采用了不同的战略,形成的自然也不是均势格局;对于康灿雄来说,制衡的经验也是欧洲特有的,在东亚就不是如此,因为东亚的国家在东亚体系而不是欧洲体系中塑造了自己的身份和偏好。③ 不同的实践导向不同的行动。

以实践为行动基本动力的理论暗含着一个重要的道理:文化是国际

---

① Victoria Tin-bor Hui, *War and State Formation in Ancient China and Early Modern Europe* (Cambridge: Cambridge University Press, 2005).

② Victoria Tin-bor Hui, "Toward a Dynamic Theory of International Politics: Insights from Comparing Ancient China and Early Modern Europe," *International Organization* Vol. 58, Winter 2004, p.176.

③ 秦亚青:《关系与过程:中国国际关系理论的文化建构》。

关系理论建构和发展的重要因素。比如,世界文明的形成和发展根据地域和其他自然原因出现了游牧、农耕和商业等几条主要脉络。彼得·卡赞斯坦的《世界政治中的文明:多元多维的视角》一书也讨论了美国、欧洲、中国、日本、印度、非洲等六种主要文明形态,强调了多元传统与多元实践对世界政治的重要意义。[①] 如果从背景性知识的观点加以审视,不同文明的实践既有相似之处,也有明显的差异。这些实践活动对国家形成以及国家作为一种集体组织的行动逻辑是否有着重要的影响,以及有着何种重要影响? 这样的问题对国际关系理论的创新具有重要的意义。文化本身就是文化共同体实践活动的建构,是经验的长期积淀和反复激活,是来自实践者的身体力行。如果行动的原因不是理性主导的表象性知识,而是寓于日常实践的背景性知识,那么,理论发展的根源也就在于地域文化的实在土壤之中,而不是超然理性的非凡活动。从这个意义上讲,所有理论都是基于具体的、地方的经验基础之上的,脱离具体经验和实践的理论是不存在的。基于他文化的行动逻辑理论一方面会在挑战理性话语霸权的过程中发展创新,另一方面也会促使理性话语迎接挑战,对行动的理性要素进行更加深入的反思。

## 四、结　　语

国际关系理论发展中的知识转向是一个值得关注的问题。以背景性知识为行动基本原因的思想对非西方、对中国国际关系理论界的思考和理论建设尤其具有启发意义。可以看出,颠覆心物二分的本体论、挑战理性主义国际关系理论的话语霸权和为各种文化提供创造性解释行动逻辑的可能这三者是相互联系的。挑战表象性知识的地位为背景性知识开拓了活动的空间,为非表象性知识争取了应有的话语权。而这样的颠覆和挑战将为更加多元的国际关系理论建设和更加关注实践的行动逻辑提供发展的平台,尤其是为所谓的他文化理论发展开拓了合法性空间。

回顾国际关系领域几十年的论战,不外乎存在两种辩论。一种是具体内容和观点的辩论,比如理想主义和自由主义、新现实主义和新自由主义等。另一种是关于本体论、认识论和方法论的论争,比如美国强实证性的行为主义学派和欧洲弱实证性的英国学派等等。但这些论辩对于国际关系领域的理论发展而言,并没有真正涉及所谓的他文化问题,都是在自

---

① 卡赞斯坦主编:《世界政治中的文明》。

文化中展现理论话语,加强自文化的话语地位。而知识转向却必然蕴含着一个道理:他文化作为不同的实践和经验共同体在国际关系理论领域里创新的可能和必然。这是知识转向最具意义的一点,也是现在西方强调实践的学者自身并没有完全意识到的深层意义。

因此,知识转向不仅是一种自下而上地解释行动的逻辑,也是一种释放他者和他文化的逻辑。无论这个他者是女性、异己、非西方的行为体,还是自文化边界之外的行动者,他们的历史、经历、实践、话语都是知识和行动的重要组成部分。从这一点上看,知识转向是具有开拓性意义的。一旦所谓的他文化经验和实践得以释放,就会为理论创建,尤其是关于行动逻辑的概念化和理论化,提供多种多样的营养成分,使国际关系理论发展和人类知识生产的过程在多元的交流和冲撞中释放出强有力的原创能量。

本文原载《中国社会科学》2013年第6期。

# 国际政治的关系理论

**内容摘要**

本文提出国际政治的关系理论。文化对于社会理论的构建有着重要的意义,因为任何社会理论的形而上内核都会带有不可磨灭的文化胎记。国际政治关系理论的内核——关系性主要是从中华传统文化中挖掘和提炼出来的。这一理论将国际关系世界视为由变动不居的关系组成的世界,将国际行为体视为关系中的行为体,将过程界定为流动的关系,将关系性逻辑视为行为体行动的主要依据。关系理论使用中庸辩证法作为认知关系世界的基本方法,将阴阳关系作为元关系,以图理解复杂多变的关系世界。国际政治的关系理论为观察国际关系的天地提供了一种不同的世界观依据,为国际关系学重要概念的再概念化提供了一种可能,为真正意义上的全球国际关系学提供了一种新的理论视角。

国际关系理论的发展历程见证了美国现实主义、自由主义和建构主义三大主流理论交替或共同主导研究议程的时期。主流理论对国际关系学科的发展和国际关系世界的认知都做出了贡献,但也都具有自身的历史和文化局限性,因此这三种理论在当前都受到质疑。虽然新的可以与三大理论直接抗衡的国际关系理论还没有出现,但世界国际关系学界一直在努力,尤其是美国之外的学者在寻求非美国、非西方国际关系理论的探索之中,在追求理论的多样性和学术的多元化方面,已经做出了重要的贡献。2005 年,布赞(Barry Buzan)和阿查亚(Amitav Acharya)发起了"为什么没有非西方国际关系理论"的研究项目[①],项目成果在 2007 年发表之后,引起世界,尤其是西方国际关系理论界的极大争议。项目之所以产生重大影响,是因为"为什么没有非西方国际关系理论"这个问题成为世界国际关系理论研究议程无法回避的命题。后来,加拿大学者阿德勒(Emanuel Adler)和波略特(Vincent Poulliot)提出了以实践为核心的国际关系研究议程,强调实践共同体的实践活动是人的思想和行为的根本,强调背景知识较之表象知识更为重要,这就为非西方国际关系理论的产生和构建提供了合法性的依据。[②] 阿查亚在担任国际研究学会(International Studies Association,ISA)主席之后,提出"全球国际关系学"的理念,强调对非西方历史和文明的重视,力图推动国际关系理论的多元化发展。[③] 本文主要包括两部分内容:一是社会理论是怎样生成与发展起来的,二是对我提出的国际政治关系理论做一个简单的陈述。

## 社会理论的生成和发展

社会理论的生成与发展与实践体的文化密不可分。社会理论需要具有相当的普适性,否则不可能成为有意义的系统理论,但同时,任何社会理论都始终会存有文化的胎记,绝对意义上的普适性并不存在。理论是人建构起来的,人是文化动物,是在一个具体的文化环境中生长起来的,

---

① 项目成果发表在 *International Relations of the Asia Pacific*,Vol. 7,No. 2,2007 (Special Issue on "Why Is There No Non-Western IR Theory")。
② Emanuel Adler and Vincent Pouliot, eds., *International Practices* (Cambridge: Cambridge University Press, 2011).
③ Amitav Acharya, "Global International Relations," presentation at the Conference on Global IR and Chinese School of International Relations Theory, China Foreign Affairs University, December 8, 2014.

因此必然受到这种文化的浸润和影响,任何人都无法超越这个基本的知识局限。新近发展起来的国际关系实践理论强调了背景知识对思维和行为的重要性①,实际上,背景知识就是文化的凝结和积淀。理性主义是在欧洲文化中发展起来的,与当时欧洲的宗教等基本文化要素有着直接的关系,经过一代又一代欧洲学者的总结凝练,成为一种具有高度抽象和较强普适性的元理论,也因此主导了包括国际关系在内的社会科学诸学科的理论建构。

我们说社会理论的生成与发展和文化有着密不可分的关系,是说社会理论的核心部分包含了不可磨灭的文化要素。理论总是从一个内核或称为理论硬核开始的,通过"成核"过程逐渐发展为系统化的思想。虽然人们对成核现象有诸多讨论,但却没有进一步深入探究这个硬核的构成。我以为,理论硬核至少包含两种要素:一是形而上或是理念性的要素,一是形而下或是物质性的要素。形而下要素帮助一个文化共同体中的成员观察经验事实,而形而上要素则帮助他们来理解和诠释这些事实。进而,这种形而上要素正是基于长期实践所形成的文化体基本理念和共有知识。当形而下的物质性和形而上的理念性洽合在一起,便形成了一个比较系统的社会理论。② 理论建构不可能单纯是物质性的,也不可能单纯是理念性的。它是一个物质性和理念性的结合互动,是一个物质和理念不断契合的过程。

由于形而上要素在理解和诠释社会现象时起到这种关键作用,文化在理论建构中就成为不可或缺的因素。文化是一个群体中的人们经过长期实践积淀而成,任何一个人都是在某种特定的文化体中生长的,所以理论建构者从一开始就具有自身的文化属性。文化使该群体中的成员在思想和行动方面都体现出该文化的一些基本特征,包括共同世界观、共有知识或是背景知识。这些基本的文化特征在观察某一社会现象的时候被激活,导致某一文化体成员对这一现象有着近似的理解,物质的社会性意义就是这样产生的。换言之,人们通过这些基本的背景知识来审视世界、理解世界和诠释世界。既然文化构成了社会理论硬核中的形而上要素,它就成为意义建构的基本机制,物质世界是通过这一机制被认知和理解的。

---

① 参见秦亚青:《国家行动的逻辑:国际关系理论的知识转向及其意义》,《中国社会科学》2013年第12期,第182—198页。

② 秦亚青:《国际关系理论的核心问题与中国学派的生成》,《中国社会科学》2005年第3期,第165—176页;《国际关系理论中国学派生成的可能和必然》,《世界经济与政治》2006年第3期,第7—13页。

西方文化为国际关系理论提供了丰富的资源,理性是西方主流社会理论硬核的形而上要素,由此产生了政治学、社会学、经济学等学科内一系列重要的理论,几乎涉及社会科学的所有重要领域。中华文化也具有丰富的资源。正如西方文化中的理性一样,关系性是中华文化的重要概念,可以作为一种新的国际关系理论硬核中的形而上要素,我称这种理论为"国际政治关系理论"。由于关系理论以关系性为理论硬核的形而上要素,而关系性是中华文化的重要理念,所以关系理论应是"中国学派"中的一种理论。

## 国际政治关系理论的基本脉络

"关系"是儒家文化体和实践体的产物,是在长期历史实践中积淀下来的文化要素和背景知识。我将其提炼出来,称之为"关系性",并作为中国文化哲学中最重要的概念之一来进行理论建构。① 关系性意味着行为体无论是个体还是群体,首先都是关系行为体或是关系中的行为体。人们自从来到这个世界,就处于一个关系网络之中,国家亦然。因此,国际关系学首先要研究关系。遗憾的是,国际关系理论如此自称,却没有对关系做出理论上的系统梳理和解释。国际政治关系理论希望能够弥补这一严重的不足。

西方文化和中华文化都是人类创造的伟大文化,有着不少共同的思想和价值观念。同时,西方文化传统与中国文化传统也构成了世界两大文化传统,产生了不同的世界观,使人们对自然现象和社会现象的理解也有所不同。在西方文化中,理性是通过长期实践而得来的核心概念,是个体主义在奋争中占据主导地位而产生的思想。这个重要思想在其后为现代化和西方的发展做出了至关重要的贡献,并产生了相当广泛的普适性。在中华文化中,农耕社会的实践活动是这一文化体的生命基础,所以更强调群体,更强调群体成员之间的关系,更强调人与人、人与自然之间的和谐,因此,关系便成为核心概念。所以,我们不难理解为什么在西方结构现实主义、新自由主义和结构建构主义这三大主流理论中都具有明显的理性成分,而恰恰缺失了关系性这一重要维度,都没有对国际体系中的关系性以及国际社会中的复杂关系进行研究。结果是国际关系研究中鲜有对"关系"进行的理论化研究,也没有成熟的关系理论。国际政治关系理

---

① 秦亚青:《关系与过程:中国国际关系理论的文化建构》,上海人民出版社2012年版。

论就是要弥补这一缺失,通过把过程和关系这两个核心的中华文化思想概念化而形成一个比较系统的关系理论。

过程是流动的关系。这样的定义将行为体之间的关系视为过程的核心,将关系互动视为过程动力的来源。过程具有自在性,国际行为体间的关系互动产生了国际社会的过程动力,帮助行为体形成自己的身份,产生权力,孕育国际规范。过程的核心是关系,维持关系就是维持过程,发展关系就是推进过程,增强关系就是增强过程的动力。例如,东亚地区主义在很大程度上属于过程导向范畴。"舒适度"是东亚地区合作的独特规范,在整个合作过程中,作为一种关键的黏合剂,防止参与各方发生关系破裂的情景,即便在合作最困难的时期,也可以使各方关系得以最低程度的维持,使合作进程得以持续以待未来发展。维持的是关系,维护的是合作过程,这就是关系性的重要意义所在。

关系性是关系理论的核心概念,是对关系这一普遍的社会现象提炼抽象后得出来的。关系性意味着任何社会人做出决定和采取行动的基本依据是关系,是依其此时此地所处的关系网络中的位置以及这一位置与关系网络中其他行为体的相对关系来判断情势和进行决策的。中国对俄罗斯的政策必然是将自己与美国的关系位置考虑在内之后的决策,美国对日本的政策也必然考虑到相对于中国的关系,东盟对中美的政策也是一种基于既对华也对美的关系考量。关系理论是将关系性理论化,使其成为理论硬核的形而上要素,然后通过成核化过程构建的。关系理论试图从不同视角解读国际关系现象,比如,关系理论认为,决定一个体系特征的是这个体系中行为单元之间的关系类型而不是行为单元的自身特征。不同的关系类型导致了不同体系的不同统治形式、治理模式和秩序原则,如威斯特伐利亚体系、华夷朝贡体系及德川幕府体系。① 这些历史上出现的国际体系具有不同特征,但这些特征恰恰是由体系单位之间的关系界定的。单凭一个体系,比如威斯特伐利亚体系,研究人员很难发现关系性的重要意义,但在比较国际体系研究中则很容易发现这一特点。理性无疑是重要的,但理性重要的原因也与关系性相关,因为只有当一个人在复杂的社会关系网络中明确了自己的位置和相对身份之后才会知道什么行为是理性的。比如,一个人对陌生人所采取的理性行为对自己的父母来说也许就不是理性的。无论从历史还是从现实来看,管理和管控

---

① Erik Ringmur,"Performing International System: Two East-Asian Alternatives to the Westphalian Order," *International Organization*, 66 Winter 2012, pp. 1—25.

关系构成了世界政治的大部分内容。

在世界政治领域,关系理论是一个体系层次理论,重点强调国家间的互动实践以及社会过程的独立本体地位,社会过程在建构国际规范与国家身份的过程中起重要作用。关系理论具有明显的儒家特征,因为儒家治理观的一个核心内容是理顺关系,是管理关系网络并使之通畅运行。但是,关系性在儒家社会之外同样具有很大的适用潜力。只要是社会,社会性关系就是不可或缺的要素。无论中国、美国、欧洲、东南亚,都是如此。只不过理性的强势和以理性推动的现代化过程的强势,使得关系性这一社会人的基本素质在理论建构和实际生活中被压抑下来。

## 关系理论的认识原理和方法原则:
## 元关系与中庸辩证法

关系理论的认识论和方法论是以中华文化哲学中的重要理念"中庸"为基础的。理性主义的一个重要认识论和方法论原理是黑格尔的辩证法。如黑格尔辩证法一样,中庸辩证法也看到事物发展的两个偶对体,但它与黑格尔辩证法的不同也是极其重要的。黑格尔辩证法认为两个偶对体构成正题和反题,根本上是对立和冲突的,是以一方消灭或同化另一方为进化前提的。而中庸辩证法则认为这两个偶对体或称为两极之间的关系并不是对立冲突的,而是可以在合作和竞争中生成新的合体生命,因此是以双方的合作和交融为进化前提的。① 这种新的合体生命既保留了偶对两极各自的重要特征,但又不能还原为任何一极。所以,我将中庸辩证法中的偶对两极称为"共题"(co-theses),而不是正题和反题,因为两者之间的关系不是正反对立,而是交合互补,从而产生新的生命形态。

关系理论进而认为,阴阳关系是所有关系的基本形态,或称之为元关系。关系理论的核心概念是关系性,强调宇宙万物的联系以及相互之间关系的复杂性。要理解如此复杂的关系和关系网络以及如此深层的互系性,就需要找到一种最具表征意义的偶对关系作为关系理论的根本预设。认为,阴阳关系是元关系。这对最简单、最直接的关系是所有复杂关系的表征,反映了所有联动互系的根本,理解这对关系的性质可以帮助我们了解复杂社会关系的实质。中庸辩证法对元关系的基本表述是"和谐",亦

---

① 成中英:《论中西哲学精神》,上海:东方出版中心1991年版,尤其是其中第三章"中西哲学的融合"。

即差异体的适切合作。中庸辩证法是在和谐关系中来理解阴阳关系的。和谐并非没有差异,恰恰相反,和谐是以差异为前提的。不同的音符才能合奏出一曲美妙的乐曲,和谐原本就是在差异中才能实现的,同质状态中永远没有和谐的空间,一切试图实现同质化的努力也必然是没有结果的。

这种方法为我们理解合作与冲突提供了基础。中庸辩证法并不是认为冲突不存在,而是把冲突作为和谐化过程中的必要环节,进而,经过调试和管理的竞争和冲突是实现和谐过程中不可缺少的成分,也就是说,和谐是通过中庸式包容和互系变通来实现的[①],达成和谐也就是实现了生命的最高形式。使用中庸辩证法可以为在国际社会中看上去的对立提供另一种解释。例如,东方与西方,基督教与伊斯兰教,发达国家与发展中国家,它们之间的关系也可以这样来理解。这种认识论原理甚至可以超越社会关系而涉及其他关系,比如人与自然的关系。人类与自然的合作,而非人类征服自然,会为人与自然都带来益处,产生二者间的和谐和共同进化。达尔文"适者生存"的自然选择进化理论,往往被国际关系学界理解为霍布斯丛林原则。但是,如果换一个角度,从物种方面去理解,则恰恰是物种主动与自然合作的一种进化理论。

中庸辩证法强调关系的非冲突性,为"过程视角"提供了发展空间。过程视角把过程中的事物联系在一起,通过化解对立与冲突向和谐进化。它不是正题与反题的关系,而是共题的关系,通过包容与和谐化过程产生新的合题。规范与制度,文明与文化,犹如共题一样,在开始交往的时候有着明显的差异,通过在一个和谐的过程中互动,逐渐融合,生成新的合题。共同进化可以也必然在不预设同质化的条件下产生,在不同生命体或是文化体保持原有特征的情况下形成新的生命合体。在这个意义上,关系理论是在多样与多元的世界中理解国际政治的一种新的世界观。

## 简短的结语

提出以关系性为理论硬核要素的关系理论,是试图填补当今国际关系理论研究议程中的一个空白。关系理论既包含了中华文化的鲜明胎记,也强调了关系性在人类社会中的普适性意义;既表现中华文化的实践性知识结晶,也以中庸辩证法为基础强调了各种文化和文明之间互补和融合的可能。关系理论不是要取代任何一种现有理论,而是要提出现有

---

① 田辰山:《中国辩证法:从易经到马克思主义》,中国人民大学出版社 2008 年版。

理论由于其文化和实践基础的局限无法想到和不可能设定的问题和议程。关系理论与理性理论形成了鲜明的对比,但又承认理性的重要意义,进而从关系性角度提出"关系理性",对其进行认真思考和研究。随着中国国际关系研究的发展,不同的议程和创新相继出现,共同为中国学派做出了贡献,国际政治关系理论只是其中的一种。

本文原载《世界经济与政治》2015年第2期。

# 方法篇

# 层次分析法与科学的
# 国际关系研究

**内容摘要**

国际关系学自从被定位为社会科学学科以来,研究人员不断努力建立和健全科学研究方法。层次分析方法就是国际关系学界许多研究项目遵循的一种方法。科学研究主要将发现事物之间的因果关系规律作为自己努力的主要方向,试图提出包含自变量、因变量和两者之间因果关系的假设。层次分析将国际关系的世界分为从宏观到微观的多种层次,包含了国际体系、国家和个人等层次变量,是帮助研究人员寻找和辨明自变量的有用的工具。

在过去几十年里,国际关系学界一直力图把国际关系作为一门相对独立的科学来研究。作为科学,国际关系研究的目的是发现国际关系的一般性规律和有序的行为模式。国际关系研究者重视学理思辨和学术分析,希望通过国际关系知识的系统化,放弃完全凭借智慧的一时闪光和简单的个人经验来研究国际关系的传统做法,科学地分析国际关系中的事件和国际行为体的行为。虽然社会科学界在方法论方面长期存在一元论和二元论的争辩①,但是,既然国际关系研究属于科学的范畴,就必须具备科学的基本特征和功能。科学是系统化的知识。科学不仅认为客观事物的内部关系是有序的,而且认为通过观察事实、创立理论、验证假说可以认知这些关系并获得比较可靠的知识。科学的功能也就是创立和发展表述、解释和预测客观事物的理论。正因为如此,理论体系和方法论就成为任何一门科学不可或缺的因素,而国际关系研究者的重要工作就是找出涉及国际关系中的两个或多个变量,并发现这些变量之间的因果关系。层次分析法(Levels of Analysis)正是一种行之有效的科学研究方法,在当今的国际关系研究中得到了广泛的运用。

# 一、层次的划分

美国国际关系学者肯尼思·沃尔兹首次有意识地、系统地使用了层次分析法。在他1959年的著作《人、国家与战争》中,沃尔兹探讨了战争发生的原因。他认为战争的爆发与三个层次上的因素有关,这就是他提出的三个著名"意象"(image),即决策者个人因素、国家内部因素和国际系统因素,这正是三个明确的国际关系分析层次。沃尔兹还认为,虽然国际战争的发生与作为决策者的个人和作为主要行为体的国家有关,但是国际系统的特征对于战争有着直接的、重要的影响。② 沃尔兹明确使用了分析层次,这使他的研究有了高度的科学性和系统性,最后终于使他得以把研究重点置于国际系统层次上面,建立了以国际系统结构为国家行为主要原因的现实结构主义。

第一位把层次分析法专门作为国际关系学方法论加以讨论的是美国政治学家戴维·辛格(David Singer)。辛格于1961年发表了《国际关系

---

① 一元论认为社会科学和自然科学都是科学,使用的方法应该是相同的,二元论则认为社会科学和自然科学具有本质区别,不能采用同样的方法。

② Kenneth N. Waltz, *Man, the State and War* (New York: Columbia University Press, 1959). 尤其是第6、7章。

中的层次分析问题》的文章,明确指出层次分析法是国际关系研究的重要方法,并详细讨论了层次分析法在国际关系研究中的作用。辛格认为,国际关系的研究包括两个主要层次:国际系统和国家。国际系统是最全面、最具综合特征的层次,使研究人员能够从宏观上把握国际关系的规律;国家则是微观层次,可以使研究人员分析国家政策的细节。这两个层次的关系就像树林与树木、石场与石块、花园与花朵,国际关系研究人员可以根据自己的研究需要选择分析层次。① 辛格的论述是一种比较平衡的分析,既讨论了不同层次的优点,也指出了不同层次的缺陷,但有一点是具有学术意义的,这就是将层次分析作为国际关系研究方法的一个重要问题系统地提出来,引起了国际关系研究人员对层次的自觉和重视。

自辛格之后,国际关系研究者越来越注重分析层次方法的完善和使用,分析层次越来越系统,层次间隔越来越小。詹姆斯·罗西瑙(James Rosenau)提出了五个分析层次变量:个人、角色、政府、社会、国际系统。② 后来,布鲁斯·拉西特和哈维·斯塔尔(Bruce Russett and Harvey Starr)发展了罗西瑙的层次体系,提出了六个层次,从宏观到微观依次是:世界系统、国际关系、国内社会、国家政府、决策者角色、决策者个人。世界系统指国际行为体所处的世界环境,如国际系统结构、世界科学发展水平等;国际关系指国际行为体(国家和非国家行为体)之间的关系;国内社会指决策者所处的国内社会环境,如社会的富裕程度、利益集团的行为特征、社会成员的素质等;国家政府指决策者所在政府的性质和结构,如国家政治制度和政府机构的安排等;决策者角色指决策者的职务;决策者个人指决策者的性格、价值观念等纯属个人的因素。③ 这种详细的层次划分方法使国际关系的研究分工更加具体、分析更加细致,因果关系更加明确。拉西特和斯塔尔两人以这六个层次为基本框架,编写了一本国际关系学的中级教科书《世界政治:供选择的菜单》,成为20世纪90年代美国国际关系学的畅销教材,至今不衰。在国际关系研究方面,六个层次上均产生了一些优秀研究成果,加强了国际关系和对外政策的理论研究和

---

① J. David Singer, "The Level-of-Analysis Problem in International Relations," in *The International System: Theoretical Essays*, eds. by Klaus Knorr and Sidney Verba (Princeton: Princeton University Press, 1961), pp.77—92.

② James N. Rosenau, *The Scientific Study of Foreign Policy* (London: Frances Printer, 1980), pp.115—169.

③ Bruce Russett and Harvey Starr, *World Politics: A Menu for Choice* (New York: W. H. Freeman, 1992), pp.11—17.

学科建设。

下表总结了上面讨论的国际关系学研究中三种层次划分方法。

|  | 沃尔兹 | 辛格 | 拉西特和斯塔尔 |
| --- | --- | --- | --- |
| 宏观 | 国际系统 | 国际系统 | 世界系统 |
|  |  |  | 国际关系 |
|  | 国家 | 国家 | 国内社会 |
|  |  |  | 国家政府 |
|  |  |  | 决策者角色 |
| 微观 | 决策者个人 |  | 决策者个人 |

## 二、层次分析的应用

作为科学的国际关系研究的宗旨是找出变量之间的因果关系,发现事物的一般性规律和行为体的基本行为模式。科学研究设计的基本假设是:$y=f(x)$,其中 $y$ 是因变量,是结果,$x$ 是自变量,是原因。层次分析法的目的正是帮助研究人员辨明变量,尤其是自变量 $x$,并在两个或多个变量之间建立起可供验证的关系假设。在这种假设关系中,层次因素是自变量,是原因;所要解释的某一行为或国际事件是因变量,是结果。也就是说,层次分析法假定某一个层次或某几个层次上的因素会导致某种国际事件或国际行为。以沃尔兹的三层次为例,层次分析法表示的因果关系链如下图所示:

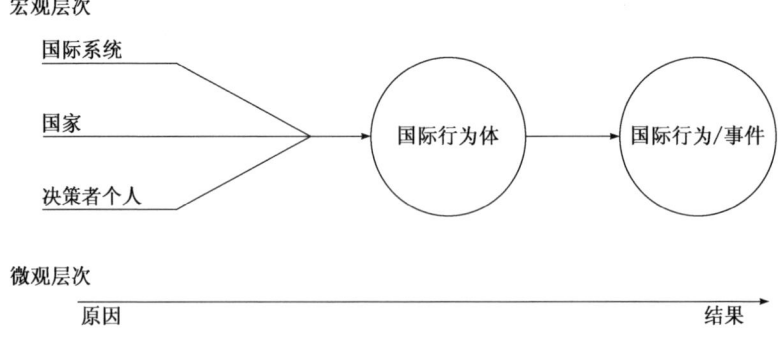

在具体应用中,层次分析法可以有两种使用方法。我们现在仍以沃尔兹的三层次分析法为例,分别加以说明。如果我们假设某一国际事件

或行为与国际系统、国家、决策者个人三个分析层次上的因素有关,那么我们可列出以下回归方程:

$$y = a + b_1 x_1 + b_2 x_2 + b_3 x_3 \tag{1}$$

其中,$y$ 为某国际事件或行为,

$x_1$ 为国际系统层次因素,

$x_2$ 为国家层次因素,

$x_3$ 为决策者个人因素,

$b_1, b_2, b_3$ 为回归系数。

这个方程假设事件 $y$ 是 $x_1$、$x_2$ 和 $x_3$ 的函数,也就是说,系统层次、国家层次和决策者个人因素是原因,事件 $y$ 是结果。现在将这一方法具体化,假定事件 $y$ 为第一次世界大战,$x_1$ 为国际系统特征,$x_2$ 为主要参与国家特征、$x_3$ 为主要参与国家决策者的个人特征,三个层次上的分析综合如下[①]:

层次分析:第一次世界大战发生的原因

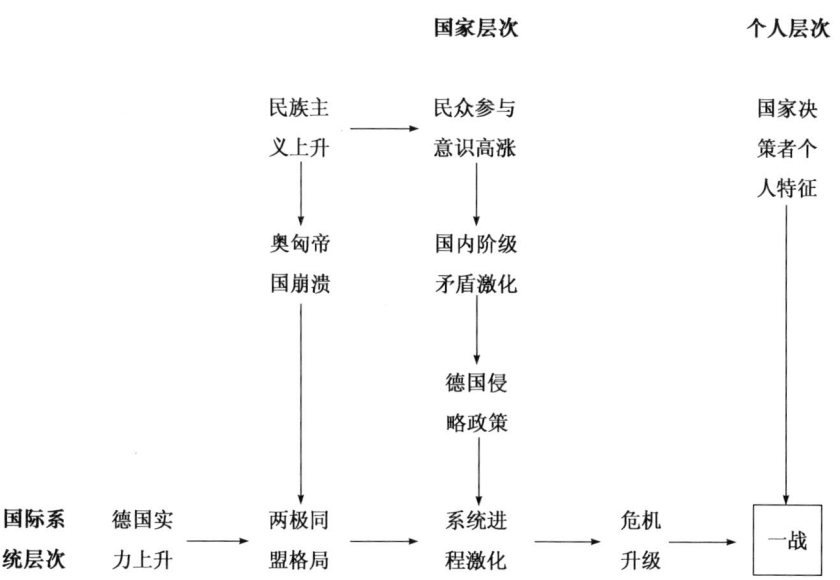

做出这一假定之后,我们还可以进一步通过观察,利用定量或定性分析的方法,确定并比较回归系数 $b_1$、$b_2$、$b_3$ 的大小,从而发现这三个层次上的因

---

① 这三个层次的具体运用是根据 Nye 对层次分析法的解释稍做修改后得来的。见 Joseph Nye, Jr., *Understanding International Conflicts* (New York: HarperCollins, 1993), p.64。

素分别对于事件 $y$ 所产生影响的大小。

但是,研究人员的主要兴趣可能只是一个层次上的因素,这样他仍然可以采用层次分析法。比如,研究人员试图发现国际系统层次因素对于某一国际事件或行为的发生所产生的影响,则可以做出以下假设:

$$y=a+b_1x_1 \tag{2}$$

其中,$y$ 为某一国际事件或行为,

$x_1$ 为系统层次变量,

$b_1$ 为回归系数。

这是层次分析法的第二种用法。它选定一个层次为科学研究的切入点,主要目的是发现这个层次上的变量对于事件和行为的发生所产生的影响。第二种方法比较容易集中精力发现变量之间的关系,所以是国际关系研究人员较常用的方法。沃尔兹的结构现实主义之所以能对国际关系理论有着重大的突破,关键的一点是他把研究重点置于国际系统结构方面,认为国家行为主要是由国际系统的结构决定的。① 其他国际关系学者在不同层次上也做出了研究成果。如 O. F. K. 奥根斯基(O. F. K. Organski)和杰西克·库格勒(Jacek Kugler)的权力转移说认为在挑战国实力接近霸权国实力的情况下,也就是说在国际系统发生结构变化的情况下,这两个国家最容易发动战争。这种把战争发生的一般原因归于系统结构的变化,是典型的系统层次研究。② 罗伯特·基欧汉和约瑟夫·奈的复合相互依存模式在很大程度上是国际进程方面的研究,讨论国际行为体之间的相互依存关系对行为体国际行为的影响。③ 所谓的民主和平论认为一个国家的政治制度决定这个国家对外的战争与和平行为,这是国家层次上的研究,重点是国家政府的性质。④ 曼库尔·奥尔森的集体行动理论以分析国内大型利益集团的作用为切入点,认为大型分

---

① Kenneth N. Waltz, *Theory of International Politics* (Reading: Addison-Wesley, 1979).

② O. F. K. Organski and Jacek Kugler, *The War Ledger* (Chicago: University of Chicago Press, 1980).

③ Robert O. Keohane and Joseph S. Nye, *Power and Interdependence: World Politics in Transition* (Boston: Little, Brown, 1977).

④ Michael W. Doyle, "Liberalism and World Politics," *American Political Science Review* 80, December 1985, pp.1151—1169; Bruce Russett, *Controlling the Sword: The Democratic Governance of National Security* (Cambridge, Mass.: Harvard University Press, 1990); David A. Lake, "Powerful Pacifists: Democratic States and War," *American Political Science Review* 86, March 1992, pp.24—37.

配集团的行为增加了社会交易成本,降低了社会总收益,所以这类集团的发展导致了国家的衰退。① 这也是国家层次上的研究,重点是国内社会因素。另外,奥利·霍尔斯蒂(Ole Holsti)对美国艾森豪威尔政府的国务卿杜勒斯进行了细致的研究,认为杜勒斯的个人信仰系统和性格使他对苏联的认识一成不变,由于杜勒斯是美国对外政策的主要决策人之一,他的个人因素直接影响了美国强硬的对苏政策。后来,斯塔尔用同样的方法对尼克松政府的国务卿基辛格进行了研究,发现基辛格有一种开放型思维方式,所以能够采取灵活变通的政策,他的个人因素也影响了美国的对外政策。② 这两个研究成果均是通过分析个人层次变量得到的。

使用这种方法可能会造成一种误解,即研究不够全面,重一个层次变量而忽略其他层次变量。实际上,理论必须是对现实的高度抽象和大胆简化,是削尽冗繁留清瘦的结果。根据数理统计的原理,包容所有变量的函数方程是不存在的,变量过多的函数方程是无意义的。也就是说,可以完完全全解释一个事件或行为的研究是不存在的。从统计学观点看,如果解释原因的自变量过多,这种解释反而失去了意义。研究某一层次上的变量并不意味着其他层次的变量对于事件和行为不产生影响,而是为了研究的目的,把其他层次上的变量暂时假定为常数,以便集中精力研究一个层次上变量对国际事件和行为的影响,从验证具体的变量之间关系逐步发展到进行中级理论和宏大理论的建设。

当然,在一个层次上的研究不一定仅仅限于两个变量之间的关系。由于一个层次可能有多个变量,这个层次上的研究对象也可能是多个变量之间的关系。例如,在系统层次上,系统结构和系统进程都可能影响到国际行为体的行为;在国家层次上,国家政治体制、经济体制、文化传统都可能影响到国家的国际行为;在个人层次上,决策者的信仰体系、个人经历、社会背景等都会对决策产生影响。所以,对于一个层次上多个自变量的研究也可以用下列多元回归方程来表示:

$$y = a + b_{1,1}x_{1,1} + b_{1,2}x_{1,2} + \cdots + b_{1,n}x_{1,n} \tag{3}$$

这是回归方程(2)的扩展式,

其中,$y$ 为某一国际事件或行为,

---

① Mancur Olson, *The Logic of Collective Action* (Cambridge, Mass.: Harvard University Press, 1965); *The Rise and Decline of Nations: Economic Growth, Stagflation, and Social Rigidities* (New Haven: Yale University Press, 1982).

② 转引自 Russett, *World Politics: A Menu for Choice*, pp. 248—287。

$x_{1.1}, x_{1.2}, \cdots, x_{1.n}$ 为某一给定层次上的有关诸变量，
$b_{1.1}, b_{1.2}, \cdots, b_{1.n}$ 为回归系数。

## 三、层次分析法的意义、局限以及在我国国际关系学界的应用

自层次分析法问世以来，越来越多的国际关系研究人员有意识地使用这一方法。在20世纪50—90年代之间，层次分析法不断完善和发展，其科学性程度也得以进一步提高。上面提到的一系列重要国际关系理论论著都借助了层次分析法，取得了理论建设方面的突破或实质性的进展。90年代重要的西方国际关系学教材中都把层次分析法作为国际关系学方法论的一个主要方面加以解释，在教科书的谋篇布局方面，也遵循层次分析法提供的分析框架。①

层次分析法像其他国际关系研究的方法一样，有重要的学术意义，但是也有它自身的局限性。辛格在他的著名论文中对层次分析法做出了比较系统的评价。辛格以理论的功能为尺度，衡量了宏观和微观层次分析的利弊。充分的理论分析模式要具备三个功能，即表述功能、解释功能、预测功能。一个好的理论模式要能够高度准确地表述所研究的现象、解释所研究诸现象之间的关系、对于所研究现象的发展提供比较可靠的预测。② 根据这三个标准，辛格认为宏观的系统层次分析最能够从整体观察和发现国际关系的一般性规律，但是这个层次的分析往往强调国际行为体的共性，而忽略了它们各自不同的特性。微观层次恰恰相反，注重个体而忽略整体，因而强调国际行为体之间的不同，但忽视了它们的共性。所以，辛格认为在表述功能方面，宏观层次的分析在表述整体时比微观层次要准确，在表述个体时不如微观层次准确；在解释功能方面，宏观层次分析由于缺乏对行为体本身特征的研究，所以在解释国际行为体行为时会出现功效不足的现象；在预测功能方面，由于宏观层次分析把握住国际

---

① 见 K. J. Holsti, *International Politics: A Framework for Analysis*, 6th ed. (Englewood Cliffs: Prentice Hall, 1992); John T. Rouke, *International Politics on the World Stage* (Sluice Dock: Dushkin, 1991); Russette and Starr, *World Politics: A Menu for Choice*; and Nye, *Understanding International Conflicts*; James E. Dougherty and Robert L. Pfaltzgraff, *Contending Theories of International Relations*, 3rd ed. (New York: Haper and Row, 1990).

② Singer, "The Level-of-Analysis in International Relations," pp. 78—80.

系统的整体,所以往往可以表现出较强的总体预测能力,而微观层次的分析则对国家的目标和具体政策有着较强的预测能力。①

正是由于宏观和微观各自的优势和劣势,国际关系研究人员在选择分析层次的时候,主要是根据自己的研究对象和研究目的来确定到底使用宏观还是微观层次。一般说来,国际关系的研究包括三个相互关联的范畴:国际关系、国际政治、对外政策。根据 K. J. 霍尔斯蒂(K. J. Holsti)的定义,国际关系指跨国界的所有政府和非政府互动行为;国际政治指跨国界的政府互动行为;对外政策指一个国家对于其他国家和非国家行为体的行为。② 这三者之间的关系可以用下图表示:

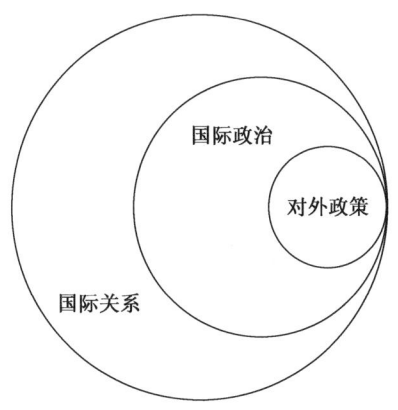

从图中可以看出,国际关系的涵盖面最大,国际政治次之,对外政策最小。就三者之间的关系而言,国际关系包括国际政治,而国际政治又包括对外政策。根据层次分析法各个层次的利弊,一般来说,如果研究目的是国际关系或国际政治的整体,如国际系统的发展与变化、国际格局和国际进程的特征等,则多用宏观层次的分析方法;如果研究目的是一个国家的对外政策,如国家 A 对于国家 B 的 x 政策采取的对策或国家 A 在 y 形势下的决策等,则多用微观层次上的分析方法。

如果我们把国际关系当作一门科学学科,国际关系学研究就是一个科学活动的过程,目的是发现国家行为体和非国家行为体之间的一般性行为规律,以可验证的知识替代主观意识,以可核实的证据检验经验、印象和直觉。有效的方法是在诸变量之间发现有序的内在关系,层次分析

---

① Singer,"The Level-of-Analysis in International Relations," pp. 80—90.
② Holsti, *International Politics: A Framework for Analysis*, pp. 9—10.

法正是为研究者提供了一种建立变量之间关系的工具。所以层次分析法的一个重要意义是它使国际关系研究更趋科学化。

我国的国际关系学研究起步较晚,国际关系研究的方法论至今还没有引起足够的重视。具体到层次分析法,在我国国际关系学界主要有几个问题。首先,对于严格的层次分析没有明确的意识。层次分析法的使用在国外的国际关系研究中已经有着三十多年的历史,20世纪60—70年代政治学界的行为主义革命之后逐渐发展为比较成熟的国际关系理论研究方法。但在我国90年代出版的国际关系学教材没有介绍过层次分析法,其中一些教材也没有介绍国际关系学方法论。① 近两年来我国主要国际关系学术杂志也没有发表过专门讨论方法论的文章。② 所以,对于国际关系学专业学生来说,方法论的知识甚少,表现出来的则是对国际关系研究方法的无意识。90年代以来我国出版的一些国际关系理论专著开始注意学理讨论,但是在方法论方面仍然表现为下意识和无意识。正是由于方法论的无意识或下意识,导致了分析层次使用的零乱、混杂和误差。

其次,我国国际关系学界的研究现在仍然是以综述和策论为主、以微观层次研究为主。检索我国几本主要国际关系杂志1995年和1996年的主要文章,结果如下③:

| 篇数 | 综述/策论 | 理论研究 | 宏观层次 | 宏/微观层次 | 微观层次 | 方法论文章 |
|---|---|---|---|---|---|---|
| 192 | 189 | 3 | 17 | 34 | 141 | 0 |
| 百分比 | 98% | 2% | 9% | 18% | 73% | 0 |

表中显示综述/策论性文章占所有文章总数的98%,大大多于理论研究文章;微观层次文章占73%,大大多于宏观层次文章,微观层次分析也是以策论文章居多。讨论方法论的文章一篇也没有。由于上述宏观层次和

---

① 所参考教材有:程毅、杨宏禹主编:《国际关系基础理论》,武汉:华中师范大学出版社1991年版;朱文忠主编:《国际政治》,杭州:浙江教育出版社1991年版;冯特君、宋新宁:《国际政治概论》,北京:中国人民大学出版社1992年版;梁守德、洪银娴:《国际政治学概论》,北京:中央编译出版社1994年版。其中朱、梁教材没有单独讨论方法论,冯、程教材分别用3—5页的篇幅简单提及方法论(见冯特君,第5—9页;程毅,第4—6页),但无一教材讨论层次分析法。

② 参考杂志为:《现代国际关系》《国际问题研究》《世界经济与政治》。随机选三种杂志1996—1997年共25期。

③ 参考杂志同上。其中,《现代国际关系》和《国际问题研究》选第一大栏目文章;《世界经济与政治》选前三个栏目文章,但排除纯经济学论文。宏/微观文章指在同一篇文章中使用国际系统和国家两个层次作为分析单位的论文。

微观层次的利弊，策论性文章多涉及国家 A 针对国家 B 的行为或某一国际环境做出的对策，所以研究范畴基本上属于对外政策研究，研究人员下意识采用的分析层次一般也是微观层次，即国家或次国家层次。策论是国际关系研究中不可缺少的部分，好的策论可以直接应用于对外决策，有着立竿见影的效果。但是策论毕竟只是国际关系研究的一部分，它不能够替代科学和独立的学术研究。只重微观层次上的策论性研究会产生两个方面的负面影响：

第一，微观层次上的研究较难建立宏大的理论框架，较难实现理论上的突破。辛格在 1961 年发表关于层次分析法的论文时，系统层次的分析尚属于刚刚开拓的领域，大多数美国国际关系学者熟悉的研究方法仍然是微观层次上的研究，研究重点自然是在国家层次上面。① 所以，当时辛格虽然提出了宏观层次，即国际系统层次，并明确指出了这个层次的重要意义，但是，他并没有意识到宏观层次研究的巨大潜力，也没有完全意识到宏观层次研究对于国际关系研究科学化的重要意义。从 1957 年莫顿·卡普兰的《国际政治的系统与过程》和 1959 年沃尔兹的《人、国家与战争》问世以来，系统层次分析发展迅速，美国国际关系学界从 70 年代以来的重要理论突破大都是系统层次分析的研究成果。如现在美国国际关系理论的两个最重要的理论体系——结构现实主义（Structural Realism）和新自由制度主义（Neoliberal Institutionalism）都是系统层次分析的研究成果。② 传统现实主义的一个重要缺陷是分析层次的混乱。如摩根索的巨著虽然处处闪烁着智慧的火花，但并没有超越个人经验和常识的局限，把国际系统、国家和个人因素交织在一起，结果是其理论框架缺乏严谨和科学性，使研究人员很难明确地界定理论概念，也很难建立可以证伪的理论假设。所以，沃尔兹认为这些都属于政治现实主义思想，但不能算作现实主义理论，更不能算是国际政治理论。沃尔兹的结构现实主义把国际系统作为国际关系的研究领域，把民族国家作为系统中可以类比的单位，把系统结构作为国际行为体行为的决定性因素。这样就使现实主义理论高度抽象、高度简化，研究人员根据这个理论框架比较容易确定可

---

① Singer, "The Level-of-Analysis Problem in International Relations," p. 82.
② 有人认为基欧汉的新自由制度主义不是系统层面的分析，而是次系统层面的研究，但正如体系结构一样，国际制度也是单位互动所建立的，单一的国家是无法建立国际制度的。所以，基欧汉认为，体系进程同样属于国际体系层次。

供验证的变量之间的关系。① 仅就其科学性和系统性而言,西方国际关系理论至今无出其右者。新自由制度主义虽然从思想和观点上说是结构现实主义最强有力的挑战者,但是从科学性方面来说,则力图达到结构现实主义的抽象程度。新自由制度主义也是系统层次的理论,认为国际系统是国际关系的研究领域,民族国家是系统中的主要单位。但是,新自由制度主义强调国际系统的另一个侧面,即国际进程,认为属于国际进程范畴的国际制度(包括国际规则、国际规范等)对国家的国际行为有着重要的影响和限制作用。② 迄今为止,以系统结构为核心的《国际政治理论》和以系统进程为核心的《权力与相互依赖》已经成为国际关系理论研究中引用最多的两本经典著作。所以,从整体角度的观察和对共性的强调使研究人员能够建立比较严谨的宏大理论体系。

第二,微观层次上的研究较难明辨国际格局的宏观变化,较难把握国际关系发展的中长期趋势。微观层次研究的重点是国家和次国家行为体,如果是理论性研究,它的基本推理方法是还原法(reductionism),即以部分的属性和行为来分析和解释整体的属性或行为,例如以国家的特征或决策者个人的性格来解释国际政治系统的功能。个体行为的研究重点是对国家内部特征的详细分析,比较容易表述和解释一个国家的对外行为,但却很难对国际格局或进程的变化做出比较完整的描述和可靠的预测。如果是策论性研究,则重点在于一个国家在某一环境中的政策或针对另一国家政策的对策,研究内容侧重近期的形势和动态,其研究目的本身主要是近期或中近期的政策或对策,所以不可能宏观把握国际系统发展的大趋势。二战以来,一些优秀的微观层次研究在对外政策的决策理论方面做出了很大的贡献,如佩奇的《朝鲜战争决策》、艾利森的《决策的

---

① Waltz, *Theory of International Politics*. 关于传统现实主义,参见 E. H. Carr, *The Twenty Years' Crisis, 1919—1939* (London: Macmillan, 1951); Hans J. Morgenthau, *Politics Among Nations: The Struggle for Power and Peace*, 5th ed. (New York: Alfred A. Knopf, 1973); Arnold Wolfers, *Discord and Collaboration* (Baltimore: John Hopkins University Press, 1962); Raymond Aron, *Peace and War* (New York: Doubleday, 1966).

② Keohane and Nye, *Power and Interdependence: World Politics in Transition*; Robert Keohane, *After Hegemony: Cooperation and Discord in the World Political Economy* (Princeton: Princeton University Press, 1984); Robert Keohane, *International Institutions and State Power: Essays in International Relations Theory* (Boulder: Westview, 1989); Robert Keohane, Joseph Nye, and Stanley Hoffmann, eds. *After the Cold War: International Institutions and State Strategies in Europe* (Cambridge, Mass.: Harvard University Press, 1993).

实质》等,但是这些著作并不能形成宏观理论体系。[1] 尤其需要注意的是,美国自二战后成为全球第一大国以来,更感到需要从宏观上把握国际系统的发展与变化,促使一批研究国际关系的人员专门从事国际系统层次上的研究,从这些研究得到的成果不仅对国际关系理论的发展起到了推动作用,也对美国制定全球战略产生了巨大的影响,宏观理论研究人员甚至成为美国外交和战略的核心决策人员(如亨利·基辛格和约瑟夫·奈)。美国国际关系研究的这种经验对于世界级大国是极具意义的。

层次分析法是国际关系学研究方法的一种,由于它能够帮助研究人员确定国际关系中的变量,所以自问世以来得到了广泛的应用。在我国,国际关系研究界对于方法论的重视程度比经济学、社会学、语言学等其他社会科学界要低,层次分析法也没有得到充分介绍和合理利用。仅从层次分析法方面来说,我们应该有意识地将其应用到国际关系研究之中。根据现在微观层次分析大大多于宏观层次分析的状况和中国在国际事务中日益增强的作用,我们尤其是要注重系统层次的分析,以便推动我国国际关系理论研究的发展,真正建构优秀的国际关系理论,同时也帮助我国把握中长期国际系统的发展和变化。即便是在微观层次上,也要既重视具体的政策和形势分析,又重视以发现一般性规律为目标的学术性研究。从方法论的总体角度来看,我们仍需加强对国际关系方法本身的研究和使用,因为方法论不但可以帮助实现理论突破,而且可以提高策论层次和质量。在这个方面,我们确实落在了后面。国际关系研究人员凭借智慧和经验有时固然也可以得到许多中肯的结论,但是未经科学论证和实践证明的结论的可靠程度总是令人怀疑的。常识得到的、貌似非常合理的结论不一定正确。如果没有伽利略的试验,我们也许至今还认为轻重不同的两个球不会同时着地。

本文原载《欧洲》1998 年第 3 期。

---

[1] Glenn D. Paige, *The Korean Decision* (New York: The Free Press, 1958); Graham T. Allison, *The Essence of Decision: Explaining the Cuban Missile Crisis* (Boston: Little, Brown, 1971).

# 国际关系学和中国的国际关系研究

**内容摘要**

国际关系研究活动根据研究目的、研究设计以及最后成果可以分为理论研究、释疑研究、个案研究和政策研究四大类别。本文根据国际关系研究活动的这种分类,对中国1993—1997年间三种外交和国际关系类学术核心期刊中登载的380篇论文进行了调查,发现中国目前的国际关系研究领域的主要活动是政策研究,而以理论构建和学科发展为目的的活动和成果所占比例很小。所以,从研究活动的分布情况来看,中国的国际关系研究还没有完全形成独立的社会科学学科,也缺乏理论发展所需要的原创力和分析过程的科学性。

国际关系作为社会科学的一个学科已经得到社会科学界的普遍承认。从1919年在威尔士大学建立第一个国际关系学教席以来,尤其是二战结束之后,研究人员一直努力将国际关系研究发展并建设成为一门以认知国际关系的客观世界为宗旨、以寻求通则为目的、具有学术规范的社会科学学科。中国自改革开放以来,国际关系研究得到了迅速的发展。本文试图根据国际关系研究活动的类别,从一个侧面对中国国际关系研究活动的现状做一个粗浅的分析。

# 一、国际关系研究活动的分类

国际关系既是一门科学研究的学科,又与国际关系的实践有着密切的关系。在研究活动方面,也就有以学科建设和学理讨论为主的理论型和主要以研究具体问题和具体对策的策论型之别。国际关系研究活动的外延线应该把这两大类型圈定在内。许多学者曾经试图对于国际关系的研究活动加以分类,从而更好地明确学科的范畴和研究对象。莱普戈尔德把国际关系领域的研究活动分为四类:理论研究、释疑研究、个案研究和政策研究。下面对这四类活动分别做简单的表述。[①]

## 1. 理论研究

理论研究指提出和发展可以合理解释大量客观事实现象的理论。理论研究旨在发现通则,目的是建立由逻辑上相互关联的、涉及经验关系的表述组成的国际关系学理体系。没有对基于概念和变量经验关系的政治行为的概括,国际关系也就不会成为科学。所以,理论研究的基本特征是不受狭窄的时间、空间和类别范畴的限制,能够揭示和解释超越一定时空界限和类别范畴的一般性规律。研究理论的目的是知识的积累和生产,是对国际关系世界的探索,所以往往不能够对行为体的具体行为和决策产生立竿见影的效果,也不是我们通常理解的、可以作为任何具体行动指导原则这样一种意义上的理论。

理论研究的典型例子是理性选择理论(rational choice)。理性选择理论假定行为体的自私和理性特征,并据此解释行为体的行为。无论是研究现实还是研究历史,无论在国际关系领域还是诸如经济学、社会学等

---

① Joseph Lepgold 在 "Is Anyone Listening? International Relations Theory and the Problem of Policy Relevance" 一文中提出了他对于国际关系活动的这种分类方法。该文载于 *Political Science Quarterly*, Vol. 113, No. 1 (1998): 43—62。

领域,理性选择的原理得到了十分广泛的应用。罗伯特·阿克塞尔罗德的合作进化理论是一个很好的例子。他所提出的问题是在什么条件下行为体可能进行合作,行为体包括了个人、公司和国家。① 曼库尔·奥尔森的集体行动理论、A.F.K.奥根斯基的权力转移理论,以及新现实主义和新自由制度主义这两个在过去二十年里争论激烈的西方国际关系主流派理论,都是把理性选择作为自身理论体系的基本假定之一。② 近年来我国学者的一些国际关系著作也开始明确或含蓄地把理性选择作为立论的一个基本前提。③

如果我们设定国际关系领域为讨论范畴,那么政治现实主义和政治自由主义理论属于理论研究的类别。以肯尼思·沃尔兹的结构现实主义和罗伯特·基欧汉的新自由制度主义为例,可以明显地看出两位学者关心的问题是试图超越狭隘的时空和具体问题的。虽然从历史的角度看,两种理论都是以1648年《威斯特伐利亚和约》后建立起来的国家体系为时空范畴,但是由于设定国家体系是一个相当长的历史阶段,所以这是一个大时空概念,即他们理论的解释能力应该是与以国家体系为基本标志的国际系统共存的。沃尔兹把国际系统中以权力分配定义的系统结构作为解释变量,把国际系统中基本单位的国家的行为作为被解释变量,提出了相当抽象简约的理论体系。基欧汉则以国际系统中以制度作用为核心的系统进程作为解释变量,把国家行为作为被解释变量,也建立了较抽象、较简约的理论体系。④ 抽象和简约作为一般理论研究的基本标志,其目的是为了解释更多的客观现象。这是理论研究的主要识别特征。⑤

---

① Robert Axelrod, *The Evolution of Cooperation* (New York: Basic Books, 1984).

② 参见 Mancue Olson, *The Logic of Collective Action* (Cambridge: Cambridge University Press, 1965); A. F. K. Orgenski and Jacek Kugler, *The War Ledger* (Chicago: The University of Chicago Press, 1980); Kenneth Waltz, *Theory of International Politics* (Reading, Mass.: Addision-Wesley, 1979); Robert Keohane, *After Hegemony: Cooperation and Discord in the World Political Economy* (Princeton, N. J.: Princeton University Press, 1980); Robert Gilpin, *War and Change in World Politics* (Cambridge: Cambridge University Press, 1981).

③ 参见阎学通:《中国国家利益分析》,天津人民出版社1996年版;刘靖华:《霸权的兴衰》,北京:中国经济出版社1997年版。

④ Waltz, *Theory of International Politics*; Robert Keohane, *State Power and International Institutions* (Boulder: Westview, 1989).

⑤ 第一类理论讨论成果多见于 *International Organization*, *International Studies Quarterly*, *World Politics*, *American Political Science Review*, *European Journal of International Relations* 等学术杂志,对于一般读者,这类文章的可读性比较低。

## 2. 释疑研究

释疑研究指对于特定类别的问题、特定时空范畴内的现象的分析性研究。所谓"疑",是指没有得到充分解释的现象。释疑研究的目的也在于寻求通则,在于发现和解释变量之间的关系,但这类研究与一般理论的不同在于释疑性研究寻求的通则有较明确限定的时间、空间和类别。释疑研究的通则在于对某一时间和空间范畴内某一确定类别的现象和行为规律的探讨。虽然区域研究的许多成果可以归于释疑研究的范畴①,但是,根据释疑研究定义和特征的规定,只有以理论建设为目的的研究才可以包括在释疑研究范围之内。典型的例子是战后对于结盟、核威慑、欧洲区域一体化等问题的研究。结盟问题明确限定了研究问题的单一类别,核威慑问题明确限定的研究对象的时间范畴,欧洲区域一体化则有着明确界定的空间范畴。②

正是因为这类研究的基本目的仍然是发现一般性规律,所以研究成果对于了解国际关系世界、增强对客观事物的认知大于对具体政策的指导和具体问题的解决。以欧洲区域一体化研究为例,二战以后出现的欧洲一体化现象使得政治现实主义几乎在西方一统天下的局面出现了一个缺口,一些学者从欧洲一体化的进程中发现了不同于现实主义表述的国家行为现象。于是出现了戴维·米特兰尼的功能主义理论和欧内斯特·哈斯的新功能主义理论。这些理论研究的目的十分明确,即一体化进程的条件,亦即国家之间在什么条件下可以部分放弃主权进行跨国界的合作与联合。米特兰尼的功能主义所提供的答案是低位政治领域合作的成功可以使国家为实现国家利益将合作逐步扩展到高位政治领域,即在低位政治领域里成功的合作是一体化的重要条件。哈斯的新功能主义则认为

---

① 莱氏对于区域研究的解释是不够清楚的。区域研究可以以理论建设为目的,也可以主要以对策为目的。根据莱氏对释疑研究的定义,只应该把前者归于该类活动之内。参见 Lepgold, "Is Anyone Listening", p. 48.

② 关于结盟的研究,参见 George Liska, *Nations in Alliance*: *The Limit of Interdependence* (Baltimore: The John Hopkins Press, 1962). 关于核威慑,参见 Alexander L. George and Richard Smoke, *Deterrence in American Foreign Policy*: *Theory and Practice* (New York: Columbia University Press, 1974); Bruce Russett, "The Calculus of Deterrence", *Journal of Conflict Resolution* VII, March 1963, pp. 97—109; Robert Jervis, "Deterrence Theory Revisited", *World Politics* XXXI, April 1979, pp. 289—324. 关于欧洲区域一体化,参见 David Mitrany, *A Working Peace System* (Chicago: Quadrangle Books, 1966); Ernst Haas, *The Uniting of Europe* (Stanford: Stanford University Press, 1958); *Beyond the Nation-State* (Stanford: Stanford University Press, 1964).

除了这类条件以外,还必须有国家内部政治精英和领导人物有意识的推动,政治意愿和政治行为才是区域一体化的至关重要的变量。如果没有德洛尔和莫内等所谓的欧洲派,欧洲一体化进程会更为艰巨。所以在新功能主义那里,政治领袖的一体化意识和为此目的而采取的有意识行动成为区域一体化的重要条件。但是,无论是功能主义还是新功能主义,目的都不是为了解决欧洲一体化的具体政策问题,而是把这一发生在二战后西欧国家之间的国际关系现象作为研究对象,力图发现有意义的变量和变量之间的关系。寻求通则与发现规律仍然是这类研究的根本和实质所在。①

### 3. 个案研究

个案研究旨在解释某个具体事件或现象。个案研究有两种情况:一是旨在发现通则;二是寻求涉及具体政策和具体事件表象背后的重要因素,从而揭示这一政策或事件的本质和深层原因。第一种个案研究属纯学术研究,第二种则是对事件性质和发展趋势、政策内容和走向进行较具体的分析或中长期的预测。

以学术为目的的个案研究的典型例子是格伦·佩奇关于朝鲜战争的研究。在其著作中,佩奇使用的是一个案例,即美国在朝鲜半岛问题上是否使用武力的决策。虽然佩奇详细叙述了美国出兵前政府高级决策人员每一天的活动,但是这一研究的目的是危机决策的一般性条件,所得出的若干结论大大超出了仅仅限于朝鲜战争决策的具体问题,成为危机决策的共性现象。② 另外一个更能说明问题的例子是格雷厄姆·艾利森关于古巴导弹危机的研究,虽然艾利森也只用了一个案例,即古巴导弹危机,但是研究目的是发现危机决策的一般性规律。他从研究古巴导弹危机时期美国决策过程的详细过程中总结了三个决策模式:理性行为体模式、组织程序模式和政府政治模式,这些模式的目的是解释危机条件下的一般性决策行为,而不是为了解决古巴导弹危机这一具体问题的。③ 其学理意义则是提出了即使在危机情况下,决策也不是完全的理性行为,政府机构各自的行为方式和它们之间的讨价还价同样是最后政策的重要原因因

---

① 第二类活动成果也多发表于学术杂志,如 *International Security*, *Security Studies*, *Global Governance*, *Political Science Quarterly*, *International Organization* 等。
② Glenn O. Paige, *The Korean Decision* (New York: The Free Press, 1968).
③ Graham A. Allison, "Conceptual Models and the Cuban Missile Crisis," *Political Science Review* Vol. 63 (September, 1969); *Essence of Decision* (Boston: Little, Brown, 1971).

素。所以,这种研究以具体案例为分析手段、以寻求通则为分析目的。这与科学研究的路径是一致的。

以具体政策和事件为目的的个案研究力图剖析这个事件的前因后果。所以,这类研究的主要活动场所多是智囊机构而不是高等学校,对于非专业人员来说,文章的可读性大大高于第一和第二类活动的产品。在美国,典型的个案研究机构包括诸如兰德公司和布鲁金斯学会等智囊机构。研究目标和分工也十分清楚,如有人专门从事苏联军事战略研究,有人专门从事国际货币政策研究,等等。无论从事哪方面具体研究,其目的都是为了清楚地叙述某一事件和政策问题。①

### 4. 政策研究

政策研究指对与政策直接有关的具体和现实问题的研究。这类活动与第三类个案研究的相同之处在于两者都是以具体问题或某种政策为研究对象的。但是,政策研究与个案研究的不同在于:(1)不以寻求通则为目的;(2)更具时效性,更针对目前出现和急需确定对策的问题。政策研究的结论一般只适用于某一个具体问题,这类研究不会超越这个问题去发现一般性规律。

对于任何一个国家来说,国际关系领域的政策研究都是必不可少的。由于这类研究对目前政策有着直接的帮助作用,所以具有高度的应用性质。我们可以看到高水平的策论杂志常常发表对于政府政策具有很大影响力的文章。以美国的《外交季刊》(*Foreign Affairs*)为例,其重头文章对于美国的全球战略和对外政策多是颇具眼光和颇有新意,经常出自著名专家之手。这类文章首先以讨论的具体问题为切入点,然后对这个问题的背景及成因进行既透彻又有很强可读性的分析,最后,在这种分析的基础上提出这个问题的解决方案和作者认为的最佳政策。仅就美国对华政策,《外交季刊》就刊登了李敦白(Kenneth Liberthal)的"A New China Strategy"、伯恩斯坦和芒罗的"Coming Conflict with China"、罗斯的"Beijing as a Conservative Power"等文章。② 这类文章也发表在重要报

---

① 这类文章多发表于 *Survival*, *Orbis*, *Current History* 等杂志。
② Kenneth Liberthal, "A New China Strategy," *Foreign Affairs*, November/December 1995, pp. 35—49; Richard Bernstein and Ross Munro, "The Coming Conflict with China," *Foreign Affairs*, March/April, 1997, pp. 18—32; Robert Ross, "Beijing as a Conservative Power," *Foreign Affairs*, March/April 1997, pp. 33—44.

纸和新闻杂志上。①

从上面对于国际问题研究四类活动的定义和表述来看,第一类和第二类活动的学术性最强但实用性较弱,其根本目的也是学科发展和对国际关系客观世界的基本认知。第四类的学术性较弱但实用性较强,其根本目的是为了提出政策建议,解决实际问题。第三类介于两者之间。下图以学术性和实用性的尺度表述了这四类活动:

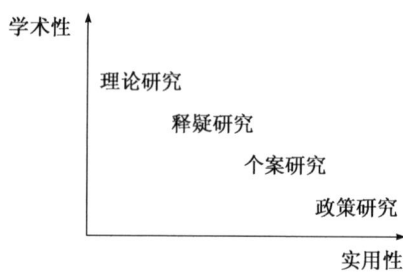

## 二、中国国际关系研究活动的现状

我们根据以上国际关系研究活动的分类,对中国近期国际关系研究活动进行归类,以期发现中国国际关系研究活动的重心。

### 1. 研究范畴和研究对象

我们调查的时间范畴是 1993—1997 年,调查对象是中国全国外交、国际关系类核心期刊。根据中国权威的《中文核心期刊要目总览》,这类期刊共 11 种。② 如果再细分一下,这些刊物可以分为三类:第一类是中国社会科学院所属各国家、区域或综合性研究所的刊物,包括《西亚非洲研究》《美国研究》《世界经济与政治》《拉丁美洲研究》《日本学刊》《欧洲》《亚太研究》,共 7 种。第二类是专门国际问题研究所的刊物,包括《国际问题研究》《现代国际关系》《外国问题研究》,共 3 种。第三类是高校学报,有《外交学院学报》1 种。这些刊物基本上代表了中国现阶段国际关系研究的水平,也比较真实地反映了中国不同国际关系研究活动的分布。

我们从这 11 种刊物中选择了 3 种,即在《中文核心期刊要目总览》中

---

① 发表政策研究的主要杂志除了《外交季刊》外,还有 Foreign Policy,Newsweek,Time,The Economist,New York Times,Washington Post,Times 等。

② 这 11 种分别参见林被甸、张其苏主编:《中国核心期刊要目总览(第二版)》,北京大学出版社 1996 年版,第 16—17 页。

分列第一、第三和第九位的《国际问题研究》《美国研究》《外交学院学报》。这一选择不是随机选择,而是根据研究设计的要求,有针对性地选择了专门研究所刊物1种、中国社会科学院所属研究所刊物1种、高等学校校刊1种。这样做会有一定的选择偏差,因为在这11种刊物中,社科院系统占了7种,但是我们只选了1种,占总数的14%,而高校的只有1种,也选了1种,占总数的100%,这是可以估计到的偏差。但是在这样小的母本中作随机选择的合理性很小,所以分类选择本身符合研究设计,并且误差是可以控制的,因此3种刊物应该能够作为较客观的样本。①

另外,在这3种刊物中,我们选择的对象是每种刊物中讨论国际关系的完整论文。如在《国际问题研究》中,我们一般选择第一栏目内的论文,但不包括只讨论某一国家内部事务的论文和纪念性文章。在《美国研究》中,所选文章也是第一栏目中的论文,但包括短论和学术札记栏目中的相关文章。完全属于美国国内事务的文章不在入选之列。《外交学院学报》中"国际关系""中国对外关系""世界经济"是主选栏目,"国际法"栏目的相关文章也被收入。

根据以上标准,我们共收入文章380篇,三种刊物分布情况如下:

表1　入选论文

| 刊物 | 入选论文篇数 |
|---|---|
| 《国际问题研究》 | 145 |
| 《美国研究》 | 91 |
| 《外交学院学报》 | 144 |
| 共计 | 380 |

## 2. 分类标准

以上讨论的四类国际关系研究活动作为总体分析框架。但是,为了使这一分类方法变得可操作化,还必须做出明确的分类规定。这里首先需要说明的是,根据实际数据的收集情况,我们适度放宽了莱氏四类活动的标准。为此,我们需要进一步以可操作方式定义四类活动。

根据莱氏的定义,第一、二类和第三类活动的一部分的实质是推论,即通过可以获得的观察数据认知没有或无法获得观察数据的国际关系世

---

① 参见 King、Keohane 和 Verba 关于社会科学研究随机选择的论述。Gary King, Robert O. Keohane, and Sidney Verba, *Designing Social Inquiry: Scientific Inference in Qualitative Research* (Princeton, N. J.: Princeton University Press, 1994), pp. 124—139.

界,亦即从样本推及母本。所有推论式研究都具有明确的解释变量(自变量)和被解释变量(因变量)。① 理论研究的基本目的是认知国际关系的客观世界,增加我们关于国际关系的一般性知识。如沃尔兹的结构现实主义力图把国际关系建立在国际系统中的权力分配这一基本特征之上,把定义为权力分配的国际系统结构作为最主要的解释变量,把国家行为作为最主要的被解释变量。② 基欧汉的新自由制度主义则突破了系统结构的局限,在结构之外发现了国际制度这一重要的解释变量,因而形成了以国际制度为基本自变量、国家行为为主要因变量的国际关系理论体系。③ 应该说,第一类研究活动类似库恩所说的革命性科学活动④,最具有原创精神,也是力图把国际关系作为科学研究的最主要的理论创建活动方式。第二类活动的主要目标是在第一类活动建立的宏大理论框架中对比较具体的类别现象进行考察和探讨。这类活动近似库恩所说的常规科学时期的研究活动。虽然这类活动的范畴要比第一类活动小,原创力也不及第一类活动,但是研究的仍然是变量之间的关系。并且,由于其研究对象的具体和集中,往往可以验证、修正或证否第一类活动。如对于政体性质和国家战争行为之间关系的研究,包括列宁的帝国主义论(发展到帝国主义阶段的资本主义国家必然发动战争)、康德以及后来的布鲁斯·拉西特和迈克尔·多伊尔等人的民主和平论(民主国家之间不发生战争)等。⑤ 第三类活动(个案研究)中的第一种情况,其基本目的也应该是发现变量之间的关系。如艾利森对于古巴导弹危机这一危机案例的研究,目的仍然是发现国家在危机条件下的决策行为,即讨论危机程度的变化和国家决策行为变化之间的关系。⑥ 只有第四类活动由于主要属于政策性研究,所以很难发现明确的变量和变量间关系的研究轨迹。

---

① King, Keohane and Verba, *Designing Social Inquiry*, pp. 46—49.
② Kenneth Waltz, *Theory of International Politics*.
③ Robert O. Keohane, *After Hegemony: Cooperation and Discord in the World Political Economy*; *International Institutions and State Power*.
④ Thomas Khun, *The Structure of Scientific Revolution*, 2nd ed. (Chicago: University of Chicago Press, 1970).
⑤ V. I. Lenin, *Selected Works* (New York: International Publishers, 1971); Bruce Russett, *Controlling the Sword: The Democratic Governance of National Security* (Cambridge, Mass.: Harvard University Press, 1990); Bruce Russett, *Grasping the Democratic Peace* (Princeton, N. J.: Princeton University Press, 1993); Michael Doyle, "Liberalism and World Politics," *American Political Science Review* 80, Dec. 1985, pp. 1151—1169.
⑥ Graham Allison, *Essence of Decision* (Boston: Little, Brown, 1971).

根据莱氏的定义,除了政策研究之外,另外三类活动都应该具有推理的基本特征。但是莱氏本人在具体表述中也有些含糊,没有进一步区别各类活动中不同目的的研究成果。为了更加明确起见,我们根据金、基欧汉和维巴(King, Keohane and Verba)对于科学研究的标准,把每一类别的活动都分为描述性和推理性两个次类别。具体做法如下:

(1) 理论研究类。在这一类活动中,推理性研究成果指原创性理论,其基本特征是在国际关系宏理论方面的突破和创新,如沃尔兹的结构现实主义。描述性研究成果指对于别人提出的理论的介绍、解释或评论,如对于结构现实主义的介绍和评论的文章。推理型和描述型的根本区别在于是否具有原创性。

(2) 释疑研究类。在这一类活动中,推理型研究成果指对于某一类国际关系现象的概括性科学研究,如在美国霸权和英国霸权时期在国际安全域类内对霸权国家权力和国际系统稳定之间的实证性研究。[①] 描述型研究成果指对于某一类问题的叙述和介绍,如对冷战后发达国家之间经济关系的总结性描述等。推理型和描述型的根本区别在于是否具有明确的变量间关系的假设和验证。

(3) 个案研究类。推理型个案研究的根本目的是从某一案例中发现一般性规律,所以有着明显的变量选择和变量间关系的研究轨迹,如克拉斯纳主编的《国际机制》一书中的四篇个案研究论文都是把国际机制作为解释变量,把国际行为体行为作为因变量,并将研究重点置于这两种变量之间的关系的。[②] 推理型个案研究的目的是由一个案例推及其他,旨在发现通则。描述型个案研究主要是介绍某一案例的背景和发展情况,没有明确的变量选择和对变量间关系的验证,如一些关于东南亚金融危机这一个案的情况介绍。像第二类活动一样,推理型和描述型的个案研究的根本区别在于是否具有明确的变量间关系的假设和验证。

---

[①] K. Edward Spiezio, "British Hegemony and Major Power War, 1815—1939: An Empirical Test of Gilpin's Model of Hegemonic Governance," *International Studies Quarterly* 34, 1990, pp. 165—181;秦亚青:《霸权体系与国际冲突》,《中国社会科学》1996年第4期,第114—126页。

[②] 这四篇文章分别是 John Gerald Ruggie, "International Regimes, Transactions, and Change: Embedded Iiberalism in the Postwar Economic Order"; Charles Lipson, "The Transformation of Trade: The Sources and Effects of Regime Change"; Jock A. Finlayson and Mark W. Zacher, "The GATT and the Regulation of Trade Barriers: Regime Dynamics and Functions"; Benjamin J. Cohen, "Balance-of-payment Financing: Evolution of a Regime". 参见 Stephen D. Krasner, ed., *International Regimes* (Ithaca and London: Cornell University Press, 1983), pp. 195—336。

(4)政策研究类。推理型研究成果指论文的目的不是讨论现行政策,而是提出新的政策建议。虽然这种成果中不乏叙述成分,但宗旨却是提出新的政策建议,典型的例子是美国《外交季刊》中的主要文章,最后基本上都落实在提出新的政策建议上。描述型研究成果指对于政策的诠释和评论,其目的在于说明一项政策的背景资料、出台过程、实施情况、产生的结果等。如一些对于克林顿政府全球战略和具体对外政策的介绍。推理型政策研究和描述型政策研究的根本区别在于是否有明确的、基于分析之上的政策建议。

我们现在的分析目的是发现四类活动的分布情况,所以不区别每一类中的推理型和描述型成果,即将推理型和描述型都包括在内,这正是我们放宽莱氏标准的地方。据此,得到了以下统计数据:

表2 四类国际关系研究活动的分布情况(1993—1997,n=380)

| 年度 | 第一类 | 第二类 | 第三类 | 第四类 | 其他* | 总计 |
| --- | --- | --- | --- | --- | --- | --- |
| 《国际问题研究》 | | | | | | |
| 1993 | 0 | 0 | 0 | 23 | 1 | 24 |
| 1994 | 1 | 0 | 0 | 24 | 2 | 27 |
| 1995 | 0 | 0 | 0 | 25 | 4 | 29 |
| 1996 | 0 | 0 | 0 | 32 | 0 | 32 |
| 1997 | 0 | 1 | 0 | 28 | 4 | 33 |
| 小计 | 1 | 1 | 0 | 132 | 11 | 145 |
| 《美国研究》 | | | | | | |
| 1993 | 0 | 0 | 10 | 5 | 2 | 17 |
| 1994 | 2 | 0 | 6 | 8 | 2 | 18 |
| 1995 | 2 | 1 | 2 | 12 | 1 | 18 |
| 1996 | 0 | 1 | 8 | 7 | 1 | 17 |
| 1997 | 1 | 0 | 4 | 8 | 8 | 21 |
| 小计 | 5 | 2 | 30 | 40 | 14 | 91 |
| 《外交学院学报》 | | | | | | |
| 1993 | 4 | 0 | 3 | 23 | 16 | 46 |
| 1994 | 1 | 0 | 2 | 16 | 1 | 20 |
| 1995 | 0 | 0 | 5 | 16 | 5 | 26 |
| 1996 | 4 | 0 | 7 | 17 | 0 | 28 |
| 1997 | 4 | 0 | 4 | 11 | 5 | 24 |
| 小计 | 13 | 0 | 21 | 83 | 27 | 144 |
| 总计 | 19 | 3 | 51 | 255 | 52 | 380 |

* 指无法归入四类活动的文章,如综述、随笔等。

## 三、结论:现状与问题

我们根据莱氏的国际关系活动分类谱系,对于中国过去 5 年中 3 种有代表性的全国外交、国际关系类核心刊物登载的 380 篇论文进行了调查。从总体数据来看,表 2 中的观察数据显示了如下几种事实:(1) 政策研究活动是中国国际关系研究的主要活动领域。在所有四种杂志的 380 篇论文中,有 255 篇属于政策研究类,占总数的 67%,超过其他各类文章的总和。(2) 占总数第二位的是其他类。这类文章包括综述和随笔,因此不能算是严格意义上的论文。这类文章共计 52 篇,占总数的 14%,其比例超过了第一、二、三类文章。(3) 个案研究文章有 51 篇,占总数的 13%。(4) 属于纯学理讨论的第一类论文数量很少,只有 19 篇,占总数的 5%。所有文章全是介绍或评论其他宏理论的或是仅仅提出建立理论体系的重要意义,没有原创型的理论建构文章。(5) 第二类研究成果极少,只有 3 篇,占总数的 0.8%。

再分别从三种刊物来看,有这样几种可以观察到的事实:(1) 政策研究型成果在每一种杂志中都在数量上占第一位,专门研究所刊物文章的 91%、社科院研究所刊物的 44%、高校学报的 58% 属于这一类型;(2) 个案研究占所有研究活动的比例以社科院刊物为最高,达 33%,其次为高校学报,为 15%。(3) 第一、二类成果在各种刊物中所占比例都很小,分别为:专门研究所 1%,社科院 8%,高校 9%。尤其是第二类释疑研究,总共只有三篇,有明确变量和变量间关系的只有一篇。

这些观察数据显示了我国的国际关系研究活动的基本情况。国际关系作为一门学科在我国的起步较晚,在过去十几年里有着迅速的发展,对于理论和方法论这两个学科发展的必备条件不能够苛求。但是,这些数据明显指出了国际关系学研究活动存在的一些必须正视的问题。下面就学科建设、原创性和研究规范化及科学性三个问题展开必要的讨论。

### 1. 独立的社会科学学科

国际关系学在中国并没有真正地形成一个独立的、比较成熟的社会科学学科,也不具备完整的研究体系。

爱因斯坦在谈到科学学科时曾经提出过两个标志性条件,即理论体系和方法论。这里所说的理论是指由一系列假说和假设组成的、对于客观世界认知的表述。虽然在某一时期某种理论可能占据主导地位,如牛顿物理学和爱因斯坦的相对论,但是独立学科的重要标志之一是理论的多元发展和相互之间的学理辩论。多元是学理辩论的必要条件,辩论则是理论发展的前提。从国际关系领域来说,即使这一学科比较发达的美国,在诸学科之中起步也是很晚的,学界普遍接受的说法是国际关系学在两次世界大战之间才逐渐摆脱了依附于历史学、法学、政府学等相关学科的状态,开始出现独立学科的端倪。西方政治学中的现实主义和理想主义成为国际关系学的主要理论体系。两次世界大战之间自由主义占了主导地位,但二战以后现实主义取其位而代之。摩根索建构了战后现实主义国际关系的宏大理论框架,并成为西方国际关系学在冷战时期的主导理论。但20世纪从70年代以来,自由主义以各种流派形式重新兴起。即使是在现实主义的黄金时期,自由主义也没有消失,并在区域一体化研究中取得了重要进展。同时,其他所谓的非主流理论也存在并不断发展,如新马克思主义国际关系理论和后现代国际关系理论等。正是这些理论的存在和辩论为国际关系学造就了学科动力,使之成为真正意义上的独立学科。

学理辩论的源泉在于第一类活动,其展开往往在于第二、三类活动。第一类活动从认知角度、以推理的方式提出并建构了宏大的理论框架,第二、三类活动以科学的态度和方法对这些宏理论进行验证和测试。只有经过无数次反复验证,才能比较准确地确定一个理论体系的信度和效度。所以,不仅第一类活动标志着学科理论体系的成熟与否,而且第二、三类研究活动的比重也是独立学科的一个重要标志。从一般规律看,第一类活动的数量不可能太多,因为宏大理论体系的创建毕竟是少数,而大多数学术活动是从理论体系认真、细致、严谨地验证,对客观现象的表述、分类和分析。所以,在一个比较成熟的独立社会科学学科之内,第二、三类研究活动和成果应该占大多数。

之所以说中国国际关系还没有形成独立的社会科学学科,主要依据是在所有统计数据中第一、第二类活动所占比重过小,虽然我们还没有对这些论文的内容做更加细致的内容分析,但6%的份额远远不足以形成独立的学科研究体系。即使把第三类研究活动计算在内,前三类的总和也只占活动总量的19%。即便是不考虑方法论的因素,没有学科理论体系就不能说有独立的科学学科。

当然,没有建立独立的学科并不是说没有学科意识。在中国开始希望把国际关系学作为一门学问来对待的时候,这种意识就在一些研究人员中产生了。于是,我们开始翻译、介绍、借鉴、批评一些国际关系学的主要理论,但这只是为建设独立学科而做的初期准备。况且,从所调查论文的数量这一个因素角度来看,这种意识并不是很强烈。建立以多元理论体系和规范研究方法为核心的国际关系学科学学科在很大程度上仍然是一种个人行为,而没有形成中国国际关系学界的群体共识。

### 2. 研究活动的原创性

中国国际关系的研究活动缺乏原创性。

从学科发展角度来说,原创性最明显地表现在第一类研究活动之中①,最典型的活动成果是建立合理的认知理论体系,最有效的方法是学派之间的学理辩论。原创性的源泉是客观现实,但原创性成果必须是对现实的高度概括和抽象,是对现实世界中实质性问题的高度把握。

我们以结构现实主义和新自由制度主义之间的大辩论为例对原创性加以说明。② 结构现实主义是在传统现实主义的基础上构建的,是在所谓第二轮冷战前夕产生的。虽然结构现实主义继承了传统现实主义关于权力、国家利益冲突、国际行为主体、国际系统无政府特征等基本假说,但是却借用微观经济学的市场和公司理论,从纷繁的现实主义现象中抽象出以系统权力分配状况为标志的系统结构和以民族国家为主要系统单位的两个基本变量,并进一步研究两种变量的因果关系。③ 正是这种高度的抽象使得国际政治学在沃尔兹的努力之下产生一个系统和简约的理论体系,这个宏理论体系是具有相当大原创力的研究成果。从结构现实主义的因果链上看,国际系统结构的无政府特征导致了国家间利益的必然冲突。新自由制度主义从 20 世纪 80 年代初开始对结构现实主义提出了严峻的挑战,虽然新自由制度主义也承认现实主义的一些基本假说,如国际系统的无政府特征,但是从诸多国际关系的可观察现象发现了无政府状态下的合作。许多否证研究证明现实主义假定的国家间必然冲突并非必然现象,无政府条件下可以有冲突,也可以有合作。如果说这些合作被

---

① 这里所说的原创性成果只包括第一类活动中推理型成果,而不包括评介性成果。如 Alexander Wendt 关于建构主义(Constructivism)的研究是原创性成果,但是对这种理论的介绍和评论却不是原创性成果。

② 关于这场辩论,参阅 Robert O. Keohane, ed., *Neorealism and Its Critics* (New York: Columbia University Press, 1986); David A. Baldwin, ed., *Neorealism and Neoliberalism: The Contemporary Debate* (New York: Columbia University Press, 1993); Charles W. Kegley, ed., *Controversies in International Relations Theory: Realism and the Neoliberal Challenge* (New York: St. Martin's, 1995)。

③ Waltz, *Theory of International Politics*.

结构现实主义看作非正常行为,那么新自由制度主义正是从这些越来越多的非正常行为作为开始研究合作的条件,并逐步把合作的主要条件定位在国际制度,即国际制度是无政府状态下国际合作的重要条件。从结构现实主义认为是非正常的现象中找到突破是新自由制度主义的原创所在,从结构选择到制度选择无疑是国际关系理论的一个重大突破。虽然这场辩论仍在进行,但现阶段的争论主要围绕国家合作行为的条件,所以争论的焦点已经是在制度主义设定的研究议程上了。

虽然战后国际关系的研究重心在美国,并且西方国际关系的主要理论体系是在美国建立的[①],但这并不是说原创性理论只有在美国才可以产生。后现代国际关系理论的认识方法和理论思想就是借用欧洲思想家(福柯、德里达等)的思维体系[②],这些思想产生于欧洲发达的资本主义社会,尤其是法国。而依附理论则是第三世界思想家和学者对国际关系的重大贡献,其思想根源是马克思主义的阶级分析和历史观,认知根源是第三世界尤其是拉丁美洲国家的政治、社会、经济和文化现实。[③] 这些理论之所以得到世界国际关系学界的公认并成为国际关系学理论体系的一部分,主要原因是这些理论自身的原创力。在中国国际关系研究活动中,纯学理讨论与政策讨论相比比重甚小。在纯学理讨论中也主要是评介成果。这也是缺乏学科原创力的一个明显现象。

### 3. 研究过程的科学性

中国国际关系研究缺乏第二、三类活动尤其是第二类活动的情况说明我国国际关系学界缺乏严谨、深入、科学的分析活动。

第二、三类研究活动的重点在于对宏理论的验证,并且可以通过对于某一类或某一个现象的深入研究,提出中型理论。这类研究活动往往是一个规范性高、科学性强、分析力度大的研究过程。和其他诸社会科学学科一样,这一研究过程包括了这样几个必不可少的活动步骤。首先是理论梳理(literature review)。理论梳理的目的绝不是简单重复他人的理

---

① 王逸舟:《试析国际政治学的美国重心》,《美国研究》1998 年第 1 期,第 57—78 页。

② Jim George, *Discourses of Global Politics: A Critical Reintroduction Introduction to International Relations* (Boulder: Lynne Reinner Publishers, 1994).

③ 关于依附理论,参见 Samir Amin, *Imperialism and Uneven Development* (New York: Monthly Review Press, 1977); James Caporaso, "Dependency Theory: Continuities and Discontinuities in Development Studies", *International Organization* 34, 4 Autumn 1980, pp. 605—628。1995 年笔者参加在巴西圣保罗大学召开的第二届战略研讨会,看到对依附理论的讨论仍然十分活跃,许多论文的理论框架也是依附理论。

论,而是透彻地了解和表述研究问题范围内前人的成果。这种表述必须是具备高度的批评性质,既要发现前人的成就,更要发现前人的不足。其次是确定自己研究的范畴,做出必要的假定(assumptions)。假定是一种尚未证明而被确定为真实的命题,如国家是理性的这一命题。假定是确定研究范畴的基本要素,研究人员的研究只有在其假定所确立的框架之中才是有效的,如以国家理性为基本假定的研究不包括国家非理性行为,虽然国家的非理性行为的确存在。再次是提出理论假设(hypothesis),也就是确定变量和有待于测试和验证的变量之间的关系。这些假设是根据理论综述得来的,是限制在预设的假定范畴之内的。虽然假设可以直接来源于对事实的观察,但对于社会科学来说,许多假设是演绎于宏理论的。所以,确定假设的重要意义在于验证理论的效度。最后是验证,亦即使用观察数据对假设的变量之间的关系进行测试。验证可以是定量的,也可以是定性的,可以是多案例,也可以是个案研究,但是,研究的目的是推论和对通则的寻求,是发现变量之间的关系。如果通过建立的模式和收集的数据证明了假设提出的变量间关系,则证实了理论的效度,反之则否证了理论的效度。① 无论科学研究活动环节怎样排列,这些至关重要的步骤是不可或缺的,这是学术规范的一个重要部分。

从严格意义上讲,莱氏的第二类活动和第三类活动的大部分都应该具备上述特征。第四类政策研究由于其明显的实用特点,往往没有明显的变量和变量关系。如果规范的第二、三类研究活动没有真正展开,那么,即使有着宏理论,也很难确定这些理论的解释能力和效度,真正有意义的理论体系也就无法建立和确立,国际关系的研究也只能停留在一个主要以直观经验和个人灵感为依据和源泉的阶段。这样一种阶段上的活动不能称之为有着独立科学学科作为依托和框架的学术研究活动。

改革开放以来,中国的国际问题和国际关系研究活动大大增加,学科意识越来越强,成果也越来越多,致力于国际关系科学研究的人也越

---

① 在社会科学中,少量的否证不能完全推翻一个理论,只能说明该理论的效度大小。个案研究尤其如此。这是社会科学的研究对象决定的,也是不同于 Karl Popper 关于否证(falsification)标准的地方。Popper 认为,只要有一个假设被证明与理论不符,该理论就被否证。但社会科学的否证则主要是测试理论效度,即该理论解释功效的范围。否证基于该理论之上的一个或几个假设只能减弱该理论的效度,而不能完全否证这个理论。参见 King, Keohane, and Verba, *Designing Social Inquiry: Scientific Inference In Qualitative Research*, pp. 100—105。

来越多,所以中国国际关系学学科的建立和兴旺是很有希望的。就目前的问题而言,中国的国际关系研究还没有形成严格意义上的独立学科体系,缺乏原创性成果和科学、缜密、规范的研究过程,所以要使其成为真正意义上的社会科学学科,仍需研究人员为之做出艰苦和不懈的努力。

本文原载《亚洲评论》1999年春夏号。

# 实证主义与中国的
# 国际关系研究

### 内容摘要

二战以来,实证主义在国际关系学研究领域逐步占据主导地位。实证主义承认客观世界的独立存在,认为研究人员可以通过观察发现客观规律。实证主义的方法论强调提出研究问题,包含因果关系的假设,搜集系统数据,对假设进行验证,然后证实或证否理论假设。到目前为止,虽然出现了诸多对实证主义的批评,尤其是后现代主义的批判,但实证主义仍然是国际关系学科学研究的主导认识论和方法论。中国国际关系学在过去20年里有了长足的发展,但实证主义的方法并没有成为主流方法,使用实证方法进行研究的论文数量极少,所以,中国的国际关系研究仍然处于前实证阶段,作为学科两大支柱之一的方法论急待发展。

实证主义是一种基于经验认识论的方法论观点,从二战结束以后一直是国际关系学研究领域主要的认识论和方法论基础,在这个基础上产生了重要的理论体系和大量的实证研究,为国际关系学作为一门社会科学学科的建设和发展做出了重要的贡献。自从20世纪80年代以来,国际关系学界出现了又一次越来越明显的学理辩论。批判理论、女权理论、后现代理论等对以实证主义原则为基础的主流国际关系理论发起了进攻。虽然主流国际关系理论仍然牢固地坚守实证主义阵地,理论和方法论的多元发展已经成为国际关系学科的显著标志。在对实证主义进行认真讨论和严酷反思之后,后实证主义、非实证主义已经成为国际关系话语中不可忽视的声音。①

中国的国际关系在过去二十多年里得到了迅猛的发展,国际关系类专门刊物和专著大量出版,国际关系研究活动也十分频繁。但是,从整体上看,国际关系学作为一门社会科学学科仍然处于比较初级的阶段。在理论领域,现实主义的许多假定和原则影响最大②;就研究活动的分布而言,动态研究、政策研究和对政策的诠释依然是国际关系领域中占绝对优势的研究活动③;从认识论和方法论的角度来看,笔者认为中国的国际关系研究仍然处于前实证主义阶段。

使用前实证主义这样一个概念,并不是说中国国际关系领域不存在非实证主义和后实证主义的话语。在各种刊物上和学术著作中,可以看到一些不是在实证主义基本假定范畴之内的论述,包括后现代主义国际关系理论和女性主义理论。④ 我使用前实证主义这个概念,要强调的是这样一种状态:超越个人智慧和感想的、经过认真论证和科学检验的学术论文和专著还没有成为国际关系研究中主要成果。并且,国际关系的研究人员并不是在对实证主义进行批判性反思之后考虑对这样一种科学哲

---

① Robert Keohane, "International Institutions: Two Approaches," in Robert Keohane, ed., *International Institutions and State Power* (Boulder: Westview, 1989), pp. 158—179.

② Yong Deng, "The Chinese Conception of National Interests in International Relations," *The China Quarterly*, 1998, pp. 308—329.

③ Joseph Lepgold 认为,国际关系研究活动可以分成四类:理论研究(general theory)、释疑研究(issue-oriented puzzle)、个案研究(case-related explanation)、政策研究(policy analysis)。笔者根据这一分类方法,对中国三种外交与国际关系核心期刊于1993—1997年刊登的380篇相关论文做过调查,其中政策研究类占67%。参见秦亚青:《国际关系学和中国的国际关系研究》,《亚洲评论》1999年春夏号,第193—208页。

④ 王逸舟:《西方国际政治学:历史与理论》,上海人民出版社1998年版,第16、17、18章;刘永涛:《后现代主义思潮与西方国际关系理论》,《欧洲》1998年第5期,第4—12页。

学思想是采用还是摒弃①,而是他们还没有意识到实证主义在科学发展历程中的意义和作用,包括自然科学和社会科学,国际关系学当然在此之列。所以,这里所说的前实证主义阶段指的是在国际关系研究领域不但缺乏基于实证主义认识论和方法论的研究活动和研究成果,而且研究人员缺乏对于实证主义研究传统和研究方法及其在国际关系学领域的意义和作用的深刻认识。

这篇论文试图表述实证主义的一些基本特征及其在国际关系研究领域的意义,并主要从方法论角度调查中国主要外交与国际关系学术期刊近年来发表的论文。根据这一调查的结果,讨论前实证主义阶段对中国国际关系研究和国际关系学作为一门社会科学学科建设和发展的意义。

# 一、实证主义认识论假说和方法论内容

自孔德以来,实证主义在科学认识论领域占据了重要的地位。孔德首先使用了实证主义的字眼,强调自然科学和社会科学在实质上的统一,并力主社会科学应该揭示社会生活的客观世界中存在的、能够解释可观察现象的因果规律,认为社会现象可以通过观察、假设、试验得到解释。实证主义在维也纳学派(Vienna Circle)那里得到了进一步的发展,逻辑实证主义成为20世纪科学哲学的重要理论流派。逻辑实证主义认为只有经验才可以证实一个命题,并依此判断命题的真实性和研究的科学性。后来,卡尔·亨普尔(Carl Hampel)和卡尔·波普尔(Karl Popper)等科学哲学家对实证主义做出了突破性的发展,使实证主义的整体框架包含了更加丰富的内容。关于科学理论的客观实证与演绎逻辑原则统一的逻辑主义观点,只有经验可以证实或可以证伪或定义为真的命题才是科学命题的实证原则,观察的相对客观性即可以独立于理论的认识论假定,以及建立事物之间因果关系并试图发现可观察现象之间超越时间界限关系

---

① 关于对实证主义方法论反思后的批评,参见社会建构主义理论。Alexander Wendt, *Social Theory of International Politics* (Cambridge: Cambridge University Press, 1999).

的因果理论等科学哲学和认识论学说,都成为实证主义的基本假定。①

二战以来的国际关系主流学派接受了实证主义的基本原则,在其理论框架的建构过程中表现出明显的实证主义假定。② 首先是关于客观世界和客观规律。国际关系主流学派理论家承认客观世界和客观规律的真实存在。有些社会科学研究人员认为社会科学和自然科学有着重要的差异,但是他们相信客观规律的存在和发现这些规律的可能。二战后国际关系学界不断努力的一个重要方向就是发现客观规律,其中最明显的表现是国际关系的主要理论试图发现在无政府秩序的国际关系中主要行为体有规律的行为。结构现实主义希望发现国际系统结构和民族国家行为之间的关系,新自由制度主义希望发现国际制度和民族国家行为之间的关系。③ 这些理论的一个基本前提是相信在一定的条件下,国际行为体的行为是有规律的,这些规律是客观存在的,是可以通过人的努力而发现的。

其次是社会科学研究的客观性。实证主义认为社会科学研究中的客观性是可能的。由于研究人员和研究对象共生于社会环境,人们可能会认为社会科学研究的对象是人和人类社会,这就与以研究自然为核心的自然科学有着本质上的区别。社会科学和自然科学确实有着不同,但是科学的实质和科学的精神是相同的。社会科学研究人员由于生活在社会之中,所以研究中的偏差是无法完全消除的。但是,这并不是不可逾越的困难。对于客观事实,尽管不同的人有不同的感受,但大多数人是可以接受对于一种事物的共同定义的。如人们对于饥荒、战争等是有着一致的客观标准的。这就是所谓的主体间一致(inter-subjective agreement),正是这种一致,构成了客观研究可能的基础。

---

① 关于实证主义的基本论述及其在国际关系领域的意义,参见 Steve Smith, "Positivism and Beyond", in Steve Smith, Ken Booth, and Marysia Zalewski, eds., *International Theory: Positivism and Beyond* (Cambridge: Cambridge University Press, 1996), pp. 14—16。关于实证主义的思想渊源,可参见 R. Von Mises, *Positivism* (Cambridge: Cambridge University Press, 1951);关于实证主义的发展,可参见 Carl Hempel, *Philosophy of Natural Science* (Englewood Cliffs, New Jersey: Prentice-Hall, 1966)和 Karl Popper, *The Logic of Scientific Discovery* (London: Hutchinson, 1959)。

② 这一点最明显地表现在美国国际政治学领域。由于战后国际关系学发展的重心在美国,所以,实证主义的核心地位也随之得以确立。

③ Kenneth Waltz, *Theory of International Politics* (Reading, Mass.: Addison-Wesley, 1979); Robert Keohane, *International Institutions and State Power*。即便是主流建构主义也是实证主义的坚定支持者。

再次,涉及基于可观察事实的验证。根据观察到的事实证实和证伪是社会科学研究的关键。也就是说,任何理论都要经过事实的检验。这里使用了证实和证伪两个概念,因为这两者对于科学研究都是有意义的,都没有否认事实对于社会科学研究至关重要的意义。从某种意义上讲,波普尔的严格验证在社会科学中的可操作性甚小,判决性检验也很难进行。① 对于社会科学来说,不能被证伪的理论不是科学的理论,这一点是与波普尔的证伪原则相一致的。但与波普尔的朴素证伪主义的极端性却是不适应的。社会科学的检验是重要的,不过检验的目的是确定理论可以解释多少事实,证伪的过程是发现理论的适用范围和效度。②

最后是关于通则的问题。主流国际关系理论认为国际关系研究的目的是增长人类对于国际关系世界的认知,是通过推论(inference)发现通则。③ 国际关系作为科学学科的目的在于超越具体的客观事物达到高度的抽象和概括。国际关系研究人员的方法也是使用客观世界中可以和已经观察到的事物去了解没有或无法观察到的事物、使用可以得到的数据去推断可能存在的各种变量之间的因果关系。④ 并且,由于推论的基础是观察数据,所以科学研究的基础是系统的、可信的数据。

二战以后的国际关系学主流学派基本上遵循了一种根据实证主义的认识论和方法论原则建立的研究程序。这个研究程序包括了四个重要内容:提出研究问题、确立理论框架、收集系统性数据、使用数据进行验证。⑤ 在研究设计中,这些步骤不一定非按照这个顺序排列,但是通常这些步骤是不可或缺的。下面分别讨论这几个步骤。

(1)问题。

任何科学的研究始于研究问题。

波普尔在批判了培根的逻辑归纳主义之后,提出科学探索不可能始于观察。他认为科学和人类知识的增长总是始于问题、结于问题。随着

---

① 即便是在自然科学中,波普尔的判决性验证也是几乎不可行的,因为试验结果不可能即时地、完全地淘汰一个理论体系。参见拉卡托斯:《科学研究纲领方法论》(兰征译),上海译文出版社 1986 年版。

② Gary King, Robert Keohane, and Sidney Verba, *Designing Social Inquiry: Scientific Inference in Qualitative Research* (Princeton, N.J: Princeton University Press, 1994), pp. 100—105.

③ Ibid., p.35.

④ Ibid., p.8.

⑤ 这个研究程序是 King 等人提出的。参见 King et al., *Designing Social Inquiry*, pp. 12—28。

人类知识的增长,问题会越来越深刻,并且会导致其他相关问题。① 研究问题是一个思维困惑,当我们现有的理论不能够解释客观事实,或者我们的预期与观察到的事实不符,就产生了问题,并需要我们提供答案。金、基欧汉和维巴对于研究问题提出了一个标准,即,研究问题应该能够有助于加强一个科学领域里研究人员建构对于世界某一侧面的可验证解释的集体能力,并依此对这一学科做出贡献。② 也就是说,问题必须首先是科学的亦即可以根据可观察的数据加以验证的。这是研究问题的首要标准。同时,问题的提出是以解释客观世界为目的、以促进整个学科发展为宗旨的。具体到一个研究设计,首先就要看其是否提出了科学的研究问题,这是实证主义研究的一个重要标志。

由于研究问题往往与现有理论提供的解释有关,并且很可能是对现有理论提出质疑,所以和研究问题相关的一个方面就是对现有理论的梳理。只有清楚地了解前人和其他人就某种现象已经做过的努力,才可能提出真正有意义的问题。当然,对于现有理论梳理之后提出的研究问题可能是效度质疑,即对理论效度的检验,或是确认现有理论中没有得到经验验证的部分,或是对于两种或多种不同理论的进一步检验以确定哪种理论更有解释能力;也可能是批判质疑,即对现有理论的假设、假定乃至整个体系提出批判性质疑。根据波普尔的猜想批判模式,根本性质疑的意义最大,其目的在于否证现理论从而建构新的理论体系。③ 从学科建设和知识积累方面来说,库恩的常规科学阶段也是重要的,因为没有大量的常规验证作为基础和铺垫,科学革命也难以实现。所以两类问题都具有科学意义。④

研究问题的提出为确立变量关系奠定了基础。以国际关系理论发展为例,结构现实主义认为国际系统结构是影响国家行为的根本因素。⑤ 但是,当人们发现在同样的国际系统结构中(如两极结构),国家的行为并不是完全相似,有时会出现根本性的不同。如有时国家之间会顺利合作,

---

① 波普尔:《无穷的探索:思想自传》(邱仁宗、段娟译),福建人民出版社1984年版,第317—318页。
② King et al., Designing Social Inquiry, p.15.
③ 波普尔:《猜想与批判:科学知识的增长》(傅季重、纪树立、周昌忠、蒋弋为译),上海译文出版社1986年版。
④ T. S. Khun, The Structure of Scientific Revolution (Princeton: Princeton University Press, 1970).
⑤ Waltz, Theory of International Politics.

有时则会拒绝合作。这样,我们就开始怀疑结构现实主义理论的效度,并提出国际系统结构是否总是与国家行为有着显著的、有意义的相关关系。如果没有,那其他什么因素影响国家在国际无政府秩序中的有规律行为?① 这样的问题可以通过观察客观事实加以回答,可以增长和加深我们对国际关系的了解,因此成为有意义的科学研究的起点。虽然研究问题不必一定用疑问句的形式表述,但是研究问题所包含的疑惑是实证主义研究的根本标志之一。

(2)理论。

理论是对研究问题提出的答案。

社会科学理论包括一个合理的推测和这个推测合理的理由。② 这种理论是人类智力试图解决以前的理论无法解决的问题,是对于社会中某些方面的行为做出适当的解释,是思辨的、尝试性的推测或猜测。要对研究问题提出适当的答案,就要提出新的假设和大胆的猜测。虽然理论作为推测的观念来自波普尔,但是无论是对常规科学式的证实还是对科学革命式的证伪,理论建构的宗旨是增进人类知识,把人们从已有的偏见和确定性中解放出来。无论是证实还是证伪,科学的目的是凭借事实的帮助,扩展人类知识的领域。每当我们解答了一个研究问题,我们就为学科发展和知识增长做出了一份贡献。所以,在任何科学研究中,理论的作用是重要的,理论部分也是必不可少的。

在研究设计中理论往往以理论假设的形式出现。假设是对所研究的变量之间预期关系的陈述。假设可以来自原有理论也可以来自经验观察,来自根据原有理论演绎出来的假设是通常采用的方法。假设可以是一个表示变量关系的公式,也可以是一个说明变量关系的陈述。但是无论假设是怎样建立的,它必须标定明确的研究变量,必须包含陈述变量之间因果关系的内涵,并且这种关系必须能够凭借事实加以验证。这是鉴别科学假设的三个重要标准。再以国际关系中战争原因的研究为例。列宁的帝国主义理论提出了垄断资本主义导致战争的假设;多伊尔的民主和平论提出民主国家之间没有战争的假设;奥根斯基的权力转移理论提出了国际系统中主要国家的国力越趋近平衡,就越可能出现战争的假设。

---

① 这个问题是新自由制度主义在反思结构现实主义研究议程时提出的问题之一。参见 Keohane, *International Institutions and State Power*; Robert Keohane, ed., *Neorealism and its Critics* (New York: Columbia University Press, 1986)。

② King *et al.*, *Designing Social Inquiry*, p.19.

这些假设都明确地界定了自变量和因变量,表述了一种根本的变量之间的因果关系(国家经济体制与国家战争行为;国家政治体制与国家战争行为;国际系统权力分配平衡与国家战争行为)。① 同时,这些假设都可以通过观察数据进行验证,所以这些理论假设都是符合以上提出的两个标准,属于科学假设的范畴。

(3) 数据。

理论假设必须得到观察和试验的严格验证,验证的关键是数据。

数据指系统收集的关于客观世界某一方面的信息。② 数据可以从现有资料和数据库中采集,也可以通过采访、调查表等形式进行实地收集。但是,科学研究中使用的数据必须是系统数据,因为只有系统数据才能够保持数据处理和分析的可靠。所谓系统数据,是指根据研究设计需要,具有可信度、精密度和精确度的数据。如果提出一个理论,然后极力选择与该理论相吻合的数据,试图依此证实这个理论,这种数据不是系统数据。是否是系统数据可以根据以下几个标准判定。③

首先,系统数据包括数据产生的过程。如定量分析中舆论调查数据要包括调查的方法,根据数据库中原始数据衍生而来的数据要包括从原始数据到衍生数据的计算方法;在定性分析中,数据要包括选用数据的精确规则和标准,如个案研究中选择某一个或某几个案例的具体标准等。

其次,系统数据具有可重复特征。可重复性是科学研究的一个重要标志,指其他研究人员可以重复使用同样的数据,并根据使用的规则,得到相同的研究结果。在使用数据库数据的定量分析中,要报告数据来源;采访和调查数据要报告采访和调查的对象、问题、和方法④;在定性分析中,对于使用资料要提供详细的来源,基本方法是注释和参考书目。对于科学研究来说,注释和参考书目的不可或缺不仅是因为我们要承认前人的学术贡献,而且更重要的是要使后人知道使用的数据来源,以便重复研究过程、评估根据这些数据得到的研究成果。可重复性规则同样适用于基于私人或非公开数据的研究。依赖只有研究人员个人可以得到的数据

---

① V. L. Lenin, *Imperialism*: *The Highest Stage of Capitalism in Collected Works of Lenin* Vol. 22 (Moscow: Progress Publishers, 1964); A. F. K. Organski, *The War Ledger* (Chicago: The University of Chicago Press, 1980); Michael Doyle, "Liberalism and World Politics," *American Political Science Review* 80, 4, December 1986, pp. 1151—1169.

② King et al., *Designing Social Inquiry*, p. 23.

③ 这几条标准是根据 King 等人提出的数据质量要求改编的。参见 *Ibid.*, pp. 23—27.

④ 由于种种客观情况,采访人姓名可以省略,但是其基本身份应该报告清楚。

得出的研究结论,其科学性和可靠程度至少是值得怀疑的。

（4）验证。

验证是用系统数据对理论进行检验。

理论假设被接受还是被拒绝取决于使用系统数据对理论假设的验证结果。验证结果可能支持理论假设,也可能不支持理论假设,还可能对理论假设提出修正。事实上,科学研究的过程就是一个不断地将理论与事实进行比较的过程,通过这种比较,坚持真理,修正错误,拓宽学科领域,增加人类的知识。

定量分析的验证很容易识别。自行为主义革命以来,国际关系中的定量分析大量出现,辛格和斯莫尔等人对于战争数据的收集、整理和使用为国际关系的定量分析提供了数据,也取得了不少重要的研究成果。[①] 定性分析验证的识别比定量分析要难,但是,任何以实证主义为基本方法的研究都会表现出明显的、有意识地使用系统数据验证理论的做法。格雷厄姆·艾利森关于古巴导弹危机时期的决策进程研究使用了古巴导弹危机为个案,收集了公开发表的各种有关资料,对他提出的三个决策模式进行了多方位的比较。虽然这项研究只使用了一个案例,但是研究过程中的验证是明显和十分严格的。[②] 再以彼得·卡赞斯坦编的《国际安全文化》一书为例,其中大部分论文是讨论文化概念和身份政治对国家行为的影响。虽然文化和身份等概念的可操作化难度很大,但是在这些论文里,研究人员以采访、文本研究等不同方式收集系统数据并把根据身份政治理论提出的假设不断与这些数据相比较,然后做出结论,其验证也是一丝不苟的。[③]

所以,判断科学验证的基本标准是理论假设与系统数据之间的严格比较。

## 二、中国国际关系研究现状

我们根据以上的实证主义基本原则,对中国近期国际关系研究加以调查,以期发现实证主义研究在国际关系研究活动中的比重。

---

① David Singer and Melvin Small, *The Wages of War* (New York: John Willey and Sons, 1972).

② Graham Allison, "Conceptual Models and the Cuban Missile Crisis," *American Political Science Review*, 63, 2, September 1969, pp. 335—343.

③ Peter Katzenstein, *The Culture of National Security: Norms and Identity in World Politics* (New York: Columbia University Press, 1996).

本文的研究范畴和研究对象与《国际关系学和中国的国际关系研究》一文相同,仍选择《美国研究》《国际问题研究》《外交学院学报》三种外交、国际关系类核心期刊为样本,分别代表社会科学学院、国际问题专门研究机构和高等学校,时间跨度为 1993—1997 年。但与《国际关系学和中国的国际关系研究》一文相比,适当收紧了入选标准,撤除了《美国研究》中的短论和学术札记以及《国际问题研究》中的非研究性文章。① 这样,入选论文共计 361 篇,分布情况如下:

| 刊物 | 入选论文篇数 |
| --- | --- |
| 《国际问题研究》 | 137 |
| 《美国研究》 | 80 |
| 《外交学院学报》 | 144 |
| 共计 | 361 |

### 1. 实证主义研究步骤的判定标准

我们把上面讨论的实证主义研究步骤作为判定入选论文的基本标准。为了使这些标准可操作化,有必要对于每个步骤做出以下明确的规定。

(1) 研究问题。

研究问题应具备以下条件:

a. 问题的提出是基于对现有理论的分析或批判性梳理,或是基于对客观事实的观察;

b. 问题的提出可以导致确立变量之间的因果关系;

c. 问题的解答可以受到可观察数据的检验。

有些论文虽然提出了问题,但是如果所提出的问题不能够导致具有因果关系的假设,则不归为研究问题。如某某国家的对外政策走向是什么、国际局势向什么方向发展等。另外,如果论文所提出的问题无法受到可观察数据的检验,也不算作研究问题,如某某行为从道义上讲是否是正义的,等等。

(2) 理论假设。

理论假设应具备以下条件:

a. 包括明确的理论假设,即研究问题的可能答案;

---

① 参见《国际关系学和中国的国际关系研究》,本书第 262—263 页。

b. 假设含有明确的变量和对变量之间因果关系的陈述；

c. 假设可以被观察数据所证伪,即任何假设应含至少一个零假设和一个备择假设。

在调查的论文中有些是评介国际关系理论的文章,这些文章涉及原理论蕴含的假设,但是没有提出自己的假设。对此,我们仍然计为具有理论假设,虽然从严格意义上讲,这不算可供研究的理论假设。但是,如果提出的理论假设具有不可证伪性,亦即没有明确或含蓄的备择假设,则不计为理论范畴。

（3）系统数据。

系统数据应具备以下条件：

a. 公开、可重复数据,包括历史数据和统计数据；

b. 数据产生过程或/和数据来源。

系统数据包括量化数据和非量化数据。量化数据包括原始数据和经过统计方法处理过的数据。非量化数据包括定性分析使用的系统数据,如历史数据。但是我们对于使用历史方法的论文采用了一个标准,即只有使用第一手资料超过注释中半数以上的才可以算作系统数据。注释不足10个的论文以没有系统数据处理,只随意举一些例子说明观点的论文不算具有系统数据。

（4）测试。

验证应具备以下条件：

a. 用系统数据对理论假设表述的因果关系进行检验；

b. 报告检验过程,即如何使用数据进行检验；

c. 报告验证结果,即接受零假设还是备择假设。

## 2. 调查结果

根据以上标准对所选361篇论文做了调查,结果如下：

| 刊物名称 | 论文总数 | 研究问题 | 理论假设 | 系统数据 | 测试 |
| --- | --- | --- | --- | --- | --- |
| 《国际问题研究》 | 137 | 4 | 3 | 4 | 1 |
| 《美国研究》 | 80 | 4 | 6 | 33 | 2 |
| 《外交学院学报》 | 144 | 1 | 7 | 29 | 0 |
| 总计 | 361 | 9 | 16 | 66 | 3 |

## 三、结论：现状与问题

从中国过去五年中三本有代表性的全国外交、国际关系核心学术期刊登载的 361 篇论文进行的调查发现以下事实：(1) 提出真正研究问题的论文数量很少，共 9 篇，占总数的 2.5%；(2) 有比较明确的包含因果关系的理论假设的论文数目也很少，占总数的 4.4%；(3) 有比较系统数据的论文 66 篇，占总数的 18.3%；(4) 测试是最弱的一个环节，有明显测试过程的论文只有 3 篇，占总数的 0.8%。

这些观察数据帮助我们了解中国国际关系研究在认识论和方法论方面的现状，证实了我们提出的假设，即我国的国际关系研究还没有进入实证主义阶段，真正以实证主义原则和方法进行研究设计的论文数量少到几乎可以忽略的地步。这也说明了中国国际关系研究存在的一些不可忽视的问题。下面从几个方面对此进行讨论。

### 1. 理论体系

一个独立的社会科学学科应该具备至少两个条件，即比较完整的理论体系和比较系统的方法体系。从理论体系来说，我们从调查数据中看出，真正具有科学理论内涵的问题很少，这样就很难通过不断的探索建立科学的理论体系。所以，中国国际关系研究缺乏理论创新和理论体系的现状首先在于我们在开始一项研究的时候，缺乏提出有意义的科学问题的意识和行动。

就理论体系而言，中国国际关系学术界有两种意见。一种强调国际关系学的普遍性，认为国际关系学作为一种社会科学的学科，是属于科学的范畴。如果是科学，就没有国界，世界各国关于国际关系的理论都是国际关系学整体理论体系框架中的组成部分。国际关系学理论既包括现实主义、自由主义等西方国际关系理论，也包括发源于第三世界的依附理论。另一种强调国际关系学的中国特色，认为中国必须建立有中国特色的国际关系理论，以马克思主义和中国的具体实际相结合的原则为基础，提出符合中国国情的国际关系理论体系。无论是哪一种观点，都认为应该建立比较完善的国际关系理论体系，只注意动向政策的研究可以作为国际问题研究的范畴，但不是国际关系学的研究途径。①

---

① 参见梁守德：《论国际政治学理论的中国特色》，《外交学院学报》1997 年第 2 期，第 40—46 页。

理论的基本定义是解释事实的思想或陈述体系。虽然有些理论可以算作描述性理论,如门捷列夫元素周期表,但是近代科学研究的主要理论体系是解释性理论。在自然科学领域里,牛顿物理学、爱因斯坦相对论等都是解释性理论;在大的社会科学领域,马克思的剩余价值理论以及整个资本主义理论、韦伯的社会学理论都是解释性理论;具体到国际关系领域,列宁的帝国主义理论、摩根索的现实主义理论、沃尔兹的结构现实主义理论、基欧汉的制度主义理论等也都是解释性理论。解释性理论的基本特征就是不拘泥于对个别国际事务现象的详细描写,不停留在对具体问题的表述上,而是从对国际关系现象的观察入手,研究各种事实之间的关联,在关联之中探索事实的系统性成因。

建立理论体系的基本途径是提出可以导向理论假设的研究问题,这样就可能在对某个问题进行解答时建立理论、在对一系列相互关联的问题进行解答时建立理论体系。提出科学的问题是科学思维的焦点,理论是对科学问题的解答,在解答的过程中,消除含混性,发现规律性,表明事物的可预测性和可理解性。① 我们的国际关系研究缺乏科学问题,因而很难从对问题的解答中确立包含因果关系的假设、发现国际关系事物之间存在的因果关系,进而也就很难建立科学的理论和科学的理论体系。

举两个简单的例子。当列宁研究帝国主义现象时,他观察到的现象是帝国主义战争。他提出的问题是:在什么条件下帝国主义国家之间会发生战争?他的回答是:当资本主义发展到垄断阶段时,资本主义国家内部的生产过剩、资本积累过剩和消费不足使这些国家势必寻求国外市场,对于国外市场的竞争导致帝国主义战争。② 当基欧汉研究国际合作的时候,他观察到的现象是国家在相互关系的过程中有时冲突,有时合作。现实主义理论告诉人们在无政府秩序的国际环境中,国家之间的合作是极其有限的,最终合作几乎是不可能的。理论和现实的不吻合使他提出了这样的问题:在无政府状态下,国家在什么条件下可以合作?他对于这个问题的回答是:国际制度可以在很大程度上克服国家之间不合作的障碍,从而促成国家之间在无政府状态下的合作。③

这些理论的建立是从提出有意义的、可以经过经验检验的问题开始

---

① 拉瑞·劳丹:《进步及其问题》(刘新民译),北京:华夏出版社 1999 年版,第 15 页。
② Lenin, *Imperialism*: *The Highest Stage of Capitalism*.
③ Robert Keohane, *After Hegemony*: *Cooperation and Discord in World Political Economy* (Princeton, NJ.: Princeton University Press, 1984).

的。我们的国际关系研究之所以没有形成严格意义上的科学体系,至关重要的一点就是许多论文没有提出这样的问题。如果我们的研究只是为了解答诸如某一国际事件的背景是什么、现状如何、可能走向怎样,那么,研究就只会停留在描述阶段,就只会分离地处理每一个具体国际事件,就只是分立而无关联的具体经验,就不会超越事件而达到理论的高度抽象和获取事物的规律意义。结果是我们有诸多的研究成果,但是这些成果都不能步步朝着建立理论体系的方向迈进。如果这样下去的话,再有多少年的努力,仍然无法建立国际关系研究的理论体系。

## 2. 研究方法

国际关系学方法论是学科建设不可或缺的因素。没有科学的方法,很难建立科学的理论体系。所以理论体系和方法体系是密不可分的。科学方法的根本是用可观察数据对理论假设的验证,以求证实或证否这个理论假设。从这个角度来说,国际关系学的研究方法标志是有系统的数据和使用这些系统数据对理论假设进行严格的验证。

我们的调查显示了两个方法论问题方面的重要问题。

第一个方面的问题是缺乏系统数据。在所调查的论文中,有近五分之一的论文使用了系统数据。如果进一步调查有系统数据的66篇论文,就会发现大致可以根据使用数据的情况把这些论文再分为三类。第一类是使用系统历史数据。其中39篇属于这一类,占总数的59%。这些论文的历史数据中50%以上是第一手资料,数据收集和使用都是严肃认真的。但是这些论文的基本研究方法是历史学的研究方法,研究目的主要是说明一个历史事件的来龙去脉,并不像国际关系学的研究那样试图发现具有一般意义的理论通则。在这类从历史角度研究国际关系的论文中,史学的原则和目的是第一位的,国际关系作为社会科学研究的原则和目的显然不占据重要地位。所以,这类论文一般没有明显的理论和测试程序。如果以描述性和解释性研究区分的话,这类使用系统历史数据的论文属于描述性研究的范畴。

第二类是使用统计数据。但是其中大多数论文只是将基本统计数据分类列表,以便说明某一个问题。这类论文对于数据的使用也是描述性的,其基本原则是收集和表述一套数据,目的在于说明某一个具体的问题。真正使用解释性数据进行推论的论文极少。这种论文要求使用统计方法对数据进行处理,要通过对样本数据的分析发现内在的因果关系,从而推导出对母本的解释。

第三类是不使用系统数据的论文。在我们的调查中,这类论文有

295篇,占总数的81.7%。不使用系统数据不是说论文中没有论据,而是说论文不依赖系统数据。这类论文的论据往往是根据论文的基本观点举几个例子。虽然这些举出来的例子可能与论文的基本观点高度吻合,但是这些例子是怎样来的,为什么选用这些例子,是否存在与论文观点大相径庭的实例,读者却无从知晓。虽然在这类研究中不乏新颖的观点和深刻的智慧,但是这类研究不具备可重复性和可验证性这两条科学研究的基本原则,所以,从科学意义上讲,这类研究随意性很高,可信度很低。

第二个问题是国际关系学作为独立学科的问题。[①] 就目前情况来看,中国的国际关系研究还不能算是一个独立的社会科学学科。如果说国际关系学是一门独立的社会科学学科,那么其方法体系应该是社会科学方法体系。从我们的调查来看,真正使用系统数据的研究大部分是历史数据。使用历史数据进行研究的论文一般没有普遍意义上的理论假设和与之密切相关的验证。所以,在使用历史研究方法的论文中没有验证这个社会科学研究的基本步骤。我们的调查结果显示,国际关系研究对其他学科在方法论方面的依赖程度还是很高的。如果国际关系研究仍然使用或基本使用历史研究的方法,那么,国际关系研究只能是历史研究的一个次级领域,而不是独立的国际关系学学科。

这并不是说历史学和国际关系学之间没有关系。恰恰相反,历史和国际关系一向有着直接的和密切的关系。被视为现实主义国际关系理论鼻祖的修昔底德是一位历史学家,但是由于他的研究超出了单纯讨论伯罗奔尼撒战争这一具体历史事件,力图发现国际系统变化对于国家战争行为影响的普遍规律,所以涉入国际关系学的领域。而且,历史数据常常用来作为国际关系研究的数据,国际关系学的初始阶段也曾经在很大程度上依附于历史学。[②] 但是,国际关系从两次世界大战之间开始独立成为一门学科以来,就越来越属于政治学的范畴,越来越与史学成为并立的学科。如果说史学在很大程度上追求表述和考证上的充分性,以便充分了解历史的话,国际关系学则是追求解释的充分性和规律的普遍性。研究目的的不同导致了方法体系的不同。

所以,从理论体系和方法论体系两个大的方面来看,中国的国际关系

---

① 在《国际关系学与中国的国际关系研究》一文从研究活动的分类情况角度讨论过中国国际关系研究还没有形成真正意义上的独立学科问题。在这篇文章中,我们可以看到从方法论角度来看,中国的国际关系研究也没有形成独立的社会科学学科。

② James Farr and Raymond Seidelman, eds., *Discipline and History: Political Science in the United States* (Ann Arbor: University of Michigan Press, 1996).

研究处于前实证阶段,即缺乏完整的理论体系,也没有系统的研究方法。这种情况在一定程度上近似库恩所说的前科学阶段:没有公认的范式框架,也没有共同遵循的方法论准则和规定。① 在这样一种情况下,建立专业母体(disciplinary matrix)和方法准则就成为一个重要而艰巨的任务,而提高学科意识和培养科学观念则是学科建设的必要条件。

本文原载《香港社会科学学报》2001年春/夏季号。

---

① 参见 Khun, *The Structure of Scientific Revolution*。

# 多边主义研究
## ——理论与方法

**内容摘要**

随着国际社会的发展,多边主义的概念超越了单纯多边外交的含义。现在,多边主义更多地被看作一种国际体系层次的制度形式,规范、规则等制度因素也被视为多边主义的重要成分。自20世纪70—80年代多边主义研究全面兴起以来,国际制度、国际合作、集体身份和认同、全球治理等问题成为涉及多边主义研究的主要问题,新多边主义的出现则对主流研究议程提出了严肃的挑战。结构性分析、战略性分析、功能性分析和社会性分析也成为研究多边主义的主要方法。

多边主义是国际关系研究的一个重要范畴。虽然这并不是一个新的概念,但是随着国际社会的发展,相互依存关系加深,全球化趋势加强,多边主义也就有了新的内容和含义。本文讨论多边主义及其内涵,并介绍性地评述当今国外多边主义研究的理论与方法。

# 一、多边主义的定义及其含义

人们常常在两种意义上使用"多边主义"一词。

第一,多边主义可以用来表述一个主权国家的外交行为取向,即从个体国家的角度考虑它的对外行为方式,这也就是我们常说的多边外交(multilateral diplomacy)。这种意义的多边主义可以同孤立主义、帝国主义及不结盟等一道被看作是一种对国家对外战略的表述,即国家更趋于采取什么样的方式来对待国际关系,来处理与其他国家的关系。如有人认为,一个国家越是趋于多边主义,也就越趋于通过多边外交和谈判方式寻求解决方案。由于这种意义上的多边主义强调的是把多边主义作为国家的一种对外战略,所以可称之为战略性多边主义。这是单位层次上的多边主义研究。

第二,多边主义也可以用来表述一种国际互动方式,所谓的地区多边主义(regional multilateralism)或全球多边主义(global multilateralism)的内涵基本上是这种意义上的多边主义。虽然多边主义的第二种意义并不完全排除国家的外交行为取向,但是它所强调的不是从一个国家的角度考虑其采取单边主义、双边主义还是多边主义的对外政策战略,而是从整体角度即从地区或全球角度强调多边制度结构(multilateral institutional structure),考虑国家之间的互动方式,尤其考虑制度性因素对国家之间互动产生的影响,所以可以称之为制度性多边主义。这是体系层次上的多边主义研究。

多边主义虽然是国际关系学界的一个重要研究内容,但是对多边主义的研究往往交杂在其他研究之中,多边主义概念本身也缺乏完整的、统一的定义。战略性多边主义的研究往往与某个国家的对外政策或某一多边国际组织联系在一起,没有形成系统理论。制度性多边主义的研究则主要是在国际制度研究议程提供的框架中进行的,有着较丰富的学理内涵和较成熟的理论体系。到目前为止,西方主流学派对多边主义专门研究的理论性学术著作可能是鲁杰(John Ruggie)1993年主编的《多边主义:一种国际形式的理论和实践》(*Multilateralism Matters: The Theory and Praxis of an International Form*),比较权威的定义也就是鲁杰在这本书里所做的定义：多边主义是"依据普遍行为原则，协调三个或三个以上国家的制度形式"①。

很明显，鲁杰的定义更多地反映了第二种意义的多边主义，亦即在制度框架中的多边主义。虽然当今国际关系中作为对外政策和行为取向的多边主义仍然是十分重要的内容，但是对于多边主义的理论研究却更多地偏重第二种意义上的多边主义。根据鲁杰的定义，我们可以看出这种意义上的多边主义至少有着以下几个含义。

第一，确定国家是多边主义的基本行为体，协调国家是制度性多边主义的基本功能，寻求国家间合作是多边主义的主要目的。

第二，把多边主义定义为一种制度形式。这是区别于多边外交的一个重要内容。制度是多个行为体通过协商和谈判共同建构起来的社会性安排，一旦形成制度，参与多边主义制度的国家成员就要在从制度得益的同时，服从制度的规定。所以，制度性多边主义的成员虽然多是主权国家，但是多边主义进程都要在一定程度上约束国家的行为，包括在国家利益和国家主权问题上做出让步。比如说，IEA 是一个多边主义的典型形式，其严格的核查制度显然要求其成员国家在主权问题上做出妥协和让步。WTO 也是如此。

第三，强调多边主义的基础是普遍的行为原则。行为原则可以被理解为包含国际规则（rules）、国际规范（norms）以及决策程序（decision-making procedures）等要素，这与克拉斯纳（Stephen Krasner）对国际机制（international regimes）的权威定义有着高度的一致。克拉斯纳的定义是："规制可以被定义为一系列含蓄或明晰的原则、规范、规则和决策程序，在一个给定的国际关系领域中，行为体的期望依其趋拢。"他进一步解释道："原则是对事实、成因、公正的态度，规范是根据权利和义务定义的行为准则，规则是对行动的具体规定或禁令，决策程序是制定和实施集体选择的主导行为方式。"②从这个角度来看，多边主义对普遍原则的强调

---

① Ruggie 的原文是："an institutional form that coordinates relations among three or more states on the basis of generalized principles of conduct." 参见 John Gerald Ruggie, ed. *Multilateralism Matters: The Theory and Praxis of an International Form* (New York: Columbia University Press, 1993), p. 11.

② Krasner 定义的原文是："Regimes can be defined as sets of implicit and explicit principles, norms, rules, and decision-making procedures around which actors' expectations converge in a given area of international relations. Principles are beliefs of facts, causations, and rectitude. Norms are standards of behavior defined in terms of rights and obligations. Rules are specific prescriptions or proscriptions for action. Decision-making procedures are prevailing practices for making and implementing collective choice." 参见 Stephen D. Krasner, ed., *International Regimes* (Ithaca and London: Cornell University Press, 1983), p. 2.

说明它对国际机制的重视,尤其是国际机制在协调国家行为、促成国际合作方面的作用。

目前,西方主流国际关系学理论界对多边主义的研究更加侧重的方面是第二种意义上的多边主义,亦即制度性多边主义。

## 二、多边主义学理研究的发展轨迹

多边主义作为国际关系的主要实践活动是一战以后的国际关系现象。虽然自从存在国家和类似国家的社会组织形式以来,多边主义实践活动就存在,如我国春秋战国时期的盟会等。西方自从1648年国家体系建立以来,也有许多多边外交活动,但是制度性多边主义主要起源于一战后威尔逊关于国际组织的设想,多边主义的实践活动和研究内容基本上也是与之同步进行的。

一战之前外交的主要特征是双边主义,对外政策的制定严格控制在国君手中,外交实践主要强调秘密外交,因为多边外交无法保持双边外交的高度机密特征,人们认为,多边外交的公开性会导致形成一种态势和氛围,使谈判双方无法妥协;同时,由于国际关系被普遍认为是国家之间的权力关系,所以多边外交被认为是低效率的,不但不利于清楚地反映国家之间的权力关系,反而会使这样的权力关系变得复杂起来。

维也纳会议(Congress of Vienna)是一个典型的例外,是一次明显的多边外交实践活动,也是多边主义在一战以前的重要表现。维也纳会议是拿破仑战争之后欧洲列强(英、普、俄、奥,后来法国加入)一起讨论重大国际政治问题,相互之间通过谈判和协议对各自的利益和目标做出调整和让步,产生了以遵守1815年领土安排和维护现状的最后决议。最后决议是一个建立带有制度色彩的多边主义的案例。维也纳会议不但完成了调整拿破仑战争后欧洲各国的疆域,实现均势与和平,也制定了诸如国际河流航行管理规定等国际规则,并随后通过一系列国际磋商会议建立了欧洲协调体系(Concert of Europe)。[①] 对维也纳会议的研究也很多,但主要是从历史和政策角度的阐述和分析。

第一次世界大战以后多边主义的发展首先是以国联的设想和建立为起点的。国联的目的是建立制度化的多边机制以防止世界大战的再次发生。西方学者普遍认为,一战和国联的成立是西方外交的一个重要转折

---

① 王绳祖主编:《国际关系史》第二卷,北京:世界知识出版社1995年版,第1—33页。

点。一战的爆发使人们重新思考,并在很大程度上对以国家权力,尤其是以军事实力为基本考虑的政治现实主义产生了怀疑。西方所谓新外交的时代开始了,其显著标志是威尔逊的十四点。威尔逊外交思想最重要的特点之一就是强调国际法和国际规则的重要性,建立权威性的国际组织国联,施行高透明度的多边外交。威尔逊的第十四点呼吁缔结公开达成的条约,要求根据各国自愿制定的国际法律指导国家之间的关系,指出:"必须根据明确的条约建立一个普遍性的国家联盟以保证无论是大国还是小国的政治独立和领土完整。"[1]虽然国联面对侵略表现出来的无能使其没有达到创建时的目的并最终衰亡,但具有多边和公开内涵的所谓新外交的意识却得以传播。二战以后,多边主义的最集中表现是联合国,因为不仅联合国理念的核心是多边主义,而且其主要机构和专门组织的基本原则和实践活动也是多边主义。自从联合国建立以来,在军备控制、国际贸易、环境保护等领域的多边外交取得了进展。另外,地区层次的多边主义也不断发展,欧盟、东盟、美洲国家组织、非洲统一组织等都是典型的实例。国际组织的发展和国际组织理念的扩散使得西方学界对这一国际关系的现象发生了浓厚的兴趣,对多边主义的研究一直是与这些国际组织密切相关的。

二战以后国际关系的重心是美苏两国的对峙关系,所以,主要学术兴趣集中在美苏两国的双边关系上,讨论多边问题和多边机构的研究也多是在美苏两国双边关系的框架中展开的。只有对欧洲区域一体化的研究具有明显的和真正意义上的多边色彩和理论意义。20 世纪五六十年代出现了为数不多的区域一体化研究成果[2],这些著作讨论了欧洲经济、政治甚至社会一体化的条件以及多边环境中的交流与协调,在理论上形成了以多伊奇(Karl Deutsch)为代表的交往学派、以米特兰尼(David Mitrany)为代表的功能主义学派和以哈斯(Ernst Haas)为代表的新功能主义学派,但是区域一体化研究没有成为国际关系研究的重点,在美苏军

---

[1] Charles W. Kegley, *Controversies in International Relations Theory: Realism and the Neoliberal Challenge* (New York: St. Martin's, 1995), pp. 13—14.

[2] Karl Deutsch, *Political Community at the International Level* (Garden City: Doubleday, 1954); Karl Deutsch, et al., *Political Community and the North Atlantic Area* (Princeton: Princeton University Press, 1957); Ernst Haas, *The Uniting of Europe* (Stanford: Stanford University Press, 1958); Ernst Hass, *Beyond the Nation State* (Stanford: Stanford University Press, 1964); David Mitrany, *A Working Peace System* (Chicago: Quadrangle Books, 1966).

事对峙的大背景下,也不可能成为国际关系研究的中心议程。

对多边主义的学术兴趣的兴起是在越南战争结束之后,全面兴起则是以基欧汉和奈1977年的著作《权力与相互依赖》为开端。这部著作开始讨论国际机制问题,在2001年该书的第三版中,两位作者还特意加进了他们1985年在《外交政策》杂志(*Foreign Policy*)上发表的文章"Two Cheers for Multilateralism",强调国际机制在高度相互依存状态下的功能和作用,呼吁美国不要采取单边主义政策,而要坚持多边主义原则。①沿着这一研究议程,20世纪80年代对国际机制的研究发展起来,1982年主流国际关系学的前沿刊物《国际组织》出版专集讨论国际机制问题,后将这些文章汇集成集,由现实主义学者克拉斯纳主编,出版了《国际机制》一书,对国际机制的定义、内容、案例等做了多方位的探讨。1984年,基欧汉发表《霸权之后:世界政治经济中的合作与纷争》,建立了自由制度主义的国际机制理论框架,奠定了新自由制度主义的学理基础,同时也把国际制度研究推向高潮。② 20世纪80年代中期至90年代中后期,各种理论和实证性研究成果纷纷问世,以国际制度为核心的多边主义研究成为国际关系学理研究的中心。③ 80年代末90年代初,社会建构主义国际关系理论把对本体论的讨论引入多边主义研究,进一步探讨多边条件下的集体身份的形成问题,为多边主义研究增加了有意义的新内容。④

---

① Robert Keohane and Joseph Nye, *Power and Interdependence*, 3rd ed. (New York: Longman, 2001), pp. 288—300.

② Robert Keohane, *After Hegemony: Cooperation and Discord in the World Political Economy* (Princeton: Princeton University Press, 1984).

③ 这一时期出版的重要理论著作有:Robert Axelrod, *The Evolution of Cooperation* (New York: Basic Books, 1984); Kenneth Oye, ed., *Cooperation under Anarchy* (Princeton: Princeton University Press, 1986); Friedrich Kratochwill, *Rules, Norms, and Decisions* (Cambridge: Cambridge University Press, 1989); Robert Keohane, *International Institutions and State Power* (New York: St. Martin's, 1989); Arthur Stein, *Why Nations Cooperate* (Ithaca: Cornell University Press, 1990); James Rosenau and Ernst-Otto Czempiel, eds., *Governance without Government: Order and Change in World Politics* (Cambridge: Cambridge University Press 1992); David Baldwin, ed., *Neorealism and Neoliberalism* (New York: Columbia University Press, 1993); Barry Buzan, Charles Jones, and Richard Little, *The Logic of Anarchy* (New York: Columbia University Press, 1993). 实证性研究则不胜枚举。

④ 建构主义在这方面的研究成果主要有:Peter Katzenstein, ed., *The Culture of National Security* (New York: Columbia University Press, 1996); Martha Finnemore, *National Interests in International Society* (Ithaca: Cornell University Press, 1996); Alexander Wendt, *Social Theory of International Politics* (Cambridge: Cambridge University Press, 1999)等。

多边主义研究的兴起主要有三个方面的原因。第一是国际权力结构的变化迹象。20世纪70年代不仅苏联和美国达成了实质性战略均势，在世界经济领域也发生了石油危机、布雷顿森林体系崩溃等一系列事件。这些现象使西方形成了一种共识，即美国的国力在下降，已经不足以凭借自身能力维持国际体系，也无法再以单边形式提供公共物资。于是现实主义者担心二战以后建立起来的国际制度，尤其是世界经济领域的制度和规则，会随着霸权国国力的衰退而消亡，国际社会也会因此再度陷入混乱状态。① 同时，自由主义学派也对霸权国国力下降和国际制度的命运表示了关注，但是他们的观点比较乐观，认为霸权国国力衰退之后，制度仍然可以延续。无论是持何种观点的学者，都对国际制度发生了极大的兴趣。第二是国际社会面临问题性质的变化。国际社会比较普遍地意识到许多国际社会面临的问题，诸如经济发展、环境保护、军备水准等，单凭一两个国家是无法解决的，单凭传统的双边方式也是无法解决的。必须采取多方合作的方式寻求解决方案。第三是国际组织的重要意义得以重新认识。科学技术的迅速发展，经济全球化和相互依存趋势的日趋明显，使国际社会成员之间的关系越来越紧密，也使更多的国家和非国家行为体成为国际进程的参与者。这就使得对国际组织的需求增加，国际组织不断涌现，不仅政府间组织，还有非政府组织和各种社会运动在国际事务中发挥着相当重要的作用。这一方面反映了国际社会对多边主义的认可，另一方面也大大鼓励和推动了国际社会成员的多边主义行为。

## 三、多边主义的研究对象、研究问题和研究方法

国际关系学主要理论很少有专门研究多边主义的流派，多边主义研究大多是在国际制度框架中展开的，所以，20世纪70年代末80年代初兴起的多边主义研究主要是对国际制度的研究，即涉及多边主义的主要研究对象是国际制度和制度环境中的国家。②

涉及多边主义的研究问题很多，主要有以下几类：

（1）国际制度的建立和维持问题。现实主义者认为国际制度的建立和维持主要凭借的是权力，这主要是指国际体系中霸权国的权力，如二战

---

① Robert Gilpin, *War and Change in World Politics* (Cambridge: Cambridge University Press, 1980).

② 这里所说的制度是广义的制度，包含国际组织、国际机制、国际惯例。参见 Robert Keohane, *International Institutions and State Power* (Boulder: Westview, 1989), pp. 3—4。

后世界经济领域的国际机制主要是以美国为首的西方国家建立起来的,也主要是由美国维持的。这含蓄地表明,国际体系中即使有多边机构或多边活动,主导这些结构和活动的仍然是权力最大的单一国家。① 自由主义者则认为国际制度在建立时可能需要凭借霸权国的实力,但是一旦制度得以建立,就有着自身的活力,其存在和延续是因为国际体系成员需要这样的制度,其约束力也就不仅仅是对权力较小的国家,对大国甚至霸权国也是适用的。基欧汉和奈就指出:"国际机制使得美国对外政策具有较大的自律性,许多批评美国对外政策的人都认为美国对外政策需要更加自律。"② 所以,制度环境中的多边实践具有真正意义上的多边含义,不是一个霸权国可以控制得了的,多边主义越是得到加强,就越可以遏制霸权国和强权国家的单边行为。

（2）多边环境中合作的条件。国际关系学关注的两大主题是战争与和平,与之相关的就是冲突与合作。多边机构和制度是否可以促成合作,化解冲突,并因之维护和平是一个重要研究内容。多边主义的支持者认为,国际制度可以促进国家之间的负担分摊,提供可靠信息,降低交易成本,所以在国际制度制约下的多边活动可以促进合作。③ 反对者则认为国家之间是否有着合作的意愿,主要取决于国家是否可以从合作中获得相对收益,无论在多边还是双边关系中均是如此。④

（3）国家和国际制度的关系。这方面的研究在两个层面上展开:一是在体系层次上探讨国际制度对国家行为的影响,二是在单位层面上探讨国家对国际制度的策略。多边主义支持者普遍认为,多边环境中的国际制度会在相当大的程度上削弱国际体系无政府性的负面影响,制约国家完全利己和不负责任的行为,使得国家在多边环境中更趋于合作。同时国家也可以利用国际制度争取自己的合法利益。但是,国际制度使得制度成员国家更具有国际责任感。

（4）集体身份和安全共同体。从社会学角度研究多边主义的学者认为,国际制度,如国际组织、国际规范等,不仅会规范国家的行为,而且会

---

① Charles Kindleberger, *The World in Depression*, *1929—1939* (Berkeley: University of California Press, 1973); Gilpin, *War and Change in World Politics*.
② Keohane and Nye, *Power and Interdependence*, p. 292.
③ Keohane, *After Hegemony*.
④ Joseph Grieco, "Anarchy and the Limits of Cooperation: A Realist Critique of the Newest Liberal Institutionalism," in David Baldwin, ed., *Neorealism and Neoliberalism*, pp. 116—140.

造就或改变国家的身份,使国家之间有着更大的认同,并最终改变以权力政治为核心的无政府逻辑,建立多边的安全共同体,使自我安全融入集体安全之中。①

(5) 全球治理。全球治理理论也是近年从对国际组织和多边环境的观察和研究中逐渐发展起来的。全球治理支持者有时也使用多边治理(multilateral governance)的概念,他们强调采取集体方式解决世界问题,认为一种通过广泛参与和协调治理的国际社会是理想的世界:在国际制度的框架中,各种国际行为体互动合作,通过协调和谈判,达成治理,亦即罗西瑙(James Rosenau)所说的"没有政府的治理(governance without government)"②。这已经不是单纯的国家之间的多边关系,而是超越国家的多边多元关系,并涉及一种在制度环境中的全球治理性世界秩序。

(6) 新多边主义。新多边主义以批判理论为指导,对现有的多边主义提出质疑,认为这是一种自上而下的多边主义制度性安排,是以国家为中心的多边主义环境,目的是解决国家在当今世界上面临的无法独自解决的问题。新多边主义提倡去中心和解中心的做法,认为国家已经无力作为社会、政治、经济生活的管理者。一种在全球层次上起始于基层市民社会的自下而上的多边主义才是真正民主的多边主义。新多边主义重视非政府组织的作用,考察了多元文化的实际,指出了现行多边制度性安排的普世性本质和世界多元文化现实之间的张力,强调社会力量是决定未来多边主义的根本因素。③

如果说前三个问题是 20 世纪 80、90 年代涉及多边主义研究的主要问题的话,那么,关于通过制度性多边环境中的互动建立集体身份和认同,达到全球范围内没有政府的治理则是近年来西方主流学派多边主义研究新的趋势,而新多边主义则反映了从比较激进的批判角度研究多边主义的主要观点,显示了从以国家为中心的研究议程向多中心甚至反中心的方向发展的现代西方学术思潮。④

---

① Finnemore, *National Interests in International Society*; Katzenstein, *The Culture of National Security*.

② James Rosenau and Ernst-Otto Czempiel, eds., *Governance without Government*.

③ Robert Cox, ed., *The New Realism: Perspectives on Multilateralism and World Order* (New York: St. Martin's Press/United Nations University Press, 1997).

④ 尤其参见 Robert Cox, "Social Forces, States, and World Order: Beyond International Relations Theory", in Robert Cox with T. Sinclair, *Approaches to World Order* (Cambridge: Cambridge University Press, 1996); Robert Cox, "An Alternative Approach to Multilateralism for the Twenty-first Century", *Global Governance*, Vol. 3, No. 1, Jan.-Apr. 1997.

从方法论角度来看,关于多边主义的研究可以分为两类:一是理论研究,二是政策研究。

理论研究的方法主要包括[①]:(1)结构性分析。结构性分析以国际体系内的物质权力分配为基本框架、以霸权国权力为核心的分析方法,强调权力是国际制度的基石,主要研究国际制度的建立和维持。结构性分析的一个重要突破是基欧汉和奈在《权力与相互依赖》中提出的问题领域的结构(issue structure),亦即在问题领域中权力的相对分配问题,这显示了整体实力不占优势的国家在某些问题领域占据相对权力优势的可能。[②] (2)战略性分析。采用博弈方法、以战略性互动为核心的分析方法,主要用来分析利己行为体合作的可能与条件。在多边条件下的博弈分析突破了简单的2×2博弈,有利于分析多边多重博弈。战略性分析在国际关系学和经济学界都得到了广泛的应用。(3)功能性分析。以国际组织的功能效用为核心的分析方法,强调国际组织的生命和发展取决于它对行为体所起到的作用。功能性分析力图通过国际组织和多边主义可以促进成员国利益来说明成员国对国际制度的服从行为。(4)社会性分析。以共有观念为核心的分析方法,强调社会实践活动和共有观念对行为体身份和利益的造就和再造作用。社会性分析重视国际体系文化对国家行为体的建构功能,尤其是国际规范对国际社会成员根本认同的塑造和重塑。

政策研究则主要是针对具体的国际组织和地区组织所进行的,其方法主要是传统的描述性方法和具体的案例研究,目的是提出合理的政策建议。这类研究成果最多,涉及面也最广,内容包含了世界上所有全球性和地区性多边组织。

回顾多边主义研究的发展轨迹,可以发现从最初关于多边外交的研究,经过对国际制度的深入探讨,形成了对制度性多边主义的分析框架。随着全球化和信息时代的到来,更高层次的国际社会秩序和全球治理问题已经引起重视,并成为国际关系研究的一个新的领域。同时,我们也在反思现行多边主义的一系列问题,包括新多边主义提出的更加民主、更加多样化的源于基层的多边主义模式和广泛参与的全球社会。关于多边主

---

[①] 关于结构性分析、战略性分析和功能性分析,参见 Stephen Haggard and Beth A. Simmons, "Theories of International Regimes", *International Organization* 41,3,Summer 1987, pp. 491—517;关于社会性分析,参见 Alexander Wendt, *Social Theory of International Politics* (Cambridge: Cambridge University Press, 1999)。

[②] Keohane and Nye, *Power and Interdependence*, pp. 43—45.

义的研究迄今为止仍主要是由西方学者展开的,本文主要讨论了他们的理论和研究方法。国外的多边主义研究可以说是方兴未艾,并且显现出更加强劲的势头。随着中国越来越成为国际社会中负责任的重要成员,越来越多地加入国际制度、越来越多地经历多边主义,我们自然应当对多边主义进行深入的研究。

本文原载《世界经济与政治》2001年第10期。

# 第三种方法
## ——国际关系研究中科学与人文的契合

**内容摘要**

国际关系学方法论一直存在科学派和人文派之争。科学派强调国际关系研究是科学范畴的活动,所有科学活动都应该遵循科学的研究方法,寻求共时性的普遍规律。人文派则认为社会现象研究的对象是人,所以不能以研究自然科学的方法研究社会。虽然这是方法论上的分歧,但从根本上说是认识论和本体论的分歧使然。两种观点似乎从来都是处于对立状态,但实际上,第三条道路是存在的,科学与人文的契合也是可能的,需要国际关系研究人员的积极探索,因为科学和人文的终极关怀都是对人的关怀。

国际关系学作为社会科学的一个分支,在方

法论问题上也存在所谓的科学派和人文派之争。战后西方第二次国际关系学学理大论战就是方法论的论争,冷战以后竞争更为激烈。① 科学派基本上持研究方法一元论的观点,认为社会科学和自然科学在本体论和认识论上是一致的,所以其研究方法也应该一致,寻求具有共时性的普遍规律。人文派却始终在追寻这样一个问题:诸如"社会""政治"这类以人为研究主体又以人为研究对象的领域,这类充满价值、情感、人性的研究内容,难道能够囿于科学方法吗?科学派与人文派竞争的表现形式是方法论的竞争,但却有着深刻的本体论和认识论根源。我想首先讨论一下本体论和认识论问题,分析国际关系学研究的方法论分歧,然后提出一种科学与人文契合的第三种方法。

# 一、方法论分歧的本体论和认识论根源

作为人,我们生活在两个相关的世界之中,一个是自然世界,一个是社会世界。在这两个世界里存在两类事实:自然事实与社会事实。社会科学不同的本体论和认识论都是围绕这两类事实展开的。

自然事实是客观存在,是"那在",不以人的意志为转移。由于这些事实是独立于人脑的,它们之间的关系也存在独立于人脑的规律。我们看见的桌子、黄河、原子弹,我们看不见的空气、原子、粒子都属于这样的客观事实。社会事实是存在于社会世界中的事实。社会事实不像自然事实那样,很难客观地、独立地存在于人的意识之外。社会事实的存在取决于人的实践行动,取决于主体间共识。所以,社会事实是人的活动的产物,是人的制度的产物,也是人作为主体之间的互动的产物。婚姻、象棋规则、财产权、主权都属于社会事实范畴。

---

① 关于科学派和人文派的争论,可参考埃米尔·迪尔凯姆:《社会学方法的规则》,北京:华夏出版社 1998 年版;马克斯·韦伯:《社会科学方法论》,北京:中央编译出版社 1998 年版;李凯尔特:《文化科学与自然科学》,北京:商务印书馆 1986 年版;杰拉耳德·霍尔顿《科学与反科学》,江西教育出版社 1999 年版;C. P. 斯诺:《两种文化》,北京:三联书店 1994 年版;让·皮亚杰:《人文科学认识论》,北京:中央编译出版社 1991 年版。两种方法论在国际关系领域中的争论由来已久,但温特的"中间道路"——社会建构主义似乎使这一问题更加突出出来,参见"Forum on *Social Theory of International Politics*". 其中包括以下文章: Robert O. Keohane, "Ideas Part-way down"; Stephen D. Krasner, "Wars, Hotel Fires, and Plane Crashes"; Roxanne Lynn Doty, "Desire All the Way Down"; Hayward R. Alker, "On Learning from Wendt"; Steve Smith, "Wendt's World";以及温特的答复, "On the Via Media: A Response to the Critics," *Review of International Studies* (2000), 26, pp. 123—180。

自然事实是"那在",所以不具主观性。从这个角度来看,自然事实的基本属性是它的物质性,这就决定了其物质性本体特征,自然事实的意义也是客观存在的。而社会事实不是"那在"。社会事实是客观外在和主观内在的融合。这样,社会事实就有了主观性的一面,观念因素也就成为社会事实的基本属性之一。在许多社会场景中,观念因素甚至是主要特征。这就决定了社会事实的理念性本体特征。正因为如此,社会事实的意义也很难是完全意义上的客观的存在。如韦伯所说,我们都是文化动物,具有采取某种特定态度对待世界并赋予世界意义的能力和意愿。

由于社会科学是研究社会现象的,所以,社会事实的属性首先导致了本体论分歧,在国际政治学中也是如此。对于国际关系的世界到底具有什么属性这一问题,科学派学者认为,国际关系世界的现象是客观存在,国际关系的活动是具有客观规律的。所以,国际关系学的研究与物理学的研究在本质上是没有区别的。比如,国际体系的无政府性就是这样的客观存在。人文派则认为,国际关系的世界中有许多现象具有很强的人为成分,国际关系学是社会科学,其研究对象是通过人的实践活动才获得意义的,所以,从本体角度而言,国际关系学和物理学是根本不同的。比如,人文派的一些学者认为,国际体系中的无政府性不是客观存在,而是社会性建构。①

本体论的分歧导致了认识论的分歧。对于我们以什么方法获取关于国际关系世界的知识这一问题,科学派学者认为规律是客观存在的,所以,我们认识世界、获得知识就是要发现这些规律,说明(explain)现象之间本来存在的因果关系。人文派学者则认为,社会事实许多都是人的建构,所以只能以理解(understanding)的方式获得知识。结果出现了两种认识论:一种是科学实在论(scientific realism),坚持以说明获取知识;一种是解释学(hermeneutics),坚持以理解和解释来获取知识。

## 二、方法论之争:实证主义与解释学

本体论和认识论的分歧在方法论方面自然有所反映,表现为国际关系学中实证主义和解释学派两种方法论的论争。

---

① 参见 Hayward R. Alker, *Rediscoveries and Reformulations*: *Humanistic Methodologies for International Studies* (Cambridge: Cambridge University Press, 1996);"Forum on *Social Theory of International Politics*"。

自孔德以来,实证主义在科学认识论领域逐渐占据了主导地位。[①]在社会科学领域,实证主义强调自然科学和社会科学在实质上的统一,力主社会科学应该揭示社会世界中客观存在的、能够说明可观察现象的因果规律,认为社会现象可以通过观察、假设、试验得到解释。科学理论的客观实证与演绎逻辑原则统一的逻辑主义观点、经验可以证实或证伪的命题才是科学命题的实证原则、观察的客观性(即观察可以独立于理论)的认识假定、建立事物之间因果律并试图发现可观察现象之间超时空关系的因果理论等都成为实证主义的基本假定。

国际关系学在一战之后成为一门社会科学学科以来,原本与历史学和法学有着密切的关系,国际关系的研究也多是从历史和法学的角度、以解释的方式展开的。实证主义方法占据主导地位是行为主义革命的结果。行为主义革命发生在20世纪50—60年代,主要是美国政治学领域的方法论论争。之后,美国国际关系主流学派接受了实证主义的基本原则,在其理论框架的建构过程中表现出明显的实证主义命题。[②]戴维·伊斯顿的政治系统分析、莫顿·卡普兰的国际系统理论等都是国际关系学科学方法论的典型代表。[③]可以说,行为主义革命确立了实证主义在国际关系学界的主导话语地位,至今仍然是最重要的国际关系研究方法。如今,呈三足鼎立之势的沃尔兹结构现实主义、基欧汉新自由制度主义和温特社会建构主义都坚持了实证主义的基本原则。[④]

国际关系学中的实证方法遵循几个重要的原则。第一是客观世界的

---

[①] 关于实证主义的基本论述以及在国际关系领域的意义,参见 Steve Smith, "Positivism and Beyond", in Steve Smith, Ken Booth, and Marysia Zalewski, eds., *International Theory: Positivism and Beyond* (Cambridge: Cambridge U P, 1996), pp. 14—16。关于实证主义的思想渊源,可参见 R. Von Mises, *Positivism* (Cambridge: Cambridge University Press, 1951);关于实证主义的发展,可参见 Carl Hempel, *Philosophy of Natural Science* (Englewood Cliffs, New Jersey: Prentice-Hall, 1966); Karl Popper, *The Logic of Scientific Discovery* (London: Hutchinson, 1959)。

[②] James Farr and Raymond Seidelman, eds., *Discipline and History: Political Science in the United States* (Ann Arbor: The University of Michigan Press, 1996).

[③] David Easton, *The Political System: The Study of the Discipline* (New York: Knopf, 1953); Morton Kaplan, *System and Process in International Politics* (New York: Wiley, 1957).

[④] Kenneth Waltz, *Theory of International Politics* (Boston: Addison-Wesley, 1979); Robert Keohane, *After Hegemony* (Princeton: Princeton University Press, 1984); Alexander Wendt, *Social Theory of International Politics* (Cambridge: Cambridge University Press, 1999).

规律性。主流学派理论家承认客观世界和客观规律的真实存在。战后国际关系学界不断努力的一个重要方向就是发现客观规律,其中最明显的表现是国际关系的主要理论试图发现在无政府秩序的国际关系世界中主要行为体有规律的行为。结构现实主义希望发现国际系统结构和民族国家行为之间的关系,新自由制度主义希望发现国际制度和民族国家行为之间的关系。这些理论的一个基本前提是相信在一定的条件下,国际行为体的行为是有规律的,这些规律是客观存在的,是可以通过人的努力而发现的。主流国际关系理论一直致力于发现这些关于规律的通则:既然国际关系作为科学学科的目的在于超越具体的客观事物达到高度的抽象和概括,其理论也是超越时空的元叙述。第二是社会科学研究的客观性。实证主义认为社会科学研究中的客观性、研究主体和研究客体的分离、研究本身的价值无涉是可能的。反实证主义认为,由于研究人员和研究对象共生于社会环境,这就与以研究自然为核心的自然科学有着本质上的区别,所以研究中的偏差是无法完全消除的。但实证论者认为这并不是不可逾越的困难。涂尔干对于社会事实的阐述将其赋予与自然事实相似的属性:对于客观事实,尽管不同的人有不同的感受,但是大多数人可以接受对于一种事物的共同定义。如人们对于饥荒、战争等是有着一致的客观标准的。这就是所谓的主体间一致,正是这种一致,构成了客观研究可能的基础。第三涉及基于可观察事实的验证。根据观察到的事实证实和证伪是社会科学研究的关键。也就是说,任何理论都要经过事实的检验。这里使用了证实和证伪两个概念,因为这两者对于科学研究都是有意义的,都没有否认事实对于社会科学研究至关重要的意义。波普尔的严格验证在社会科学中的可操作性甚小,判决性检验也很难进行。① 实证派认为虽然波普尔朴素证伪主义的极端性是不适应的,但是不能被证伪的理论不是科学的理论这一原则必须坚持。所以,社会科学的检验是重要的,不过,检验的目的是确定理论可以解释多少事实,证伪的过程是发现理论的适用范围和效度。② 验证的基础是系统的、可信的数据。

然而,自20世纪60年代实证主义成为占据主导地位的方法论之后,

---

① 即便是在自然科学中,波普尔的判决性验证也是几乎不可行的,因为试验结果不可能即时地、完全地淘汰一个理论体系。参见拉卡托斯:《科学研究纲领方法论》(兰征译),上海译文出版社1986年版。

② Gary King, Robert Keohane, and Sidney Verba, *Designing Social Inquiry: Scientific Inference in Qualitative Research* (Princeton, N.J.: Princeton University Press, 1994), pp. 100—105.

解释学方法虽然不占据主导地位,却也没有销声匿迹。解释学方法论也有着悠久的思想渊源,狄尔泰、胡塞尔、海德格尔、伽达默尔等人的思想都是解释学派汲取营养的源泉。在社会科学领域,韦伯的方法论思想产生了重大的影响。解释学的基本假定是,社会世界不是自然世界,社会事实不同于自然事实。对于自然事实,可以采取发现规律和说明因果关系的方法,但是在社会科学领域,学术的目的不是发现规律,因为自然界的规律在社会界是不存在的。社会科学的目的是理解意义。在社会世界中存在一个由行动者通过其实践活动建立起来的意义网络,这种意义网络是社会的独有特征。对社会现象的理解是通过这一意义网络得以实现的。①

解释学方法在国际关系领域也有着自己遵循的原则。第一,解释学学者严格区别了社会世界和自然世界的不同。他们认为,由于所有分析都深嵌于语言和历史之中,个人的信仰、前意识和身份定位等既能够使他们理解社会事实,也制约了他们的这种理解,所以发现完全客观的事实是不可能的。英国学派的代表学者布尔就认为,国际关系理论不可能是超时空的元叙述,而只能是受到历史(时间)和文化(空间)限制的理论。②第二,社会科学和自然科学的最大区别在于,社会行动者赋予行动以意义,行动者之间的共有观念使得他们能够赋予社会行动以意义。社会科学要解释的正是这种存在于社会界行动者和行动之间的关系。自然界不存在这种关系,所以将社会行动和社会秩序化约为自然物质活动和自然规律的实证主义原则是行不通的。比如,文化就是社会科学中重要的研究对象。文化是社会人在实践活动中产生的共有观念,是集体经验的历史积淀,对社会中人和群体的身份、认同、利益、行为起到了重要的作用。文化是人的社会的独特现象,是无法化约为物质性自然现象的。第三,由于社会世界和自然世界的不同,由于社会事实和自然事实属性的不同,由于社会科学和自然科学在目的方面的不同,所以社会科学的研究方法只能是理解的方法,即以社会构成的意义和符号网络去理解社会事实和社会现象。一个国家的对外政策是具有其内在的意义的。一方面,它具有

---

① 韦伯:《社会科学方法论》;亦参见马克斯·韦伯:《新教伦理与资本主义精神》,北京:三联书店1987年版。

② 参见 Hedley Bull, "International Theory: The Case for a Classical Approach", in K. Knorr and J. Rosenau, eds., *Contending Approaches to International Politics* (Princeton: Princeton University Press, 1969), pp. 20—38;赫德利·布尔:《无政府社会:世界政治秩序研究(第二版)》,北京:世界知识出版社2003年版。

普遍理性的成分;另一方面,它也是这个国家历史、道德、文化的产物,这些因素只能通过理解的方式加以解释。

以上对比表明,实证主义强调社会事实的客观性、主客体的可分离性和社会科学的价值无涉性,而解释学方法则注重社会事实的主观性、主客体的不可分性和社会科学的价值有涉性。所以,在本体论和认识论方面,这两种思维方式是有着根本不同的。说到底,科学派是尽量减弱人的作用,使国际关系成为一门接近自然科学的学科,重物质世界、理性规则与客观规律;人文派则彰显人的作用,使国际关系学成为一门人学,重社会实践、观念作用和文化意义。

## 三、第三种方法:人文与科学的契合

以上的讨论是借鉴了韦伯理性类型的思维,将国际关系的科学派和人文派都以各自的纯形式表述出来,故可称为唯科学派和唯人文派。实际上,国际关系各种理论和研究所采用的方法有着各自的偏好,或是趋近科学派,或是趋近人文派,但纯而又纯的理想类型的唯科学派和唯人文派是很难找到的。现有的主要国际关系理论从本体、认识和方法三大方面来看,大致包括以下几种:行为主义(辛格的战争与和平研究)、理性主义(沃尔兹的结构现实主义和基欧汉的新自由制度主义)、批判理论(考克斯的新马克思主义)、建构主义(温特的结构建构主义和鲁杰的古典建构主义)、古典主义(威尔逊理想主义和英国学派)、规范理论(克拉托奇维尔的国际规范研究、布朗和纳丁的国际伦理学)、女性主义(西尔维斯特的女性主义国际关系理论)、后现代主义(阿什利的后现代国际关系理论)。[①] 我

---

① 参见 David Singer and Melvin Small, *The Wages of War* (New York: John Wiley, 1972); Waltz, *Theory of International Politics*; Robert Keohane, *International Institutions and State Power* (Boulder: Westview, 1989); Wendt, *Social Theory of International Politics*; John Ruggie, *Multilateralism Matters* (New York: Columbia University Press, 1993); Hedley Bull, *The Anarchic Society* (New York: Columbia University Press, 1977); Robert Cox, *Production, Power, and World Order* (New York: Columbia University Press, 1987); Friedrich Kratochwil, *Rules, Norms, and Decisions* (Cambridge: Cambridge University Press, 1989); Terry Nardin and David Mapel, *Traditions of International Ethics* (Cambridge: Cambridge University Press, 1992); Christine Sylvester, *Feminist Theory and International Relations in a Postmodern Era* (Cambridge: Cambridge University Press 1994); Richard Ashley, "The Geopolitics of Geopolitical Space: Toward a Critical Social Theory of International Politics", *Alternatives*, 1987 (12), pp. 403—434.

修改和补充了杰克逊（R. Jackson）和索伦森（G. Sorensen）所做的图①，来表示现有国际关系理论基本的本体论、认识论和方法论定位。

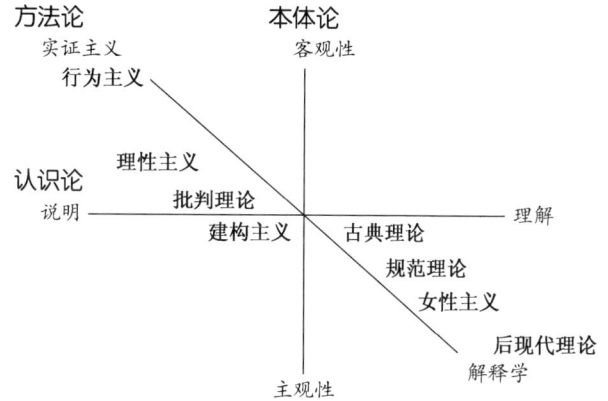

图 1　国际关系理论的本体论、认识论和方法论定位

从这个图中可以看出，虽然国际关系理论的方法论倾向是比较明显的，比如，行为主义理论显然更趋向实证主义方法论，而后现代理论则甚至超出了解释学的极端。但是，我们也可以看到，大部分理论，包括理性主义（新现实主义和新自由制度主义）、批判理论、建构主义、古典理论和规范理论等，都是虽有偏向，却兼而有之。也就是说，大部分国际关系理论的方法论仍然自觉或不自觉地采用了融合的方法，并且从根本上说，也是本体论和认识论的融合。虽然融合的程度不一、维度不同，但是融合本身却是大部分理论的方法论内涵所具有的基本性质。说到底，这种融合是人文与科学的融合。

韦伯早就说过，社会学是一门试图对社会行动进行解释性理解（interpretive understanding）的科学，目的是对社会行动的过程和结果做出原因性说明（causal explanation）。所以，除了极端的后现代主义之外，大部分属于解释学范畴的理论并非反科学，韦伯的思想就是一种相互融合的思想。20世纪60年代国际关系学界卡普兰和布尔分别代表实证主义和解释学派论战的时候，有些学者也认为科学与人文的方法不是对立而是互补的。现在，我们在国际关系学领域至少可以看到三种融合科学与人文方法的尝试。一是温特建构主义在本体论和认识论方面尝试的中

---

① Robert Jackson and Georg Sorensen, *Introduction to International Relations*（New York: Oxford University Press, 1999), p.245.

间道路,即在本体论方面强调国际关系的世界在很大程度上是观念因素构成的,其社会属性超过自然属性,但在认识论方面则采用涂尔干的理论,认为社会事实是基于主体间共识,因而具有客观自在性。这样,温特的建构主义理论就可以使用科学实证的方法。① 实际上,许多建构主义框架中的具体研究都是经验性的实证研究。二是从大历史的角度解释国际关系现象,并发展国际关系理论。这方面典型的代表是英国学派的第三或第四代学者,如布赞、利特尔等人。在本体论方面,他们更多地强调历史发展的实际进程,重视物质力量的作用,比如经济活动对国际体系单位形成的作用;在认识论方面,他们主要是诠释历史进程,所以,在方法论方面,他们更多地使用了解释学方法,而不是实证的方法。但他们的目的是发现国际体系的进化形式,建立科学理论。② 第三种是理性主义和规范理论的结合。科学派基本上将规范排除在研究范畴之外,因为规范已经不再是自身同一物。但国际规范在国际关系中的作用是不可否认的,所以,近几年出现了大量规范研究。唯科学派认为理性为科学提供了永恒动力,但规范本身则更多的是理性范畴之外的观念结构,所以我们应该承认科学是有限度的。不过,即使对规范的研究也可以和理性结合起来。费丽莫(Finnemore)和辛金克(Sikkink)特别提出在规范发生、发展过程中理性选择和观念意识结合的重要意义。③ 除此之外,还有大量将科学与人文结合起来的尝试。虽然有人认为科学与人文水火不容,但实际上大多数国际关系学者的研究是科学与人文的结合。

需要说明的是,冷战以后国际关系学界的方法论发展趋势是在中间地带中更多地朝人文方向移动。这有两个层面的原因。从表层来看,自行为主义以来科学派的主导地位导致了冷战后人文派的反攻。由于科学派理论对冷战结束和冷战后国际关系现象解释乏力,也表现了科学的局限,所以,人文派提出国际关系属社会科学,社会科学具有高度的人文成分,其复杂性是难以化约为简单的科学公式的。从较深层的角度来看,科

---

① Wendt, *Social Theory of International Politics*.

② Barry Buzan, *From International to World Society* (Cambridge: Cambridge University Press, 2004); Barry Buzan and Richard Little, *International System in World History* (New York: Oxford University Press, 2000).

③ Martha Finnemore and Kathryn Sikkink, "International Norm Dynamics and the Political Change," in Peter J. Katzenstein, Robert O. Keohane, and Stephen Krasner, eds., *Exploration and Contestation in the Study of World Politics: A Special Issue of International Organization* (Cambridge and London: The MIT Press, 1999), pp. 254—265.

学派的方法论前提,亦即其本体论和认识论,包含了主客体二元对立的关系,将主体视为目的,将客体视为手段,这样做忽略了存在的一个根本方面——主体间关系,也不能解决人类社会中的生存的自由本质和平等承认问题。所以,思想界从启蒙运动的主客二分和理性主义向主体间共存、对话、交往偏移,开始扬弃主客体性思维,并沿着主体间性思维向度发展。在社会科学方法论上的表现就是从发现和说明客观规律的科学方法到理解主体间意义的解释学方法转向。为什么会出现这样的转向?我以为,科学和人文两种方法都会走向极端。人文走向极端,发展到激进的后现代主义,则会走向本体的虚无和认识的缥缈;科学走向极端,则使科学成为神话,导致人的死灭和作为科学灵魂的质疑精神的消失。故在社会科学领域,唯科学和唯人文都无法永久地占据方法论的王位。

## 四、中国国际关系研究的方法论问题

中国国际关系研究在改革开放后迅速发展。回顾发展历程,我以为,我们缺乏一种与方法论相关的自觉和一种与社会科学相关的反思。

在20世纪80年代,我们缺乏对方法论本身的自觉。当时的国际关系研究成果,大多是对国际事件的叙述和分析,与新闻评论没有实质性的区别。到了20世纪90年代,我们开始意识到,如果国际关系学要成为一门社会科学学科,没有方法论是不行的。至少一部分国际关系学者开始注重并介绍研究方法。到了20世纪90年代中后期,对方法论的强调力度大大增强,尤其是科学方法引起了学界和学生的极大兴趣。不少论文表现出明显的方法论意识,专门讨论方法论的论文和教材也出现了。但是,这种意识仍然停留在方法论表层上面,至多是器物层面的意识和理解。我们知道国际关系学的研究需要严谨的方法,学界也越来越接受这一观点。但是,我们仍然缺乏对认识论和本体论的自觉,我们也没有将方法论的讨论加以深化,而这种深化必然涉及本体观和认识观。当人们使用世界政治替代国际政治的时候,反映的是他们在本体论和认识论方面的转变,这种转向自然反映到方法论层面上来,于是,人们便重新认识世界体系中的单位行为体和行为体行为。方法论与本体论和认识论是密切相关的,仅仅停留在器物层面上的思维是无法真正解决方法论问题的。

我们还缺乏对国际关系学终极关怀的反思。近几年来,国际关系学界的一些年轻学者开始就方法论问题展开了论争,这实在是一件好事,因为这反映了我们开始自觉意识到这些涉及我国国际关系学发展的方法论问题。但是,我们为什么要坚决支持和坚决反对科学或解释学的方法论呢?我们是否对这一问题本身也具有自觉呢?我们是否反问过自己国际关系的方法是否与国际关系研究的终极关怀有着关系呢?国际关系属于社会科学,说到底,是以人为核心的研究,其终极关怀也应该是人,比如人的组织、人的行为、人的观念、人的尊严等等。中华文明的发展历程中缺乏对理性的意识,而理性是科学的内核。西方有了启蒙运动,所以发展了科学,导致了我们的落后。冯友兰也说过,西方哲学对中国哲学的永久性贡献是逻辑分析方法。这没有错。也许,正因为如此,我国的国际关系学者才大力提倡科学方法论,强调理性和实证的重要意义。但是,理性的基础是人文精神。这也就是为什么先有文艺复兴,后有启蒙运动;先有人文精神,后有理性主义。我们缺乏对理性的意识,从某种意义上讲,也许正是因为我们缺少人文精神这一理性的根基。如此,国际关系方法应该是一种以人文精神为基底、人文和科学相结合的方法。

现在,我国国际关系学仍然缺乏实证主义的分析,扎扎实实的实证研究成果仍然很少。但毕竟我们已经意识到这个问题并在努力弥补,有些年轻学者甚至在做"矫枉"必须"过正"的尝试。但以人文关怀为核心的反思性理解和解释学方法又走到哪一步了呢?真正尝试两者融合的方法又发展到了什么程度?这是我们在国际关系学科建设方面需要考虑的问题。成熟的社会学科所具有的方法论体系是开放的体系,方法论原则是多元主义。人文精神要融入社会科学研究,科学方法要以人文精神为基底。在这一方面,我们不妨借用一下斯诺命题,开拓一条第三种文化的路径:人文与科学的契合。当然,基本假定是,科学的终极关怀和人文的终极关怀都是对人的关怀,如此,融合也就有了前提和基础。

本文原载《中国社会科学》2004年第1期。

# 霸权体系与区域冲突
## ——论美国在重大区域武装冲突中的支持行为

**内容摘要**

二战之后,美国作为国际体系中的超级大国全面参与国际事务,因此,也在相当大的范围内影响到地区的武装冲突。对于这类冲突,美国的支持和反对具有重要的意义,因而成为重要的研究问题。理想主义和传统现实主义对美国在重大区域武装冲突中的支持行为所做的解释都不充分,与实际情势的不吻合程度较高。本文着重研究美国在冷战期间的这类支持行为,提出美国的支持行为与相关地区的实力结构有着有意义的相关关系的假设,指出保持地区势力均衡、避免出现区域主导国家是美国战后的典型支持行为。

二战以后,美国凭借强大的实力,建立了全球性的军事联盟系统和经济发展秩序,从而形成了以美国为霸权国的国际霸权体系。由于美国的这种特殊地位,它在国际武装冲突中的支持行为,即对一个参战国的支持或反对,不仅反映了它对某一具体冲突和某一具体参战国的态度,而且在很大程度上反映了美国这一世界霸权国的全球战略和根本国家利益。

美国政界和政治学界对美国的支持行为历来有两种主要的理论解释。一种是理想主义的解释,认为美国对外的支持行为一贯是"上帝所命",是以拯救他人为基本准则的。① 在二战以后的国际环境中,这种上帝所命又有了新的内容——在世界范围内推行美国的价值观。因此,美国支持的对象是和美国有着同样政治体制和信仰体系的国家。② 第二种是现实主义的解释,认为美国对外支持行为是为国家利益服务的。在一个处于无政府状态的国际社会里,国家首先保护和增强的是自己的国家利益。所以,在国际冲突中支持谁、反对谁都应该以本国利益为第一考虑。③ 意识形态、社会体制、国际道德都不是也不应该是国家决定政策的指导原则。

这两种观点虽然各有其理论根据,但又都不能充分解释美国的支持行为。在战后的 50 年里,美国支持过伊朗的巴列维、韩国的朴正熙、菲律宾的马科斯以及许多类似的政府,这些行为显然与理想主义的解释相违背。现实主义虽然指出了国家利益高于一切这一对外政策的基本原则,但却未能明确定义战后美国的根本国家利益。这样,国家利益就成为一个模糊不清的概念,因而也很难成为研究美国对外政策和全球战略

---

① Michael Hunter, *Ideology and U. S. Foreign Policy* (New Haven: Yale University Press, 1987); Emily Rosenberg, *Spreading the American Dream* (New York: Hill and Wang, 1982).

② Dexter Perkins, "The Moralistic Interpretation of American Foreign Policy," in *A Reader in American Foreign Policy*, ed. by James M. McComick (Itasca, Ill.: Peacock, 1986), p. 24; Harry S. Truman, "Address of the President of the United States—Greece, Turkey, and the Middle East," *ibid.*, pp. 56—60; Ronald Reagan, "Address to Members of the British Parliament," *ibid.*, pp. 180—187; Max Beloff, "Reflection on Intervention," *Journal of International Affairs* 22, No. 2, 1968, pp. 198—207; Christopher Coke, *Reflection on American Foreign Policy Since 1945* (New York: St. Martin's 1989), pp. 60—61.

③ Hans J. Morgenthau, *Scientific Man vs. Power Politics* (Chicago: University of Chicago Press, 1946), pp. 194—195; *In Defense of National Interest* (New York: Alfred A. Knopf, 1951): 38—39; James R. Cobbledeck, *Choice in American Foreign Policy: Options for the Future* (New York: Thomas Y. Crowell, 1973), p. 6; Stephen D. Krasner, *Defending National Interest: Raw Materials Investment and U. S. Foreign Policy* (Princeton: Princeton University Press, 1978), pp. 40—45; Kenneth Waltz, *Theory of International Politics* (Reading, Mass.: Addison-Wesley, 1979), pp. 79—128.

的变量。①

一个国家的根本利益是由它所处的环境界定的。形成国际环境的基本因素是国际体系的结构。二战以后的国际体系呈霸权结构,美国是霸权体系中的霸权国。在霸权体系中,霸权国是体系的最大受益者。美国通过完整的军事结盟系统遏制最可能向霸权体系挑战的第二大国,借助布雷顿森林体系为自己的经济发展创造机会。所以,战后美国最根本的国家利益就是维持世界霸权体系和美国的霸权国地位。美国正是基于这一根本国家利益来确定在国际冲突中的立场,而美国的支持行为也必然反映美国维持霸权体系的全球战略。

在全球范围内,美国及由美国建立起来的霸权体系的最大挑战者是世界第二大强国苏联,所以美国冷战时期的首要国策是遏制苏联。但在区域范围内,美国采取什么方式维持其全球霸权地位?维持霸权与区域性冲突以及美国在区域冲突中的支持行为之间有什么内在关系?本文试图建立一个美国在重大区域冲突中的支持行为模式,并用这一模式解释霸权维持与美国支持行为之间的关系。研究的时间跨度为整个冷战时期(1946—1988),研究对象为区域强国参与的重大区域性武装冲突,研究重点是美国在这类冲突中的支持行为。②

# 一、美国在重大区域冲突中的支持行为模式

美国的基本国家利益是保持霸权地位,维护二战后建立起来的国际霸权体系。在全球范围内,美国的首要战略目标是遏制世界第二号强国,防止苏联取而代之,成为世界的霸主。在区域层次上,美国则要防止任何单一国家在该地区称霸,因为过于强大的区域大国很可能成为世界霸权国的潜在竞争对手。即便区域强国不具备成为世界性大国的条件,由区域强国独霸一个区域的局面很容易对世界霸权国在该地区的利益形成威胁。当美国不可能完全以其自身力量遏制区域强国的膨胀性发展时,比较合理的战略就是通过自己的影响,利用区域其他力量遏制区域强国、维持区域势力均衡。

---

① Jack E. Vincent, *International Relations*, Vol. 4 (Lanham: University Press of America, 1983), p. 24.
② 美苏虽为区域强国,但首先是全球性超级大国,故不包括在区域强国之列,其所在区域排除在本研究范围之外。

区域强国参与的区域性武装冲突为世界霸权国维持区域势力均衡提供了可以利用的条件。基于遏制区域强国这一逻辑推理,我们提出以下假设:

假设1:如果冲突的一方是世界第二强国苏联、另一方是区域强国,美国比较可能支持区域强国。

假设2:如果冲突的双方均为区域强国,美国比较可能支持较弱的区域强国。

假设3:如果冲突的一方为区域强国、另一方为非区域强国,美国比较可能支持非区域强国。

## 二、基本概念的定义

为了测定美国在重大区域武装冲突中的支持模式,有必要对冲突种类、区域划分、区域强国、美国支持等几个概念进行明确的定义。

### 1. 重大区域冲突种类

武装冲突可分为国际冲突和国内冲突两大类,本论文的研究对象是国际冲突。根据国际政治学的研究惯例,国际冲突指至少有一个主权国家参与并在领土以外使用其正规武装力量从事军事活动的行为。[①] 另外,由于本论文的研究重点是美国在重大区域武装冲突中的支持行为,所以只有区域强国参与的武装冲突属于本研究的范畴。这类冲突指冲突双方中至少有一方是区域强国。

区域强国参与的国际武装冲突有以下五种形式:
(1)区域强国与超级大国之间的武装冲突;
(2)区域强国与同一区域中另一强国之间的武装冲突;
(3)区域强国与另一区域中强国之间的武装冲突;
(4)区域强国与同一区域中一般国家之间的武装冲突;
(5)区域强国与另一区域中一般国家之间的武装冲突。

凡属以上范畴的各类冲突均包括在本研究之中。在冷战时期,美国和苏联为超级大国,区域中综合国力最强的国家为区域强国,所有其他国家为一般国家。

---

① David Singer and Melvin Small, *The Wages of War* (New York: John Willey & Son, 1972), p. 31; Herbert K. Tillema, *International Conflict Since 1945* (Boulder: Westview, 1991), p. 11.

本研究的时间范畴是广义的冷战时期,即 1946—1988 年。在此期间,研究范围内的重大区域性武装冲突共有 122 次。①

### 2. 区域划分

区域划分是本研究必不可少的一环。尽管次体系是战略家和政治学学者长期关心的问题,但怎样划分世界区域却历来颇有争议。至今仍然没有一个统一的划分标准。② 我们试图使用一个比较客观的标准,以地理位置为主,基本做到相对均匀地界定世界的区域。

沙利文(Michael J. Sullivan)提出了一种划分世界区域的方法。他把 162 个国家分为 5 个大区(Zones)、15 个区域(Regions)。③ 具体划分见表1:

表 1  大区和区域

| 大区(5) | 区域(15) |
| --- | --- |
| 欧洲 | 北大西洋 |
| | 中部欧洲 |
| | 南部欧洲 |
| 伊斯兰 | 西部亚洲 |
| | 阿拉伯半岛 |
| 非洲 | 北部非洲 |
| | 西部非洲 |
| | 中东部非洲 |
| | 南部非洲 |
| 亚洲 | 南部亚洲 |
| | 东部亚洲 |
| | 近海亚洲和大洋洲 |
| 拉丁美洲 | 南部拉美 |
| | 中部拉美 |
| | 加勒比 |

资料来源:Michael J. Sullivan Ⅲ, *Measuring Global Values*:*The Ranking of the 162 Countries* (New York:Greenwood Press, 1991), p. 7。

---

① Tillema, *International Conflict Since 1945*.
② Bruce Russett, *International Regions and International System*:*A Study in Political Ecology* (Chicago:Rand McNally, 1967), p. 5.
③ Michael J. Sullivan III, *Measuring Global Values*:*The Ranking of the 162 Countries* (New York:Greenwood Press, 1991), p. 4.

沙利文的划区方法有三个明显的特点。第一，全面性。这种划区方法包括了战后国际体系中所有的国家。五个大区——欧洲、伊斯兰、非洲、亚洲、拉美基本上是根据地域划定的，但同时也考虑到文明中心及其辐射圈的因素。区域划分也是主要考虑到地理位置的延续和间断。沙利文划区法把1989年联合国的所有成员国（除去白俄罗斯和乌克兰）全部包括在内，这就为我们提供了一个全面的世界分区图。第二，沙利文的分区结构框架呈现出较为均衡的世界分区状态。五个大区中包含的区域数目大致相同，每一区域的国家数目也大致相等。比起西方传统的划区方法来，沙利文的方法提出了一种较平衡的世界次系统结构。第三，沙利文的方法相对弱化了意识形态的地理表现。西方传统的概念是以西方为中心把世界分为西方、东方和其他地区。这就人为地突出了意识形态的冲突，把世界上绝大多数的国家压缩到三分之一的狭小区域之内。① 由于沙利文的方法具有包容全面、构架均衡、淡化意识形态等特点，我们在本研究中采用沙利文分区法。

### 3. 区域强国

我们把区域强国定义为在某一区域内综合国力最强的国家。界定区域强国需要比较区域内所有国家的相对国力。由于在区域层次上权力关系不像在全球层次上那样明显，怎样测量国力就成为界定区域强国的第一步。

我们选定一个单一指示数值做第一次筛选。这个单一数值必须既能比较准确地反映国家的综合实力，又要简单明晰、一目了然。虽然国际关系学界对国家实力的测量有很大的争议，比较普遍接受的单一测量指数是国家产品和服务的产出总量。尽管产出总量主要是一个经济指数，但是它最能代表一个国家的全部力量，并且与其他测量综合国力的单一或多项指数之间也存在着高度的相关关系。②

一般用来代表国家总产出的数值是国民生产总值（GNP）或国内生产总值（GDP）。由于数据来源的限制，在1946—1965年间使用国民生产总值、在1966—1988年间使用国内总产值来测量各国综合国力。因为这

---

① Sullivan, *Measuring Global Values*.
② Richard L. Merritt and Dina A. Zinnes, "Alternative Index of National Power," in *Power in World Politics*, ed. by Richard J. Stoll and Michael D. Ward (Boulder and London: Lynne Rienner, 1989), pp. 13—14; Jacek Kugler and Marita Arbetman, "Choosing Among Measures of Power," *ibid.*, p. 57.

两个数值之间有着很高的相关关系（$R^2=0.99$；显著性＝0.0001）[①]，同一年度所用数值又是一致的，加之最后测量数值为百分数而不是绝对数值，所以 GNP 和 GDP 共用不会影响测量的准确程度。由于一个国家的 GNP/GDP 是相对稳定的数值，我们把整个冷战时期分为五年一段的九个时间段，然后比较九个时间点上各个区域中诸国的国力。这九个时间点是：1950 年、1955 年、1960 年、1965 年、1970 年、1975 年、1980 年、1985 年、1988 年。为了使测量更加准确，我们制定了一个相当高的限定值：区域强国的 GNP/GDP 值不但要高于其所在区域其他任何一国的 GNP/GDP 值，而且要比区域次强国的 GNP/GDP 值至少高出一倍。根据这种标准，我们确定了九个区域的区域强国。

在某些区域，几个国家的 GNP/GDP 值之差达不到规定的两倍于限定值的距离，因而仅仅使用 GNP/GDP 值无法确定区域强国。这样的区域共有四个，即西部非洲、北部非洲、中东部非洲、南部拉美。在这些区域，第一步筛选只能确定某一区域中的几个大国。然后，我们必须再用多项指数确定区域强国。依旧根据国际政治学研究惯例，选用 GNP/GDP 和军费开支这两个指数来进行第二步筛选。我们仍然把从 1946 年到 1988 年的 43 年分为每五年为一段的九个时间段：1946—1950 年、1951—1955 年、1956—1960 年、1961—1965 年、1966—1970 年、1971—1975 年、1976—1980 年、1981—1985 年、1986—1988 年。首先计算出每一区域每个大国在每一时间段中 GNP/GDP 和军费开支的数学平均数，并根据 Singer-Bremer-Stuckey 公式合并这两个数学平均数，得出一个合成数值。这个数值即可称为国力指数，表示这个国家的绝对国力。然后，将某一区域内的所有大国国力指数相加，总数设为 100%，并用各国绝对国力数值去除总数，所得之百分比即该国在这一区域的相对力量。百分比最高的国家为区域强国。如果两国之间百分比之差小于 3%，则两国均定为区域强国。

这种方法帮助我们确定了其他四个区域的强国。连同第一步筛选结果，十三个区域的区域强国界定见表 2：

---

[①] 根据随机选出的 50 个 GDP 和 GNP 值，以 $y=a+bx_i$ 方程式计算。原始数据取自 Arthur S. Banks, ed., *Cross-Polity Time-Series Data* (Cambridge, Mass.: The MIT Press, 1971)。

表 2　区域强国

| 区域 | 区域强国 |
|---|---|
| 南部欧洲 | 意大利 |
| 西部亚洲 | 伊朗(1946—1988) |
| | 巴基斯坦(1961—1965) |
| | 土耳其(1946—1970) |
| 阿拉伯半岛 | 沙特阿拉伯(1946—1988) |
| 北部非洲 | 埃及(1946—1988) |
| 西部非洲 | 尼日利亚(1960—1988) |
| 中东部非洲 | 喀麦隆(1986—1988) |
| | 埃塞俄比亚(1946—1965;1976—1985) |
| | 坦桑尼亚(1976—1980) |
| | 扎伊尔(1966—1975) |
| 南部非洲 | 南非(1946—1988) |
| 南部亚洲 | 印度(1946—1988) |
| 东部亚洲 | 中国(1946—1988) |
| 近海亚洲和大洋洲 | 日本(1946—1988) |
| 南部拉美 | 巴西(1946—1988) |
| 中部拉美 | 墨西哥(1946—1988) |
| 加勒比 | 古巴(1946—1988) |

资料来源:国力计算基于以下数据:Arthur S. Banks, ed., *Cross-Polity Time-Series Data* (Cambridge, Mass.: The MIT Press, 1971); J. David Singer and Melvin Small, *National Material Capabilities Data, 1816—1985* (Ann Arbor, Michigan: Inter-University Consortium for Political and Social Research, 1993); U. S. Agency for Arms Control and Disarmament, *World Military Expenditures and Arms Transfers* (Washington, D. C.: U. S. Government Printing Office, annual)。

### 4. 美国支持

对于两国间的武装冲突,美国支持哪一方是本论文研究的重点。这就需要对美国的支持行为做出明确的定义。美国的支持行为可以分为三类:公开支持、实际支持和零位支持。现分别定义如下:

公开支持指:(1) 美国公开以武力支持交战的一方;(2) 美国官方公开发表声明支持交战的一方。越南战争和朝鲜战争为第一种情况的实例。至于第二种情况,官方立场限于美国政府声明、美国助理国务卿以上官员(包括美国驻联合国大使和白宫发言人)的正式讲话。美国在1970年中东冲突中对叙利亚袭击约旦的谴责是第二种情况的实例。美国官方声明以美国国务院的正式文告为准。① 在许多冲突环境中,第一、二种情况往往同时存在。

实际支持指虽然没有公开发表官方声明,但却以其他方式表示支持的行为。实际支持的衡量标准是美国军事援助。在武装冲突爆发的一年内,如果美国向交战的一方提供军事援助,而没有向另一方提供同样的援助,那么美国实际支持的对象为前者。例如在 1977—1978 年的欧加登冲突中,美国向索马里提供了价值 2000 万美元的军援,但没有向埃塞俄比亚提供相应的军援,因此,美国支持的对象为索马里。如果美国向交战双方均提供军援,则受援较多的一方为美国支持的对象。在埃尔都加(El Douga)冲突中,美国当年向交战双方——以色列和叙利亚提供军援,但对以色列的援助为 3940 万美元,而对叙利亚的援助仅为 5 万美元,因此,美国支持的对象为以色列。美国军援数字以美国国际开发署正式公布的数字为准。② 为了保证数据的准确,我们使用军备依赖程度进行核实。军备依赖程度指一个国家从美国进口武器数量占其武器进口总量的百分比。③ 仍以索马里—埃塞俄比亚的冲突为例,在 1972—1982 年的 10 年里,索马里对美国的军备依赖程度为 1%,但在 1983—1987 的几年里,这一数值增长到 22%。④ 这一增长正是索埃两国冲突不断增加之时。所以,军备依赖程度也证实了美国的支持对象。

零位支持即中立行为。如果美国政府没有官方声明,同时美国对双方均不提供军援或对双方提供相等的军援,美国的支持行为则为零位。1979 年的坦桑尼亚—乌干达冲突是零位支持的实例。⑤

## 三、美国支持行为模式的测定

### 1. 模式总体可信度

为了检验美国支持模式的总体可信度,我们将模式预测的美国支持行为和美国实际的支持行为加以对照,研究对象包括 1946—1988 年间所

---

① U.S. Department of State, *Bulletin*: *The Official Monthly Record of United States Foreign Policy* (Washington D.C.: U.S. Government Printing Office, monthly).

② U.S. Agency for International Development, *U.S. Overseas Loans and Grants and Assistance for International Organizations* (Washington D.C.: U.S. Government Printing Office, annual).

③ Sullivan, *Measuring Global Values*, p.72.

④ U.S. Arms Control and Disarmament Agency, *World Military Expenditures and Arms Trade* (Washington D.C.: U.S. Government Printing Office, annual).

⑤ U.S. Agency for International Development, *U.S. Overseas Loans and Grants and Assistance for International Organizations*.

有区域强国参与的 122 次武装冲突。① 对照结果列入表 3：

表 3　模式总体可信度(1946—1988)

| 模式正确预测 | | 模式错误预测 | | 无法预测实例 | | 冲突总数 |
| --- | --- | --- | --- | --- | --- | --- |
| n | % | n | % | n | % | n |
| 86 | 70 | 34 | 28 | 2 | 2 | 122 |

如表 3 所示，美国支持行为模式的预测可信度为 70%，即在所有 122 次武装中，有 86 次模式预测的美国支持对象与美国实际支持对象相吻合。在错误预测的 34 例中，有 17 次美国采取了中立立场，而不是支持了模式预测的反方。两例为无法预测的冲突个例。总的来说，70% 的正确率是具有显著意义的（$Z=4.53；p<0.0002$）。② 因此，验证结果支持模式的基本假设。

### 2. 模式分区可信度

尽管模式的总体可信度较高，但是美国在各个区域的支持行为还是有很大的差别的。现在来看一看模式的分区可信度以及区域间的差别。我们以区域为单位，对照模式预测行为和实际行为。表 4 总结了这一对照的结果：

表 4　模式分区可信度(1946—1988)

| 区域 | N | 模式正确预测 | | 模式错误预测 | | 无法预测实例 | |
| --- | --- | --- | --- | --- | --- | --- | --- |
| | | n | % | n | % | n | % |
| 西部亚洲 | 11 | 6 | 55 | 5 | 45 | 0 | 0 |
| 阿拉伯半岛 | 5 | 3 | 60 | 2 | 40 | 0 | 0 |
| 北部非洲 | 23 | 17 | 74 | 6 | 26 | 0 | 0 |
| 西部非洲 | 1 | 0 | 0 | 1 | 100 | 0 | 0 |
| 中东部非洲 | 11 | 4 | 36 | 6 | 65 | 1 | 9 |
| 南部非洲 | 17 | 13 | 76 | 4 | 24 | 0 | 0 |
| 南部亚洲 | 20 | 16 | 80 | 4 | 20 | 0 | 0 |
| 东部亚洲 | 28 | 23 | 82 | 4 | 14 | 1 | 4 |
| 中部拉美 | 2 | 1 | 50 | 1 | 50 | 0 | 0 |
| 加勒比 | 4 | 3 | 75 | 1 | 25 | 0 | 0 |
| 总计 | 122 | 86 | 70 | 34 | 28 | 2 | 2 |

---

①　排除苏美两个超级大国所在区域和另外三个无重大冲突区域，共有十个区域在本研究范围之内。

②　计算公式为：$Z=(X-Np)/(Npq)^{1/2}$。

表4显示了美国在各个区域的支持行为。最高正确预测率为82％，最低正确预测率为0。绝大部分区域超过了50％的阈线。西部非洲可以作为一个特例，因为该区域强国参与的冲突总共只有一次。所以，测试的结果基本上支持了模式假设。

### 3. 模式的跨区域意义

从表4的统计结果来看，美国的支持行为并非呈均匀分布状态。模式正确预测率从0到82％。即使除去西部非洲，全距仍相当大（36％—82％）。因此，美国对某些区域的重视程度显然大于其他地区。为什么会出现这种现象呢？美国在不同区域的支持行为有某种规律可循吗？

我们把美国的根本国家利益定为维护霸权体系及其霸主国的地位。对于区域强国来说，国力越是强大，对美国国家利益形成的潜在威胁也就越大。因此，美国在区域层次上的战略重点是遏制较有可能成为向世界霸权体系挑战的国家，也就是说，区域强国的国力越强，就越可能引起美国的重视。根据这一推理，我们设定以下假设：

> 假设4：区域强国的国力越强，美国就越可能支持这一区域强国的冲突对手。

这个假设实际上是在正确预测率和区域强国国力之间建立了一种正相关关系。据此，设立了以下零假设（Ho）和替代假设（Ha）：

> Ho：美国支持行为与区域强国国力之间没有相关关系。
> Ha：美国支持行为与区域强国国力之间有相关关系。

我们用斯皮尔曼等级相关方式来测定这组假设。[①] 测试包括四个变量：一个为美国支持行为变量（SPRT），其他三个为区域强国的相对国力——相对军事力量（MCAP）、相对经济力量（ECAP）和相对综合力量（TCAP）。四种变量的确定方法如下：

> 美国支持行为（SPRT）：美国在各区域支持行为的正确预测率。例如，在北非，区域强国埃及参与的冲突共23次，美国在17次冲突中支持了埃及的对手，这样，SPRT则为17/23=0.74。

---

① 计算均用计算机SAS程序完成。

相对军事力量(MCAP)：指某一区域强国军事力量与所有其他区域强国军事力量总和之比。军事力量以军费开支计算，计算方法同前。

相对经济力量(ECAP)：指某一区域强国经济力量与所有其他区域强国经济力量总和之比。经济力量以 GNP/GDP 数值计算，计算方法同前。

相对综合力量(TCAP)：指某一区域强国综合力量与所有其他区域强国综合力量总和之比。综合力量包括军事力量和经济力量，计算方法同前。

SPRT、MCAP、ECAP、TCAP 数值列入表 5：

表 5　美国支持行为与区域强国的相对力量(1946—1988)

| 区域 | SPRT | MCAP | ECAP | TCAP |
| --- | --- | --- | --- | --- |
| 西部亚洲 | 55.00 | 8.04 | 8.32 | 8.18 |
| 阿拉伯半岛 | 60.00 | 9.57 | 4.54 | 7.06 |
| 北部非洲 | 74.00 | 5.23 | 3.29 | 4.26 |
| 西部非洲 | 0.00 | 0.73 | 4.46 | 2.57 |
| 中东部非洲 | 36.00 | 0.31 | 0.64 | 0.48 |
| 南部非洲 | 76.00 | 2.51 | 6.46 | 4.49 |
| 南部亚洲 | 80.00 | 9.62 | 22.59 | 16.11 |
| 东部亚洲 | 82.00 | 62.89 | 39.74 | 51.37 |
| 中部拉美 | 50.00 | 1.23 | 10.58 | 5.91 |
| 加勒比 | 75.00 | 1.50 | 1.86 | 1.68 |

如果美国支持模式的假设成立，美国则会更可能支持较强区域强国的冲突对手。这样，在美国支持变量(SPRT)和三个区域强国相对力量变量(MCAP、ECAP、TCAP)之间就会存在正相关关系，斯皮尔曼相关系数(Spearman's Rho)则应为正数。表 6 是统计计算结果。

计算结果显示了两个值得注意的现象。第一，所有斯皮尔曼相关系数均为正数。虽然由于与经济力量(ECAP)和综合力量(TCAP)有关的 P 值较大(分别为 0.1383、0.0897)，因而使这两个变量与美国支持行为之间的关系呈不显著状态，但是斯皮尔曼系数无一负值这一结果表明在美

表 6　美国支持行为与区域强国国力
（斯皮尔曼相关系数）
当 Ho:Rho＝0 时,P＞R;N＝10

|  | SPRT | MCAP | ECAP | TCAP |
|---|---|---|---|---|
| SPRT | 1.000<br>0.0 | 0.76970<br>0.0092 | 0.50303<br>0.1383 | 0.56364<br>0.0897 |
| MCAP | 0.76970<br>0.0092 | 1.0000<br>0.0 | 0.68485<br>0.0289 | 0.87879<br>0.0008 |
| ECAP | 0.50303<br>0.1383 | 0.68485<br>0.0289 | 1.0000<br>0.0 | 0.92727<br>0.0001 |
| TCAP | 0.56364<br>0.0897 | 0.87879<br>0.0008 | 0.92727<br>0.0001 | 1.0000<br>0.0 |

国支持和区域强国国力之间至少不可能存在负相关关系。第二,与军事力量有关的斯皮尔曼系数为 0.7697,P 值为 0.0092。这表明美国支持行为与区域强国的相对军事力量之间存在显著的相关关系。① 据此,我们可以在 0.05 的给定显著水平上拒绝零假设,接受美国支持行为与区域强国的相对军事力量之间存在正相关关系这一假设。

## 四、结　　论

美国战后的根本国家利益是维持世界霸权结构和自己的霸权国地位。在区域层次上,美国的主要战略是遏制区域强国,防止区域强国独霸区域并进而发展成足以向霸权国和霸权体系挑战的强大力量。实现这一战略目标的重要手段之一就是利用区域冲突提供的机会,支持区域强国的对手,保持区域势力均衡。根据这一推理,我们提出了美国在重大区域冲突中的支持模式,用以解释美国在区域层次上的支持行为。

我们利用整个冷战时期的所有重大区域武装冲突,对这一模式的理论假设做了测试。测试结果表明,在 70% 的情况下,模式预测的支持行为与美国实际支持行为相吻合。同时,在测试过程中还发现了一个值得注意的现象:美国支持行为在区域层次上呈不均匀分布状态。在有些区域,美国支持行为和模式预测的行为吻合程度很高;在另外一些区域,美

---

① 根据结构现实主义的解释,军事实力是国家最重视的权力因素,经济实力之所以重要,是因为经济实力可以转化为军事实力。结构现实主义的这种观点基本上与冷战时期的大国关系现实,尤其是苏美两个超级大国之间的关系相吻合。苏美战略武器竞争是一个典型的例子。

国支持行为和模式预测的行为相去较远。我们对这种现象做了进一步的分析,分析结果表明,这种不均匀分布与区域强国的相对军事力量有着正相关关系,也就是说,一个区域强国的军事力量越强,美国越可能在武装冲突中支持这个区域强国的对手。

  美国支持行为模式是以冷战为时间背景的。在后冷战时期,这一模式的基本理论假设依然成立。国家的对外行为是在国际体系的结构框架中界定的。冷战结束之后,许多政治家和国际关系学者都谈到国际体系从两极转化为多极,国际日程的重点从政治军事领域的较量转化到经济领域的竞争。就现象本身而言,这些观点没有错。但是,我们应该看到,冷战时的两极世界是霸权体系框架中的两极争斗,或曰两极霸权体系。整个世界的宏大结构是霸权体系。在后冷战时期,两极不复存在,几个世界强国的经济竞争也日趋表面化。但是,变化只是体系内部的部分变化,以美国为霸权国的霸权体系本身依然存在,所以我们可以把当今的国际体系结构称为多极霸权。只要霸权体系的大结构没有变化,美国的根本国家利益就不会变,维持霸权体系和美国的霸权国地位就依然是美国国际战略的核心,遏制区域强国也就依然是这种战略的一个重要组成部分。

  本文原载《美国研究》1995 年第 4 期。

# 霸权体系与国际冲突

**内容摘要**

霸权稳定理论是西方很有影响的国际关系理论流派之一。这一理论认为,在霸权体系与国际稳定之间存在着一种因果关系,由一个超强霸权国建立和维持的世界霸权体系有助于世界和平;而且,霸权国国力越强,国际社会就越趋于稳定,国际武装冲突的可能性就越小。也就是说,霸权国国力与国际冲突频数之间存在逆相关关系。本文以二战后美国霸权为研究对象,以统计模式为分析方法,检验了霸权稳定理论的可靠性和准确程度。测试结果否定了霸权稳定理论提出的假设,表明这一理论在国际安全领域是不能成立的。

国际霸权是由一个单一国家统治国际体系的结构。这个国家在国际社会中具有最强大的军事和经济实力,能够在很大程度上影响其他国家和非国家行为体的国际行为,操纵国际体系自身的运作,安排国际进程的轨迹和方向。① 罗马霸权("罗马和平")和不列颠霸权("不列颠和平")是历史上的范例。二战以后,美国成为世界第一大强国,凭借其雄厚的实力,在安全领域建立了北约等一系列军事同盟,在经济领域完成了以布雷顿森林体系为核心的世界经济构架。这就形成了二战后的国际霸权体系,即所谓的"美利坚和平",美国也成为这一体系中的霸权国。②

霸权理论旨在解释霸权结构(Hegemonic Structure)和霸权结构中行为体的国际行为。霸权理论的一个重要假定就是霸权国是霸权体系的主要受益者。霸权国为了自身利益,向国际社会成员提供政治秩序、军事安全、经济繁荣等公共物资,目的是维持霸权体系的稳定。霸权维持的根本条件是霸权国的实力,所以,许多国际关系理论家把霸权国的国力和国际社会的稳定联系在一起,认为一个超级霸权国的存在有利于世界和平与经济繁荣,会在安全和发展两个领域起到积极的作用,这就是霸权稳定说。③

霸权稳定说是很有影响的西方国际关系理论流派之一。但是,其理论概说并没有在二战以后的实际国际进程中得到验证,致使霸权研究遗漏了一个重要的历史时期——美利坚霸权。本文的目的是用二战后美国霸权时期的数据测试霸权稳定理论的假设,进而验证这一理论的可靠程度和应用价值。

# 一、霸权稳定理论

霸权稳定理论认为霸权和国际稳定之间有着密切的因果关系。④ 霸权理论的大多数论断与世界经济有关,政治和军事同样是重要的研究领域。莫德尔斯基和汤普森认为几乎没有较弱的国家敢于对大战后出现的

---

① Robert Keohane, *After Hegemony* (Princeton, N. J. : Princeton University Press, 1984), pp. 39—40.

② Robert Gilpin, *War and Change in World Politics* (Cambridge: Cambridge University Press, 1981), pp. 28—34.

③ Charles Kindleberger, *The World Depression, 1929—1939* (Berkeley: University of California Press, 1971); Gilpin, *War and Change in World Politics*; Stephen Krasner, *Defending the National Interest: Raw Materials Investment and US Foreign Policy* (Princeton, N. J. : Princeton University Press, 1978).

④ Gilpin, *War and Change in World Politics*; Keohane, *After Hegemony*; Krasner, *Defending National Interest*.

超级军事大国提出挑战,而这个超级大国的世界领袖地位使它能够管理国际事务、保持国际体系的秩序和稳定、防止武装冲突的发生。① 奥根斯基则更明确地指出,霸权国实力"增加了和平的机会,因为霸权强国无须用兵就可得其所需,而弱国若企图以刀兵争其所求则实在愚蠢"②。这些观点都在霸权国的实力和稳定的国际秩序两者之间建立了一种正相关关系。

罗伯特·吉尔平对霸权国实力和稳定的国际秩序之关系作了最系统的理论阐述。他认为霸权体系是一种稳衡系统。稳衡系统的主要特点是系统稳定与系统内秩序,而霸权国实力是这种系统持衡的根本保证。③ 但是,稳定并非霸权体系的内在和天然因素。稳定是霸权国有意识地使用其军事和经济实力维持系统的结果。霸权国控制或至少是影响国家和非国家行为体之间的关系。一旦霸权国的地位得以确立,它就会为其自身利益,尽最大可能减少国际冲突、增强国际合作。④

霸权国的国家利益在稳衡系统中可以得到最大限度的实现。在任何社会系统中,系统环境造成对系统成员的限制。这种限制是与系统成员的实力成反比的。最强大的系统成员受到的环境限制最小,因而可以最大限度地实现自己的意愿。实际上,社会和政治体系本身常常是其最强大成员意志和利益的反映。霸权国对系统的影响程度往往比系统对霸权国的影响要大、要强。从这个意义上来看,霸权国的确是霸权体系和国际体制(international regimes)的最大受益者。既然国际秩序和稳定与霸权国的根本国家利益休戚相关,霸权国就会竭尽全力维护稳定的国际霸权体系。这样,霸权稳定就被说成是霸权体系的必然结果。根据这种推理,国际社会的稳定程度与霸权国的实力之间存在一种必然的正相关关系。

如果将霸权稳定理论具体化,则会得出这样的结论:当霸权国处于最强盛时期,国际体系就相应地处于稳衡状态;当霸权国实力开始下降,稳衡状态就开始变化,渐渐出现非稳衡状态,并最终导致体系的崩溃。从稳衡状态到非稳衡状态的变化是周期性的、是相当长的一个时期,是与霸权国的兴衰联系在一起的。一个具有无可比拟国力的超级霸权国可以维持着国际社会的稳定,而一个江河日下的霸权国则会面对充满挑战、冲突不

---

① George Modelski and William Thompson, *Sea-power in Global Politics*, 1494—1993 (Seattle: University of Washington Press, 1988).

② A. F. K. Organski and Jacek Kugler, *The War Ledger* (Chicago: University of Chicago Press, 1988), p. 293.

③ Gilpin, *War and Change in World Politics*, p. 144.

④ *Ibid.*, pp. 34—35.

断、危机四伏的国际社会。

由于国际稳定与霸权国的实力联系在一起,不稳定也就成为霸权国实力下降的函数。当霸权国的实力与其国际承诺之间出现距离,霸权国就部分地失去了对国际社会的有效控制。霸权权威的减弱使国际社会的其他成员产生较强的离心力,国际行为者之间的矛盾会明显起来,国际战争和军事冲突的频数都会随之提高。这样,不但大型冲突的可能性加大,而且整个国际秩序也会日益恶化,国际社会的其他成员会更多地用一切手段包括军事手段实现自身利益。虽然霸权国仍然极力维持霸权体系,但是它的实力已经不能足以按其意志阻止国际暴力冲突。所以,在一个霸权系统周期内,霸权国的兴衰直接关系到国际和平与稳定。正是根据这种霸权稳定理论,西方学者认为在霸权确立和成熟阶段,国际战争的频数较低;而在霸权确立前和霸权下降阶段,国际战争的频数较高。① 一些实证研究也指出,不列颠霸权时期战争的频数和英帝国的国力基本上呈现出逆相关关系。②

总之,霸权稳定理论认为国际社会的稳定是霸权国国力的反映和霸权国以其国力维持国际秩序的结果。霸权国越强大,国际冲突就越少,国际社会也就越趋于稳定。

## 二、霸权与国际冲突:理论假设与研究设计

### 1. 霸权理论的假设

本论文的目的是验证霸权稳定理论在国际冲突方面的推理是否成立。研究设计也是主要用来测试霸权国实力和国际稳定程度之间是否有着霸权稳定理论提出的相关关系。研究对象是美国霸权时期,时间跨度为1946年至1988年,即冷战时期。

基于霸权稳定理论的推断,可以提出以下两个总的理论假设:

假设1:霸权国国力与国际稳定之间无相关关系。
假设2:霸权国国力与国际稳定之间有相关关系。

---

① Terry Boswell and Mike Sweat, "Hegemony, Long Waves, and Minor Wars: A Time Series Analysis of Systemic Dynamics," *International Studies Quarterly* 36, 1991, pp. 123—149.

② K. Edward Spiezio, "British Hegemony and Major Power War, 1815—1938," *International Studies Quarterly* 34, 1990, pp. 165—181.

336

如果霸权稳定理论的推断成立,测试结果应能支持第二种假设,并且,这种相关关系应该是正向的,基本上也应该呈线性相关。第一种假设是专门为测试而设计的。它和第二种假设是相反的,是零假设。如果测试结果不能否定第一种假设,那么霸权稳定理论的推断就无法成立。

## 2. 国际稳定:因变量的确立

国际稳定是本研究的因变量。为了使其合理地量化,有必要根据霸权稳定理论的含义准确地定义国际稳定。

国际关系理论中的稳定是指国际系统的稳衡状态。稳衡状态最重要的特点是和平。而和平至少又有两层含义,即非稳定性和平与稳定性和平。前者仅指没有战争的状态;而后者指一种不但没有战争而且没有备战行为的状态。[①] 完全的国际稳定应该是稳定性和平状态,它只存在于安全国际社区之中。在安全国际社区中,和平交流是国际交往的规范,暴力和武装冲突不但不会出现,而且根本不被行为者当作处理国际交往的方法。[②]

稳定性和平当然是理想的国际稳定状态。但是这显然不是霸权稳定理论中稳定的含义。在任何一个霸权时期,无论是罗马治下和平、不列颠治下和平,还是美利坚治下和平,所谓的稳定都是相对的、都是以武力相维持的。稳定的保证是霸权国无以比拟的实力。霸权国既是国际体系中的权威又是国际警察,其他系统成员并非放弃把武力当作解决国际争端的方法,而是因为霸权国的实力起到了高强度的威慑作用。吉尔平明确指出:"相对和平和稳定的时期是国际权威等级结构清晰而不受到任何挑战的时期。相反,如果权威等级结构表现出弱化和模糊迹象,冲突和争斗就会随之而来。"[③]

由于系统中成员均以各自国家利益为重、力图使国际体制对自己有利,这些国家时刻准备以武力改变现有国际系统的愿望和行为是现实存在的,所以霸权稳定理论中的国际稳定只是指非稳定性和平。这种稳定较明显、较客观的指数是国际战争的发生频数。根据这一定义,国际稳定的程度基本上可以测量国际战争的频数来量化确定。也就是说,国际武

---

[①] Kenneth Boulding, *Stable Peace* (Austin: University of Texas Press, 1978).

[②] Karl Deutsch, *et al.*, *Political Community and the North Atlantic Area* (Princeton: Princeton University Press, 1957). Bruce Russett, "The Mysterious Case of Vanishing Hegemony or, Is Mark Twain Really Dead?" *International Organization* 39, 1985, pp. 207—231.

[③] Gilpin, *War and Change in World Politics*, p. 31.

装冲突次数越少,国际体系就越趋于稳定。

定义国际稳定并确定其量化方法之后,仍需考虑何种国际武装冲突属于本研究的范畴。这也是根据霸权稳定理论而界定的。霸权稳定理论认为导致国际体系根本改变的媒介是全面战争,即霸权战争。霸权战争是所有主要系统成员和大部分非主要成员参与的国际武装冲突。霸权战争是系统失衡的最高形式。它将决定哪个国家成为霸权国,直接影响霸权体系和霸权国利益。① 这种战争将解决霸权更替,并可能建立新的霸权体系,所以是必须考虑的国际武装冲突。

霸权战争强调的是国际体系中主要国家的竞争。如果处于系统核心部位的主要国家满足于国际政治、安全和经济的现状,系统本身就处于稳衡状态。所以,霸权稳定理论把稳定看作是一种各个大国均接受国际秩序的现存框架的状态。② 如果霸权国企图维持其霸权地位,首先就要防止由大国参与的战争。反之,如果霸权国的实力相对下降,而其他大国的实力相对上升,就可能出现系统中的权力再分配。处于权力上升期的大国就会要求进行系统变更,并在实力允许的情况下以武力达到国家目的。如果霸权国的实力继续下降,主要国家间的竞争就会更加激烈,军事行为也会更加频繁地作为外交手段使用,最终出现以争霸为目的世界性霸权战争。

根据霸权稳定理论的这些分析,由大国参与的武装冲突的频繁程度是现行国际系统稳定与否的重要标志。从这一逻辑出发,战后大国参与的国际武装冲突次数是第一个测量稳定的指数。根据 Singer-Small 标准,二战以后的国际性大国有中国、法国、苏联、英国和美国。③

但是,霸权体系是一个完整的兴衰周期,是一个从系统稳衡到系统失衡的长期发展过程。④ 霸权战争只是标志着这一过程的最终结果,它并不能反映霸权上升和下降的过程现象。历史上的霸权战争,如三十年战争、法国革命战争、两次世界大战等,解决了霸权更替问题,但就这些战争本身而言,却不能反映老霸权国实力逐步衰退的过程。由于霸权稳定理论强调霸权是一个全过程,只用霸权战争进行研究则有失片面。测试国际稳定是与霸权国实力直接有关的,因此,其他国际战争也必须包括在研究设计之内。

---

① Gilpin, *War and Change in World Politics*, p.15.
② Ibid., p.12.
③ David Singer and Melvin Small, *National Capabilities Data*, 1816—1993 (Ann Arbor, Michigan: Inter-University Consortium fir Political and Social Research, 1993).
④ Gilpin, *War and Change in World Politics*, pp.10—15.

进而,霸权稳定理论认为霸权意味着霸权国对国际社会的控制和统治。就功能而言,霸权国相当于一个政府,基于国力的权势形成了霸权国的权威,霸权国确立的国际体系则起到管理国际行为者的准法律作用。① 这样,霸权国的领地就不只是在国际体系的核心部位,而且延伸到全球范围。由于美国在二战后的特殊地位和实力,霸权的全球性就更为明显。

霸权的全球性对霸权稳定理论有很深刻的意义:霸权国会用其实力和权威在全球维持秩序和稳定。当霸权国强大无比的时候,它可以有效地防止系统成员的暴力行为。但是,当霸权国国力下降、维持机制弱化时,国际冲突就会较频繁地发生,国际秩序就会全面恶化,不但主要国家间的争斗加剧,非主要国家间的矛盾也更趋表面化、更趋以武力解决争端。虽然中小国家的矛盾和冲突不会立即引起国际体系的全面改变,但是,系统中的规范和体制都会受到破坏,导致系统本身的维持机制紊乱并加速系统的失衡。所以,这类冲突常常是系统变更的前奏。② 美国政治学家拉西特总结美国霸权成就时说,美国霸权大大促进了经合组织国家之间的和平、维持了第三世界国家之间的秩序、有效地遏制了苏联集团的扩张,因而美国霸权是全球性的、是与整个世界的稳定联系在一起的。③

非主要国家的冲突在美国霸权体制中还具有另一层意义。美国霸权和二战以前的霸权有着根本的不同。美国霸权是核时期霸权,霸权战争极有可能是核战争。对于霸权国和主要国家来说,直接的武装冲突只能是相互毁灭。因此,其他武装冲突实质上很可能是霸权国和对手之间争斗的表现。霸权稳定理论认为这类冲突构成了不稳定因素,能够导致国际政治的变化,甚至影响到整个国际系统。④

鉴于这些原因,只有把主要国家参与的冲突和非主要国家参与的冲突都考虑在内,才能比较全面地测量国际系统的稳定程度。所以,本研究的因变量包括三种武装冲突的频数,具体定义如下:

  大国间冲突:指至少有两个主要国家参与并相互为敌的国际武装冲突。

  主要国际冲突:指至少有一个大国参与的国际武装冲突。

  一般国际冲突:指主权国家之间的所有武装冲突。

---

① Gilpin, *War and Change in World Politics*, p.199.
② *Ibid.*, p.43.
③ Russett, "The Mysterious Case of Vanishing Hegemony," pp.214—218.
④ Gilpin, *War and Change in World Politics*, p.216.

### 3. 霸权国的相对国力：自变量的确定

霸权稳定理论在霸权国实力和国际系统稳定之间建立了一种因果关系。为了检测这种理论假设是否成立，还必须合理地测量霸权国实力。

国力的概念在国际政治学界引起了极大的争议。到底哪些因素构成了国力至今仍无定论。但是，最常用来测量国力的是军事和经济这两大类实力。霸权稳定理论更是强调军事力量和经济实力，认为霸权国的权威是建立在国际系统等级构架之中的，而这种构架的基础就是霸权国的经济和军事①实力，许多实证性研究也主要是把这两类力量作为国力的指示数值。本论文基本上依照这些研究惯例，以相对军事力量和经济力量来测量霸权国的国力。

军事力量以军费测量。有些学者愿意用多项数值测量，以军费、武装部队人数等的均值测量一个国家的军事力量。② 然而，这两个数值本身就是高度相关的，况且在现代大国间的相对军力方面，武装部队人员显然已经不是最主要的因素。因此，我们根据 Alcock-Newcombe 标准，仅取军费作为国家军事力量的指示数值。③

经济力量以国民生产总值（GNP）/国内生产总值（GDP）测量。由于数据来源的问题，1946—1965 年间为国民生产总值，1966—1988 年间为国内生产总值。虽然这两个数值不完全相等，但都是测量一个社会总的经济实力和发展水平。进而，这两个数值的并用不会影响到分析的精确程度。首先，这些数值的使用是一致的，即在任何一年内不会混用两个数值。其次，本研究中的国力为相对国力，所以我们只用百分比表示相对国力，这样，就进一步提高了分析的精确度。最后，我们随机选择了 50 年的 GNP 和 GDP 数值进行了回归分析，以确定这两个数值之间的相近程度，结果发现两者之间的相关系数为 99％（$R^2=0.99$；显著性＝0.0001）。

鉴于以上这些原因，军事力量和经济力量的指示数值分别为军费和 GNP/GDP，具体测量方法如下：

> 霸权国的相对军事力量：指霸权国军费开支与体系内大国军费开支总和之比。体系内大国指中、苏、美、英、法五国。在从 1946 年

---

① Gilpin, *War and Change in World Politics*, pp.13,133.
② David Singer and Melvin Small, *The Wages of War* (New York: John Willey & Son, 1972).
③ Norman Z. Alcock and Alan G. Newcombe, " The Perception of National Power," *Journal of Conflict Resolution* 14，1970，pp.335—343.

至 1988 年的 43 年中,美国每年的军费开支除以五大国军费开支之和,所得的百分比即美国的相对军事力量。

霸权国的相对经济力量:指霸权国国内生产总值(GDP)/国民生产总值(GNP)和体系内大国同类值总和之比。在从 1946 年至 1988 年的 43 年中,美国每年的 GNP/GDP 总值除以五大国 GDP/GNP 的总和,所得之百分比即美国的相对经济力量。

## 三、假设的测试和结果

确定因变量和自变量之后,就可以设立一种相关分析模式,对霸权国实力和国际稳定程度的相关关系进行测试,并验证霸权稳定理论论断的成立与否。[①] 表 1 列出了 1946—1988 年间每年发生的大国间冲突(PCON)、主要国际冲突(MCON)、一般国际冲突(ACON)的频数以及美国的相对军事力量(MCAP)和相对经济力量(ECAP)。另外,还列出相对综合国力(ACAP),即相对军事和经济力量的均值。

表 1  美国相对国力与国际冲突频数(1946—1988)

| 年度 | PCON | ACON | MCON | ECAP | MCAP | ACAP |
|---|---|---|---|---|---|---|
| 1946 | 0 | 2 | 2 | 0.6843 | 0.6124 | 0.6484 |
| 1947 | 0 | 6 | 4 | 0.6733 | 0.4131 | 0.5432 |
| 1948 | 0 | 12 | 7 | 0.6626 | 0.3822 | 0.5224 |
| 1949 | 1 | 8 | 5 | 0.6498 | 0.3985 | 0.5242 |
| 1950 | 0 | 6 | 4 | 0.6414 | 0.3990 | 0.5202 |
| 1951 | 0 | 7 | 2 | 0.6332 | 0.5384 | 0.5858 |
| 1952 | 0 | 5 | 4 | 0.6259 | 0.5995 | 0.6127 |
| 1953 | 0 | 6 | 6 | 0.6190 | 0.5786 | 0.5988 |
| 1954 | 0 | 3 | 2 | 0.6129 | 0.5267 | 0.5698 |
| 1955 | 0 | 5 | 3 | 0.6120 | 0.5068 | 0.5594 |
| 1956 | 0 | 6 | 5 | 0.6113 | 0.5079 | 0.5596 |
| 1957 | 0 | 4 | 2 | 0.6065 | 0.5152 | 0.5609 |
| 1958 | 0 | 7 | 3 | 0.5922 | 0.5071 | 0.5497 |
| 1959 | 0 | 10 | 3 | 0.5833 | 0.4865 | 0.5349 |

① 这一研究中的基本回归方程为 $y=a+bx$。其中 $y$ 为因变量,即各种冲突频数;$x$ 为自变量,即美国相对国力;$a$ 为常数;$b$ 为相关系数。所有计算均用 SAS 计算机程序完成。

续表

| 年度 | PCON | ACON | MCON | ECAP | MCAP | ACAP |
|---|---|---|---|---|---|---|
| 1960 | 0 | 5 | 1 | 0.5728 | 0.4650 | 0.5189 |
| 1961 | 0 | 4 | 2 | 0.5668 | 0.4413 | 0.5041 |
| 1962 | 0 | 12 | 5 | 0.5599 | 0.4318 | 0.4959 |
| 1963 | 0 | 11 | 4 | 0.5532 | 0.4362 | 0.4947 |
| 1964 | 0 | 7 | 3 | 0.5501 | 0.4221 | 0.4861 |
| 1965 | 0 | 7 | 3 | 0.5516 | 0.4227 | 0.4872 |
| 1966 | 0 | 4 | 1 | 0.5234 | 0.4726 | 0.4980 |
| 1967 | 0 | 8 | 4 | 0.5195 | 0.4834 | 0.5015 |
| 1968 | 0 | 8 | 5 | 0.5236 | 0.4674 | 0.4955 |
| 1969 | 1 | 10 | 4 | 0.5198 | 0.4499 | 0.4849 |
| 1970 | 0 | 3 | 0 | 0.5000 | 0.4083 | 0.4542 |
| 1971 | 0 | 8 | 0 | 0.4971 | 0.3893 | 0.4432 |
| 1972 | 0 | 5 | 0 | 0.5024 | 0.3792 | 0.4408 |
| 1973 | 0 | 4 | 0 | 0.4995 | 0.3606 | 0.4301 |
| 1974 | 0 | 5 | 1 | 0.4852 | 0.3559 | 0.4206 |
| 1975 | 0 | 6 | 2 | 0.4780 | 0.3344 | 0.4062 |
| 1976 | 0 | 9 | 1 | 0.5254 | 0.3192 | 0.4223 |
| 1977 | 0 | 6 | 0 | 0.5294 | 0.3261 | 0.4278 |
| 1978 | 1 | 11 | 4 | 0.5318 | 0.3206 | 0.4262 |
| 1979 | 0 | 7 | 2 | 0.5341 | 0.3268 | 0.4305 |
| 1980 | 0 | 4 | 1 | 0.5306 | 0.3375 | 0.4341 |
| 1981 | 0 | 6 | 0 | 0.5324 | 0.3607 | 0.4466 |
| 1982 | 0 | 4 | 1 | 0.5198 | 0.3827 | 0.4513 |
| 1983 | 0 | 8 | 2 | 0.5211 | 0.3962 | 0.4587 |
| 1984 | 0 | 6 | 0 | 0.5313 | 0.4107 | 0.4742 |
| 1985 | 0 | 4 | 0 | 0.5316 | 0.4229 | 0.4773 |
| 1986 | 0 | 3 | 0 | 0.5006 | 0.4287 | 0.4647 |
| 1987 | 0 | 4 | 0 | 0.5019 | 0.4297 | 0.4658 |
| 1988 | 0 | 2 | 0 | 0.5045 | 0.4399 | 0.4772 |

数据来源：

1. 国际冲突频数取自 Herbert K. Tillema, *International Armed Conflict Since 1945* (Boulder: Westview, 1991)。

2. 国力数据根据以下几种来源计算得出：Arthur S. Banks, ed., *Cross-Polity Time Series Data* (Cambridge, Massachusetts: The MIT Press, 1971); J. David Singer and Melvin Small, *National Material Capabilities Data*, 1816—1985 (Ann Arbor, Michigan: Inter-university Consortium for Political and Social Research, 1993); U. S. Agency of Arms Control and Disarmament, *World Military Expenditures and Arms Transfers* (Washington D. C.: U. S. Government Printing Office)。

## 1. 霸权与大国间冲突

根据霸权稳定理论,可以做出第一个假设:

假设1:霸权国相对国力越强,大国间武装冲突频数越低。

表1显示大国间武装冲突(PCON)变异程度很小,所以很难用精确的统计方法进行检测。为了测试大国间冲突频数与霸权国实力强弱之间是否存在霸权稳定理论所推断的逆相关关系,特设定霸权国军事和经济之和的均值为其综合国力(ACAP)。这样,就可以直观地看出战后三次大国冲突是否发生在霸权国国力低落时期。

结果是很明显的:大国之间的冲突和霸权国美国的相对实力没有明显的逆相关关系。三次大国间武装冲突中最严重的一次是朝鲜战争,五个大国中有四个直接参与了战争,一时似有世界大战的危险。这次战争于二战结束后的第四年始发,当时,美国正值权力的巅峰。另外两次大国间冲突也不是发生在美国国力最弱的时候。从43年总的发展来看,美国相对国力基本上呈下降趋势,而大国间的冲突并没有因为美国国力的下降而增加。这些冲突也无明显规律。这些事实显然不符合霸权稳定理论的推断,所以,就大国间冲突而言,霸权稳定理论的假设是无法成立的。

## 2. 霸权与主要国际冲突

由于主要国际冲突是国际不稳定状态的重要标志,从霸权稳定理论的推断中可以得出第二个假设:

假设2:霸权国相对国力越强,主要国际冲突频数越低。

这一假设的含义是在霸权国国力和主要国际冲突频数之间存在一种逆向线性相关关系。为了测试这一假设,特设计了多元回归分析,以主要国际冲突频数为因变量,分别以美国相对军事力量和经济力量为自变量。为了使测试更加精确,三个变量(MCON、MCAP、ECAP)均用方根值计算,分别标为RTMCON、RTCAP、RTECAP。

如果霸权稳定理论的推断是正确的,两个自变量相应的回归系数均应为负值,并应在给定显著水平内具有意义。表2列出了回归分析的结果。

表2 回归分析:美国相对国力和主要国际冲突频数(1946—1988)

| 因变量:RTMCON ||||
|---|---|---|---|
| F值=11.166  P>F=0.0001  $R^2$=0.3583  $R^2$ adj.=0.3262 ||||
| 自变量 | 系数 | 标准误差 | T值 | P值 |
| 常数 | −8.7065 | 2.1161 | −4.1140 | 0.0002 |
| RTECAP | 1.2990 | 0.3426 | 3.7920 | 0.0005 |
| RTMCAP | 0.0445 | 0.2261 | 0.1970 | 0.8847 |

从表2可以看出,经济力量和军事力量这两个变量的相关系数均为正值,这与霸权稳定理论的论断恰恰相反。因此,主要国际冲突和霸权国相对国力之间不可能存在逆相关关系。另外两组数值也很有意义:相对经济力量的P值为0.0005;整个回归方程调整后的相关系数为0.3262,F值为11.116,显著性相关值为0.0001。这些数值从某种程度上甚至说明自变量和因变量之间存在一定的正相关关系。因此,回归分析的结果不能接受假设2。

为了进一步测量因变量和每一自变量之间是否有逆相关关系,我们把美国相对经济力量和军事力量分别与主要国际冲突频数做了相关分析,结果如下:

表3 相关分析:美国相对国力与主要冲突频数(1946—1988)
(皮尔生系数)
在零假设情况下,概率>|R|;n=43

| | ECAP | MCAP |
|---|---|---|
| MCON | 0.5948<br>0.0001* | 0.3267<br>0.0325* |

*为P值。

可以看出,每一对变量之间都没有逆相关关系,因此不能支持霸权稳定的假设。这与回归分析的结果是一致的。

两种分析的结果均与霸权稳定理论的推论相悖,所以我们可以得出这样的结论:没有足够的证据能够否定国际稳定和霸权国国力之间没有因果关系这一零假说,也就是说,武装冲突和霸权权力之间的逆相关关系并不存在。

### 3. 霸权与一般国际冲突

霸权理论认为霸权国的权威有利于全球稳定。所以,从霸权稳定理论得出的第三个假设是:

假设 3:霸权国相对国力越强,一般国际冲突频数越低。

这一假定指出,在霸权国国力和一般国际冲突频数之间存在线性逆相关关系。我们仍然用回归分析来测试这一假设,以一般国际冲突(ACON)为因变量,以美国相对军事力量(MCAP)和经济力量(ECAP)为两个自变量,并采用其方根值计算,即:RTACON、RTECAP、RTMCAP。表 4 是回归分析的结果。

表 4　回归分析:美国相对国力和一般国际冲突频数(1946—1988)

| 因变量:RTACON | | | |
|---|---|---|---|
| F 值=2.680　P>F=.0808　$R^2$=.1182　$R^2$adj.=.0741 | | | |
| 自变量 | 系数 | 标准误差 | T 值 | P 值 |
| 常数 | 1.7049 | 1.5603 | 1.0930 | 0.2811 |
| RTECAP | 0.4293 | 0.2526 | 1.6990 | 0.0970 |
| RTMCAP | −0.3761 | 1.6668 | −2.2560 | 0.0296 |

分析结果表明,经济力量变量系数为正值,显然不符合霸权稳定理论的假设。军事力量变量系数虽然为负值,但是由于 P 值较大,使 T 值在 0.05 的给定显著性水平上失去意义,所以无法否定霸权国经济力量与一般国际冲突频率之间没有线性逆相关关系的零假说。进而,F 值也证实了这一点:较小的 F 值(2.680)意味着所有的相关系数都可能近于零,因而在因变量和所有自变量之间不可能存在全面的线性相关关系。所有这些都说明霸权稳定理论的假说不能成立。

我们再次用相关分析检测每一自变量之于因变量的相关系数。结果列入表 5:

**表 5　相关分析：美国相对国力与一般国际冲突频数(1946—1988)**

**(皮尔生系数)**

在零假设情况下,概率＞|R|;n=43

|  | ECAP | MCAP |
|---|---|---|
| ACON | 0.0811 | −0.2224 |
|  | 0.6050* | 0.1517* |

\* 为 P 值。

表 5 显示,经济力量与冲突呈正相关,况且 P 值很大,表明无实际意义。军事力量与冲突呈负相关,但 P 值远大于 0.05 的给定显著性水平,所以也没有意义。回归和相关分析的结果是一致的:在霸权国相对国力和一般国际冲突频数之间没有显著的相关关系。

### 4. 霸权兴衰周期和国际不稳定状态

以上的测试是以年度为时间单位的。但是霸权稳定理论还有一个重要方面,即把霸权时期看作一个稳衡—失衡—崩溃的周期。霸权国的强盛造就了稳衡结构,霸权国的衰弱引起失衡,并最终导致体系的崩溃。所以,霸权国国力的下降趋势会引发国际冲突的上升趋势。根据这种推理,可以得出第四种假设：

> 假设 4：在霸权国国力持续下降的同时,国际冲突频数会相应地不断上升。

许多学者都认为,二战以后美国的国力在不断下降。[①] 本文的数据同样显示了这种下降趋势。(见表 1)为了测试是否存在相应的国际冲突的上升现象,我们设计了一种动态分析,用双变量时间数列回归方式,分别测量时间和国际冲突、时间和美国国力这两组变量之间的关系。时间指从 1946 年至 1988 年的 43 年;国际冲突分别指大国间冲突(PCON)、主要国际冲突(MCON)、一般国际冲突(ACON);美国国力指美国相对综合国力(ACAP)。如果霸权稳定理论的假设成立,在时间和国力呈逆相关的情况下,时间和三种冲突之间则应呈正相关关系。分析结果列入表 6。

表 6 中显示的基本模式是所有相关系数都呈负值。时间和国力为逆相关,P 值为 0.0001,这与美国国力不断下降的说法是一致的。而另一

---

① Stephen Krasner,"Transforming International Regimes," *International Studies Quarterly* 25, March 1981, pp. 119—148. Keohane, *After Hegemony*.

方面,时间和三种冲突也呈逆相关关系,似乎也意味着武装冲突频数也在不断下降。当然,PCON 和 ACON 的 P 值很大,说明相应系数没有显著的意义,故不能充分证明这种逆相关的成立。即便是有显著意义的军事力量变量系数在未做进一步研究之前也不能解释其意义所在。但是,有一点是很清楚的:在霸权国国力的下降和国际冲突频数上升这两者之间并没有同步发展趋势。

表6 数列分析:时间、国力、冲突(1946—1988)

| 自变量:年度 | | | | |
|---|---|---|---|---|
| | 系数 | $R^2$ | T 值 | P 值 |
| ACAP | −0.3709 | 0.6474 | −0.8676 | 0.0001 |
| PCON | −0.0008 | 0.0014 | −0.2360 | 0.8149 |
| MCON | −0.0995 | 0.4284 | −5.5440 | 0.0001 |
| ACON | −0.0352 | 0.0291 | −1.1090 | 0.2740 |

## 四、简短的结论

本文的目的是检验霸权稳定理论在国际安全领域中的论断——超强霸权国的存在有助于世界和平与稳定。一系列的实证性测试表明没有足够的证据接受这种论断。回归和相关分析未能发现在霸权国相对国力和国际武装冲突频数之间有霸权稳定理论所假设的逆相关关系。时间数列分析也显示出,在美国相对国力逐渐下降的同时,没有出现相应的国际冲突频数逐渐增加现象。由于几种测试的结果都表明不能接受霸权稳定理论的四个假设,所以该理论总的假设——霸权国与国际稳定之间存在正相关关系是不能成立的。

二战的结束标志着美利坚霸权的确立,形成了以美国为核心的国际霸权体系。但是,这一霸权体系并没有保证世界和平和稳定。凯格利和雷蒙德回顾了40年的冷战时期,认为所谓的"长期和平"只不过是一种神话。更确切地说,应该是"长期战争"时期。在这40年的时间里,共发生了269次国际武装冲突、2180万人因战争丧生。[①] 二战以后的世界从来就不是和平的乐园,国际社会中的成员从来就没有感到过安全,这个星球

---

① Charles Kegley and Gregory Raymond, *A Multipolar Peace*? (New York: St. Martin's, 1994), pp. 23—25.

上的人们几乎时时刻刻经受着战争的磨难。虽然美国与其最强大的竞争对手苏联之间没有发生大规模核战争,但是国际体系中却充满了危机和冲突。即使是在美国相对国力最强盛的 1946—1955 年间,国际武装冲突也没有显示出任何下降的趋势。

根据霸权理论的纯粹逻辑推理,霸权国似乎应该尽力维持国际体系的稳衡,因为霸权国既是这种体系的最大受益者,又有足够的实力维持体系中的稳定。那么,为什么国际社会的现实却是另一副样子呢?这是本论文否定霸权稳定理论在国际安全领域的论断后提出的一个新的研究问题。虽然对这一问题的回答超出了本文的研究范围,我们不妨提出一个与霸权稳定理论相悖的设想:在一定条件下,不稳定可以有助于霸权维持。也就是说,有些国际冲突虽然造成国际不稳定局势,但给霸权国提供了维持其霸权地位的机会。当然,美苏两国之间的直接冲突会危及美国的霸权地位,因此美国会极力避免这种战争。但是,除此之外,其他国际冲突都有可能为霸权国国家利益服务。如果参与国际冲突的国家是霸权国的直接、间接或潜在对手,这种冲突就会消耗这些对手的实力,从而有利于霸权国维持霸权地位和霸权体系。

霸权稳定理论过多地强调了系统内部的稳定与秩序对霸权维持的积极意义,但却忽略了另外一种现象:系统内部的矛盾与冲突也会给霸权维持提供机遇。既然国际冲突在一定条件下有助于霸权维持,霸权国所建立的霸权体系就不可能是国际社会稳定状态的必然条件,稳定的国际秩序也不会是霸权体系的必然结果。

本文原载《中国社会科学》1996 年第 3 期。

# 国家身份、战略文化和安全利益
## ——关于中国与国际社会关系的三个假设

### 内容摘要

中国与国际社会的关系正在经历着意义深远的调整,包括对国家身份的再定义、对战略文化的再建构、对安全利益的再思考,表现出负责任的体系内大国、合作型战略文化和重视相互安全等重要特征。这些调整反映了中国外交战略的新思维,推进了中国与国际社会的良性互动,加强了中国与其他国际社会成员的合作关系。本文从国际政治社会理论角度就中国与国际社会关系提出三个假设,并对其做出初步的验证。

改革开放以来,尤其是近几年里,中国与国际社会之间的关系发生了许多具有实质性意义的调整和变化。本文研究的重点是中国与国际社会的互动关系,研究的问题是中国相对于国际社会的观念和行为发生的重大变化。我们希望表述三个关于中国与国际社会以及其他国际社会成员之间关系的重要变化过程,围绕这三个过程提出三个基本假设,并对假设做出初步的验证。这三个过程是:

第一,中国经历着对国家身份的再定义;

第二,中国经历着对战略文化的再建构;

第三,中国经历着对安全利益的再思考。

虽然这三个过程仍在进行之中,但是这一过程的各种发展迹象已经明显地表现在中国与国际社会的互动之中。同时,这个过程继续获得动力,如果没有意外重大事件的发生,就会沿着现在已经显现出来的轨迹向前发展。

## 国家身份的再定义

国家身份指一个国家相对于国际社会的位置。具体地说,国家身份就是一个现代意义上的主权国家与主导国际社会的认同程度。

这样的认同程度大致可以划归三个范畴:正向认同、零向认同和逆向认同。正向认同指国家对主导国际社会持认可态度,以国际社会成员的身份参与国际社会中的活动和事务。零向认同指国家对国际社会既不认可也不反对,对国际社会中的活动和事务采取一种游离态度。逆向认同指一个国家对国际社会持反对态度,认为自己是非社会成员,或称体系外国家,基本不参与国际社会中的活动和事务,并认为这类活动和事务对自己产生的负面意义大于正面意义。

根据这种身份的定义,世界上的国家相对国际社会而言可以大致分为现状性、游离性和革命性三类。与主导国际社会具有正向认同的国家是现状性国家,与国际社会具有零向认同的国家是游离性国家,与国际社会具有负向认同的国家是革命性国家。同时,现状性国家希望维护国际社会的基本现状,游离性国家根据自己的好恶取舍,而革命性国家则希望改变国际社会的基本现状。当然,这三个类别之间的区别在许多时候是一种程度上的区别,但是,在一定的程度范围之内,国家的基本身份定位是可以比较明显地显现出来的。

上述关系可以用图1表示:

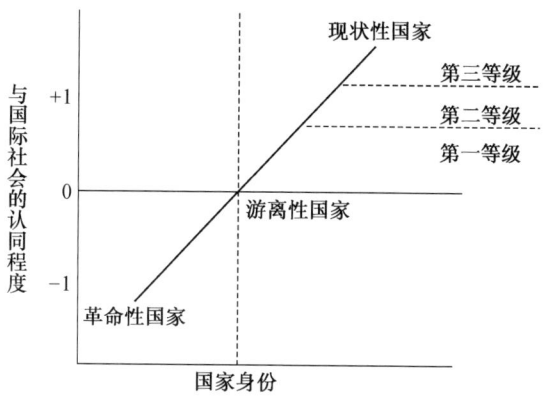

图 1 国际社会与国家身份

现状性国家又在三个层次上与国际社会认同,或称为三个等级的认同。第一等级是强制性认同,指国家受到强烈的外力胁迫,在自己不情愿的情况下与国际社会认同。这种情况往往发生在一个权力霸权体系之内,强烈的外力来自霸权国。第二等级是利益性认同,指国家为了自己的利益与国际社会认同,自我利益的驱动使国家产生加入国际社会的动机并希望维护国际社会的基本秩序安排。在制度霸权体系或者制度化的国际社会中容易产生第二等级认同。第三等级是观念性认同,指国家与国际社会的融合,涉及身份、文化和合法性等因素。这是既无须外力强制也不用利益驱动的认同,是对国际社会制度和规范内化的结果。①

我们对中国国家身份的假设是:中国国家身份经历着再定义的过程,从一个革命性国家向现状性国家转化。这一转化过程从 20 世纪 70 年代初中国加入联合国开始,改革开放初期明显加快,现在已经处于正向认同区域之内。

国家对国际社会的态度和行为是基于国家身份的,不同身份的国家会有着不同的观念和因之产生的政策;同一个国家,如果其身份发生了具

---

① 这一分类参考并借鉴了温特关于内化的三种等级。参见亚历山大·温特:《国际政治的社会理论》(秦亚青译),上海人民出版社 2000 年版,第 335—349 页。就分类条件和标准而言,可参见 Boulding 关于三种体系的阐述。这三种体系分别是威胁体系(threat system)、交换体系(exchange system)和融合体系(integrative system)。参见 Kenneth Boulding, *Ecodynamics*, Beverly Hills (C. A.: Sage Publications), 1978, p.333。

有意义的变化,它的国际社会的观念和政策也会因此产生变化。① 国家的身份是一个相对稳定的因素,但却不是静止不变的常量。环境的变化、社会进程的发展、互动频数的增减都会导致身份在一定程度上的变化。这些变化经过行为体在实践互动中的反馈,就会使行为体对原先的身份进行反思、修正或改变。这并不一定说行为体原先的身份定位是谬误的,但是变化的政治文化环境可能会使行为体认识到修正或改变后的身份更适应变化后的环境。

重大政治、军事和社会变革往往会导致国家对自我身份的再认识。20 世纪 70 年代末 80 年代初是中国国内政治发生重大变革的时期,在这种变革的冲撞下,中国对自己在国际社会的身份定位也发生了变化。中华人民共和国从 1949 年成立到 1971 年恢复在联合国的合法席位之前基本上是一个国际社会体系之外的国家;在 1971 年恢复在联合国的合法席位之后的整个 70 年代,虽然置身于这个国际组织之中,但是中国真正参与的程度相当有限,这反映在中国参加国际制度方面:至 1999 年中国共加入 220 个国际公约,1949—1979 年间只加入 34 个,而 1979 年后则加入了 186 个。② 中国相对于国际社会的身份在 70 年代末 80 年代初中国国内政治进程发生根本性的转变的时候,也呈现了根本性转变的迹象。从总的趋势看,在 70 年代之前,中国的自我身份定位是一个具有比较明显革命性的体制外国家;80 年代之前则具有一定的游离性;80 年代之后则表现出明显的体系内负责任大国的特征。

国家身份的重大调整主要表现在三个层面上。第一是国家经济利益。中国把国民经济的发展作为首要任务,并且把外交工作的重点置于维持有利于中国经济发展的国际环境方面,所以,从国家直接利益的角度,中国需要维护世界和平与稳定的国际秩序和国际社会。实际上,这些年中国国民经济的发展在一定程度上得益于国际社会的开放和自由贸易,得益于中国的市场经济政策。外贸占 GDP 的份额 1978 年仅为 12%,2000 年达到 36%;现在中国的外贸依存度为 44%,2001 年进出口总额达 5098 亿美元,成为世界第六大贸易国;实际利用外资在 1978 年时

---

① Ronald L. Jepperson, Alexander Wendt, and Peter J. Katzenstein, "Norms, Identity, and Culture in National Security," in Peter J. Katzestein, ed., *The Culture of National Security* (New York: Columbia University Press), 1996, p.52.

② 以中国签署条约日期计。参见《中国参加多边国际公约情况一览表》,http://www.fmprc.gov.cn/chn/premade/24475/dabiao.htm。

为 0,2001 年为 469 亿美元。① 这些经济利益已经将中国与世界经济联系在一起,使中国与国际社会产生了高度的利益认同。

第二,中国开始全方位地参与国际社会内的活动,包括政治、经济、社会等各个方面。中国从加入 34 个国际公约到加入 220 个,不仅表现了一种参与量的剧增,也表明了认同程度的巨大提高。并且,这种参与不仅可以获得现实的国家利益,而且也包含着一个中国和国际制度互动的进程。在这种互动过程中,中国不断通过认知、学习和反馈,更加了解国际规范,中国的行为也更多地受到国际规范的约束,即使在对于自己没有现实利益的方面也会比以往更加注意遵守国际制度的原则和维护自身的国际声誉。参与的活动越多,中国就越成为国际社会和国际制度中的一个重要成员。

第三,对国际社会和国际制度的参与加大了中国对国际社会和国际制度的认同程度。战后半个多世纪中国和国际社会关系的发展表明,中国正在由一个体系外的大国转变成为一个在国际社会内发挥重要作用的国家,成为一个维护世界和区域秩序的现状性国家,维护国际社会和所在区域的稳定已经成为中国国际战略的重要任务。因此,维护世界和平和促进共同发展被确定为中国外交的宗旨。②

所以,从这三个层面上看,中国在国际社会中的身份已经发生了重要的变化,从一个国际社会之外的政治革命性大国转变为维护国际社会稳定的经济发展中国家。从目前的发展态势来看,新的国家身份的定位仍在形成和巩固过程之中,如果不出现安全领域的意外事件,新的身份特征会得以继续加强。这种国家身份的变化直接影响到中国对国际社会、战争、冲突等一系列涉及国家安全问题的认知,也是中国外交战略新思维的基点和依托。

## 战略文化的再建构

战略文化指一整套宏观战略观念系统,这套系统的基本内容被国家决策人所认同,并据此建立起一个国家长期的战略选择取向。③ 战略

---

① 《人民日报》2002 年 9 月 24 日,第 1 版。
② 江泽民:《全面建设小康社会,开创中国特色社会主义事业新局面》,北京:人民出版社 2002 年版,第 47 页。
③ Alastair Iain Johnston, *Cultural Realism* (Princeton, N.J.: Princeton University Press, 1995), p. ix.

文化包含一套统合的符号系统,帮助确立军事力量在国家间政治关系中的作用和有效性的概念,建立了主导性战略偏好。① 战略文化包括对战略环境秩序的基本估计,确立国家决策者对国际冲突及其解决方式的理解,尤其涉及对武力的认识。战略文化在很大程度上决定战略选择。

战略文化可以划归两类:冲突型战略文化和合作型战略文化。为了使战略文化的概念可操作化,我们将其进一步定义为三种认识:对战争的认识、对冲突的认识和对暴力功效的认识。为了分析方便,我们将每一种认识分为两种对立的观念:对战争的认识涉及怎样认识战争在人类事务中的作用,即认为战争是不可避免还是异常现象;对冲突的认识指涉及怎样认识冲突的性质,即认为冲突是否必为零和性质;对暴力的功效的认识涉及怎样认识使用暴力所产生的结果,即暴力是否可以有效地保护自我安全和控制国际事件的结果。如果认为战争是人类事务中不可避免和不必避免的现象、冲突具有必然的零和性质、暴力可以有效保护自我利益和消除安全威胁,则行为体的战略文化属于冲突型战略文化;反之,则属于合作型战略文化。在行为层面上,战略文化则影响到国家安全政策的制定和安全战略的实施。②

战略文化的概念可以用图 2 表示。

我们对中国战略文化的假设是:中国的主导战略文化经历着再建构的过程,从一种较多地属于冲突型的战略文化向较多地属于合作型的战略文化的方向转化,亦即沿图中虚线箭头所示方向发展。

1978 年中国共产党十一届三中全会之前,中国对于战争和冲突的基本看法是:战争是不可避免的,冲突是人类事务中的普遍现象。对于对手的性质,强调对手本质的不可改变和战略意图的不可改变。对于与敌人之间的冲突的性质,则强调斗争、斗争的严酷性、将斗争进行到底和将敌人完全消灭的必要性,也就是强调冲突的零和性质,无论是国内的阶级斗争还是国际上对于中国形成的各种威胁都具有这种零和性质。另外,

---

① Alastair Iain Johnston, "Cultural Realism and Strategy in Maoist China," in Katzestein, ed., *The Culture of National Security*, p. 222.

② 用战略文化的理论体系和分析框架研究国家安全是 Johnston 提出的。参见 Alastair Iain Johnston, "Cultural Realism and Strategy in Maoist China", in Katzenstein, ed., *The Culture of National Security*, pp. 216—268. 关于战略文化的精确定义,参见该书第 222—223 页。Johnston 认为中国战略文化的现实主义政治核心在毛泽东之后并没有改变,认为这种强现实主义战略文化仍然影响中国的战略行为。参见该书第 217 页。我对此不能苟同。

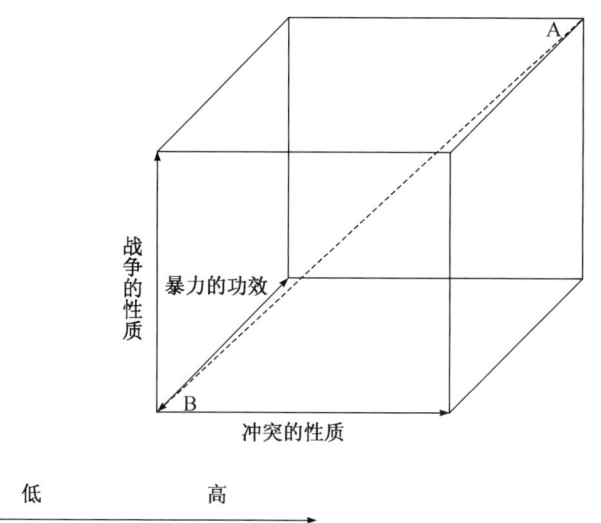

A: 冲突型战略文化； B: 合作型战略文化

**图 2　战略文化概念示意图**①

暴力在冲突中的作用也得到了肯定。尤其是在确定以阶级斗争为纲之后，世界范围内的对抗性斗争也更加得到重视。二战以后中国所处的国际安全环境，尤其是美苏两个超级大国对中国形成的威胁，使得这些战略文化的核心因素在与环境的相互作用中得到了进一步的加强，所以中国准备打仗、准备打大仗的意识在二战后的四十多年里始终没有减弱，中国战略文化的实质和主导方面是斗争，合作则是非主要方面。

中国共产党十一届三中全会确定了以经济发展为中心任务的基本路线，决定把全党全国的工作重心转移到实现四个现代化上来。与之同时产生的就是逐渐弱化了斗争（国内和国际）的突出地位。20 世纪 70 年代末，中国领导人邓小平初步提出战争可以延缓的想法。② 1981 年，指出阶级斗争已经不是主要矛盾。③ 1982 年，中国共产党第十二次全国代表大会明确指出世界和平是可能的。④ 1985 年，邓小平提出和平与发展是当

---

① 这是对 Johnston 的"The Central Paradigm"图稍加改变后做出的。参见 Johnston, "Cultural Realism and Strategy in Maoist China"，第 224 页。
② 《邓小平文选》第 2 卷，北京：人民出版社 1994 年版，第 77 页。
③ 《十一届三中全会以来党的历次全国代表大会中央全会重要文件选编》上册（以下简称《重要文献选编》），中央文献出版社 1997 年版，第 211 页。
④ 同上书，第 264 页。

代的两大主题,认为战争至少十年打不起来。到 1987 年,邓小平明确指出战争是可以避免的。① 这表明,从 70 年代末之前的战争不可避免到 80 年代中期明确提出战争可以避免,中国的战争观念发生了重大的变化。这不仅说明中国不再时时准备打仗和打大仗,也说明中国对于战争在人类事务中的作用、国际冲突的性质和暴力的功效等战略文化的重要因素,做出了不同于以往的定义。

中国第三代领导人表现出更加明显的合作意识。江泽民在中国共产党第十五次全国代表大会上指出:"要和平、求合作、促发展已经成为时代的主流。维护世界和平的因素正在不断增长。在相当长的时期内,避免世界大战是可能的。"②后来,虽然出现了一系列中国认为对自己的政治和军事安全不利的事件,如轰炸中国驻南联盟使馆、南海撞机等,但是,中国对世界局势的基本估计仍然是"整体和平、局部战争,整体缓和、局部紧张,整体稳定、局部动荡"③,强调了世界大局的稳定与和平。在考虑与竞争对手之间关系的时候,他认为:"寻求共同利益的汇合点,扩大互利合作,共同对付人类生存和发展所面临的挑战。"对于暴力的功效,则是"对彼此之间的分歧,要坚持对话,不搞对抗"④。在 2001 年庆祝中国共产党成立 80 周年的大会上,江泽民重申和平与发展是时代的主题,提出互信、互利、平等、协作是安全的核心,并认为"世界各种文明和社会制度,应长期共存,在竞争比较中取长补短,在求同存异中共同发展"⑤。

所以,20 世纪 70 年代末 80 年代初中国新的战略文化开始显现;至 80 年代中期,这一战略文化的一些基本因素已经逐步成形;在 80 年代末至 90 年代十几年的时间里,尤其是 90 年代中后期至今,这些战略文化的重要观念有的仍处于形成阶段,有的已经在一定程度上得以内化,并在变化的国际环境中得到了加强。如果说中国战略文化最根本的变化,那就是从以强调斗争为核心的战略观念转变为以趋于合作为核心的战略观念。战争的可避免性、对手的可合作性、暴力效用的明显降低是战略文化变化的外在表现。

---

① 《邓小平文选》第 3 卷,北京:人民出版社 1993 年版,第 233 页。
② 《中国共产党第十五次全国代表大会文件汇编》,北京:人民出版社 1997 年版,第 43 页。
③ 《江泽民论有中国特色社会主义》,北京:中央文献出版社 2002 年版,第 522 页。
④ 同上书,第 45 页。
⑤ 江泽民:《在庆祝中国共产党成立八十周年大会上的讲话》,北京:人民出版社 1997 年版,第 46—48 页。

# 对安全利益的再思考

国家安全是国际关系研究的基本概念之一。从传统的、以国家领土为基本考虑的政治现实主义安全观念到冷战之后受到重视的全球安全和国家综合观念,安全的内涵和外延发生了很大的变化。关于国家安全利益的判断,国际体系结构和国际互动进程都有着重要意义。① 但是,结构和进程都是通过国家的认知产生意义的。所以,本文将安全观念置于对安全利益研究的核心位置,也就是说,国家决策者怎样认识自己的安全境况和安全威胁是国家安全利益判定的直接因素。人们安全观念的改变会引发他们对国家安全利益的新的思考。② 图3汇总了目前关于安全的一些基本观念:

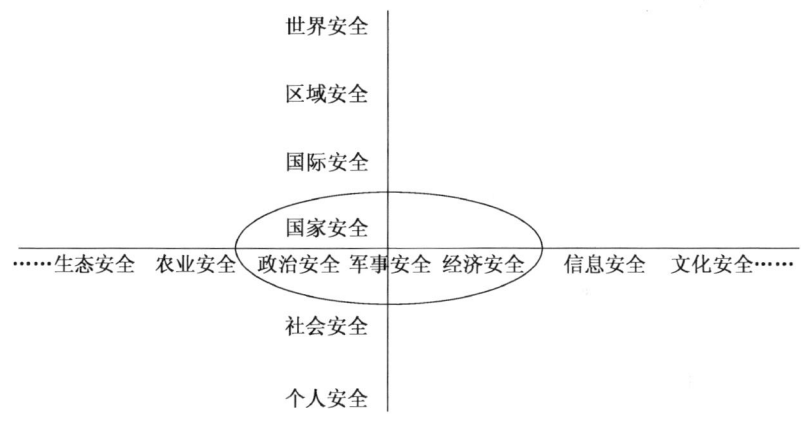

**图 3　安全利益示意图**

图3中纵坐标表示从个人到世界多个层次上的安全,可称为共同安全。横坐标表示的是在国家层次上的诸安全方面,包括政治、军事、经济、社

---

① Kenneth Waltz, *Theory of International Politics* (Boston: Addison-Wesley, 1979); Robert Keohane, "International Institutions: Two Approaches," *International Studies Quarterly* 32: 379—396.

② 参见 Hans J. Morgenthau, *Politics Among Nations*, 3rd ed. (New York: Alfred A. Knopf, 1961), pp. 562—563; Kenneth N. Waltz, *Theory of International Politics* (Reading, MA: Addison-Wesley, 1979), Chapter 6; Michael T. Klare and Daniel C. Thomas, *World Security: Challenges for a New Century* (New York: St. Martin's, 1994).

会、文化、生态、科技,甚至可以包括更多的安全方面,可称为国家综合安全。① 随着二战后世界进程的发展,尤其是相互依存程度的提高,纵横两个方面的诸类安全越来越表现出密切的相互关联和相互影响关系,逐步构成了一种全方位的动态和立体的安全观念。图中的中心圆区域表示了国家这个层面和比较传统意义上的安全观念,涉及国家安全概念的三个最基本类型:政治安全、军事安全和经济安全。② 中心圆之外表示非国家层面和非传统安全观念。

在国家层次上,安全概念的基本意义是基于国家生存和发展的,也就是说涉及国家是否受到外来威胁以及这种威胁的严重程度。在国际政治范畴内,对安全的定义是以国际环境为基本依据的。国家安全是主权国家在无政府国际环境中对自身生存的需求,其核心部分包括政治安全、军事安全和经济安全。政治安全指国家主权的确立,即代表国家的政府及其制度不受外来因素的威胁,并在国际社会和国内社会中具有公认的法理地位。军事安全指国家领土的完整,即国家领土或领土主体不受外来军事力量的威胁。经济安全指国家经济利益的实现,即国家经济发展有着良好的外部环境,不受外来负面影响的干扰和破坏。非国家层面、非传统安全的观念虽然也不是全新的概念,但其重要性则是在冷战之后突显出来的,并且越来越受到人们的关注。

我们对中国安全利益的假设是:中国正在经历着对安全利益再思考的过程,从高度关注政治安全和军事安全到加强对经济安全的重视;从高度关注核心安全利益到加强对非核心、非传统安全的重视。所以,在安全坐标的纵横两条轴线上都有着实质性的扩展和突破。

以对中国国家安全利益的认知和认知调整为线,大致可以把1949年至今中国安全观念的演化分为四个大的阶段。第一阶段:1949—1969年;第二阶段:1969—1982年;第三阶段:1982—1996年;第四阶段:1996年至今。

从1949年新中国成立到1969年苏联入侵珍宝岛和尼克松出任美国总统为止。在这一阶段中,中国的安全考虑集中在核心安全范畴内的高位政治领域:政治军事安全并重,经济安全处于十分次要的位置,其他领域的安全则基本上处于决策者视线之外。

---

① 关于广义安全的讨论,参见 Barry Buzan, *People, States, and Fear*。转引自庞中英:《广义安全、经济安全、安全合作》,《欧洲》1997年第1期,第35页。另参见李少军:《论安全理论的基本概念》,《欧洲》1997年第1期,第24—33页。

② 参见 Harold Brown, *Thinking About National Security* (Boulder: Westview, 1983), pp.4—5。

建国伊始,中国外交的主要任务是巩固中国共产党在解放战争中的胜利成果,争取新政府在国际上取得合法的地位,也就是争取新中国的政治安全。虽然20世纪50年代中国与当时的社会主义阵营国家、民族主义国家和部分西方中立国家建立了外交关系,但是,由于美国这个世界性超级大国拒绝承认中国共产党政府,美国的主要西方盟国都没有和中华人民共和国建立正式外交关系。与此同时,中国争取恢复联合国和其他国际权威组织中席位的努力也由于美国等国家的干预而未成功。这种状况到60年代末并没有发生实质性的改变。所以,在这20年的时间里,对中国国家安全的威胁首先表现在政治安全方面。与此同时,中国也感到军事安全受到严重威胁。中华人民共和国刚刚宣告成立,朝鲜战争就爆发了,最终导致中美直接交兵,成为新中国成立后参与的规模最大的一次国际性战争。美国在朝鲜战争开始后把台湾划入其保护圈内,并于1954年与蒋介石签订了《共同防御条约》。美国还与中国的周边国家签订了一系列双边和多边军事条约,形成对中国的军事包围圈。中国对军事安全的基本估计是"公开敌视中华人民共和国的国家疯狂地扩张军备并且加紧威胁我国的安全"[①]。中国明确提出"战争的危险仍然存在"[②]。如政治安全方面的威胁一样,军事威胁也主要来自世界第一号强国美国。

第二阶段从1969年中苏珍宝岛战役开始至1982年中共十二大宣告不与任何大国结盟的独立自主的外交政策为止。在这个阶段,对安全的认知仍然集中在核心安全范畴,但军事安全成为中国国家安全的中心,政治安全威胁感相对减弱。

中国政治安全感的增强首先是美国对中国政策的改变。从1969年尼克松就任美国总统至1972年尼克松访华,虽然中美两国还没有正式建立外交关系,美国已准备全面承认中华人民共和国政府的合法地位。其次,中国于1971年恢复了在联合国的席位。这标志着中国政府的合法性得到国际社会的普遍承认,成为世界民族国家体系中的一个正式成员。最后,在这一阶段中国和西方主要国家全部建立了正式的外交关系。所以,第二阶段中政治威胁减弱,美国由中国的第一号敌人转而成为中国联合的对象,政治安全不再是中国国家安全的最紧迫问题。

---

① 周恩来:《政府工作报告》,载《中华人民共和国第一届全国人民代表大会第一次会议文件》,北京:人民出版社1955年版,第76页。

② 刘少奇:《中国共产党中央委员会向第八次全国代表大会的政治报告》,载《中国共产党第八次全国代表大会文献》,北京:人民出版社1957年版,第59页。

在政治安全增强的同时,对中国军事安全的威胁日益突出。对于中国军事安全构成威胁的是世界第二大强国、中国的邻国——苏联。中苏两国之间的关系从苏共二十大就已经初见端倪,在1969年珍宝岛事件时,苏联综合军事力量已经接近美国,这就使得苏联具备了依靠军事力量在更大范围内推行对外政策的能力。另一方面,勃列日涅夫的有限主权论和国际专政论等观点及其实践也表明了苏联有着使用武力的意愿。1977年,中国认为:"……只要帝国主义和社会帝国主义这个社会制度不变,战争不可避免,不是相互之间的战争,就是人民起来革命,绝不会有什么持久和平。"①1978年后苏联的一系列军事行动,使中国感到苏联从北部、南部和西部形成了对中国包围式的军事威胁。同年,中国决定不延长《中苏友好同盟条约》。这种现象持续到1982年勃列日涅夫的塔什干讲话和中共十二大。因此,中国安全考虑的重点是军事威胁,并且准备打一场全面抵抗战争。

第三阶段从1982年的中共十二大开始至1996年。在这个阶段,中国的安全观念仍然集中在核心安全领域,但开始从核心安全范畴中高位政治方面向低位政治方面转移,国家经济安全的重要性开始明显上升,政治安全和军事安全的地位相对下降。这是第二代领导人在安全领域表现出来的新的观念。

中国安全观念开始从以政治军事为核心转向重视经济安全,首先表现在中国对世界局势的判断。从20世纪70年代末初步提出了可以延缓战争的思想,到80年代中后期明确做出战争是可以避免的的论断,中国完成了对世界性战争认知的根本转变,明确了军事安全不再是中国国家安全的迫切问题。在军事安全重要性和迫切性降格的同时,经济安全的重要性和迫切性不断上升。1978年党的十一届三中全会确定了经济改革的战略。邓小平一再强调要把经济建设作为国家政策的中心。他说:"现在要横下心来,除了爆发大规模战争外,就要始终如一地、贯彻始终地搞这件事,一切围绕着这件事,不受任何干扰。"②中共十三大提出了社会主义初级阶段的理论,把这一阶段的主要矛盾定位为人民日益增长的物质文化需要同落后的社会生产之间的矛盾,确立了以经济建设为中心,坚持四项基本原则,坚持改革开放的方针。中国的国际战略和对外政策开始以创造有利于国民经济发展国际环境为主要目标。进而,中国领导人

---

① 转引自丛凤辉主编:《邓小平国际战略思想》,北京:当代世界出版社1996年版,第9页。
② 《邓小平文选》第2卷,第249页。

将经济发展视为其他安全的基础和保证,认为中国如果不能尽快缩小差距,政治稳定和社会安宁都会遇到严峻的挑战。当今,中国对于经济安全的迫切性和重要性感受最深,所以,邓小平一再强调发展是硬道理,认为不发展"只能是死路一条"①。

政治安全在这一阶段的重要程度大于军事安全,但小于经济安全。自苏联解体之后,中美苏战略三角关系不复存在,中国作为主要的社会主义大国,成为以美国为首的西方国家意识形态进攻的重点。虽然中国强调淡化意识形态、积极与不同社会制度国家之间的和平共处和合作,但无论在经济和军事领域还是在价值观念和民族意识领域,中国仍然被视为一种严重的威胁。② 1989年,中国的政治安全感急剧下降,中美在冷战以后因人权、台湾、西藏等问题出现的紧张关系,都使中国感到国家政治安全受到了威胁。所以,政治安全的直接威胁源依然存在,并且,由于这种威胁源的强大,政治安全观念也仍然处于相当重要的位置。

但是,即使是在1989年中国的政治安全面临最严峻考验的时候,经济建设仍然被视为中国头等重要的大事,认为坚持改革开放、发展自己是"决定中国命运的一招"③。1992年邓小平在视察南方的时候提出了发展是硬道理,强调了经济发展的中心地位,说:"中国要警惕右,但主要是防'左'。""把改革开放说成是引进和发展资本主义,认为和平演变的主要危险来自经济领域,这些就是左。"他还强调:"抓住时机,发展自己,关键是发展经济。"④中国在近几年提出的新安全观更是将经济发展视为政治、经济、社会等安全的基础和前提,经济安全又是经济发展的基本保障,政治安全的紧迫性反而加强了经济安全的重要性。所以,江泽民说:"当前对每个国家来说,悠悠万事,唯经济发展为大。发展不但关系到国计民生,也关系到世界和平与安全。经济的确越来越成为当今国际关系中最首要的、关键的因素。"⑤

第四阶段从1996年中国初步提出新安全观到现在。在这一阶段,在经济安全继续受到重视的同时,非传统安全开始受到关注。中国的安全

---

① 《邓小平文选》第3卷,第370页。
② 这方面最典型的表述是 Richard Bernstein 和 Ross Munro 所著的《即将到来的美中冲突》。
③ 《邓小平文选》第3卷,第368页。
④ 同上书,第375页。
⑤ 江泽民:《在亚太经合组织领导人第二次非正式会议上的讲话》,《人民日报》1994年11月16日。

观从纵横坐标的核心圈向外延伸,在横坐标上,其他安全,如环境安全,受到更大的重视;在纵坐标上,国际安全、区域安全等也受到更大的重视。可以说,以合作安全和相互安全为核心的新安全观是第三代领导人的新的安全思维。

20世纪90年代以来,中国继续强调经济安全的重要性,在1997年,维护经济安全的明确说法第一次出现在中国共产党的最重要文件之中。① 但在强调经济安全的同时,安全观念开始向核心安全领域之外发展,这是第三代领导人的新的安全思维的突出表现,其核心是合作安全和共同安全。1996年4月,中俄等五国首脑会议在上海召开,讨论边境地区军事互信问题,创立了上海机制,成为中国考虑新型安全问题的契机。② 1997年3月,中国在东盟地区论坛会议上,正式提出了新安全观。同年4月,中俄进一步提出了新安全观的核心内容,主张以对话和协商、通过双边和多边协调寻求安全。1999年,江泽民再次阐述了新安全观的内容,指出"新安全观的核心,应该是互信、互利、平等、合作"③。他在2000年联合国千年首脑会议上再次予以强调。④ 在2001年中国共产党成立80周年大会上,江泽民全面阐述了这一新安全观:"国际社会应树立以互信、互利、平等、协作为核心的新安全观,努力营造长期稳定、安全可靠的国际和平环境。各国应加强经济技术的交流与合作,逐步改变不公正不合理的国际经济秩序,使经济全球化达到共赢和共存的目的。"⑤ 至此,新安全观的完整表述完成。

新安全观有几个重要内涵。第一,新安全观主张综合安全,即不仅包含传统的军事安全,而且包含经济、科技、环境等诸多方面,经济安全尤其重要,非传统安全得到重视;第二,新安全观强调的是合作安全和共同安全,不片面追求一国的绝对安全,只有加强与他国的合作,才能获得共同安全;第三,安全的威胁来自霸权主义和强权政治;第四,达成安全的方法是相互信任、合作对话。⑥ 可以看出,新安全观在安全坐标的横向和纵向

---

① 江泽民:《高举邓小平理论伟大旗帜,把建设有中国特色社会主义事业全面推向二十一世纪——在中国共产党第十五次全国代表大会上的报告》,北京:人民出版社1997年版,第30页。
② 江泽民:《在杜尚别出席"上海五国"元首会晤时的讲话》,《人民日报》2000年7月6日。
③ 江泽民:《在日内瓦裁军谈判会议上的讲话》,《人民日报》1999年3月27日。
④ 江泽民:《在联合国千年首脑会议上的讲话》,《人民日报》2000年9月7日。
⑤ 江泽民:《论"三个代表"》,北京:中央文献出版社2001年版,第184页。
⑥ 阎瑾:《简析中国新安全观形成的国际背景及其内涵》,《思想理论教育导刊》2002年第1期,第33—35页。

两个方面表现出重大的突破。在横坐标上,新安全观突破了核心安全领域,向左右两个方向延伸;在纵坐标上,则突破了国家单方的考虑,开始向坐标上方延伸。也就是说,第三代领导人的安全观念开始或者已经突破了传统安全和核心安全构成的中心圆,这是安全观念的重大改变。

## 结　　语

　　国家身份界定国家的战略文化和国家的安全利益。从以上分析中可以推导出这样一个一般性假设:一个国家的身份定位与国际社会的正向认同程度越高,合作型战略文化的特征越是明显,安全利益的重点越向经济安全和合作安全方面偏移,这个国家与国际社会的基本互动关系也就越可能呈现良性的合作状态。20年来中国与国际社会互动的过程表明,中国在国际社会中的身份、战略文化和安全观念都在经历着调整和变化,这对于中国积极地融入国际社会有着重要和深远的意义,使中国能够以更加合作和负责任的精神发挥重大和建设性的作用。

　　从现在中国与国际社会的互动关系来看,中国正在继续提高与国际社会的认同,深入内化合作型战略文化,对经济安全利益和其他非传统安全利益也更加重视。所以,我们有理由认为中国作为联合国安理会常任理事国,作为世界贸易组织中充满活力的成员,会越来越成为世界体系中的稳定因素,也会发挥更加负责和更加积极的作用。

　　本文原载《世界经济与政治》2003年第1期。

# 规则治理与关系治理

**内容摘要**

本文根据关系主义的基本假定,讨论全球治理问题,重点在于讨论关系治理这一被国际关系学所遗忘的治理方式,并在此基础上提出一个规则治理和关系治理的综合治理模式。随着全球化的发展和全球性问题的凸显,全球治理已经成为国际关系学界的一个重要研究议题。国际关系学界的治理研究总体上说是沿着国际机制辩论以及其后的新自由制度主义传统展开的,所以主流研究的重点是国际规则,亦即强调国际治理的核心是制定和实施国际制度、国际机制等规则性协定。本文指出,国际规则是国际治理的重要因素,但不是唯一因素。国际关系主流研究明确地提出了规则治理的模式,但却忽略了其他治理方式的存在和作用。本文借鉴交易成本经济学在经济管理研究领域提出的关系治理模式,同时更多地挖掘了中国哲学文化对治理的认识,从根本上批判和修正了经济管理研究的"经济人权衡"假定,并在此基础上提出了一个社会意义上的关系治理模式。这一模式强调具有社会意义的关系性,并根据关系本位的要求,将治理的对象置于行为体关系层面,亦即将复杂的关系作为基本分析单位,将基于道德的社会信任作为核心的治理理念。国际关系领域治理研究的经验基础是西方的治理实践,所以理论取向自然是规则治理模式。这样一来就忽视了关系治理的实际存在。本文在提出并阐述关系治理模式的基础上,构建了一个结合规则治理和关系治理的综合性概念模式。根据中庸辩证法的基本思路,这一模式强调,规则治理和关系治理不是互斥的两种模式,不是非此即彼的替代关系,而是并存的治理实践,是相辅相成的治理手段,也是达成有效的良治所必需的重要方式。

研究全球治理,需要首先提出"治理是以什么样的方式进行的"这样一个问题,或者说"怎样治理"的问题。西方国际关系理论范畴中的全球治理基本上是规则治理,即以国际规则为标准的治理方式。本文试图从中国文化传统角度提出一个关系治理模式。这个模式以关系性为核心概念,以过程为社会的基本内容,以中庸辩证法为认知方法,以协调社会性关系为治理方式。关系治理不仅是一种理论形态,也是一种实践活动;与规则治理不是非此即彼的互斥,而是取长补短的互补,在当今全球治理中有着重要的意义和作用。

# 一、全球化与全球治理的方式

当今世界的一个重要变化就是全球化。随着全球化,也出现了诸多的全球性问题,全球治理因而成为国际关系研究领域的重要议程。围绕"怎样治理"这个问题产生的研究成果也已经是汗牛充栋。但是,国际关系领域关于全球治理或是地区治理的研究成果多是沿着国际机制研究和国际制度理论的传统发展起来的,重点讨论的问题是规则治理(rule-based governance),是国际制度、国际机制等规则性因素如何提高国际体系成员行为的可预测性和降低国际体系事态发展的不确定性,如何通过这些方式降低交易成本、减少冲突概率、促成国际合作。因此,在国际关系研究界的主导话语是规则治理,规则治理模式也似乎成为国际社会中地区和全球两个层面治理的唯一模式。①

毫无疑问,规则治理是一个重要的治理模式。几十年来,规则治理模式得到学界的充分探讨,得到政策界的青睐与实施。这一点在欧洲地区治理的实践中表现得最为明显。欧洲对于国际规则的实践可能是最丰富的,回顾一下欧盟发展的历史,就可以发现欧洲的一体化道路是以具有约束性条约为基本路标的,欧盟类似法律性的规则条约既包括宪法性条约也包括协调性条约,对成员国有着比其他国际组织强得多的约束性。以二战之后的欧盟发展为例,规则的重要意义主要表现为一体化过程中欧洲作为一个跨国家行为体的制度建设。如果说和平理念逐步成为欧洲国际关系的主导理念的话,战后欧洲一系列的制度设计就是这一理念的体现和实践。从1950年舒曼计划提出在能源和钢铁这两个重要领域的合作开始,到1957年欧洲经济共同体和1958年原子能共同体的成立,欧洲人在其法理传统的基础上,以《罗马条约》的形式,建立了战后欧洲的功能性合作制度,为欧洲的进一步合作和一体化奠定了比较坚实的基础。其后,欧洲签订了一系列条约,包括《合并条约》《欧洲单一法令》《马斯特里赫特条约》等,直到后来的《欧盟宪法条约》以法律的形式确定了欧盟的重大规则。在欧洲作为一种新型国际行为体演进的过程中,欧洲制度的扩展是支撑欧洲一体化的重要因素。经过五十多年的努力,欧洲的制度已经形成了网络化状态,覆盖了政治、经济、社会、安全、司法等一系列领域,并在多个层次发挥重要作用。因此,规则治理在欧洲体现得最为明显。②

美国冷战之后的许多做法被批评为违反国际多边规则的行为。尤其是美国前任总统乔治·W.布什,他过分重视美国的硬实力,在重大的国际事件中违背了多边规则,采用了单边主义政策,甚至不顾联合国的反对,不顾欧洲大多数盟国的抗议,发动了伊拉克战争。他的行为受到美国和欧洲各界的严厉批评。比如,美国纽约大学的琼斯、布鲁金斯学会的帕斯夸尔和斯坦福大学的斯特德曼在奥巴马上台之前出版了题为《权力与责任:构建跨国威胁时代的国际秩序》的美国战略报告,前提就是对美国

---

① Stephen D. Krasner, ed., *International Regimes* (Ithaca: Cornell University Press, 1983); Robert O. Keohane, *After Hegemony: Cooperation and Discord in World Political Economy* (Princeton, N. J.: Princeton University Press, 1984); John Gerard Ruggie, ed., *Multilateralism Matters: The Theory and Praxis of an Institutional Form* (New York: Columbia University Press, 1993); Helen Milner, *Interest, Institutions, and Information: Domestic Politics and International Relations* (Princeton, N. J.: Princeton University Press, 1997).

② 秦亚青主编:《观念、制度与政策:欧盟软权力研究》,北京:世界知识出版社2008年版。

小布什政府不但不努力建立国际规则,反而严重违反国际规则的严厉批评。琼斯、帕斯夸尔、斯特德曼在他们的报告中提出了新的世界秩序和美国全球战略的设想,这就是一个基于规则的多边主义秩序,这个新秩序的主导原则是负责任主权(the principle of responsible sovereignty),他们将这种秩序称为"基于规则的国际新秩序"①。

如果说规则治理在欧洲二战以后的一体化历史中被证明是有成效的,在欧盟的发展历程中起到了重要的作用,它在其他地区并没有呈现出同等的效力。东亚就是一个例子。冷战期间,东亚就开始出现地区或是次地区的合作与治理。东南亚联盟是在1967年成立的,其他一些地区合作机制在冷战结束之后也纷纷建立起来,1997年亚洲金融危机之后尤其如此。东亚呈现出地区合作的积极势头,保持了基本的安全环境,并且显示了极其旺盛的经济发展动力。尽管如此,东亚地区的规则和制度化程度仍然很低,这种非正式、约束力低、灵活程度高的治理模式被称之为"东盟方式"(the ASEAN Way)。② 应该说,东亚地区合作进程受到了欧盟成功的启发,东亚地区的国家也希望建立某种地区构架,也致力于建立地区共同体,也努力建立正式的制度和具有约束力的规则。在这些方面,东亚国家取得了一定的进展,比如东盟已经达成共识,2015年建成以东盟安全共同体、东盟经济共同体、东盟社会文化共同体为支柱的东盟共同体。即便如此,东盟共同体仍然不同于欧盟,其规则和制度的约束力显然会小于欧盟,对成员国的干预力度也会小于欧盟。即便2015年东盟宣布实现共同体目标,东盟共同体也不会是欧盟共同体的翻版,而是比较松散的、较少让渡主权、更多地使用非正式制度、更多地依赖于国家之间关系的营造。阿米塔夫·阿查亚在讨论规范传播的时候发现,有些规范,比如人道主义干预,在东盟受到抵触并且没有成为东盟的规范,东盟继续将主权和不干涉内政作为基本规范。③ 因此,一方面大家都认为规则是重要的,是治理的关键要素,另一方面,我们又会发现规则制定和规则实施在不同地区、不同文化中有着不同的反应和效度,地区治理方式因此也有着

---

① 布鲁斯·琼斯、卡洛尔·帕斯夸尔、斯蒂芬·约翰·斯特德曼:《权力与责任:构建跨国威胁时代的国际秩序》(秦亚青等译),北京:世界知识出版社2009年版,第23页。

② Amitav Archaya, *Constructing a Security Community in Southeast Asia: ASEAN and the Problem of Regional Order* (London: Routledge, 2001).

③ Amitav Archaya, "How Ideas Spread: Whose Norms Matter? Norm Localization and Institutional Change in Asian Regionalism," *International Organization* (58) Spring 2004: pp. 239—275.

一定的差异。规则对于欧盟治理是至关重要的事情,而对于东亚地区则要灵活得多。道格拉斯·诺斯曾经说过,正式的规则和制度有悖于人的天性(generic heritage)。① 这大概更多地是指人的社会性和关系性,在任何社会中,人与人之间的关系以及这种关系在实践中的作用可能都是十分自然的事情。

因此,笔者认为,在当今的国际社会中,还存在不同于规则治理的全球或是地区的治理模式,其中一种就是"关系治理"。从这个标识性的术语来看,它不是以规则为核心的,不是以规则界定行为体的行为,也不是以行为个体为基本治理对象的。中国治理理念中素来重视关系治理,从孔孟到后来的中国哲学家都讨论过社会关系的重要意义和维持社会关系对于有效和善意治理的作用。虽然在讨论全球治理和国际秩序的国际关系研究文献中很少见到关系治理,在其他领域,关系治理已经成为重要的研究议程,也出现了对这一不同治理模式的大量的经验研究。近年来,经济管理理论领域就对关系治理做出了系统的研究,取得了重要的进展。②

本文首先分别讨论"规则治理"和"关系治理"这两种治理模式。其实,讨论这两种治理模式是要回答"怎样治理"这个根本的问题。笔者对这个问题的回答是,治理需要结合使用规则治理和关系治理。一方面,规则治理是十分重要的治理途径。人类社会从部落到现代国家,在治理方面的一个重要表现就是制定理性的、尽量不包含个人因素的"客观规则"。规则可以使行为体的预期趋同,可以维护国际秩序、促成国际合作,还可以使治理有效可行。由于理性是人的一个重要特征,所以理性人可以比照规则来权衡利益,从而做出理性的选择。但同时,关系治理也是十分重

---

① Douglas C. North, *Understanding the Process of Economic Change* (Princeton and Oxford: Princeton University Press, 2005), p. 84, cited in Kevin Zheng Zhou, Laura Poppo, and Zhilin Yang, "Relational Ties or Customized Contracts? An Examination of Alternative Governance Choices in China," *Journal of International Business Studies* (2008) 39: 527.

② Brian Uzzi, "Social Structure and Competition in Interfirm Network: The Paradox of Embeddedness," *Administrative Science Quarterly*, 1997, 42: 35—67; Candace Jones, William S. Hesterly, and Stephen P. Borgatti, "A General Theory of Network Governance: Exchange Conditions and Social Mechanisms," *Journal of Marketing*, 1997, 58: 71—85; Jeffery H. Dyer and Harbir Singh, "The Relational View: Cooperative Strategy and Source of Interorganizational Comparative Advantage," *Academy of Management Review*, 1998, 23: 660—679; Laura Poppo and Todd Zenger, "Do Formal Contracts and Relational Governance Function as Substitutes or Complements," *Strategic Management Journal*, 2002, 23: 707—725; Zhou, Poppo, and Yang, "Relational Ties or Customized Contracts? An Explanation of Alternative Governance Choices in China," pp. 526—534.

要的。原因很简单:人是经济人,也是社会人。既然是社会人,关系性就是人的重要特征。而关系治理的根本基础就是人的社会性和因之产生的关系性。在国际关系领域,这个概念从来没有被真正地意识到,更不用说进行严肃的讨论和理论化构建了。主流国际关系理论对规则治理的方方面面进行了精细的设计和精致的分析,但显然忽视了关系治理。这样一来,社会情景就会被忽视,关系过程最多也只能成为行为体的活动背景,行为体的实践活动也会被划到某种先验确定的镜框之中。正因为如此,本文将比较规则治理和关系治理这两种治理模式,基于这种比较分析,提出三个观点:第一,规则治理和关系治理都是现实存在的治理模式,都具有重要的意义;第二,有效的良治在于合理结合两种模式的有益成分;第三,全球和地区治理需要一个结合两种治理模式成分的综合治理模式(synthetic model of governance)。设定一种模式而排斥另外一种模式是一种简单化的做法,在实际上也是行不通的。

## 二、规则治理:国际关系领域的主导模式

国际关系领域对于全球治理的主导方式是基于国际规则的治理或曰规则治理。规则治理强调治理依赖规则,治理的关键在于确立明确的、有约束力的规则,因为规则清晰地确定了相关行为体需要遵守的准则,规定了行为体的权利和义务。只要有规则,就会有秩序和治理。① 规则包含正式规则和非正式规则,虽然两者都被视为治理的重要因素,但是,正式的规则对于秩序而言,有着更加重要的意义。

规则治理的传统在国际关系研究领域可以追溯到 20 世纪 80 年代,当时国际机制研究成为国际关系领域的重要研究议程。其后,这一研究传统得到了深入的研究和长足的发展。② 斯蒂芬·克拉斯纳(Stephen

---

① Freidrich V. Kratochwil, *Rules, Norms, and Decisions: On the Conditions of Practical and Legal Reasoning in International Relations and Domestic Affairs* (Cambridge: Cambridge University Press, 1989).

② Robert Gilpin, *War and Change in World Politics* (Cambridge: Cambridge University Press, 1981); Krasener, ed., *International Regimes*; Volker Rittberger, *Regime Theory and International Relations* (Oxford: Clarendon, 1993); David A. Baldwin, ed., *Neorealism and Neoliberalism: The Contemporary Debate* (New York: Columbia University Press, 1993); Ruggie, ed., *Multilateralism Matters: The Theory and Praxis of Institutional Form*; Peter Katzenstein, Robert Keohane, and Stephen Krasner, eds., *Exploration and Contestation in the Study of World Politics* (Cambridge and London: The MIT Press, 1999).

Krasner)曾经对国际机制做出了一个经典定义,认为国际机制包含了原则、规范、规则和决策程序。进而,他还将规则明确定义为"对可以采取哪些行动、禁止采取哪些行动的具体规定"①。因此,国际规则就成为国际机制中比较具体明确的也比较容易实施的组成部分。国际机制的研究议程体现了以现实主义和自由制度主义为核心的理论取向,两个理论流派也都自然而然地指向了规则治理的方式。在现实主义和自由主义的理论研究和经验分析中,表现出一种对国际规则的自觉甚至是无意识的信赖。比如,《国际组织》杂志就以"国际机制"为主题出版了十分有影响的特刊,后来由克拉斯纳主编出版了专门的论文集,并形成了现实主义和自由主义既竞争又联合的研究议程。现实主义和自由制度主义虽然都是基于西方社会实践发展起来的理论,但强调的方面却有着很大的不同。现实主义更加强调物质性权力或曰国家实力,尤其是新现实主义,这在一定程度上与美国二战以后成为世界霸权国的经历和集体记忆相吻合。自由制度主义强调制度性权力,重视国际规则和国际制度,从某种意义上说,这既是美国国内政治模式的推演,也是借鉴了欧洲战后的经验,尤其是欧洲地区一体化的实践活动,所以总体上是以跨大西洋的实践活动为基础的。比如,二战之后美国国际关系理论界现实主义占据主导地位,当时自由主义的主要学术兴趣转向研究欧洲一体化进程,并出现了以功能主义为代表的自由主义流派。后来,功能主义成为自由制度主义所借鉴的主要国际关系理论之一,这与欧洲的经验是分不开的。② 在这种基本研究框架之中,其他流派的学者也深入地讨论了与国际规则相关的问题。比如,建构主义学者也十分重视规则的研究,当然,他们与现实主义和自由主义学者关注的重点不同,现实主义和新自由制度主义关心规则的效用,而建构主义对规则的研究更注重规则的形成、发展与扩散,与之相关的规范形成等问题也成为建构主义研究的重要议题,与现实主义的物质性权力和新

---

① Krasner, *International Regimes*, p. 2.
② 正如我在《关系与过程》一书的绪论中指出的那样,近年来世界政治研究的一个有意义的议程是追踪和比较不同的历史实践活动,以便观察不同传统和不同经验是否会导致对国际关系和世界政治的不同解读。所以,源自历史和实践的理论与源自逻辑推理和实证的理论成为理论建构的两个主要源泉,这也成为两种主要的理论方式。参见 Victoria Tin-bor Hui, *War and State Formation in Ancient and Early Modern Europe*(Cambridge:Cambridge University Press, 2006);David Kang, *China Rising:Peace and Order in East Asia*(New York:Columbia University Press, 2007);高程:《区域合作模式的历史根源和政治逻辑:以欧洲和美洲为分析样本》,《世界经济与政治》2010 年第 10 期,第 33—57 页。

自由制度主义的制度性权力不同,建构主义更加注重规范性权力。①

现实主义和自由制度主义的联合议程将规则研究推向了高潮,也逐渐形成了国际关系的一种重要研究传统,直接影响并主导了后来全球治理的研究议程。冷战之后,当全球化成为国际关系的重要研究议题的时候,国际规则研究已经相当深入,自由制度主义的理论体系也日臻成熟,并且在很大程度上占了上风。因此,在这一研究议程中,有效的规则成为有效治理的必要条件,无论是在全球范围还是在地区范围都是如此。欧盟的经验往往被视为规则治理的典范,而国际体系中出现的新的事件以及全球化带来的诸多全球性问题又成为规则治理的新的内容。规则治理不仅是西方国际关系主流理论审视全球治理的主要视角,而且成为治理领域的主导话语,同时还是各国决策者提出的基本治理方略。这样一来,无论是在学术界还是在实际问题领域,无论是学者还是实践者,从一开始就会在规则、机制和制度的框架中讨论和建构全球治理问题。这一方面为这一议程的深入展开提供了动力,另一方面也将全球治理框定在规则范畴之内,将人们的思路框定在规则治理的议程画出的界限之中。

对国际机制的研究是从现实主义学者对权力的关注开始的。现实主义认为规则是依赖权力而存在并且具有效力的治理要素。回顾一下国际关系理论发展的历史,我们不难发现,国际机制的研究始于现实主义的思考。在20世纪80年代,美国衰退成为政界、学界和舆论关注的热门议题。美国和苏联之间达成的基本战略均势、美国在越南的失败、布雷顿森林体系崩溃等,似乎都反映出美国的相对权力在下降,美国的国家实力在下降,美国建立和支撑的霸权体系"美利坚治下的和平"似乎也处于崩溃的边缘。在这种情况下,许多人认为美国已经不再强大,学界也在热议霸权国、霸权体系以及相关问题。无论是从历史的角度还是从政治科学的角度,美国衰退和权力转移等观点引起了高度的重视。② 现实主义对于国际机制的关注正是在这种情势之下展开的。现实主义的一个核心观点是,在一个由主权国家构成的无政府国际体系中,要维护秩序,就需要建立并维护有效的国际机制,而霸权国是建立和维护这类机制的关键因素。

---

① Michael Barnett and Martha Finnemore, *Rules for the World*: *International Organizations in World Politics* (Ithaca: Cornell University Press, 2004); Deborah D. Avant, Martha Finnemore, and Susan Sell, *Who Governs the Globe*? (Cambridge: Cambridge University Press, 2010).

② Paul Kennedy, *The Rise and Fall of Great Powers*: *Economic Change and Military Conflict from 1500—2000* (New York: Random House, 1987).

二战之后建立国际经济领域的一系列制度,比如国际货币基金组织、世界银行、关贸总协定等,都是在美国的权力之下实现的。所以,权力是国际机制的根基。现实主义者认识到国际机制的重要性,认为国际机制维护国际秩序、促成国际合作。有些制度现实主义学者甚至认为,国际机制在促成国际合作方面具有相对独立的重要意义。但是,归根结底,现实主义学者始终坚持的一点是权力,国际机制是一个依赖于权力的因素,最多只能起到某种中介变量的附着性作用。也就是说,国际机制只有在权力的支持之下,才能存在并得以实施,才能促进合作和维护国际秩序。[1] 正如基欧汉和奈所指出的,霸权秩序意味着"一个国家具有足够的实力来维持那些治理国家之间关系的基本规则(the essential rules governing interstate relations),并愿意这样做"[2]。当霸权国具有超强权力的时候,国际机制就会有效发挥作用。二战之后的国际经济机制就反映了这个事实。当时的美国具有超强的实力,并且成为世界性大国,于是便提供了国际经济领域的重要公共物品,其中重要的内容就是这一领域的国际制度。美国既有实力提供公共物品,也有意愿发挥领导作用,所以,从二战之后到20世纪70年代,这一领域的规则得到有效的实施,西方组成的国际经济领域也就得到了较好的治理。

简言之,现实主义学者认为,如果国际体系中没有一个霸权国,建立起来的规则就会崩溃,因为没有一个国家具有维护这些规则的实力,也没有其他任何力量可以使这些规则发挥效力。进而,一旦规则失效,国际体系就成为一个既没有政府也没有治理的霍布斯丛林。在国际事务的诸多问题领域,各种无序争斗就会竞相出现。本来就是无政府状态的世界也就完全失去了控制,大萧条的悲剧会再度上演。对于现实主义者而言,唯一的出路是恢复霸权国的实力,因为霸权国实力是维护国际规则的坚实保障;也只有确保国际规则顺畅地实施,国际秩序才能得以维持,国际治理也才能得到保证。现实主义重点强调的是权力,认为权力才是国际规

---

[1] Charles Kindleberger, *The World in Depression*, 1929—1939 (Berkeley: University of Berkeley Press, 1979); Stephen Krasner, "Regimes and the Limits of Realism: Regimes as Autonomous Variables," in Krasner, ed., *International Regimes*, pp. 355—368; Stephen Krasner, "Global Communications and National Power: Life on the Pareto Frontier," *World Politics*, 1991, 43: 336—366; Joseph M. Grieco, "Anarchy and the Limits of Cooperation: A Realist Critique of the Newest Liberal Institutionalism," *International Organization*, 1998, 42: 486—508.

[2] Robert Keohane and Joseph Nye, *Power and Interdependence: World Politics in Transition* (Boston, Little, Brown, 1977), p. 44.

则的坚实基石和可靠保障。有权力，才会有规则；有规则，才会有国际治理。所以，权力是治理的第一要素，规则是治理的关键要素；权力创造规则，规则决定治理。没有权力支撑的规则是没有意义的，因为这样的规则根本不能得以实施，甚至一开始就无法建立起来。在这个意义上，霸权体系是稳定的体系，霸权国权力是建立维护体系秩序的规则以及保证这些规则得以实施的根本保证。

  现实主义对美国权力衰退的论述引发了美国国际关系学界一场大的辩论。这场辩论不仅局限于美国自身实力的下降，而且也高度关注国际体系可能由霸权衰退而导致的失序状态和随之而来的乱象。20 世纪 80 年代，新自由制度主义就是在这场辩论中应运而生并蓬勃发展的。在现实主义为美国衰退而担心并试图寻找出路的时候，新自由制度主义提出了一个重要的观点：规则一经建立就成为一个独立的要素，可以在没有霸权的条件下存在和发展。在关于国际机制的大辩论中，新自由制度主义成为现实主义的直接挑战者。虽然双方对国际机制和国际规则都高度重视，都认为国际规则是国际治理的重要因素，但是双方在规则的重要性方面却有着不同的认识。新自由制度主义赋予国际规则更具重要意义的独立地位。现实主义和新现实主义认为规则是依附于权力的，所以，归根结底，国际治理的核心是权力。新自由制度主义不赞成这种观点，认为规则具有自己的本体地位。这样一来，规则就不再是依附性的，不再是没有权力就无法存在的东西。新自由制度主义超越了权力要素，改变了关键变量的性质，将规则理论从现实主义的供应视角转向了需求视角，即国际规则的制定和实施从根本上说不是霸权国的供应，而是国际体系成员的普遍需求。这正是罗伯特·基欧汉在他 1984 年的著作《霸权之后》中所提出的核心观点。

  《霸权之后》之所以成为国际关系理论的里程碑式的著作，是因为它提出了一种对国际规则不同的解读。如上文所述，20 世纪 70—80 年代，国际关系学界大部分人都在讨论美国衰退，大部分辩论也都围绕美国衰退是真实的还是虚构的这一论点展开。因此，对国际秩序和国际治理的担忧与日俱增。美国主流国际关系学者的深切忧患是，美国霸权的衰退可能会导致 1929—1931 年的世界性大萧条重新出现。辩论的焦点仍然是权力和规则问题：没有权力就没有规则，没有规则也就没有秩序和治理，权力真空会引发全球性的混乱。正在这个时候，基欧汉提出了规则可以独立存在的观点，并以此为核心形成了新自由制度主义。基欧汉认为，没有霸权国家，仍然会存在规则，世界也会得到治理。归根结底，规则的产生和实施是国际体系中行为体需求的反映,不是霸权国单方面的供应所致。虽然基欧汉承认建立规则的成本是很高的,往往需要权力的介入,但是一旦规则存在,就会持续下去,因为国际体系成员需要实现自我利益,这就必须合作,合作又必然需要规则。① 国际体系成员,尤其是国家,会维护和遵守规则,是因为它们明白,规则可以使信息更加透明,会降低交易成本,也能够减少体系的不确定性并增强国际行为体行为的可预期性。② 国际体系成员对国际制度的普遍需求使得规则具有独立的特征,也就是说,国际规则可以独立存在,可以在霸权之后继续发挥效力。

  新自由制度主义学者大量使用了博弈理性。在任何博弈的支付结构(payoff structure)中,理性行为体可以考虑和设计自己的行为,以便从与对方的合作中获得收益,而博弈的支付结构是由规则决定的。新自由主义是典型的理性主义学派,所以它的基本假定自然是个体理性和工具理性。但同时,新自由制度主义往往不会充分考虑权力要素,因而也就会更加重视规则的自在性和独立作用。不过,也正因为如此,现实主义阵营中的制度现实主义学者在辩论中会有意识地将权力要素植入对规则的分析之中,以反驳新自由制度主义的观点。克拉斯纳在讨论理性行为体博弈游戏的时候,尤其突出了权力要素的作用。克拉斯纳认为,如果在博弈游戏中出现了几种可能的结果,最终还是需要权力来决定哪种结果会成为现实,即最终结果必然有利于权力强大的一方。尽管如此,克拉斯纳的观点还是支持规则治理的。一方面,他强调了权力的决定性作用;另一方面,他也承认规则在一定条件下、在一定程度上具有独立的作用。因为他的研究中设定的几个可能的结果主要是根据博弈规则推导出来的,直到讨论最后结果的时候,他才引入权力要素。基欧汉的理论建构成功地反驳了权力是规则的唯一决定因素和必要条件的观点,因此也就否定了权力是国际治理的第一条件的假定。对于基欧汉而言,治理的实现要依靠理性行为体根据自己实现利益的需求所支持和维护的国际规则。因此,在新自由制度主义那里,一旦规则形成,权力就不再是决定性因素。基欧

---

  ① Keohane, *After Hegemony*, esp. Chapter 5; "The Demand for International Regimes," in Robert Keohane, *International Institutions and State Power: Essays in International Relations Theory* (Boulder: Westview, 1989), pp. 101—131. Also see Robert Axelrod and Robert Keohane, "Achieving Cooperation under Anarchy: Strategies and Institutions"; Duncan Snidal, "Relative Gains and the Pattern of International Cooperation," in Baldwin, ed., *Neorealism and Neoliberalism*, pp. 85—115,170—208.

  ② Keohane, *After Hegemony*.

汉著作的书名《霸权之后》要反映的大约就是这样一种观点，因此可以被理解为"规则可以在没有霸权权力的条件下发挥治理作用"。

新自由制度主义是在关于美国霸权衰退和国际制度的作用的辩论中兴起的，也是基于国际机制研究这一议程而发展起来的。新自由制度主义赋予国际制度重要的本体地位和独立作用，使其不再是一个权力的附属和派生因素。对于新自由制度主义而言，国际制度可以降低交易成本，加大行为的可预测性，因此也就有效地鼓励了国家之间的合作，减少了国家冲突的可能性。基欧汉将国际制度定义为"规定行为角色、制约行动并塑造预期的一致并相互关联的（正式和非正式的）规则"①。他还进一步对正式和非正式的规则做出了解释：前者指国际机制（international regimes），包括"含有明确规则的制度，经由各国政府同意，并与国际关系具体领域的问题相关"；后者则是指含有含蓄规则或谅解的惯例或是非正式的制度，能够塑造行为体的预期。② 所以，无论在正式国际制度中，还是在非正式国际制度中，规则都是核心的内容。但是，规则的作用在正式制度中更加明显，也更加明确。对于制度学者来说，规则可以在很大程度上解决集体行动的难题。

新自由制度主义沿袭了国际机制研究的传统，在20世纪80年代和90年代成为与新现实主义并驾齐驱的国际关系主流理论，也成为国际政治经济学的支柱性理论，在国际关系学界和政策界都产生了重大的影响力。其后，在冷战结束和全球化的浪潮之中，规则治理成为全球治理和地区治理中最具影响的国际关系理论话语，甚至成为人们认为理所当然的事情。从20世纪90年代中期至今，规则治理已经占据国际关系领域治理研究主导话语的地位。一个非常普遍的现象就是将治理定义为多边主义框架下的规则、机制和制度。比如詹姆斯·罗西瑙（James Rosenau）将全球治理界定为从家庭到国际组织所有层面上的管理系统，在全球治理中，通过控制实现目标的做法会产生跨国界效应。③ 基欧汉和奈认为，治理就是指正式或非正式的过程和制度，这些过程和制度引导并制约一个

---

① Keohane, *International Institutions and State Power*, p. 3.
② *Ibid.*, p. 4.
③ James N. Rosenau and Ernst-Otto Czempiel, eds., *Governance without Government: Order and Change in World Politics* (Cambridge: Cambridge University Press, 1992).

群体的集体行动。①

在国际关系领域中的规则治理研究方面,一个重要现象是:这一研究议程是以美国和欧洲的实践为基础的,是依赖于美国的政治文化传统和欧洲战后的一体化经验的。詹姆斯·库尔思(James Kurth)认真研究了美国文化和宗教,认为美国文化和宗教集中体现在所谓的"美国教义"(American Creed)上面。他说:

> 到了19世纪早期,大部分美国人开始相信,唯一合法的经济形式是由白纸黑字的合同所规定的自由市场;唯一合法的政治形式是由白纸黑字的宪法所规定的自由民主制度。因此,美国就产生一种对法制并且是在硬性法律条款下实施法制的坚定信念和深刻实践。②

美国被称为"律师国家",同样反映出美国社会重视规则的信念和实践。欧洲的地区一体化经验也显示出类似的规则治理取向。在罗西瑙主编的颇有影响力的《没有政府的治理》一书中,所采用的个案几乎全是欧洲的经验和实践,以这些基本素材讨论国际背景下的治理问题。③ 应当说,规则治理在许多情况下都表现出高度的合理性,在一些多边场合也取得了不同程度的成功,欧盟可能是这方面典型的例子。这实际上是一件很正常的事情,因为欧洲社会长期以来的传统是法制,是依照法律行事。进而,美国和欧洲的社会是以个人主义为支点的社会,个人被假定为具有理性的经济人,这样的经济人签订正式的合同,作为交换和互动的基本依据。正是由于这种长期的并得以深入内化的传统和实践,规则治理才会被视为理所当然的治理模式。一想到治理,必然自然地想到规则。这种传统一直延续下来。最近的一些研究,包括其他理论流派,对于国际治理的研究仍然沿用了规则治理的基本假定。比如,德博拉·阿旺(Deborah Avant)、玛莎·芬尼莫尔(Martha Finnemore)和苏珊·塞尔(Susan Sell)

---

① Robert Keohane and Joseph Nye, "Introduction," in Joseph Nye and John Donahue, eds., *Governance in a Globalizing World* (Washington, D. C.: Brookings Institute Press, 2000), p. 12.

② James Kurth, "The United States as a Civilizational Leader," in Katzenstein, ed., *Civilizations in World Politics*, p. 53.

③ 参见 Rosenau, *Governance Without Government*。另参见 Friedrich Kratochwil and Edward D. Mansfield, eds., *International Organization and Global Governance: A Reader*, 2nd ed.,北京大学出版社 2007 年影印版。

虽然承认治理不仅仅意味着规则制定和规则执行,但这却是治理过程中最具重要意义的事情。① 阿西姆·普拉卡什(Aseem Prakash)和马修·博托斯基(Mathew Potoski)则更加明确地指出了规则的优先性和重要性:"治理意味着通过一套规则结构(亦称为'制度'或是'机制')来组织集体行动。"②

国际关系主流理论的研究是十分有意义的,规则治理也是重要的治理模式。毫无疑问,规则之于社会和社会中的个人,都是不可或缺的因素,也是治理中不可或缺的因素。正因为如此,规则是重要的,是任何治理模式都需要高度重视的,实际上,也是任何治理所不能缺少的。但是,我要指出的是,规则治理并不是唯一的治理方式,不是实际治理中的唯一方式,也不是在任何地缘文化中都具有同等效力的。在有些社会,正式规则和合同可能不像在另外一些社会那样有效,有的时候甚至被认为会损害交往行为体之间的关系。在东亚一些社会,这种情景有时会表现得相当明显。即便是在西方社会,规则也不是无所不在、无所不能。规则总是有管理不到的地方,也总是有失去效力的地方。比如,企业需要有严格的规则,但也需要有企业文化。如果我们仔细审视一下规则治理模式,会发现这一模式有着几个明显的特征。这些特征一方面说明规则的意义,另一方面也显现出规则的局限性。

第一,规则治理模式具有高度的实质主义内涵。规则治理模式的理论假定是,被治理者是个体行为体,具有预设的身份,具有不变的属性和特征。其中最典型的一个特征是理性,亦即个体是理性行为体,是以自身的利益作为权衡底线、以环境作为权衡条件的。规则,或是广义上的机制和制度,都是理性行为体做出权衡时的重要环境依据,可以使身处决策之中的行为体理性地判定什么才是实现自身利益的最佳途径。对于理性行为体来说,这种最佳途径往往是遵循和遵守规则,实现共同的最大利益,而不是实现单方的最大利益。这样一来,也就实现了有效和良性的治理。规则的诸多作用,无论是降低交易成本、增强行为的可预测性,还是加大未来预期的当下作用,都是试图通过制定规则和制度来改变决策环境的

---

① Deborah D. Avant, Martha Finnemore, and Susan K. Sell, "Who Governs the Globe?" in Deborah D. Avant, Martha Finnemore, and Susan K. Sell, eds., *Who Governs the Globe*? pp. 14—17.
② Aseem Prakash and Mathew Potoski, "The International Organization for Standardization as a Global Governor: A Club Theory Perspective," in Avant, Finnemore, and Sell, *Who Governs the Globe*? p. 76.

不确定性和风险,进而通过改变行为体的理性权衡来改变行为体的实际行动。这种基于理性行为体和基于变量关系的研究反映了规则治理对世界事物和全球治理的实质主义理解。①

第二,规则治理将个体行为体作为治理的基本对象。在全球治理中,这首先意味着民族国家,同时也包含非国家行为体。以个体行为体为基本单位的治理模式符合以个人为基本单位的社会治理模式,与实质主义的核心假定也是吻合的。由于社会是由个体行为体组成的,个体行为体又是独立的、具有先天禀赋的实体,所以最合理的方式就是制定规则来管理和约束个体行为体的行为。规则的设定尤其会考虑到个体行为体禀赋中的负面因素,比如说利己本性,并对这些负面因素进行管理和约束,使之产生积极的社会效应而不是消极的负面效应。在经济学中,经济学规则需要将个体的利己本性视为核心因素,要思考什么样的机制可以使这种利己"本性"转化为对社会有利的事情。微观经济学家发现了市场,高度重视市场经济这只"看不见的手",认为市场调节恰恰能使个人的利己本性转化为对整个社会有益的事情。

一旦规则得以制定并能够顺利实施,理性行为体之间的交往互动就会受到规则的管理,社会的治理也就会是有效和积极的。规则指导行为体的行为,以规则为主导的国际环境鼓励国际合作并且有助于维护国际秩序。主流建构主义对规则的作用的认识则更深入了一层。规则不但建构了行为体,也建构了实践,而不是实践建构规则。一旦规则得以制定,就会通过各种方式传授给个体行为体,比如国家、团体或是个人。行为体经过利益权衡,认识到规则可以使自己获益,就会改变那些不符合规则的行为,以便顺利获益。不仅行为体的行为会因而改变,它们的身份、认同等更加深层的东西也会被改变,并且在规则的指导下,权衡自身的利益,界定自己的行为。②

第三,规则治理是以结果为导向的治理模式。规则最重要的功能是将行为导向预期结果,比如人们认识囚徒困境博弈,目的是制定相应规则,以便破解这种困境造成的对双方都不利的纳什均衡,将具有理性特征的博弈双方行为导向一种对双方均有利的结果。如果所设计的规则能够

---

① Peter Katzenstein, ed., *Civilization in World Politics: Plural and Pluralistic Perspectives* (London and New York: Routledge, 2010), p. 6.

② Martha Finnemore, *National Interest in International Society*. 亦参见 Jeffrey Checkle, "International Insitutions and Socialization in Europe: Introduction and Framework", *International Organization* 59, Fall 2995: 801—826。

使个体行为体的预期趋同,并因之促成双方采取合作战略,双赢的结果就可以实现。采用制度治理模式进行的研究大多都会试图发现可以导致行为变化或是身份变化的因果机制,认为这样的变化是规则发生作用的明显标志。① 如果规则不能引向这类变化,规则的有效性就会受到质疑。欧盟在一体化过程中签订了许多条约,欧洲国家相信这些有约束力的条约对于欧洲一体化产生了重大作用。② 冷战高峰时期,欧洲共同体的一些规则无法制定,原有的一些规则不能落实,欧洲一体化进程出现了反复与曲折。于是人们惊叹欧洲一体化患上了心肌梗死。根据规则治理的要求,东亚也往往被视为"面条碗",亦即一团纷乱的合作机制和错综复杂的多元关系,但却鲜有具有高度约束力的规则,东亚地区合作进程也往往被认为是很难产生明显结果的地区一体化方式。③

第四,规则治理模式包含了一种"非信任"假定。对于理性主义而言,个体行为体的重要属性是利己。理性行为体总是要计算如何才能实现自我的最大利益,因此也就产生了集体行动的逻辑。④ 个体出于自身利益最大化的动机采取行动,而这种行动的结果是自己什么利益也无法得到,别人同样什么利益也不能得到。正如三个和尚的故事告诉我们的那样,完全从个人利益计算而采取的行动,往往是导向一种双输或者是多输的结果。因此,要制定制约性规则,克服这种人性特征并使之既为自己服务,也为他人服务。规则可以使一个人的利己行为转化为同时也利他的行为,使经济人的行为"主观上为个人,客观上为大家"。这正是囚徒困境这类博弈所显示的那种情景。规则治理模式强调的是,外部介入的制约性规则使得合作成为可能,而人内生的因素却很少进入规则治理模式的视野。所以,规则治理在很大程度上忽视了社会关系中的一个重要因素,这就是"信任"。在规则治理模式中,信任不是一个关键变量,甚至根本不是一个需要考虑的变量,因为经济人的权衡本身就是以不信任对方为基本条件的,囚徒的计算也是以不信任为基础的。如果没有规则,行为体就会被设定为利己的个体,因此,行为体也不会预设或是相信其他行为体的

---

① Barnett and Finnemore, *Rules for the World*.
② 欧洲一体化的经验和实践表现出规则治理的方式,其典型标志就是签订了一系列的条约,来保证欧洲一体化进程的向前发展。东亚大部分协议都是以"宣言"或"联合声明"等形式出现的,一方面表达了参与各方的一致意见,另一方面则没有条约那样的强约束力。
③ 参见魏玲:《规范、网络与地区主义:第二轨道研究》,上海人民出版社2010年版。
④ Mancur Olson, *The Logic of Collective Action* (Cambridge, MA.: Harvard University Press, 1965).

利他动机。正如埃斯佩恩（Esperne）在讨论商业领域的正式合同的时候所指出的那样："磋商合同和依赖合同条款在客户和供应商之间制造了不信任感。"①

## 三、关系治理：交易成本经济学框架下的理性探索

另外一个治理模式是关系治理。由于人是社会人，人际关系（或是任何行为体之间的关系，比如国际关系）构成了社会的重要因素，所以关系治理在实践和社群中的实际存在就是一种很自然的事情。无论在东方社会还是在西方社会，关系之于社会人的意义都是重要的。当然，西方社会的个体主义成分比较突出，而东方社会的群体主义色彩比较浓重，所以关系治理行为在东方社会中就表现得比较明显，正如规则治理行为在西方社会比较明显一样。这是一种共同体实践的结果，而不是逻辑推理的演绎。②

关系治理与规则治理的相同之处在于两种模式的目的都是治理，都包含了很强的政治内涵。但关系治理模式的不同之处在于，它更加关注社会中运动的复杂关系，并从这样的视角思考社会生活的管理与社会秩序的维护。诚然，规则对于治理是十分重要的因素，在许多情况下也是明显有效的治理方式。基于对个体行为体进行管理的规则可以取得成效，因为个体行为体作为被管理者具有一种根本的特征，这就是理性：个体行为体通过进行理性权衡，采取符合规则的行动，治理也就因之得以实现。但从另一方面看，社会关系也构成了社会的重要特征，构成了社会人在社会场景中采取行动的重要考量，所以，关系的治理也就成为社会治理模式中不可或缺的成分。

国际关系研究文献鲜有关系治理的讨论，所以关系治理模式也没有成为国际关系理论研究的重要议题。有人认为，国际政治的建构主义理论讨论过行为体之间的关系。主流建构主义主要是在主体间意义这个层

---

① Eric GP Espern，"Contractual and Relational Governance Practices," Paper for the 95th ISM Annual International Supply Management Conference，April 2010，p.1，http：//www.ism.ws/files/Pubs/Procesdings/2010ProcCC-Esperne，pdf. Accessed on December 28，2010.

② 成中英：《从中西互释中挺立：中国哲学与中国文化的新定位》，北京：中国人民大学出版社 2005 年版，第 24—26 页；田辰山：《中国辩证法：从易经到马克思主义》，北京：中国人民大学出版社 2008 年版，第 9—16 页。

面探讨这个问题的。这一流派的学者认为,共有知识建构了行为体身份并且定义了行为体之间的关系,比如敌人、竞争对手或是朋友的关系。这些关系是国际体系层面的霍布斯文化、洛克文化或是康德文化所决定的。① 应当承认建构主义学者的努力,因为他们研究的是社会问题,而关系是社会中的核心内容,所以建构主义学者是无法回避这一要素的。但是,主流建构主义的研究取向也是明确的:个体行为体是研究的核心。行为体首先具有一个切实的本体地位,这样的本体地位先于任何社会性关系。所以,在主流建构主义那里,核心分析单位是个体行动者,而不是行动者之间的关系。在这一点上,主流建构主义与现实主义和自由主义等理性主义国际关系理论是没有实质性差异的。

但是,关系治理在其他领域却取得了很大的发展。尤其是在经济学和经济管理领域,关系治理在过去二十年里已经成为一个重要的研究方向,并产生了不少高质量的研究成果。公司是在社会中从事经营活动的,社会自然包含了纷繁复杂的关系和关系网络。规则一经制定,就具有相对的稳定性,除非制定规则的各方同意对其进行修改。而关系则是流动的,是可能随时发生变化的。国际关系的研究重点是国家,美国国际关系的研究传统是国际体系,所以对国际关系社会性的重视不足也是可以理解的事情。但是,经济管理学研究的是公司,所以不能无视社会性关系。因为关系不仅可能影响到公司的发展,甚至可以决定公司的生死存亡。在东亚社会开始出现经济迅速发展的势头,东亚的公司开始在全球经济领域发挥重要作用的时候,这种治理模式自然而然地成为主要以公司为研究对象的经济管理学界所关注的一个问题。

梳理经济管理学界对治理模式的研究文献,可以发现规则治理和关系治理都是研究的重要内容,也构成了两个明确的研究取向。前者强调规则,并在一段时间内占据主导地位;后者强调关系,主要是在过去二三十年间形成的。李树和(John Shuhe Li)指出:"协议的执行可以通过规则,也可以通过关系,舍此两种,别无他法。"②两种不同的研究传统都试图强调自己一方的关键变量具有压倒性的治理意义,在经济管理领域自然形成了两个派别之间的论争。20世纪70年代,日本公司成为重要的

---

① 亚历山大·温特:《国际政治的社会理论》(秦亚青译),上海人民出版社2000年版,第六章。
② John Shuhe Li, "Relation-based versus Rule-based Governance: An Explanation of the East Asian Miracle and Asian Crisis," *Review of International Economics*, 2003, 11(4): 658.

国际经济行为体,日本的大型跨国公司更是在国际事务中发挥了作用,其后,韩国的公司,比如现代、大宇等,也成为世界经济中有影响的非国家行为体。20世纪90年代至今,中国公司也越来越发展起来。东亚国家的公司采用的治理方式有与西方公司相同的地方,比如签订正式合同是东西方公司都要做的事情。但同时,人们也发现这些新崛起的东方公司的治理有许多不同的地方,比如它们对关系资源的利用等等。这一系列的事件使得关系治理更加吸引学界的注意力,这方面的研究成果也就越来越多。

经济学界对经济领域事务的高度敏感使得经济学者对非规则治理模式的研究得以展开和深化。不过,经济管理领域的关系治理研究还是以经济学主流思想为主导的,基本理论依据是交易成本经济学(transactional cost economics, TCM)。对于治理模式而言,交易成本经济学需要做的是比较不同治理模式的相对成本,然后确定哪一种治理模式具有最佳的成本效益比。有观点认为,依照交易成本理论,关系治理具有很多优势,比如,关系治理比规则治理成本低、效益高。戴尔(Dyer)曾经比较过日本公司和美国公司的相对优势,他的结论是,日本公司多采用规则与关系的结合或是混合治理方式,这类治理方式具有美国的等级管理模式的优点,但克服了美国模式的一些明显缺点。[1] 戴尔和辛格(Singh)分析了产业结构理论和资源优势的观点。产业结构理论认为,某个特定公司如果能在对自己有利的产业结构中占据优势位置,这个公司的收益就会看好,公司就会获得利润。而资源优势观点则认为,公司业绩主要在于公司的多元化资源配置,而不是主要取决于公司在产业结构中的位置。公司资源的多元化配置实际上反映了一种关系视角,从某种意义上讲,它把一个公司的优势或是劣势与公司活动环境中关系网络的资源分布联系起来。[2] 戴尔和辛格认为,复杂的市场交换活动包含了各种不同的风险和不利之处。在这样的条件下,规则治理是远远不够的。同时,关系治理作为规则治理的替代模式不仅是必要的,而且是比较理想的做法。关系性规范,比如相互信任,可以作为一种自我实施的制约因素,可以比正式的规则性合同更加有效,成本也要低得多。在某些条件下,与其说进行正式规则制约

---

[1] Jeffery H. Dyer, "Does Governance Matter: Keiretsu Alliances and Asset Specificity as Sources of Japanese Comparative Advantages," *Organization Science*, Vol. 7, No. 6, Nov.-Dec. 1996: 649—666.

[2] Dye and Singh, "The Relational View," p. 660.

下的交易,还不如展开非正式的交易。"交易方结成松散界定的合作关系,目的是展开具有更佳成本效益比的商业行动,或是造就具有更大比较优势的市场条件。"①他们还指出,正式规则可能会损害关系治理,因为前者释放出的是一种不信任心态,可能会使行为体之间的关系充满变数甚至恶化。②

当然,也有学者认为关系治理与规则治理相比较并没有优势可言。虽然他们承认关系治理有着自身的特点,但是,这种治理模式的效用是有限的,是初始阶段的治理方式。诺斯曾经说过,治理必然会从人与人之间的关系走向非人化的制度。③ 对于关系治理,尽管这种治理模式可以通过促进人际关系,在节约时间成本、实现分配效率的帕累托改进、提高复杂环境的适应能力等方面具有优势,但是,在跨越某种门槛之后,关系治理就可能对经济绩效造成颠覆性的危害。④ 这种观点可以被称为"阶段论",亦即在初始阶段关系治理利大于弊,具有成本低的根本优势;而在超越初始阶段之后,关系治理就会弊大于利,规则治理具有成本优势。李树和也认为,经济活动是呈阶段性发展的。在经济活动初始阶段,制定规则的成本很高,要克服非常复杂的正式程序,需要大量成本。同时,经济活动规模不大,公司也多是小公司,相互之间的关系可能会在不通过正式规则的情况下帮助它们解决诸多交易问题。所以,在经济活动和经济交往初期,关系治理具有明显的优势。这就是为什么关系治理往往会在发展中国家或是新兴经济体内呈主导趋势。随着商业活动的发展和经济规模的增大,建立公共性制度的成本就会降低,而范围狭窄的非正式信息以及非正式的承诺就会变得效率低下,并且风险增大、成本增高。因此,关系治理具有内在的矛盾性,这种矛盾终将会随着经济规模和商业活动的加大而加剧,并会最终颠覆关系治理。根据这样的推理,随着经济活动规模的扩大,治理也会从初级阶段的关系治理发展为高级阶段的规则治理。李树和还分析了一个非常有意思的个案,即东亚经济迅速发展和东亚金融危机。他认为,这两者都是关系治理的结果。东亚经济发展在1997年

---

① Esperne, "Contractual and Relational Governance Practices," April 2010, p. 1.
② Poppo and Zenger, "Do Formal Contracts and Relational Governance Function as Substitutes or Complements?" pp. 707 and 708.
③ Douglas C. North, *Institutions, Institutional Change, and Economic Performance* (Cambridge: Cambridge University Press, 1990).
④ Brian Uzzi, "Social Structure and Competition in Interfirm Networks: The Paradox of Embeddedness."

之前属于初始阶段,关系治理这一主要特点使得经济活动的交易成本低、效率高,所以东亚出现高速发展。但是,其后东亚已经超越了初始阶段,但仍然使用关系治理的方式,所以导致了1997年的东亚金融危机。金融危机中东亚国家经济活动的失败恰恰说明了关系治理在初级阶段的优势和在高级阶段的无能。

  由于关系治理和规则治理持续存在于真实的经济生活之中,这方面的研究也越来越关注两者各自的优势,有些研究试图将两种治理模式结合起来。2002年,波普(Poppo)和曾格(Zenger)指出,虽然大部分研究或是支持规则治理,或是支持关系治理,将两者视为互为替代、非此即彼的两种不同模式,但是,更好的方法可能是将两者结合起来。正如他们所说的那样,"……正式合同和关系治理的关系是相辅相成"[1]。一方面,正式合同有着诸多优势。比如,正式合同可以促成合作型的、长期的、相互信任的交换关系,原因是正式合同可以缩小可能出现严重风险的范围、明确惩罚事宜、协调政策和协调决策程序。这些都可以提高合作的积极性,促进长期合作行为。另一方面,关系治理能够对正式合同的条款进行契合式调整,对于交往过程中合同无法覆盖的地方提供保障,克服合同的适应期局限,也能够通过密切的相互关系达成一种理解,即便是在出现非预期的复杂局面或是高度不确定情势的时候,也能够保持双方的交往,不至于贸然中断原有的合作进程。但总体而言,两位学者的观点表明,规则治理是主导,关系治理是补充。

  有一项研究为规则治理和关系治理相辅相成的观点提供了证据[2]。这项研究从两个变量入手分析了中国公司采用的治理方式:一个是专用资产与不确定性之间的关系,另一个是关系治理。研究人员试图发现两者之间的相关关系。研究通过回归分析发现,当资产专用性和不确定性加大的时候,关系治理的力度不像阶段论所预测的那样呈下降趋势,恰恰相反,经理人员在这种情况下反而更加倚重关系。他们还发现,在是否使用正式合同与资产专用性的程度之间,也没有明显的相关关系。研究显示,中国公司的治理既依赖正式合同,也依赖人际关系,所以更像是一种对不同治理机制的混合使用。但是在很多情况下,关系治理的成分占主导地位。随着公司活动和经济规模的增大,规则治理的成分加大,但同时

---

[1] Poppo and Zenger, "Do Formal Contracts and Relational Governance Function as Substitutes or Complements," p. 707.

[2] Zhou, Poppo, and Yang, "Relational Ties or Customized Contracts?"

关系治理的力度不是下降而是也会加大,这与阶段理论所预测的恰恰相反。

从总体上看,经济管理领域的主流关系治理研究遵循的是经济学的基本逻辑,使用的是交易成本经济学原理,在这样的基础上构建了自己的研究议程和研究框架。其贡献在于将关系治理与规则治理视为两个均有意义的治理模式并加以比较研究,但在同时,经济人的工具理性也是这类文献共同的核心假定。正因为有了这样明确的理论框架和前提假定,交易成本经济学范畴的关系治理研究从一开始就具有理性经济人的预设。无论是规则治理还是关系治理,背后的动机都是对商业成本的计算,都是对经济获益的权衡。比如,突出关系治理的观点认为,关系治理是合理的,因为关系治理有助于大幅度降低交易成本,因此,对于理性行为体而言,选择关系治理而不选择规则治理是理所当然的事情。突出规则治理的观点也是遵循了同样的逻辑,降低成本是首当其冲的决策考虑。阶段理论也是一样。它将商业活动分为初级和高级阶段,以商业规模的大小划界;关系治理在初级阶段有利于降低成本,因此是初级阶段的主导治理模式;而规则治理在高级阶段有利于降低成本,因此是高级阶段的主导治理模式。规则—关系混合模式强调,两种模式的结合是合理的,因为这样的结合可以更好地降低交易成本。所以,无论是重关系、重规则还是重结合,根本的出发点是一致的,这就是降低交易成本,提高交往效益。

毋庸置疑,在经济管理领域的治理研究中,信任是一个重要的因素。但经济人假定信任只是一种手段,是一种降低成本的手段。如果做出这样的假定,从某种意义上讲,信任所包含的人际意义就失去了社会性成分,更多地反映了一种经济考量。简言之,信任成为理性行为体为了自身利益的一种选择、一种成本效益的权衡。在经济管理的治理模式中,信任的起源和发展不是长期社会实践形成的规范,而是一种经济工具:当人们认为信任可以促成自身的利益顺利实现的时候,他们就会选择信任这一手段;否则,他们就会使用正式合同规定的条款,以明算账的方式进行交易。所以,信任是主流经济管理理论学者所注意到的重要因素,但是,他们是将信任视为一个变量,通过工具理性的视镜对其进行分析和研究。在这个意义上,信任只是理性权衡过程中可以选择的一种工具,是与合同规定的正式条款一样的工具,目的是实现自我利益。因此,对信任的研究也主要是通过成本收益的计算来提出问题和做出假设的。在经济管理的治理模式中,信任失去了它的社会性意义和规范性价值。

以上分析说明,经济管理学领域的治理模式大多是依赖于主流经济

385

学理论的。理性选择主导了主流经济学理论,成本效益分析一直是理解行为体偏好的主要变量。进而,偏好又是行为体的自由意志的反映和理性权衡的结果。人们选择规则治理,因为规则治理更加能够产生效益。而当人们选择关系治理的时候,尤其是当经济规模尚小、经济发展处于初期阶段的时候,他们考虑的仍然是成本问题。① 这两个治理模式无论是被视为相互替代的模式,还是被当作相辅相成的模式,都是因为理性行为体需要克服交往壁垒、降低交易成本的主动选择。但无论如何,经济管理领域关于治理模式的研究和辩论都对国际关系领域的研究产生了启发。在交易成本经济学框架中提出关系治理模式,这一模式也因此得到了详细的分析和讨论,这无疑是对治理研究的重要贡献。对国际关系领域的治理研究来说尤其如此,因为在这个领域,人们几乎没有注意到,更没有意识到还存在不同于规则治理的另外一种模式。尤其是在西方主流国际关系理论的框架下,国家越来越非人化、越来越理性化,涉及人情关系的理论就更加难以进入研究的范畴。

## 四、关系治理:中国哲学文化视野下的社会观照

在上文,我讨论并且比较了国际关系领域的规则治理模式和交易成本经济学框架内的关系治理模式。前者强调正式的国际规则对于治理的重要意义,后者强调行为体之间的关系在降低交易成本、促进协调治理方面的积极作用。下面,我想讨论的是中国文化哲学意义上的关系治理。这样做不是为了推翻以上两种对治理模式的研究,而是承认这两种视角都具有重要的意义,也都提出了重要的治理成分,但是也都有着自身的局限和不足。比如说,国际关系领域的规则治理一方面高度重视规则对于国际治理的重要意义,另一方面却忽视其他治理模式存在和发挥作用的可能,使规则治理成为唯一的治理模式。再比如,交易成本经济学的治理模式一方面正确地指出了关系治理的积极作用和运作机制,另一方面却转向经济学理论对其加以解释,使关系成为另外一个经济成本分析的变量。所以,我在这里希望做的事情是将关系的另一面,亦即非经济考量的一面,通过中国文化思维的方式,比较充分地表现出来。关系是起源于社会、发展于人的活动的。关系不可能被排除在治理之外根本不予考虑,也不能被仅仅说成是自我利益实现的手段就束之高阁。当行为体采取行动

---

① Li, "Relation-based versus Rule-based Governance."

和进行互动的时候,关系势必成为社会的重要特征。行为体不可能是静止不动的,关系因此也是无所不在的。近年来一些社会学理论已经将关系视为分析研究的主要因素。所以,有必要提出一种关系治理模式,这一模式要基于关系的真实意义,也就是关系的社会意义,反映治理的社会和政治本质。提出这样一种基于社会意义的关系治理模式是这一部分的重点内容。

要讨论社会意义上的关系治理,首先要对其做出一个基本的定义。为了做出一个合理的定义,我借鉴了三种传统。其一是中国文化哲学的传统,尤其是儒家的治理思想;其二是社会学理论,大多是西方社会学的文献;其三是经济管理学,主要是经济管理学领域对关系治理的讨论。在这个基础上做出以下定义:

> 关系治理是一个进行社会/政治安排的参与协商过程,用来管理、协调和平衡社会中的复杂关系,使社会成员能够在产生于社会规范和道德的相互信任的基础上,以互惠与合作的方式进行交往,并以此建立和维持社会秩序。

这一定义表述了几个重要的特征。其一,这个定义与大多数英语词典或是许多国际关系文献中对治理做出的定义有一个根本性的不同,它不强调"控制"是治理的本质,而强调"参与"是治理的根本。[①] 这一定义强调的是参与性"协商"。在任何问题领域(issue area),要达成治理,就需要所有参与治理的行为体承担相应的责任,但是,哪些行为体承担哪些责任、承担多少责任是一个需要通过充分协商来解决的问题,而不是通过强制的方式施行。其二,这个定义将治理视为"过程",亦即协商决策、做出安排的过程,以表示治理是动态的,而不是静态的。治理不是政府。治理本身就充满不确定因素,充满变化,显示了不断协调、协商、平衡的必要性。其三,治理的对象是关系。正如关系治理模式的名称所显示的那样,关系治理的对象不是个体行为体,而是行为体之间所形成并且变动不居的关系。治理的目的是通过使关系和谐而实现良治和良好秩序。其四,信任是关系治理的关键要素。在规则治理中,信任几乎是没有地位的,在这样的意义上,信任只不过是乌托邦式的幻觉。在经济管理学的关系治理中,信任是一个工具性变量,在这样的意义上,信任只不过是理性行为

---

① *Oxford English Dictionary*, p.319; *Webster Third New International Dictionary*, p.982.

体实现利益目的的手段和工具。对于关系治理来说,信任是至关重要的,是治理的支柱。一旦一个关系社会失去了基于道德的信任,这个社会就会出现治理失败的状况。这也说明了关系治理定义中所表现出来的一种信念:信任不仅是可以产生和可以存在的,而且是任何社会所不可或缺的东西。正因为如此,如何建立和维护行为体之间的真正信任,如何建立它们之间的高度内化的信任规范而不是工具式信任,就成为关系治理模式的一个根本性问题。

借鉴中国哲学文化中的理念使得这一关系治理模式根本不同于国际关系主流理论中的规则治理模式和交易成本框架下的关系治理模式。在定义中我已经提到了这个根本的不同,它反映在两个方面。首先,它不同于国际关系领域的规则治理,因为关系治理的对象是关系而不是个体行为体,并且关系治理将道德要素而不是利己要素设定为关键要素。其次,它不同于交易成本经济学中的关系治理,因为它将行为体之间的信任视为基于长期社会实践而产生的真正规范,而不是将其视为经济人在理性权衡之后的手段—目的性选择。基于信任的社会性关系为治理奠定了基础,而良治又反过来通过加强行为体之间的信任促进和谐的社会关系。这样的治理是可持续治理。但是,也必须指出,参与是政治民主的基础,也是基本道德的实践基础,如果没有基本的道德规范和社会信任的政治条件,没有社会成员广泛参与的坚实基础,关系治理可能就会真正成为乌托邦式的梦幻。

中国哲学文化的三种理念对于关系治理模式来说是至关重要的。这三种理念是:关系性、道德观、社会信任。关系性是社会的核心理念,因此也构成了治理的关键要素。虽然在东方的关系社会中,关系性表现得更加明显,但这一论点不仅仅是指东方的关系社会。在任何社会,无论是强调社群的还是强调个体的,关系都是重要的,没有关系不成社会。道德不仅是社会的凝结剂,而且是社会存在和运动的理由。达到良治的社会必然是一个道德的社会。国际关系理论中很少将道德视为重要因素:在现实主义那里,道德便是乌托邦的代名词;在自由主义那里,道德只是一个奴仆,理性和利己才是真正发生作用的变量。但是,对于中国哲学文化而言,道德总是占据着最主要的地位,因为人的存在就是一种道德存在。"道德并不是一种如何使我们快乐的原则,而是一种如何使我们的群居具有价值的原则。道德不仅是一种维系社群的工具,它还是社群从一开始何以值得组织起来的根本理由。"① 据此,道德不是后社会的,而是与社会

---

① 杜维明:《〈中庸〉洞见》(段德智译,林同奇校),北京:人民出版社2008年版,第85页。

共生的,是社会存在和发展的根本。实际上,任何社会都不能没有道德规范,没有道德也不成为社会。还有社会信任。社会信任是良治和可持续治理的关键因素。规则治理模式强调的是理性、利己性和正式规则,关系治理强调的是关系性、道德观和社会信任。所以说,前者更具法律意义上的治理,后者更具社会意义上的治理。

以儒家思想为核心的中国哲学文化对关系予以高度重视,认为人与人之间的关系是社会治理的根本所在。对于任何社会研究来说,重要的问题就是确定分析的核心单位,这个核心单位必须是某种文化群体社会生活的枢纽和关键。西方社会更多地基于个体,所以西方社会理论会将个体作为社会研究的核心分析单位,亦即个体本位。中国社会有所不同。在中国社会中,个体是难以作为核心分析单位的。深嵌于中国文化和社会中的思维方式是"家、国、天下"。这些才是涉及社会基本单位的东西。一方面,它们是个体组成的;另一方面,只有当个体在团体中的相对位置确定后,个体才会具有意义。所以,中国往往将个体视为团体中的个体,而不将个体视为自在的个体。这样一来,社会的枢纽就不再是个体,而是社会性的关系,也就是关系本位。也正因为如此,中国哲学文化的治理基点设定在关系上面,而不是像西方社会那样设定在个体上面。高质量的关系而不是守规则的个体构成了有效治理的最重要因素。中国社会常用的治理方式,比如调解、协调、促成和谐等,都是针对关系而采取的措施,也反映了关系治理的基本支点。

近二十年来,国际上的社会学领域的研究也开始高度重视关系,并出现了关系社会学的论述。社会学领域的理论发展在一定程度上将重点转向社会关系的研究,为关系治理提供了很有价值的启迪。在这类社会学理论中,关系具有本体地位。虽然西方主流国际关系研究人员大量借鉴的是经济学理论,重视的是理性选择,但是,社会学研究人员却开始关注过程和关系。社会学界对于"关系"进行理论研究的重要成果当属穆斯塔法·埃米尔拜尔 1997 年在《美国社会学杂志》上发表的题为《关系社会学宣言》的论文。正如我们在前面提到的那样,论文梳理了两种不同的社会学理论,一种是实质主义(substantialism),一种是关系主义(relationalism)。[1] 实质主义理论表现了经济学的思维方式,基本假定就是行为体是独立的、分离的、理性的个体,能够自由地采取对自己有利的行动。当然,这些独立的行

---

[1] Mustafa Emirbayer, "Manifesto for a Relational Sociology," *American Journal of Sociology*, Vol. 103, No. 2, 1997, pp. 281—317.

为体之间会展开互动,这种互动也自然会产生过程。但是,这样的互动只是在具有先验身份和利益的行为体之间展开,行为体个体是实质性的内容,它们之间的互动过程只不过是一个脱离了个体行为体就没有意义的空壳。

埃米尔拜尔认同的社会学是关系社会学。关系社会学将行为体之间的关系视为至关重要的因素。他认为,行为体不是独立的、分离的、理性的实体,而是社会的行为体。这就意味着,行为体在具有生命之前就已经具有了社会性的关系。埃米尔拜尔对关系的重视无疑是极具启发性的。不过我以为可以稍作修改,即行为体不仅不是独立的、分离的、理性的实体,反而首先是社会的行为体。关系与社会过程是密切相关的两个概念,是相互存在、相互界定的。过程就是进行中的互动关系,深嵌于社会实践,并使行为体具有身份、使社会行为具有意义。过程就是运动中的关系,就是通过某个特定的文化群体在社会实践中形成的、相互关联的关系复合体。在这个意义上,关系和过程是一个复合体中两个不可分离的成分。杰克逊和内克松曾经将埃米尔拜尔的关系社会学应用到国际关系领域,提出了一个"过程/关系"研究模式,强调过程的建构作用和动态特征。① 这些研究成果在不同程度上将关系提高到十分重要的地位。根据这些强调过程和关系的社会性的研究,无论是现有过程还是现有关系,两者都具有自身的地位,都不是附属或是从属于个体行为体的。

西方社会学研究文献中对关系和过程的重视反映了这两个要素在社会实际中的存在和作用,从社会学的理论上为关系治理模式提供了支撑。中国哲学文化对于关系治理也有着很多讨论,儒学对治理的理想模式从根本上说就是一种关系治理模式。首先是道德。儒学的治理之道将道德视为根本的条件,以"仁"为道德的基本内涵。以道德为核心的治理因而成为儒学的理想治理模式。② 在这种治理中,治理者的道德成为治理的关键,也正是根据道德水准,孔子将政权分为德政、仁政、刑政和无道之政四种,尤其以德政为最理想的状态,以仁政为实际政治中的既有治理方式。对于孔子来说,规范性权力是首要的,物质性权力最多也只是次要的,治理靠的是以道德为核心的规范性权力。③ 孟子在继承孔子的基础

---

① Patrick Thaddeus Jackson and Daniel H. Nexon, "Relations before States: Substance, Process and the Study of World Politics," *European Journal of International Relations*, Vol. 5, No. 3, 1999, pp. 291—332.

② 徐进:《孟子的国家间政治思想及启示》,《世界经济与政治》2009年第1期,第14—16页。

③ Jeremy Paltiel, "Mencius and the World Order Theories," *The Chinese Journal of International Politics*, 2010, Vol. 3, p. 41.

上,提出仁就是人的道德理性的观点。他尤其提出了"王霸"的理念,认为以物质性和强制性权力治理天下是霸道,霸道最终是要走向失败的,以仁义道德治理天下的是王道,王者战无不胜。孟子有一段著名的论述:

> 王如施仁政于民,省刑罚,薄税敛,深耕易耨;壮者以暇日修其孝悌忠信,入以事其父兄,出以事其长上,可使制梃以挞秦楚之坚甲利兵矣;彼夺其民时,使不得耕耨以养其父母。父母冻饿,兄弟妻子离散。彼陷溺其民,王往而征之,夫谁与王敌?故曰:"王者无敌。"①

从这一段陈述来看,孟子对仁政的重视可以说是到了极致,仁政的结果就是王道。规范性权力、道德性权力类似于今天人们谈论的软权力,但比软权力有更深刻的社会内涵。孟子认为这样的权力比硬权力更加重要,更加无往而不胜。只有基于道德和规范性权力建立的秩序才是可持续的良性秩序。台湾儒学学者牟宗三在比较东西方社会的时候指出,西方社会相信原罪,所以几乎完全依赖于规则和制度的制约作用,依赖于科学技术的发展而取得个人发展和社会进步。所以,它的最大缺失是道德缺失。牟宗三在评价西方文化的时候,有一段很有意思的评论:

> 基督教认为自己不能克服罪恶,一切交给上帝,你得不得救只有诉诸上帝来决定,这才是彻底落于命定主义,因而亦是悲观主义。结果只靠盲信(空头的信即是盲信)来维持其激情利欲之生命,其激情利欲之生命所以不致使社会混乱崩溃者乃在客观的社会制度(法治、民主政治)之制衡与疏通以及科学技术之不断增进与不断地解决问题。西方文化固有其精彩,其精彩即在此。宗教不能说没有其作用,但其作用只成消极的;积极的作用乃在科学,法治,与民主政治。因此,西方文化,整个以观,有许多实点,只有一个点是虚点,因为是虚点,所以亦成了盲点。这里既成了盲点,是故其宗教亦虚而不实。道德既盲,宗教既虚,是故科学技术与民主政治亦未能使社会达致其善成之境。此是西方文化之弊也。②

牟宗三先生的论述可能有偏颇和过激的地方,因为西方社会之所以成为

---

① 《孟子·梁惠王上》。转引自徐进:《孟子的仁政治天下思想》,载阎学通、徐进等:《王霸天下思想及启迪》,北京:世界知识出版社2009年版,第123页。
② 牟宗三:《圆善论》,台湾学生书局1985年版,第155—156页。转引自李明辉:《儒家视野下的政治思想》,北京大学出版社2005年版,第45页。

社会,道德也是不能缺失的,道德也是组成其社会的根本。比如从西方宗教的视角来看,道德也是其中最重要的内容。但是,进入现代之后,尤其是在二战之后,至少是在国际关系理论研究领域,人是道德存在或是国家是道德存在的观点以及国际社会秩序是道德秩序的观点等在西方文献中的确是寥若晨星的。现实主义学者完全排斥道德或是将道德等同于国家利益的观点更是一度盛行,至今仍然有很大的市场。归根结底,理性主义理论的滥觞使得对道德的重视逐步降低,经济人理念使现代人更加注重利益的计算,这样一来,理性主义自身就成为一种自我实现的预言,而道德则成为一种被边缘化或是被称之为乌托邦的东西。如果道德成为盲点,社会也就无法实现自我完善。所以,道德就是良治的良心和基石。一旦治理以道德为支撑,治理参与者的自我处于一种不断依照道德和仁义进行自我完善的过程中,他们之间的关系也就会和谐起来,治理的目的也就实现了。

社会治理的理想模式是基于信任的。信任又是与道德、与"仁"密切相关的。与个体性密切关联的是正式的合同与规则,与关系密切相关的是相互信任。① 孔子曾与子贡谈到治理国家的办法:

> 子贡问政。子曰:"足食,足兵,民信之矣。"子贡曰:"必不得以而去,于斯三者何先?"曰:"去兵。"子贡曰:"必不得已而去,于斯二者何先?"曰:"去食。自古皆有死,民无信不立。"(《论语·颜渊第十二之第七》)

所以,人民之间的信任、人民对政府的信任及政府的公信力是社会和国家治理的最关键要素,是比足食和足兵都重要的事情。从这段话也可以看出,中国哲人对非物质性要素的重视要超过对物质性要素的重视。正因为如此,美国汉学家狄百瑞(William Theodore de Barry)认为,信任是儒学的一个核心思想,"家"人需要信任,否则"国"就根本不能存在。"人民彼此的互相信任,以及人民对政府官员的信任是政府最重要的要素。信任也是德政的基础。"② 进而,狄百瑞认为,《论语》最重要的意义是,不"带有任何社会阶层与教育程度的差别性,因为《论语》所论及的是人类共同

---

① 对于"信任"这个中国社会的核心概念,亦参见梁漱溟:《中国民族自决运动之最后觉悟》,转引自李明辉:《儒家视野下的政治思想》,第27—28页。
② 狄百瑞:《我们为什么要读〈论语〉》,《开放时代》2011年第3期,第64页。

的、亘古不变的核心价值……"①

孔子讨论的五对基本关系常常受到批判,因为这些关系强调的是等级而不是平等。显而易见,孔子论述的这五对关系——父子、君臣、兄弟、夫妇、朋友,其中有四对都是上下有序的,从某种意义上讲,也都是不平等的。正因为要协和这样五对关系,所以才将忠诚和孝悌作为基本的社会规范,通过这些规范维护和巩固等级制社会秩序。诚然,等级观念是儒学也是中国哲学文化的一个重要特征,但是,这些关系中的另外一个侧面往往被人们忽视。如果仔细审视五对关系,就可以发现,这些关系不仅仅是不平等关系,也不能仅仅从结构主义的视角或等级社会形态的视角加以理解。这些基本的关系还可以从道德形而上学的角度予以思考。因为在这些关系中,有不平等关系,也有平等关系,有血缘关系,也有非血缘关系,但无论是哪一种关系,都受到道德规范的制约。所有五对关系贯通一致的因素是道德形而上学,而不是不平等的等级制度。同理,儒学对于家国天下的治理也是一以贯之的道德准则:君子治家的道德准则与君王治国的道德准则是贯通一致的,而绝不是也绝不能像摩根索所说的那样,普世道德不能作为国家道德,国家利益才是国家道德。② 对于儒学而言,这种道德形而上学一个重要的核心理念就是忠信,实践道德的结果也是信任。孝悌、忠诚、诚信都是为了协和关系和建立人际信任。在这类道德规范治理之下,社会就会成为一种真正的"信赖共同体"。③

在儒学的理想治理中,信任这一基本问题是通过"君子"实现的。君子是儒学社会中的理想类型和理想人格。君子是道德人,君子的存在是道德存在,君子践行的是通过自我修养实现道德的完善,而道德的完善只有在与他人的关系中才能具有意义。君子在这个不断完善自我的过程中,就会省悟道德的真谛,所以他也就不会去盲目地服从任何人或是任何权威的旨意,因为他首先要服从道德的引领。虽然这样的完善或许永远也不可能完全实现,但是道德完善的过程却使得君子每日每时地修养自己的心性、内化普世的道德,从而实现社会良治。正如杜维明指出的那样:

> 既然在儒家传统中总是把一个人设想为各种关系的中心,则他

---

① 狄百瑞:《我们为什么要读〈论语〉》,《开放时代》2011年第3期,第61页。
② 赵汀阳:《天下体系:世界制度导论》,南京:江苏教育出版社2005年版;汉斯·摩根索:《国家间政治:权力斗争与和平》(徐昕等译),北京大学出版社2006年版。
③ 杜维明:《〈中庸〉洞见》,第9页。

越是深入内在自我,就越能够实现人与人之间相关性的真实本性。因此,"慎独"作为一种精神修养,绝非追求那种原子般的个人的孤僻,而是意在上升到作为普遍人性之基础的真实存在这个层面,君子"慎独"并不是为了追求孤独本身的内在价值。事实上,他认为孤独本身没有多少意义,除非它被完全整合到社会关系的结构之中。①

儒家理想社会是由君子作为社会中坚力量的社会。在这样的社会中,信任就会成为真实的人际关系的支柱,人际关系也就实现了和谐,良治也就得到了充分的实现。

治理当然意味着构建和维护秩序。秩序产生的一个基本条件是自律,是依据道德规范实行的自律,也是君子通过自律实现的相互信任。②因此,良治在儒家理想社会中是一件很自然的事情。我们知道,儒家社会的基本特征是差序格局,社会的中坚力量是君子,社会的基本道德规范表现在信任(包括公信力)上面。良治的基石是这种社会中的三个支柱或曰三位一体的结构,即君子、道德、信任。君子时刻践行自我修养、努力实现深层完善;道德被君子信奉、经历并在人际关系中付诸实现;信任则是君子之间交往的前提和道德实践的必然。这样的社会就是一个信任社会,在这种社会中,诚信也就成为建构道德形而上学的核心概念。③ 信任社会依赖于君子的诚信,君子的诚信来自于他的自我修养和自我完善,而自我完善的引领和规范是儒家的形而上道德体系。这样的社会"不是由压力集团组成的敌对体系,而是一种基于相互信任的信赖社群。只有在这个意义上,孔子才能够说,统治者如能以礼治国,就不会遇到什么困难了"④。

这样的治理是基于信任的,是通过具有高度社会认同的君子向仁向

---

① 杜维明:《〈中庸〉洞见》,第31页。关于道德的意义和慎独的内涵,有一个例子可以比较形象地予以说明。德国人是十分遵守法律的,到了一丝不苟的地步。据说有一队快要饿死的德国士兵路过一个梨树园子。这时的梨子可以说是救命的东西,但是,园子的大门上挂着一个牌子,上面写着"Privacy"(私人财产),于是,这队德国士兵没有一个进园子去吃梨子。另外一个故事是中国元代大儒许衡。他看到有一棵结满果实的梨树,但没有伸手取一个梨子。别人跟他说:"这棵梨树没有主人,你可以随便取、随便吃。"许衡回答:"梨树无主,岂吾心亦无主?"比较两个故事,可以看出,德国士兵没有吃梨子,是因为法律不允许他们在没有得到许可的情况下去动用不属于自己的私人财产;许衡不去动不属于自己的东西,是因为他的良心不允许他这样做。一是规则功效,一是内修使然。

② Paltiel,"Mencius and the World Order Theories," p.41.

③ 杜维明:《〈中庸〉洞见》,第18页。

④ 同上书,第56页。

德的内省而实施的,最终是通过平衡与协和社会性关系而实现的。所以,对于儒家政治哲学而言,"政治的目标不仅在于达成法律和社会秩序,而且还在于通过道德说服来建立信赖社群。因此,政治的功能就围绕着道德教育,以道德教育为中心"①。基于信任的治理从根本上说是可持续治理。需要指出的是,中国哲学文化和儒家治理模式中的信任与经济学和管理学中的信任并不是完全意义上的同义词。交易成本经济学讨论的信任主要是降低交易成本的工具,而儒家治理模式中的信任则是高度内化道德之后的君子之间的非工具和必然的要素。正因为如此,对于经济管理学来说,关系治理是人们的一种选择,是一种实现成本效益最佳状态的手段。对于儒家治理模式来说,信任是一种社会实践,既是从历史和文化实践中发展起来的,也是道德生活的外向表现。信任是社会成员道德形成的一种相互结果,是一个良好社会的基本素质,是社会成员行为规范可信赖的保证。儒家哲学强调关系与信任,强调关系的维系与和谐在于信任,因为这是治理的根本所在。

  从上述的讨论中,我们可以总结出关系治理不同于规则治理的几个特点。第一,关系治理强调社会关系和社会行动者的实践活动。所以,关系治理从根本上说包含了对治理的非线性理解,包含了对复杂性和变化的认识。由于治理的对象是变化中的关系,关系治理更多地考虑到环境的不确定性,强调行为体是在一种充满复杂关系和不确定因素的环境之中展开互动和实践活动的。② 这样的实践活动反过来又深嵌于行为体之间的复杂关系之中。降低交易成本和提供可靠信息在许多情况下也是交汇在关系之中,而不是通过正式规则和正式合同的规定就可以完全实现的。

  第二,关系治理突出强调治理的关键是行为体之间的关系,而不是个体行为体自身。关系本位意味着关系治理研究的基本分析单位是关系,而个体本位决定了规则治理的基本分析单位是个体,这是关系治理与规则治理的一个重要的不同。这里的关系是指"在空间和时间境域中不断展开的各种关系"③。关系中的行为体才被视为参与实践活动的行为体,完全脱离于关系的行为体实际上是不存在的。即便在极端意义上会存在

---

① 杜维明:《〈中庸〉洞见》,第 57—59 页。
② Qin Yaqing, "International Society as a Process: Identities, Institutions and China's Peaceful Rise," *The Chinese Journal of International Politics*, Vol. 3, No. 2, pp. 129—153.
③ Kazenstein, *Civilizations in World Politics*, p. 6.

这样的行为体,它们也不会产生有价值的社会意义。关系治理不像规则治理那样试图控制并减弱行为体本性上的负面成分,或是通过制度设计使得这样的负面成分变为具有积极社会意义的因素。关系治理是从积极正面的要素切入,试图培育和发展行为体之间的有益关系,以便实现共同的治理目标和奠定信赖社会的基础,这里面包含通过合作和协调而创造一个广泛的社会关系网络,以实现互赢或共赢的目标。从某种意义上讲,规则治理是去人性化治理,亦即通过制定和实施不考虑人性因素在内的规则来制约个体行为体的行为;而关系治理则是充分考虑人性因素,以人性的方式治理和协调行为体之间的关系。

第三,关系治理是以过程为基本取向的。我们将过程定义为动态的、复杂的关系,并认为过程具有本体地位和独立意义。过程绝不仅仅是个体行为体互动和交往的背景或是平台,过程具有自身的重要性。在某种意义上讲,维护了过程就维护了治理,使过程在正常轨道上运行也就是切切实实的治理行为。因此,关系治理的一个重要特征就是维护这种充满动力的过程,即便在没有实际结果的时候也要这样做。其中的道理是,如果合作过程得以维护,即便当时没有产生预期的结果,动态的关系也不至于恶性发展到不可逆转的地步。因此,有的时候维护过程、保持已经发展起来的关系,而不是获取实实在在的结果和利益,对于治理来说是更加重要的措施。比如亚太经济合作组织(APEC)多年来效率很低,许多人士都呼吁对其进行大刀阔斧的改革,使其发挥应有作用,产生预期效果。但是,从中国人的思维方式看这个问题,亚太经合组织的意义和价值更多地产生于参与合作的过程本身,因为参与加强了参与者之间的认同,加强了他们对重大问题的共识,也发展了参与国国家领导人和其他人员之间的私人关系。所有这些都不是实实在在的利益。参与以及由于参与发展起来的关系和达成的共识都是典型的过程因素,正是这些要素促进了参与者的合作,也加强了参与领域的治理。

第四,关系治理是将信任视为关键因素的。① 国际关系领域的一个重要传统是认为信任是一个极不可靠的因素,在无政府状态下,谁都不能将自己的命运寄托在对他人的信任上面。所以,沃尔兹才将国际体系界定为"自助"体系。建构主义在信任问题上不像沃尔兹等新现实主义那样

---

① A. Zaheer, B. McEvily, and V. Perrone, "Does Trust Matter? Exploring the Effects of Interorganizational and Interpersonal Trust on Performance," *Organizational Science*,1998,9: 141—159.

极端。在《国际政治的社会理论》中,温特专门讨论过信任问题。他认为,信任可以通过外部制约和自我克制得以实现。① 虽然建构主义的"信任"是基于共同身份的,不同于理性主义基于利益权衡的"信任"观,但是建构主义仍然将信任视为一种手段,将"自我克制"视为一种交换的工具,这就接近阿克塞尔罗德的"一报还一报"战略②,因此也依然是接近理性的战略权衡意义上的信任。而中国文化哲学中的"信任"是一种君子社会中自然而然的事情,君子的自我克制是一种非功利的自我修养,也不会去图任何的回报,这也就是"施恩不望报"的意思。在这个意义上,中国哲学文化中的信任更加是一种生活方式,是一种道德人的自然表现。交易成本经济学也认为信任有的时候有利于降低成本,促成相互交换的行为。乌西就曾指出,信任是关系治理的明确且主要的特征。信任"表现为一种信念,认为交易伙伴不会以完全利己、牺牲别人利益的方式行事"。这样一来,交易也就不是一种充分计算风险的行动,而是一种信念,使行为体"在解读方的动机和行为时,会朝着最好的方面思考"③。交易成本经济学家将信任作为关系治理的重要特征,这显然是注意到这种治理模式的成败关键所在,也观察到这种因素在实际治理中是存在的。但是,他们对信任的考虑更多的是出于经济学的基本原理,是降低交易成本。当他们发现信任在这方面确实发挥了作用的时候,就将这个要素作为一种变量纳入研究框架之中。对于中国哲学文化而言,信任不是一个与其他变量并行的因素,信任具有更加重要的意义。信任不是工具,由行为体选择使用来降低成本。信任是社会交往的根基,通过道德内化得以实现。但无论怎样,交易成本经济学和中国哲学文化两种思路都强调了信任是关系治理之本。这样的强调显然不同于仅仅强调正式合同和规则的理论,因此也就指出了关系治理作为一种不同于规则治理的模式的重要性。

## 五、规则与关系:构建一个综合治理模式

在上面的讨论中,有几个要点已经显现出来。第一,规则治理和关系治理都是现实存在的治理模式,并且构成了治理的两个主要模式。国际关系学者的关注几乎全部放在规则治理模式上面,而经济管理领域的学

---

① 温特:《国际政治的社会理论》,第346—347页。
② Robert Axelrod, *Evolution of Cooperation* (New York: Basic Books), 1984.
③ Brian Uzzi, "Social Structure and Competition in Interfirm Network," p.43.

者对于关系治理保持了敏感并对其进行了一系列的探讨。从现有实际和经验研究所揭示的情况来看,两种治理模式也都是需要的,因为没有规则不成社会,同样,没有关系也不成社会。所以,规则治理和关系治理不仅仅是实际的存在,两个模式中的重要成分也是治理所需要的。比如说,网络化就反映了关系治理的诸多特征。① 当跨国倡议网络开始形成的时候,规范倡导者需要首先结成某种跨国的关系网络,否则,任何规范都无法跨越能够得以传播的门槛。② 两种治理模式在现实中的存在说明它们均有可以普遍适用的意义和价值。在现实生活中,治理要做到可行有效,规则是必不可少的,关系也是不可或缺的。无论在什么社会,利益和信任都是治理方式中的重要成分,结果和过程对于秩序而言也都是至关重要的。单单依赖其中一种模式实施治理,而无视另外一种治理中的合理成分,都会导致治理效用的降低,也都反映了一种理念上的缺失。在全球化趋势不断加强的今天,将两种模式结合起来考虑是相当有必要的,也是十分有益的事情。

规则治理和关系治理两种模式不但共同存在,而且可以相辅相成、互相加强,提高治理的效率。根据交易成本经济学的逻辑,关系治理在初始阶段可以降低成本。当商业规模增大、不确定性增强、交易成本变得更加复杂的时候,就需要转向规则治理,因为在度过初始阶段之后,规则治理的成本就会降下来,规则的有效性也就表现出来了。但是,规则治理和关系治理在许多情况下并不像交易成本经济学所预设的那样可以供行为体自主地、合理地、根据成本效益加以选择,采取哪种治理模式在很大程度上取决于社会成员在历史文化条件下的实践活动。我们上面提到的研究表明,在中国社会中就呈现出这种情况。当商业和经济活动规模大幅度增加的时候,当交易变得更为复杂的时候,当不确定性加大的时候,行为体的确加强了规则治理的力度。但同时,他们并没有摒弃关系治理,而是更加依赖关系治理。所以出现了规则治理和关系治理同时加重、同步增长的现象,这也说明两个模式并存并重的现实。

第二,规则治理和关系治理确实有着一些不同的地方。上文中已经

---

① Candace Jones, William S. Hesterly, and Stephen P. Borgatti, "A General Theory of Network Governance: Exchange Conditions and Social Mechanisms," *Academy of Management Review*, 1997, Vol. 22, No. 4: pp. 911—945.

② 玛莎·芬妮莫尔、凯瑟琳·斯金克:《国际规范的动力与政治变革》,载彼得·卡赞斯坦、罗伯特·基欧汉、斯蒂芬·克拉斯纳编:《世界政治理论的探索与争鸣》(秦亚青等译),上海人民出版社2006年版,第295—332页。

对这些差异做了比较详细的讨论，这里我们将这些不同之处加以总结，详见表1。

表1 规则治理和关系治理的不同特征

|  | 规则治理 | 关系治理 |
| --- | --- | --- |
| 世界观 | 本质主义 | 关系主义 |
| 治理对象 | 行为个体 | 社会关系 |
| 治理机制 | 执行规则 | 谐和关系 |
| 治理取向 | 控制结果 | 经营过程 |
| 核心概念 | 个体利益 | 相互信任 |

第三，文化与实践是治理的重要因素。关系治理为什么能在经济管理领域受到如此重视，并产生了这么多的研究成果？这是一个值得关注的问题。一个简单的回答是，在经济管理领域关系治理是一种如此重要的治理方式，它不可能不受到学界的关注。另外还有一个原因，那就是关系治理在经济管理领域的讨论是随着日本、韩国和中国的公司成为国际经济领域的重要行为体而发展起来的。日本公司首先崛起，其后韩国等其他东亚国家的大型跨国和多国公司也不断出现，再往后就是中国公司的发展，这使得关系治理成为经济商业领域的重要治理方式。东亚公司是在东亚文化土壤中生长起来的，虽然它们具有现代公司的特征，但同时也是文化的产物。东亚文化氛围中的公司，尤其是儒学影响地区的公司，比如日本和韩国，都表现出程度不同的关系治理方式，在其治理模式中，关系的成分要远远大于西方的公司。当这类公司的资本到达世界各地的时候，它们的治理方式也就作为一种基本的实践活动延伸到这些地区；当它们成为国际经济体系中的重要行为体的时候，它们的治理方式理所当然地受到关注并吸引了大量的研究人员。不过，经济学研究人员的首要关注是成本，研究关系治理是从交易成本经济学视角开始的，自然也受到经济学基本原则的指导，所以，当观察到关系治理要素的时候，就通过经济学的视镜加以解读，以成本效益的思考来解释关系治理的内涵。虽然人的理性选择十分重要，但我要强调的是，采纳规则治理还是关系治理，决不仅仅是一种经济人的理性选择。在更深的层面上，这是一种深嵌于文化的东西，是在长期的社会实践中发展起来的。关系治理像规则治理一样，无论好的方面还是坏的方面，都会存在并发生作用。换言之，规则治理和关系治理都是根植于历史性的社会实践活动和本源性的文化土壤的。在强调个体的社会中，规则就会表现得比较明显，因为在长期的社

会实践和文化浸淫之中,这样的治理模式已经成为"正确"的治理模式。而在一个比较重视群体的社会中,由于社会实践和文化影响的不同,关系治理的成分就会更加明显。从这个意义上讲,重规则治理还是重关系治理并不完全是理性行为体的有意识选择,它还是长期社会实践的结果。

我们希望强调指出的是,关系治理和规则治理都是现实的治理模式,它们在不同社会文化域境中的表现程度也是不尽相同的。比如在东亚社会,关系治理程度就会比较明显;而在欧洲,规则治理可能占据主导地位。进而,把降低交易成本视为选择治理模式的动机是合理的,但是,我们不应忽视治理模式使用的社会文化要素也同样重要。实施哪种治理模式在相当大的程度上并不仅仅是个体行为体的理性选择,更是出于一个文化集体的长期实践。因此,我们在讨论和分析治理模式的时候,不仅要关注行为体"是"什么,更要关注行为体在"做"什么。① 这样一来,我们就会在分析现有的治理模式的时候,不仅将其视为行为体的理性选择,也将其视为行为体的集体实践。治理模式的使用介于选择和实践之间,或者说,既是选择也是实践。

根据中庸辩证法的基本思路,将两个模式结合起来,形成一个综合模式。这样一个模式不是将规则治理和关系治理视为对立的治理模式,不是相互替代、非此即彼的关系。两种治理模式是共存的、互补的,结合两种模式各自的优势,共同实现有效的良性治理。这样做不仅可以结合两种模式的积极要素,也更加准确地反映了现实,有助于解决治理中的真实问题。

上面的讨论揭示了治理中的三个要素。第一,现实中存在两种治理模式,一种是规则治理,一种是关系治理。两种方式同时存在,相互补充、相互加强。第二,两种治理模式有着不同的世界观基础,对于如何实施有效治理也有不尽相同的解释。规则治理的核心理论假定是理性,是经济人的理性选择。关系治理的核心理论假定是关系性,是基于社会人相互信任的社会性关系。第三,实施哪种治理模式既是理性选择也是实践使然。当行为体权衡成本效益,决定使用某种治理模式的时候,它就是一种理性选择;但是,当处于某种社会文化环境之中的群体经过长期生活经历自然地使用某种治理模式的时候,它就是一种社会实践。由于文化是一个重要的因素,所以,我们有理由认为群体性社会更趋于使用关系治理模

---

① Emanuel Adler, "Europe as a Civilization Community of Practice," in Katzenstein, ed. *Civilizations in World Politics*, pp. 67—90.

式,而个体社会则更趋于使用规则治理模式。但是,无论是群体社会还是个体社会,两种模式的因素都是存在的,只不过是哪一种更加占据主导地位的问题。

根据这样的推理,我在这里提出一个综合治理模式。这个模式将规则和关系均视为重要因素,两者虽然侧重不同,但往往是重叠的。从我们对这个综合治理模式的构建中可以初步推演出以下命题。

**命题一:两种治理模式是共在的。**在地区和全球问题领域的治理实践中,两种治理模式都是存在的。目前国际关系文献中突出强调了规则治理,而且几乎完全忽视了关系治理的现实存在,也没有对其进行认真研究,这样就出现了一定的偏颇。实际情况是:由于行为体具有工具理性,所以可以自由地选择成本最低的治理模式;由于行为体生活在社会之中,处于复杂的关系网络之中,所以行为体的行为就依其在社会文化域境中的实践而遵循某种治理模式。在治理实践中,两种治理模式往往会混合在一起。

**命题二:两种治理模式是相辅相成的。**两种治理模式相互补充、相互加强。有一种观点认为,随着情景越来越复杂,风险越来越大,不确定性越来越强,规则治理必然替代关系治理,成为先进的、低成本的、具有治理优势的模式。这种观点是不符合实际的。即便是治理达到最高水准,关系也是存在的。国际关系中的治理研究强调规则治理的确立、加强和改进,这对于规则治理来说是具有意义的。但是,它也包含了一个前提假定,即规则是无所不在和无所不能的。实际上,没有规则是无所不能的,所以包含规则的合同与协议也必然有顾及不到的地方。规则管理不到的地方,关系要素就会突出出来。

**命题三:两种治理模式的实施是受到文化因素影响的。**在实际治理中,有的地区规则治理成分比较突出,有的地区关系治理的成分比较突出,说明治理模式的实施是与文化因素相关的。因此,我们有理由做出这样的假设:群体性社会趋于实施更具关系治理的模式,而个体社会则趋于实施更具规则治理的模式。这说明基于文化的实践活动是重要的。当今世界更是处于一个相互依存、相互交错的过程,一方面全球化在向集中发展,另一方面球地化(glocalization)也在向流散发展。罗西瑙发明了一个词,将"碎片化"和"一体化"两个词的词首词尾结合在一起,形象地将这种现象称为"碎片一体化"(fragmegration)。① 在这种情况下,无疑会将许多原先少有往来的社会交织在一起,无论是西方的,还是非西方的。在这种集中和流散两种力量并行发展的复杂过程中,规则治理和关系治理两种模式的交杂和共现会更加突出地显示出来。

## 六、结　语

我在本文中提出了一个全球治理的综合模式。这样做是基于一个事实的,即规则治理和关系治理都是实际治理中存在的方式,我们不能只是讨论一个模式而完全忽视另外一个模式。同时,两种模式不是相互排斥的,而是相辅相成的,所以,在合理意义上综合起来是有益的,也是可能的。我也提出,不同社会文化域境中的治理方式可能会表现出不同的特点,有些文化背景中的治理会更多地使用规则,有些则更趋于使用关系。但无论在什么文化域境中,两者的成分都是存在的。我还提出,两种治理模式哪一种的成分更加突出,可能是出于行为体对治理成本权衡之后的选择,但这只部分地解释了治理模式的实施。另外一个方面就是社会实践同样起到了重要的作用。在这一观点的基础上,我以为,群体社会的关系治理成分会多一些,而个体社会的规则治理成分会多一些。

对于这样一些基本的思考和命题,欧洲和东亚提供了两个可以比较的个案。由于两种治理模式是共有的,所以无论是在欧洲还是在东亚,实际治理中两种模式的成分都会存在,也都会以不同的方式表现出来。比如,欧洲地区治理应该显现出规则治理的成分,也应该显现出关系治理的成分。当然,两者的比重不是均等的。东亚同样如此。同时,两种模式的成分在有效治理的情况下应该表现出互补而非互斥的效用。

根据上文的论述,欧洲的治理模式应该表现出更多的规则治理方式。比较而言,欧洲社会更重个体,也有着签订条约、执行规则的长期实践活动。这样的社会趋于更多地使用规则作为治理的手段,尤其是使用正式的规则和协议。因此,欧盟是一个很有意义的个案,可以对这样的假设在地区治理的实际中加以验证。同理,东亚的地区治理应该更加趋于关系治理。东亚的社会比较强调群体性,强调群体也就意味着强调群体中成员的关系,所以,在不排除规则治理的条件下,关系治理在这样的环境下

---

① James N. Rosenau, *Distant Proximities*: *Dynamics beyond Globalization* (Princeton: Princeton University Press), 2003.

会表现得比较突出。东盟可以作为第一首选个案对这样的假设进行验证。东盟从1967年建立以来,已经有了四十多年的次区域治理实践,对其进行深入研究必然会有重要的发现。其次就是东亚,包含东盟10国加上中国、日本、韩国。对于东亚来说,中国、日本、韩国和越南是儒学影响最大的国家,其社会也比其他社会表现得更具群体性。如果具体到国家来说,战略伙伴关系外交是中国外交一个独特的实践。迄今为止,中国已经建立了70多对战略伙伴关系,几乎所有重要的行为体,包括国家行为体和地区层面的行为体都成为中国的战略伙伴。而中国结交这样多的战略伙伴,在许多情况下,似乎也没有即时的或者是直接的利益诉求。如果从关系治理角度去分析,也可能产生有意义的发现。

在讨论规则治理和关系治理及其综合模式之后,必须指出的是,这两种模式也都有自身的局限。结合两者的优势,可以形成更为良性和有效的治理;但是如果两者的缺陷叠加,则会出现加倍的治理失败。所以,在这里尤其需要明确讨论一下两种模式的缺陷。规则治理有着两个重要缺陷。首先,对规则的依赖发展到极端,则会逐步失去了人性,失去了人情,失去了原本制定规则的基本目的。应当承认,人的社会,无论是国际社会还是国内社会,都不仅仅能凭借抽象理性和非人性假定就会予以全面管理和完全解释的。无论是在更重视规则的社会,还是在更重视关系的社会,人的情感与理性一样是人的行动和人的可能的源泉。一个真正和谐的社会和理想的社群,应该是充满情感和友谊的,而不是仅凭利益权衡的。其次,规则不是万能的,人们即便再强调规则,也不可能最终编织成为一个没有缝隙的规则治理天网,所以,规则不可能管理到每个细节。再次,规则治理对道德的忽视、甚至根本不将道德置于模式研究要素之中,这就否定了人之为人、人的社会之为人的社会的一个基本准则。道德缺位,并且理直气壮地被缺位,不是人类社会的现实,更不是人类社会治理的理想。当一些高度现代化和商业化的社会发生重大问题的时候,道德再度受到重视,道德的缺位则被视为不正常的事情。

同样,关系治理也有着重要的缺陷。虽然关系治理可以塑造一个比较融洽的氛围,可以加强相互之间的信任,一旦形成良性治理,其可持续性也会得到加强,但是,关系治理的缺陷也是十分明显的。首先,它要求行为体的高度自律和自我约束。这就可能过高地估计人的道德水准,忽视人的利益权衡。尤其是在一种道德水准不高的环境之中更是如此。其次,过分强调关系治理则可能使行为体产生绕过正式规则或是法律的动机,或是利用规则的漏洞,使治理变得更加困难。也就是说,当规则遇上关系的时候,规则往往效率低下甚至无能为力,社会的公正也会因之打折扣。比如,东亚的低制度化始终是地区合作的一个问题。第三,关系治理更容易牺牲个人权益。如上文所述,关系治理的实践更多地存在于人情社会,更多地实施于群体社会,所以,它更多地关注的不是个体而是个体之间的关系和由这些关系结成的群体,对个人的需求和利益就会出现视而不见甚至肆意牺牲的状况,尤其是在权力的运作之下,就更可能如此。可以预测,在关系社会中,个人的权益的保障比规则社会更加困难。

正因为如此,在规则治理占主导地位的地方,可能更要强调人性和灵活,要加强对于关系的协调和谐;而在关系治理占主导的地方,则应该强调规则的重要意义,加强规则的执行,加强法治的力度,防止在规则遇到关系的时候束手无策、无能为力。我们需要明白,规则和关系在某些条件下,都会产生负面效应,使得合作更加困难,治理更加低效。

因此,对于规则治理和关系治理的综合模式,需要进行认真的验证。这里的关键是要研究规则和关系在治理实践中是如何结合在一起的,是什么条件是它们相辅相成,在什么条件下,它们会出现相斥的现象。比如,国际关系领域对规则的现有研究表示,规则在受到权力支持和加强的时候,在条款非常明确的时候,在个体行为体愿意接受并执行的时候,可能会产生有效的治理。同时,交易成本经济学的研究表明,规则在制定的初始时期会产生高昂的成本(国际关系文献认为霸权国是制定规则的关键,霸权国权力也是一种极高的成本,霸权国提供公共物品也是要付出昂贵代价的)。关系治理的模式在社会具有基本信任的条件下可能达到预期效果,在结合恰当的情况下可能与规则治理共同发挥事半功倍的作用。我们通过推理可以知道,规则和关系在一些重要条件得到满足的情况下,则会出现相互加强的效果,使得有效良治成为可能。但我们需要认真的思考和务实的分析,当具有什么条件——无论是必要条件、充分条件还是充要条件——的时候,才可以实现有效和良性的治理,这是对于综合模式展开深入研究的重点所在。

本文原为《关系与过程:中国国际关系理论的文化建构》(上海人民出版社2012年版)第四章。

# 全球学与全球国际关系学

**内容摘要**

全球学是全球化时代发展起来的学问,目的是思考和应对全球化时代人类面临的跨国界、全球性问题。全球学超越现实主义的国家中心主义和国家权力迷思,重新审视国际秩序的现状和未来走向,要求改革现行国际制度以适应全球化时代的需求。全球学也要求国际关系理论走出威斯特伐利亚的局限,在全球范畴实现积极对话和理论创新,形成真正意义上的全球国际关系学。

《全球学导论》(以下简称《导论》)的出版具有重要的意义。其一是学术意义。这部著作尝试用新视角审视、研究当今世界事务,也涉及整个世界、人类发展的取向。蔡拓教授及其研究团队通过多年努力,以扎实的探究,完成了国内全球学的奠基性工作,对中国当前的国际关系研究具有特殊的学术意义。其二是学科意义。任何一个学科都需要系统的基础研究,学术研究离不开基础研究提供的基本知识,《导论》在这方面做了开拓性工作。《导论》知识体系严谨,研究视角多元,是国内第一部系统研究全球学的专著。从结构和内容来看,《导论》也是一部非常优秀的教材,真正为中国国际关系和政治学界研究全球学这一方兴未艾的领域提供扎实的知识基础。其三是思想意义。这是一部具有理想主义和人文情怀的著作。《导论》对全球学的探讨、对全球性的阐释、对全球问题和全球治理的关切——所有这些反映出来的是全球视野和道德情怀,表现了对国家中心主义和权力政治观的反思和批判。受《导论》的启发,我结合当今世界国际关系学研究的现状,谈以下几点想法。

一

全球学是国际关系学中"迈向未来"的研究议程。当今世界的国际关系研究,尤其是国际关系理论研究的现状,表现出几种令人关注的迹象,最为明显的是三大回潮:权力政治回潮、国家中心主义回潮、民族主义回潮。依照国际关系理论话语,三大回潮大致可以归为强现实主义回潮。这与20世纪90年代以来现实主义(尤其是结构现实主义)处于低潮,跨国威胁和全球性问题受到高度关注,新自由制度主义和社会建构主义强势崛起形成了鲜明的对照。

权力政治回潮使得权力迷思再度成为国际政治的时髦话题。就政治和政治学而言,权力从来都是最核心的概念之一,也从来没有从国际关系研究中消退。无论是哪一个学派,都将权力置于研究的重要位置。但是,在过去三十多年里,人们更多的是依照国际政治的演进来思考权力性质的变化和权力概念的拓延。比如,软权力(soft power)成为国际关系理论研究的重要概念,巧权力(smart power)成为国际战略领域的重要思想。对权力研究的拓展和对权力概念的再诠释,无论是软权力还是巧权力,都是针对强权力,针对物质性、强制性、暴力性权力而言。这些思想的产生和发展有对时代特征和权力本身的思考,也有试图弱化权力赤裸裸的暴力性、加强权力的非暴力和感化特征的一面。当下权力政治的回潮则是向强权力回归:对物质性权力的崇拜、对军事同盟的强化、对军事实力的炫耀和使用,无一不是这一回潮的具体反映。

国家中心主义回潮使得国家在国际政治中的作用再次排他性彰显。

国家是国际体系中的主导行为体,无疑在世界舞台上发挥主导作用。但在全球化时代,国家出现了两个大的问题。一是国家无论多么强大,都无法单独应对并有效解决大量涌现的跨国问题。美国是世界上唯一的超级大国,但在打击恐怖主义方面成效甚微,在应对金融危机上困难重重。从某种意义上讲,我们所处的时代是一个跨国威胁时代,国家虽然仍是国际政治的主导行为体,但似乎已经不像以前那样无所不能。① 二是国际社会力量的蓬勃兴起。跨国界的各种非政府网络组织在不同的全球性问题领域发挥了重要的作用,不但唤醒人们的意识,而且设置了国家不得不参与的全球性议程。这在一定程度上弱化了国家的地位和作用,被称之为权力从民族国家向国际社会流散。当下国家中心主义的回潮则是试图重新将国家推向唯一的中心地位,使其不仅成为国际政治的主导者,而且成为国际政治的主宰者。

民族主义回潮则使得全球性受到质疑,使得全球治理遭遇重大阻碍。民族国家这一国际政治的基本概念是现代化和现代性的产物,用民族国家界定现代国家的做法本身就反映了现代主义的实践和理念,所以民族主义也是现代国家构成的重要成分。民族主义本身具有鲜明的两面性:一方面,民族主义可以凝聚民族力量,推动国家的形成和构建;另一方面,民族主义也是极端思想和极端力量的助推器,一旦民族主义发展到极端民族主义或是狭隘民族主义的地步,其效应就会凸显,成为一种强势负面力量,与全球化时代形成巨大反差,对全球性问题的解决有害无益。

面对这样的势头,坚持全球学研究和全球性理念是对这三大回潮的约束和制衡,也是提倡人类普遍精神和道德理想的一种思想指引。全球学以全球命运共同体和全球村的思想告诉人们,当今世界已经发生了根本性的变化,退向强现实主义所诠释的"霍布斯丛林"是没有出路的。权力依旧是世界政治中的核心概念,但全球性和全球问题的严重性也告诫世人,更多的权力应该用于提供全球公共产品,维护全球公地。国家权力可以用于战略竞争和世界争霸,也可以用于共同建设人类命运共同体,维护世界的和平与发展。全球治理领域应该成为国家尤其是大国之间合作的平台,因为没有一个国家可以单独且有效应对日趋严重的全球性问题。国家、民族、民族国家都是重要的,但要在全球视野中得到深刻审视和重新构建。全球学在某些方面听起来似乎具有超现实的理想主义色彩,但

---

① 布鲁斯·琼斯、卡洛斯·帕斯夸尔、斯蒂芬·斯特德曼:《权力与责任:构建跨国威胁时代的国际秩序》(秦亚青等译),北京:世界知识出版社2009年版。

是,在现实主义回潮的时候,全球学的理念、思想、视野、路径是防止世界"退向未来"的强劲阻力和"迈向未来"的巨大推力。也许恰恰是这种理想的张扬,才对当前的世界和当今的国际关系学产生了特殊的重要意义。

## 二

全球学对国际制度改革和建构具有重要的启发作用。全球学研究是随着全球问题的兴起而发展起来的,全球学的核心词是"全球性"。冷战后的世界出现很多许多全球性问题,这些问题跨越国界、超越国别,对整个人类形成威胁,许多非传统威胁都属于这一范畴,任何单一国家都无力独自解决。这种态势原本可以形成比较宽厚的合作平台,但是事实上解决全球问题的合作平台并没有形成。当年"9·11"事件引发了世界范围内的反基地组织行动,但是现在不但恐怖主义没有消失,而且出现了更为残忍的伊斯兰国组织。其他跨国领域也基本如此。为什么反恐越反越恐?为什么国家合作越来越趋于流散?为什么全球问题得不到有效治理?最根本的问题到底是什么?

冷战之后,国际制度研究成为国际关系理论的主流学派和全球治理的理论资源。从国际机制(international regimes)研究开始到新自由制度主义兴起,国际制度成为主导国际关系理论议程的研究重心,也成为全球治理的基本依据。制度学派对国际制度充满信心,认为国际制度在后冷战时期不但可以削弱国际体系的无政府性,而且可以解决集体行动逻辑的困境,促成国际合作,共同解决世界面临的重大问题。全球治理的研究受到制度研究的重要影响,全球治理的基本理路是以规则为主导的多边合作。但是,三十多年后的今天,国际制度似乎在很大程度上失灵。大国之间的战略竞争没有因为国际制度而减弱,战略疑虑进一步加重;全球问题没有得到有效解决,旧的问题没有解决,新的问题不断出现,新的治理领域不断增加,在新疆域往往出现治理盲区。从一个侧面来看,制度主义的失灵促成了现实主义的回潮,国际制度在应对全球问题时表现出来的低能促成了国家中心主义的回潮。

国际关系学理论研究的"制度转向"实际上存在一个潜在的重大问题,蕴含了日后出现的制度赤字和治理失灵现象。归结到一句话,就是全球性的缺失,亦即没有以全球视野设计治理机制和思考治理问题。研究人员大量测试制度主义衍生出来的假设,不断强化制度主义的自信,却忘记了一个最根本的事实:国际制度都是以国家为基本单位、以国家之间的关系为基本依据、以国家之间问题为基本对象的,包括规则、机制和规范这三大基本内容,无一不是如此。以国家为依据,以国家为主体,以国家为目的,是威斯特伐利亚体系中国际关系研究的基底,过于突出国家性恰恰是制度主义的内嵌缺陷。在基欧汉接受结构现实主义的国家中心论的基本假定之时,这一缺陷就已经深深埋在新自由制度主义理论的体系之中。国际制度的本源是以国家为主体,为国家而设计,为国家所利用,如果说人类是全球命运共同体,这样的制度设计必然不能充分解决全球性威胁。《导论》明确指出了这一问题,因此全球学对国际制度的有效改革具有根本性意义。

全球学要求以全球视野改革和设计制度,要求突破国家的思维局限。如果不能以人类基本需求、人类基本问题和人类基本威胁来设计、改革和构建国际制度,依然延续以国家为主体、以国家为本体、以国家为目的的制度设计,那么世界仍将面临重大的利益纠葛和分歧,难以形成合力应对全球性问题。三十多年全球治理的实践表明,虽然人们都意识到现行制度需要改革,而且都强调改革刻不容缓,但在改革过程中,国家大都从本国角度考虑制度的设计、修改和执行,有多少全球视野和人类意识包含其中?国家中心主义的回潮再次将国家利益至上视为原则和理所当然。设想,如果所有国家都从自身角度出发寻求国家利益最大化,全球公地只能是一种永远的悲剧,这正是全球学带来重要启迪。

进而,全球学强调通过人的回归使制度彰显人的元素、包含人文关怀。将全球学的终极关怀置于人,应该是这门学问的道德本原和理想诉求。这一点虽然在《导论》中着墨不多,但是极具启发意义。近年来,国际金融领域发生了许多危机,这些问题无法解决的原因之一就是国际制度没有包含人的要素,因为制度从设计初始就没有包含对人的考虑和关怀。因此,改革现有国际体系制度和设计新制度需要有全球关怀和人文关怀,需要以人为目的,否则就可能出现国际机制的倒退,尤其在三大回潮的态势下,倒退是容易的,也是容易被论证为正确的。

## 三

全球学在国际关系理论研究领域必然指向理论多元化,指向全球国际关系学的研究议程。全球化时代和全球性使得话语霸权受到深刻质疑,全球化问题的涌现也使得建立在国家基础和威斯特伐利亚国际体系实践上的国际关系理论受到实质性挑战。从全球视角看待知识和知识生产,以全球为体思考知识的丰富和拓展,应是全球学议程的一个重要方面。

阿米塔夫·阿查亚在担任国际研究协会(International Studies Association)会长期间提出了"全球国际关系学"(Global International Relations,GIR)的研究方案,可以说是全球学在知识领域的一个重要反映。阿查亚的全球国际关系学提出了几个主要的思想,集中体现在他在2014年国际研究协会会长报告中所概述的六个核心要素:提倡多元化的普遍主义;以世界历史而非仅是希腊罗马史、欧洲史或美国史为基础;包含而非取代现有的国际关系理论和方法;融合地区研究、地区主义与区域研究;摒弃例外主义;承认物质力量以外多种形式的能动性等。① 正如他所指出的那样,多元论的普遍主义承认并尊重世界的多样性,但试图寻找并建立共识。多元论的普遍主义反对同质化,不赞成将其他文明、文化和社会边缘化。同时,这一研究议程的实践基础是复数的世界历史,而"传统国际关系理论几乎全部源自西方历史,甚至地中海的希腊罗马史也被划归为西方。这是这一领域种族中心主义的主要原因,其他文明的历史、声音和贡献都被边缘化了"。这一研究议程的前提就是:世界存在多种的国际关系体系和多元的国际关系历史。当今主流国际关系理论的经验基础是17世纪在欧洲建立的威斯特伐利亚国际体系。但是,纵观上下三千年,世界范围内绝不仅有威斯特伐利亚这样一种国际体系。单就东亚而言,就有着春秋战国时期的准国际体系、东亚的朝贡体系、日本的幕府体系等。国际体系的治理和运行也不仅仅只有威斯特伐利亚所建立和实施的秩序规则和制度机制。承认不同国际体系的存在并进行比较研究,就为新的理论突破提供了更为可靠的事实依据和更加开阔的思维路径。质疑种族中心主义,反对同质性和边缘化是全球国际关系理论的重要思想,也符合全球学的理论取向。

当然,全球学的一个基本思想也充分反映在全球国际关系学思想和研究议程之中,这就是任何文化、文明和知识都不能以例外主义自居,不能将自己的文明、文化、社会和实践视为比其他文明、文化、社会和实践更为优越,更不能将其视作同质化的基础和依据。同时,全球化势必促使不

---

① Amitav Acharya, "Global International Relations and Regional Worlds: A New Agenda for International Studies," *International Studies Quarterly*, 2014, 58(4): 646—659;亦参见阿米塔夫·阿查亚:《全球国际关系学与国际关系的中国学派:两者是否兼容?》(董贺译),《世界经济与政治》2015年第2期,第10—15页。

同社会和文化走出封闭的藩篱,走向交流和交往,这会使得国际关系理论具有更为广泛和多元的实践基础。2007年,阿查亚和布赞主持了一个主要由非西方国家学者参与的研究项目,提出了"为什么没有非西方国际关系理论"的问题。① 这一项目推动了国际关系学全球视野的发展,也刺激了非西方国家的国际关系学者的反思和理论建构。将国际关系理论研究推向全球是与全球学的知识理路相契合的。

我是主张建构和发展国际关系理论中国学派的。之所以用"中国学派"来指代具有中国元素的国际关系理论,是希望以世界观中国,从全球知识视野来审视国际关系理论,使国际关系理论真正成为具有多元普遍主义的知识体系,而不是仅起源并偏安于一隅的封闭系统。"中国学派"意味着我们发展的理论是全球各种国际关系理论的一个分支,不是寻求唯我独尊,而是要做建设性的、真正全球意义上的国际关系学。全球学提倡全球视角,"中国学派"需要有这种情怀,从全球的视角来反观"中国学派"到底能在全球的包容性知识体系中做出何种贡献。我提出国际政治的关系理论②,将关系性概念化并以其作为关系理论的硬核。这样做并不是要取代任何其他国际关系理论,而是希望以产生于不同社会文化实践的理念来丰富现有国际关系理论的知识宝库。因此,"中国学派"是一个符号,是世界上不同国家、不同地域、不同文化所产生的国际关系理论总和的一个分支,一个特色鲜明的学派,一个既具有文化胎记也具有超越地域文化的普遍性特征的知识产品。毫无疑问,"中国学派"要深刻挖掘中国文明文化的思想精髓,但目的是实现全球学意义上的知识创新和全球国际关系学意义上的原创性知识生产。

## 四

《导论》的意义是深远的,思想是前瞻的,人文关怀是浓厚的。在本文的开始,我提到《导论》的学术、学科、思想的三重意义。《导论》提供了系统的知识基础,在这一基础之上,三种意义可能都需要进一步深化。就学术意义而言,以全球视野反观国际关系学和国际关系理论的发展,需要就切实的学理内容提出系统严谨的理论问题并提供对这类问题的答案。在

---

① 项目成果发表在 International Relations of the Asia Pacific, Vol. 7, No. 2, 2007 (Special Issue on "Why Is There No Non-Western IR Theory")。

② 秦亚青:《国际政治的关系理论》,《世界经济与政治》2015年第2期,第5—10页。

全球学的整体框架之内,许多内容可以衍生出深刻的学理性研究问题,不少视角都可能启发理论的创新。就学科意义而言,《导论》之重要在于开端,这就意味着全球学的系统研究在我国国际关系学界还属于刚刚起步阶段,需要有一支具有全球学知识的研究队伍,有一套完整的全球学教学体系,有一系列高水平的全球学研究成果。中国大多高校仍然没有全球学的课程体系和研究体系,全球学研究和教学人才也亟待培养。就思想意义而言,要真正建立起全球学的学术和学科体系,最重要的还是具有全球意识的人。这不仅要有具有全球学知识的人才,而且更要有充满"人类为体、全球为用"思想和情怀的人才。全球命运共同体的理念与中国大同世界的思想有不谋而合之处,"先天下之忧而忧,后天下之乐而乐"也是中国知识分子志向和良心的体现。有以理想为支撑、以全球为视域、以人类为目的人,才可能真正将全球学的愿景一步一步地付诸实现。

本文原载《国际政治研究》2015年第4期。

# 后　记

　　本书收入了我过去 10 年间发表的一些论文,分为理论篇和方法篇。文集主要收入两类论文:一类是国际关系理论研究的论文,以结构现实主义、新自由制度主义和温和建构主义为主线,兼有国际政治理论的其他方面;一类是关于国际关系方法论的论文。后一类分为两种:一种是对国际关系方法论和对我国国际关系研究方法问题的评析,一种是使用社会科学方法做国际关系的实证研究。后一种是现在国际关系类论文最常用的方法。之所以收入这两类论文,主要是出于这样一种考虑:国际关系是一门社会科学的学科,理论和方法是社会科学学科不可或缺的组成部分。另外,这些年来我教授的课程主要涉及理论和方法论的内容,我感到我国国际关系的学科建设和国际关系专业的学生仍然需要这两个方面的知识。

　　出版一本国际关系理论和方法论文集的想法始于 2000 年。当时我把自己一些论文复印后发给博士生。但每每需要复印,颇感不便。后来,一位学生问为什么不出一本集子,用起来方便多了。于是便产生了这个念头,并开始筛选论文。2002 年开课的时候,将一些论文临时装订起来,以《理论·方法·问题》为名,作为课程教材的一部分发给学生。2003—2004 年寒假时重新筛选并校读,当时又出现了一个问题:发表的一些论文多因期刊篇幅限制,有过不少的删节。或是完全保留发表时原样,或是收入未曾删节的文章。最后还是选择了后者,因为我希望呈现给读者一个比较完整的思想路径。之后,又将陆续发表的几篇相关论文收入,对有的论文作了一些补充,还有个别未曾发表的论文,因与文集主题有关,也一并收入其中。2004 年暑假结束时最后定稿。

　　文集的出版得到北京大学出版社的大力支持,金娟萍和耿协峰同志做了大量细致的工作,深表感谢。在本书重印之时,我的博士生李敏帮助我对本书做了认真的校对。还有许多校内校外的青年学子,他们认真阅读过这些论文,提出过宝贵的意见。记得苏州大学有一位同志指出《国家身份、安全文化和战略利益》中一处注释错误,外交学院有一位学生指出《霸权体系与国际冲突》中的一个数据误差。如此认真的阅读,深深感动我心。在此,我也对他们表示衷心的感谢,并愿意将此书献给我从前、现在和以后的学生们。

2004 年 10 月 22 日于京西厂洼

# 第二版后记

《权力·制度·文化》第一版收入了我 2005 年之前关于国际关系理论和方法的一些论文。十多年间收到读者不少来信,鼓励之情,令我感动。其中更是以学生为多,我深感中国国际关系学界新人荟萃,甚是欣慰。如今再出第二版,希望新收入的几篇文章能够反映近年来国际关系学界的一些新的发展,以回报读者,激励创新。

再版之际,特别感谢北京大学出版社的徐少燕女士。她作为本书责任编辑,认真负责,精益求精,经常与我联系,花费了许多时间和精力。没有她的努力,或许也就没有这本集子的第二版了。

秦亚青<br>
2016 年 2 月于京西厂洼